Esther Gimeno Ugalde

La identidad nacional catalana.
Ideologías lingüísticas entre 1833 y 1932

Lengua y Sociedad en el Mundo Hispánico
Language and Society in the Hispanic World

Editado por / *Edited by*

Julio Calvo Pérez (Universitat de València)

Luis Fernando Lara (El Colegio de México)

Matthias Perl (Universität Mainz)

Armin Schwegler (University of California, Irvine)

Klaus Zimmermann (Universität Bremen)

Vol. 26

Esther Gimeno Ugalde

La identidad nacional catalana. Ideologías lingüísticas entre 1833 y 1932

Vervuert · Iberoamericana · 2010

Libro impreso con la ayuda de la Asociación Austríaca de Investigación
(Österreichische Forschungsgemeinschaft)

ISBN 978-84-8489-540-4 (Iberoamericana)
ISBN 978-3-86527-577-6 (Vervuert)

Depósito Legal: SE-5143-2010

Diseño de la cubierta: Michael Ackermann
Fotografía de la portada: © Fototeca.cat - G.Serra; Ref. 81063 - Prat de la Riba, president
de la Mancomunitat, al mig de la fotografia amb els seus consellers

Impreso en España por Publidisa
Este libro está impreso integramente en papel ecológico blanqueado sin cloro

ÍNDICE

AGRADECIMIENTOS

Quiero dar las gracias, en primer lugar y sobre todo, a los tutores de mi tesis doctoral: Peter Cichon y Georg Kremnitz. A Peter Cichon quisiera agradecerle muy especialmente sus valiosas e innumerables propuestas, su orientación académica y su amable disponibilidad para ofrecerme ayuda cuando la he necesitado. Asimismo, quiero expresar mi gratitud a Georg Kremnitz por sus útiles comentarios y propuestas, por las múltiples referencias bibliográficas y por sus valiosas puntualizaciones acerca de la temática catalanística que han contribuido, sin duda, a enriquecer este trabajo. Debo también agradecerle su apoyo para hacer posible la publicación del mismo.

Doy las gracias además a toda mi familia y amigos por su interés y ánimos constantes y, muy en especial, a mis padres, quienes siempre me han apoyado en todo. Quisiera también agradecer a Sven Dietz sus valiosos consejos y sobre todo su confianza y sentido del humor.

No quisiera terminar este apartado sin agradecer a la Asociación Austríaca de Investigación (Österreichische Forschungsgemeinschaft) la financiación de esta publicación y a Paula Herrera la lectura del manuscrito.

INTRODUCCIÓN

Desde sus orígenes, el discurso catalanista ha conferido un valor destacado a la lengua catalana, convirtiéndola en uno de los principales elementos de la identidad nacional no solo asumido por los propios catalanes sino también desde una perspectiva exógena.

La *Renaixença*, como movimiento literario y cultural, supuso la recuperación de una lengua que, desde la monarquía de Felipe V, se había visto alejada de los ámbitos de uso formales, siendo sustituida por una nueva lengua dominante, el castellano. Desde ese periodo, en Cataluña se fue generalizando una situación diglósica en la que el dominio formal e institucional había quedado reservado a la única lengua de prestigio, el castellano. Mientras tanto, el catalán –gracias a la fidelidad de sus hablantes– siguió manteniendo su viveza en los ámbitos de uso informales, donde continuó siendo el idioma de uso común, pero perdió su vitalidad como lengua de cultura y de prestigio. La pregunta que en 1864 se planteaba Antoni de Bofarull no solo pone de manifiesto la situación de desprestigio que vivía el catalán a mediados del siglo XIX, sino también una voluntad de recuperación, común en toda la generación *renaixentista*: "¿Cómo es posible que la lengua que tan bien expresa los nobles sentimientos del corazon [*sic*] humano, se la deba considerar como vulgar y despreciable?".

Como en todas las sociedades donde se dan contactos lingüísticos y especialmente en aquellas sociedades donde una de las lenguas o variedades está reservada al dominio público y formal, es decir, allí donde, en términos lingüísticos, encontramos situaciones diglósicas, es habitual que aparezcan prejuicios y actitudes lingüísticas negativas hacia las lenguas (o variedades lingüísticas) que se encuentran en posición discriminada. Estas actitudes no solo las encontramos en los hablantes de las lenguas dominantes y en los grupos que imponen su lengua o variedad sobre el resto, sino que se extienden a los hablantes de las lenguas dominadas que tienden también a estigmatizarla y a mostrar ciertas actitudes de prejuicio hacia su propia lengua. El carácter oficial y el prestigio de las lenguas son factores fundamentales para la configuración de las distintas actitudes lingüísticas y, en consecuencia, para determinar comportamientos lingüísticos. El caso del catalán no supone una excepción, pero tampoco el del castellano, como bien nos demuestra el "Manifiesto por la lengua común" que en junio de 2008 suscribían algunas personalidades destacadas del ámbito español[1].

La recuperación del catalán, fomentada por la restauración de los *Jocs Florals* (1859), empezó a suscitar los primeros debates en torno a la lengua en los círculos más minoritarios. Entre las cuestiones iniciales que se plantearon los primeros *renaixentistas* estaban los debates acerca de si el catalán era una lengua románica propia, cómo debía llamarse (onomástica), si seguía siendo una lengua apropiada para la literatura y los usos formales (lengua "viva"/lengua "muerta"), cuál era su relación con el castellano (lengua dominante) y, sobre todo, cómo debía escribirse (ortografía y codificación gramatical), pues como lengua escrita (formal) había caído en desuso, siendo sustituida por el castellano. Poco a poco y de manera paralela a la *Renaixença*, el catalán comenzó a recuperar cierto prestigio y a ser reivindicado desde una vertiente cultural y literaria. Sin embargo, no fue hasta la década de los ochenta del siglo XIX cuando ocurrió un cambio importante cuyas consecuencias fueron decisivas para el desarrollo de la lengua. La consolidación del *catalanisme* como movimiento político y su apuesta definitiva por el catalán como elemento cohesionador de la sociedad catalana y de su identidad hizo que la lengua fuera vista cada vez más como el emblema de Cataluña y que su defensa se convirtiera en un objetivo común para todas las corrientes catalanistas. El alto valor simbólico que siempre había tenido la lengua catalana, incluso entre las clases más populares, empezó a adquirir una dimensión política y a transformarse en un instrumento eficaz al servicio de los catalanistas. Paralelamente a los debates internos sobre la lengua (centrados fundamentalmente en el modelo literario a seguir, en la ortografía y en la codificación), a partir de la década mencionada empezaron a generalizarse las reivindicaciones externas, sobre todo en cuanto a la necesidad de extender su uso social (valor comunicativo) y de oficializarla (estatus jurídico). El *Diari Català* nos ofrece ejemplos muy significativos, pues ya en su primera edición de 1879 se presentaba como "lo primer amich que'ns parlará cada dia, […] en la nostra llengua […] d'avuy en avant comensarem lo dia baix la impressió de ideas purament catalanas", y en 1881, a propósito de la constitución de la *Acadèmia de la Llengua Catalana*, exhortaba que "¡Tant de bó que, declarada cooficial del Estat, com desitxem tots los catalans, contribuheixi a que la nostra bonica y enérgica llengua sigui respectada y considerada com se mereix!".

---

[1] Entre algunos de los argumentos que aducían para fomentar la supuesta discriminación sufrida por el castellano en España afirmaban que "contar con una lengua política común es una enorme riqueza para la democracia, aún más si se trata de una lengua de tanto arraigo histórico en todo el país y de tanta vigencia en el mundo entero como el castellano" <http://www.upyd.es/modulo-web/modules/recogida_firmas/manifiesto.pdf> (15 diciembre 2009).

Durante las dos últimas décadas del siglo XIX estas demandas comenzaron a crear malestar entre las fuerzas políticas y ciertos círculos intelectuales españoles y a originar las primeras tensiones significativas entre España y Cataluña. El periodo que abarca desde finales del siglo XIX hasta el establecimiento del primer *Estatut* se caracterizó, por un lado, por la sucesión de diversos acontecimientos políticos que repercutieron en la lengua catalana y, por otro, por la acentuación de las tensiones entre España y Cataluña, cuyo punto álgido fueron los debates en las Cortes originados por el proyecto estatutario catalán. El discurso catalanista de esta época tomó un nuevo rumbo: las reivindicaciones lingüísticas eran cada vez más fuertes, pues el catalán no solo había recuperado prestigio y ámbitos de uso sino que, como elemento constitutivo de la incipiente identidad nacional, también pretendía recuperar el papel de lengua propia, lengua nacional y lengua oficial. En este contexto, la codificación del catalán se volvía cada vez más urgente y era a la vez un requisito para conseguir los objetivos mencionados. La coincidencia de un marco político e institucional propicio y, sobre todo, la capacidad de Pompeu Fabra como "ordenador" de la lengua catalana posibilitaron que la codificación definitiva se hiciera realidad en un momento histórico tan decisivo como el que precedió a la Guerra Civil y a la larga dictadura franquista.

Esta investigación analiza los principales debates relacionados con la lengua, tanto a nivel interno como externo, que fueron ocurriendo en Cataluña a lo largo del periodo seleccionado (1833-1932), es decir, desde el inicio de la *Renaixença* y la recuperación del catalán como lengua literaria hasta la instauración del *Estatut d'Autonomia* republicano que, tras más de dos siglos, devolvía al catalán la oficialidad (por primera vez como lengua cooficial). El tiempo que separa estas dos fechas tan señaladas se singulariza por ser un periodo sumamente relevante dentro de la historia de la lengua catalana y que además se vio profundamente influenciado por los acontecimientos histórico-políticos que han marcado las relaciones entre España y Cataluña. La historia del catalán, pues, tanto en su evolución interna como externa, no puede desligarse de los acontecimientos históricos y políticos de Cataluña ni de ciertos desarrollos de la historia de España, menos aún cuando el desarrollo de la propia lengua (su historia interna) se ve condicionado de manera explícita por el surgimiento y la evolución del *catalanisme* político, que a su vez incidió directamente en la historia externa del idioma.

Este libro abordará la evolución del discurso catalanista entre 1833 y 1932. Para ello se aplicará un modelo en tres fases propuesto por Miroslav Hroch que servirá para estudiar el desarrollo de los movimientos nacionalistas de base lingüística. Este modelo trifásico, muy útil por su flexibilidad en cuanto a los contextos y a la cronología, permitirá observar la evolución discursiva del *catalanisme* y, lo que es más importante, la evolución del discurso metalingüístico. El objeto principal del presente trabajo es el análisis de la evolución discursiva sobre la lengua (discurso metalingüístico), es decir, por qué se desarrolla y cómo tiene lugar el cambio progresivo en las ideologías y actitudes lingüísticas hacia la lengua propia, el catalán, y también hacia el castellano, partiendo de la base de que esas transformaciones están sujetas a los cambios que se producen en el contexto histórico-político. El centro de este estudio será, entonces, la perspectiva catalana, pero para comprender mejor la evolución del discurso catalanista acerca de la lengua también es preciso tener en cuenta la evolución del discurso exógeno y las tensiones que se generan entre lo que se suele denominar "centro" y "periferia". Así pues, además de figuras catalanas se estudiarán, a modo de ilustración, las ideologías y actitudes lingüísticas de diversos autores españoles en relación con el catalán y el discurso catalanista; entre otros, nos ocuparemos de Gaspar Núñez de Arce, Américo Castro, Salvador de Madariaga, Marcelino Menéndez Pelayo y Miguel de Unamuno.

Si bien es obvio que siempre se dan excepciones y que toda generalización y aplicación de un modelo (y en este sentido el nuestro no será una excepción) es solo un intento de comprender, mediante la sistematización, una realidad siempre mucho más compleja, este libro, fundamentado en una extensa bibliografía de fuentes primarias, trata de establecer las características básicas de las actitudes y reivindicaciones lingüísticas en cada una de las fases propuestas:

Fase A (1833-1879): dignificación y glorificación de la lengua.

Fase B (1880-1900): establecimiento como una lengua de cultura y extensión del uso social.

Fase C (1901-1932): consolidación como lengua nacional.

Además de un análisis de tipo más general, en el que se pretende verificar la validez del modelo de Hroch y aplicarlo al catalán, se tomará un corpus de nueve autores representativos de su época para ejemplificar la evolución discursiva a lo largo de casi un siglo, poniendo especial énfasis en el discurso metalingüístico. Los autores que conforman el corpus son Joan Cortada, Manuel Milà i Fontanals, Francesc Pi i Margall, Víctor Balaguer, Valentí Almirall, Josep Torras i Bages, Pompeu Fabra, Enric Prat de la Riba y Antoni Rovira i Virgili.

Durante los últimos años, una gran parte del debate político en España ha estado focalizado en los diversos proyectos de renovación autonómica. En el caso de Cataluña, este debate ha protagonizado numerosas disputas acerca de cómo debía ser el nuevo *Estatut* (2006) y qué grado de autonomía debía conferirse a esta Comunidad, aspectos que siguen sin estar resueltos, tal y como demuestra el recurso del Partido Popular (PP) ante el Tribunal Constitucional y la falta de sentencia definitiva todavía a fines de diciembre de 2009. Salta a la vista que el nuevo régimen lingüístico que ofrece el actual texto estatutario no ha quedado exento de debates y que la actualidad de estas polémicas merece sin duda un análisis profundo y exhaustivo. Ante la presente coyuntura, quizás sorprende que un libro como este se centre en una vertiente exclusivamente histórica. Estando convencidos de que el debate actual tiene sus raíces en el pasado y de que, por tanto, puede comprenderse mejor profundizando en el análisis desde una perspectiva diacrónica, creemos que el campo de estudio de esta investigación no es irrelevante desde el punto de vista actual, sino que incluso puede arrojar luz sobre la situación política que hoy marca las relaciones entre Cataluña y España. De hecho, si observamos con detalle algunos de los debates políticos y lingüísticos de la actualidad, nos daremos cuenta de que guardan una sorprendente similitud con las polémicas que tuvieron lugar a lo largo del marco temporal que se abordará en este trabajo.

CUESTIONES PRELIMINARES

Nuestro campo de estudio se limitará exclusivamente a Cataluña, dejando de lado el resto del dominio lingüístico catalán a pesar de que será inevitable referirse al resto de territorios de habla catalana. A esta decisión nos han llevado los siguientes motivos:

1) En primer lugar, el *catalanisme* es un tema muy amplio y complejo. En el análisis se harán alusiones constantes a la situación política de Cataluña y a la de España, puesto que ambas están íntimamente relacionadas y, en lo que a nuestro campo de estudio se refiere, existe una influencia recíproca. La evolución del *catalanisme* en Valencia y en las Islas Baleares difiere del desarrollo de Cataluña y correspondería a un análisis, a nuestro entender, individualizado.

2) En segundo lugar, la *Renaixença*, uno de los periodos estudiados en esta investigación, surge como movimiento literario y cultural en el Principado de Cataluña.

3) El *catalanisme*, como movimiento político, nace también en el Principado, aunque, como bien es sabido, abarca a veces todo el dominio lingüístico catalán (*Països Catalans*).

4) En cuarto lugar, los debates sobre las cuestiones y reformas lingüísticas son abordados desde Cataluña (véase *Jocs Florals* o campaña de *L'Avenç*), si bien es cierto que fuera del Principado también se dan muchos intentos de reforma de la lengua escrita y que las discusiones lingüísticas del marco temporal que analizamos también están representadas por personalidades del resto del dominio lingüístico (por ejemplo, el mallorquín Marià Aguiló).

5) Por último, la codificación de la lengua escrita fue impulsada por una institución de Cataluña. Aunque esta norma refleja las diferentes variedades dialectales de la lengua, predomina la influencia del catalán del Principado, sobre todo del dialecto central.

Por todos estos motivos y, lógicamente, por la necesidad de acotar el campo de estudio, que de por sí es suficientemente extenso y complejo, consideramos que la opción de centrarnos en Cataluña queda justificada[1]. No obstante, como hemos advertido, las referencias al resto del dominio lingüístico son prácticamente obligadas y serán también, aunque en menor medida, objeto de análisis de esta investigación.

En lo que a la terminología se refiere, se constata una preferencia catalana por el uso del término *catalanisme*, aunque en el ámbito historiográfico (tanto catalán como español) no suele distinguirse entre *catalanisme* o *nacionalismo catalán*. Así pues, a diferencia de Balcells (2004), optaremos por el término *catalanisme* por ser el de preferencia entre los propios catalanistas y el más extendido en el dominio lingüístico catalán, y porque además fue el de mayor difusión desde el nacimiento de este movimiento, surgido primero con carácter cultural y luego como doctrina política.

En este contexto, parece conveniente ofrecer una definición aproximada de a qué nos referiremos en este trabajo al hablar de *catalanisme*. Por este concepto se entiende la afirmación de una identidad catalana propia, que reivindica el reconocimiento cultural y político de Cataluña o de los *Països Catalans* y que engloba también diferentes proyectos políticos que pueden ir desde el federalismo hasta la autonomía (dentro del Estado español) o la independencia (formando un Estado propio). Podemos decir que se trata de un término doblemente polisémico pues, por una parte, puede englobar un ámbito territorial con una extensión diferente y, por otra, puede abarcar diferentes proyectos políticos que incluyen desde propuestas regionalistas hasta independentistas pasando por proyectos federalistas. En consecuencia, se hablará de figuras catalanistas en un sentido amplio para referirnos, entre otros, tanto a federalistas (como Almirall), a nacionalistas conservadores (como Prat) o a nacionalistas liberales (como Rovira i Virgili). Si bien antes se habían constatado ciertas reivindicaciones que expresaban una conciencia colectiva catalana, desde el punto de vista histórico el *catalanisme* político se remonta a la década de los ochenta del siglo XIX cuando Almirall y sus partidarios rompieron con el republicanismo federal español de Pi i Margall. A partir de ese momento, Almirall empezó a formular un proyecto político y doctrinal (federalcatalanista) basado en el ideal de España como un Estado compuesto en el que se reconociera la realidad diferenciada de Cataluña mediante un federalismo asimétrico.

---

[1]   Otros estudiosos también han visto la necesidad de restringir el ámbito de análisis al Principado (por ejemplo, Hina 1978; Neu-Altenheimer 1992; Anguera 1997).

Nota

Para las citas se han utilizado las fuentes primarias siempre que haya sido posible acceder a ellas. Así pues, solo se ha recurrido a la cita secundaria en los casos puntuales en los que no hemos podido tener acceso a la fuente original y cuando su referencia nos parecía imprescindible.

En lo que concierne a la ortografía, se ha respetado la grafía original en las citas de las fuentes primarias. Se han mantenido en catalán los nombres originales de instituciones, partidos, conceptos, etc. (*Renaixença*, *Jocs Florals, catalanisme, Institut d'Estudis Catalans, Mancomunitat de Catalunya*), los cuales se señalarán en cursiva; así como las referencias a los antropónimos catalanes. Los nombres de figuras catalanas pertenecientes al periodo de análisis han sido adoptados a la grafía catalana actual (por ejemplo, Milà i Fontanals; no Milà y Fontanals).

Abreviaciones

DC   *Diari Català* (04.05.1879-30.06.1881)
ERC   *Esquerra Republicana de Catalunya*
IEC   *Institut d'Estudis Catalans* (creado en 1907)
JF   *Jocs Florals* de Barcelona (instaurados en 1859)
M.F.   Joan Mañé i Flaquer (1823-1901)
N.A.   Gaspar Núñez de Arce (1834-1903)
PCC   *Primer Congrés Catalanista* (1880)
V.A.   Valentí Almirall (1841-1904)

1. DEFINICIÓN DE CONCEPTOS

1.1. Diglosia y conflicto lingüístico

El término "diglosia" fue introducido por primera vez en 1885 por el escribano griego Emmanuel Roidis (1831-1904) para describir la situación lingüística del griego en la que coexistían dos variedades completamente diferenciadas: la lengua literaria escrita (*katharevousa*) y la lengua oral (*demotike*) (cf. Kremnitz 1987: 209 y 1995: 42 y ss.; Cichon/Kremnitz 1996: 118; Doppelbauer 2006: 23). Después fue retomado por Jean Psichari (1854-1929), el gran defensor de la oficialización del *demotike*, y otros investigadores, pero no fue hasta 1959 cuando el término cobró relevancia gracias a un artículo del lingüista norteamericano Charles A. Ferguson (cf. Kremnitz 1987: 210 y 1995: 42 y ss.; Cichon/Kremnitz 1996: 118). La definición más extendida del término "diglosia" en sociolingüística proviene del nuevo planteamiento de Ferguson:

> Diglossia is a relatively stable language situation in which, in addition to the primary dialects of the language (which may include a standard or regional standards), there is a very divergent, highly codified (often grammatically more complex) superposed variety, the vehicle of a large and respected body of written literature, either of an earlier period or in another speech community, which is learned largely by formal education and is used for most written and formal spoken purposes but is not used by any sector of the community for ordinary conversation (Ferguson 1959: 336).

Este autor basa su definición en las situaciones del griego, del árabe, del francés, del criollo (en Haití) y del binomio alemán estándar/alemán suizo (*Hochdeutsch/ Schwyzerdütsch*) en Suiza; y distingue entre una variedad literaria, codificada (H, "high"), y una variedad hablada (L, "low"). Según este estudioso, existe una clara delimitación entre los ámbitos de uso de cada una de las variedades y una aceptación generalizada de las reglas de uso que permite hablar de una relativa estabilidad. Esta definición encajaría perfectamente para describir la situación del llamado *Hochdeutsch* y el *Schwyzerdütsch* en la Suiza actual (cf. Doppelbauer 2006: 24).

Para Ferguson la estabilidad se mantiene hasta el momento en que en el seno de una sociedad se producen los siguientes cambios: 1) extensión de la alfabetización; 2) intensificación de la comunicación en un espacio más amplio; y 3) creci-

miento de una conciencia nacional que se traduce en un deseo de tener una lengua nacional común (cf. Kremnitz 1987: 210 y 1995: 43-44). Como destaca
Kremnitz, la definición de Ferguson, además de ser mucho más restrictiva y está-
tica que la de sus predecesores, no tiene en cuenta los aspectos sociales del fenómeno; la crítica que se hace a este autor se basa sobre todo en su falta de atención
respecto a la dimensión social. El lingüista norteamericano Joshua A. Fishman
trató de ampliar el término intentando establecer una diferenciación entre "bilingüismo", referido a un fenómeno únicamente individual y perteneciente al ámbito de la psicolingüística, y "diglosia", como un fenómeno social perteneciente a
la sociolingüística (cf. Kremnitz 1987: 210 y 1995: 44; Cichon/Kremnitz 1996:
119). Conviene señalar, como lo hacen Cichon y Kremnitz (1996: 119), que todas
las definiciones propuestas dejan al margen la problemática de la dominación de
lenguas y que solo logran establecer, de modo parcial, un punto de contacto entre
los fenómenos sociales y los individuales. En otras palabras, tanto las de Ferguson como las de Fishman son concepciones que no consideran los desarrollos
históricos en una medida apropiada.

En este libro se empleará el término "diglosia" para referirnos a dos lenguas que
tienen funciones comunicativas distintas dentro una misma sociedad, presupo-
niendo, pues, que existe una jerarquía entre estas que viene determinada por factores extralingüísticos o históricos, como la hegemonía política o económica de
un grupo social sobre otro, etc. Esta definición será útil para describir la marcada
diferenciación de funciones comunicativas entre el catalán y el castellano en el
periodo que abarcamos, es decir, entre 1833 y 1932. Durante buena parte de ese
periodo el castellano fue la lengua del dominio público, especialmente en los
contextos formales, y la que gozaba de un verdadero "prestigio social", mientras
que el catalán quedaba reservado al dominio privado, empleándose en el ámbito
público solo en contextos más informales. No obstante, a lo largo de nuestra
investigación observaremos con detalle que esta situación presentará cambios
importantes relacionados con el "prestigio" y el "estatus" de ambas lenguas
(véase epígrafe 1.2), hecho que permite relativizar la afirmación de Ferguson
según la cual la diglosia es una situación lingüística relativamente estable.

Como advierte Kremnitz, la coexistencia simétrica de dos lenguas en una sociedad bilingüe o multilingüe es prácticamente una utopía (cf. 1994: 24; 1995: 47 y
ss.[1]), de ahí que el fenómeno de la diglosia conlleve casi de manera lógica un
"conflicto lingüístico":

---

[1]   Kremnitz afirma: "Zur Zeit scheinen solche symmetrischen Kontakte nicht dauerhaft zu
      sein: dort, wo die Sprecher verschiedener Sprachen in beständigen und dauerhaften Kon-
      takt treten, dürften die Beziehungen ziemlich schnell mehr oder weniger asymmetrisch

Einer der Aspekte eines Sprachenkonflikts (der niemals nur sprachlicher Natur ist, sondern zumindest Elemente eines sozialen Konflikts enthält) ist die Diglossie, der Gebrauch von zwei (oder mehr als zwei) Sprachformen nach weitgehend strategischen Kriterien. Die globale Diglossie zeigt sich in der Gesamtheit der diglossischen Funktionsweisen, die in jedem Kommunikationsakt aktualisiert werden. Es ist angebracht, einmal mehr daran zu erinnern: was man Diglossie nennt, ist nur die Resultate von konkreten Situationen, die im Einzelnen sehr wiedersprüchlich sein können, vor allem dort, wo es sich um einen offenen Konflikt handelt. (Kremnitz 1995: 48)

Así pues, la coexistencia de diferentes lenguas en una misma sociedad desemboca en un conflicto lingüístico que, de acuerdo con Kremnitz y siguiendo los postulados de Ninyoles, pone de manifiesto un conflicto social. Esto significa que tras todo conflicto lingüístico se esconde otro más amplio de carácter social.

En este contexto, según la teoría de Ninyoles (1971: 47 y ss.), en una sociedad donde existe contacto de lenguas solo son posibles dos vías: la normalización o la sustitución de la lengua dominada (lengua B). En sus propias palabras:

La diglòssia comporta una dualitat valorativa. Però també un desequilibri real. I aquest desequilibri assenyala dues direccions possibles: 1) la normalització social de l'idioma B, o 2) la substitució lingüística total i definitiva. No hi ha un tertium quid. Les úniques situacions viables són aquestes dues, i encara que poden coexistir o competir en el transcurs d'un temps, constitueixen els termes reals i últims del conflicte (Ninyoles 1971: 47).

Ninyoles (1975)[2] parte pues de la base de que, en situaciones de contacto de lenguas, la lengua minorizada/dominada se normalizará[3] definitivamente con el tiempo o bien será sustituida por la lengua hegemónica. En el peor de los casos, según este sociolingüista valenciano, la sustitución podría conllevar la extinción definitiva de la lengua dominada. En consonancia con esto, a su entender, las ideologías diglósicas (y más concretamente el bilingüismo) son aquellas que intentan estabilizar una situación descompensada (insostenible, en su opinión), ignorando o negando el problema real que es la sustitución o la normalización.

---

werden: diese Asymmetrien können sehr verschiedene Formen annehmen […]. Andererseits ist es klar, daß diese Asymmetrien, als historische Phänomene in einem gewissen Sinn reversibel sind […], wie zahlreiche Sprachgemeinschaften beweisen, die für einen *Wiederaufstieg* ihrer jeweiligen Sprachen gesorgt haben […]" (1995: 47-48).

[2]   En Kremnitz 1979: 111-119.

[3]   Por normalización entendemos el proceso de reorganización social que consiste en la extensión del uso de la lengua minorizada. Este proceso gira alrededor de cuatro ejes: 1) aumento de hablantes; 2) aumento de la frecuencia de uso; 3) ocupación de todos los ámbitos de uso (formales e informales); y 4) creación de normas de uso lingüístico más favorables para la lengua dominada (cf. *Diccionari de Sociolingüística* 2001: 205).

Puesto que, en general, el idioma dominante es la lengua de los grupos social y
políticamente hegemónicos, la normalización va unida a un cambio o, como
mínimo, a una modificación sustancial de la distribución de poderes en la sociedad en cuestión (cf. Kremnitz 1987: 213). Por el contrario, la sustitución se
entiende como una asimilación al grupo (lingüístico) dominante. Si observamos
el decurso de la historia europea, no es difícil constatar que desde la Edad Media
se han dado tendencias normalizadoras como, por ejemplo, el caso del húngaro o
del checo con respecto al alemán, y movimientos de sustitución, como la del cór-
nico por el inglés (*ibid.*). De una manera más general, se puede decir que los
movimientos nacionalistas del siglo XIX consiguieron normalizar sus respectivas
lenguas, sobre todo, en el Este y el Centro de Europa, mientras que el modelo de
sustitución dominó en el contexto de la Europa Occidental como ilustran los
casos de Francia e Inglaterra (cf. Kremnitz 2003: 9).

El concepto de "conflicto lingüístico", que se adscribe al ámbito de la sociolingüística catalana, fue acuñado por Lluís V. Aracil (1965)[4]. Sin embargo, fue Rafael Ll. Ninyoles quien realizó una definición que ha tenido amplia difusión en la
sociolingüística catalana e internacional[5]:

> Hi ha un conflicte lingüístic quan dues llengües clarament diferenciades s'enfronten
> l'una com a políticament dominant (ús oficial, ús públic) i l'altra com a políticament
> dominada. Les formes de dominació són variades: [...] Un conflicte lingüístic pot ser
> latent o agut, segons les condicions socials, culturals i polítiques en què es presenta
> (*Congrés de Cultura Catalana* 1978, I, 13, citado en Kremnitz 1987: 212).

Aunque no se explicite, conviene no perder de vista que la definición de Ninyoles
hace referencia a la situación sociolingüística de la época postfranquista y que,
sin duda, el conflicto lingüístico se entiende aquí como evidencia de un conflicto
social más extenso. Kremnitz (cf. 1995: 48) puntualiza en este sentido que todas
las situaciones deben inscribirse dentro de un contexto geográfico, cronológico y
social determinado y que variarán en función de estos parámetros. Desde nuestro
punto de vista, esto evidencia no solo que el análisis de las situaciones sociolin-
güísticas requiere una contextualización más amplia, sino también la dependencia de la sociolingüística con respecto a otras disciplinas como la historia y las
ciencias sociales y políticas. En consecuencia, podemos decir que la definición
de conflicto lingüístico que ofrece Ninyoles no será válida para todos los casos y
contextos.

---

4   La traducción al alemán del artículo "Un dilema valencià" de Aracil se puede encontrar en
    Kremnitz 1979: 80-86.
5   Algunos textos básicos del ámbito de la sociolingüística catalana de la época están recogi-
    dos y traducidos al alemán en Kremnitz (1979).

Por otro lado, cabe precisar que la definición de Ninyoles equipara, en cierto modo, la diglosia con el conflicto lingüístico, pues presupone la existencia de conflictos en todas las situaciones donde hay una división funcional entre lenguas. Con respecto a cuándo se puede hablar de diglosia dentro de un conflicto lingüístico, las opiniones son bien dispares (cf. Kremnitz 1987: 212). En realidad, una de las faltas de consenso –dice Kremnitz– existe porque, entre otras cuestiones, los enfoques se reducen a situaciones de contacto típicamente europeas entre grupos autóctonos y no contemplan escenarios de migración. Asimismo, el sociolingüista alemán asevera que las dos salidas que prevé Ninyoles (normalización o sustitución) no pueden ser las únicas vías de culminación de un conflicto lingüístico, pues el caso de la desaparición completa de una lengua (sustitución), tal y como confirma la evolución de la historia, es más la excepción que la regla:

> Le conflit se laisse alors décrire comme la somme des changements de positions et d'emplois des langues selon les critères énumérés, avec l'avantage que, d'une part, le nombre des langues prises en considération peut être bien plus élevé que deux seulement, de l'autre, la disparition complète d'une langue d'un territoire (la substitution ou la normalisation) n'est plus la fin plus ou moins normale d'un conflit, mais une situation exceptionnelle, car nous savons tous, par ce que nous enseigne la linguistique historique, à quel point ces processus de disparition sont lents, tant qu'il ne s'agit pas de génocide. La disparition complète d'une langue, qui selon la conception initiale marquait l'issue normale d'un conflit, devient ainsi une situation communicative exceptionnelle, la perte malheureuse de tout un ensemble de possibilités communicatives et en même temps une défaite de l'écologie linguistique. Car chaque disparition d'une langue est une perte sur la plan des diversités comunicative et creative (Kremnitz 2003: 19)[6].

Por otro lado, Kremnitz también destaca que la "normalización" no puede entenderse como el monopolio de una única lengua, sino como la posibilidad de emplear una determinada lengua en todos los ámbitos de comunicación (cf. 2003: 18).

---

[6] Traducción de la autora (T.A.): "El conflicto se puede describir, entonces, como la suma de cambio de posiciones y empleos de lenguas según los criterios enumerados, con la ventaja de que, por un lado, el número de lenguas tomadas en consideración puede ser bastante mayor que solamente dos. Y, por otro lado, la desaparición completa de una lengua de un territorio (la sustitución o la normalización) no es el fin más o menos normal de un conflicto sino una situación excepcional, ya que todos sabemos, a través de que nos enseña la lingüística histórica, hasta qué punto son lentos estos procesos de desaparición, siempre y cuando no se trate de un genocidio. La desaparición completa de una lengua, que según el concepto inicial marcaba el fin normal de un conflicto, se convierte así en una situación comunicativa excepcional, la parte desafortunada de todo un conjunto de posibilidades comunicativas y, al mismo tiempo, una derrota para la ecología lingüística. Puesto que la desaparición de una lengua es una pérdida para la diversidad comunicativa y creativa".

Volviendo a las posibilidades de manifestación del conflicto lingüístico, Ninyoles y Kremnitz coinciden en que este puede ser "latente" o "agudo". Es latente cuando las reglas de uso de cada lengua están codificadas y son relativamente estables, es decir, cuando apenas se dan contradicciones. Por el contrario, puede ser "agudo" cuando el consenso sobre las reglas de juego ya no funciona en el seno de una sociedad compleja. Si observamos la realidad española actual, podemos afirmar que el conflicto entre las distintas lenguas reconocidas oficialmente (entre el castellano y el resto de lenguas cooficiales) es latente a pesar de que, a nuestro modo de ver, diversos grupos se esfuerzan en presentarlo como un conflicto agudo recurriendo a un discurso "apocalíptico"[7] y desestabilizando el consenso que se había establecido en las últimas décadas del siglo XX.

Desde el punto de vista actual y refiriéndonos siempre a grupos autóctonos, si bien su manifestación puede ser latente y no percibirse como tal, en las sociedades donde conviven varias lenguas, es casi imposible que no exista algún tipo de conflicto lingüístico dado que gran parte de los estados actuales se han formado a partir de la imposición de una comunidad lingüística sobre otra(s). En este sentido, siguiendo los postulados de Kremnitz, sostenemos que la coexistencia simétrica de dos o más lenguas en una sociedad es prácticamente imposible (cf. 1994: 24 y 1995: 47 y ss.) y que será, por tanto, origen de tensiones que pueden resolverse de diferentes modos. En nuestro ámbito de investigación, esto se manifiesta en las constantes tensiones que caracterizan las relaciones (pasadas y presentes) entre Cataluña y España. Antes de concluir este epígrafe, cabe mencionar que ambos conceptos, tanto el de diglosia como el de conflicto lingüístico, hacen referencia a realidades cambiantes o, en otras palabras, que aluden a fenómenos dinámicos.

1.2. Estatus, prestigio y valor comunicativo de las lenguas

El contacto de lenguas puede presentar situaciones complejas como la "diglosia" o el "conflicto lingüístico". Además de los fenómenos citados, existen otros elementos importantes que afectan a las situaciones de contacto lingüístico y que también se encuentran en estrecha relación con los fenómenos estudiados en el epígrafe 1.1. En este apartado, se abordarán los conceptos de "estatus", "prestigio lingüístico" y "valor comunicativo". Mientras que los dos primeros, estrechamente relacionados entre sí, forman parte de los conocimientos básicos de la sociolingüística, Georg Kremnitz (cf. 2002; 2003) introduce un tercer elemento

---

7   El término "discurso apocalíptico" ha sido tomado de Pradilla Cardona 2006: 267-279.

para referirse al valor real del uso social de una lengua al que denomina "valor comunicativo".

El "estatus" de una lengua, el concepto más objetivo desde el punto de vista del análisis, no es otra cosa que el nivel de reconocimiento y protección legal de un idioma que permite regular su uso dentro de una sociedad. No cabe duda de que el grado de reconocimiento y protección de las lenguas incide, en gran medida, en su desarrollo y en su prestigio, así como en las actitudes y comportamientos lingüísticos de sus hablantes (véase epígrafe 1.3).

Kremnitz comenta que existen tres tipos de reconocimiento jurídico (2002: 122)[8]:

a) la *oficialidad exclusiva*, como venía siendo el caso del francés en Francia desde la Revolución Francesa[9];

b) la *cooficialidad*, como encontramos en las comunidades autónomas con lengua propia en España;

c) el estatus de *lengua minoritaria reconocida*, como sería el caso de algunas lenguas como el croata o el esloveno en Austria, consideradas propias de las minorías autóctonas del país.

Mientras los modelos a) y c) son asimétricos por definición[10], el modelo de doble oficialidad parte de la simetría, si bien en el caso de España, al basarse en un estricto principio de territorialidad, presenta también cierta asimetría[11]. El principio de territorialidad implica que la oficialidad compartida solo es válida en un territorio concreto y no en el conjunto del territorio nacional. En España, la cooficialidad del catalán, del euskera y del gallego solo es aplicable en las comunidades autónomas donde se hablan estas lenguas, es decir, en Cataluña, la Comunidad Valenciana y las Baleares para el catalán, en el País Vasco y parte de Navarra para el euskera y en Galicia para el gallego[12].

---

[8] Acerca del estatuto de oficialidad de una lengua se recomienda el interesante estudio de Pérez Fernández 2006: 35-42.

[9] El día 21 de julio de 2008 el Parlamento francés aprobó, por margen de un solo voto, la reforma constitucional francesa. Tras largos debates el Congreso ha aceptado un tímido reconocimiento de las lenguas regionales, relegado al artículo 75 y no al primer o segundo artículo como originalmente había propuesto la Asamblea Nacional.

[10] En un sentido negativo, otros tipos de asimetría podrían ser las actitudes por parte del Estado que tienden a ignorar ciertas lenguas o a perseguirlas (cf. Kremnitz 2002: 122).

[11] Esta descompensación ha sido criticada por varios autores. A modo de ejemplo, citaremos tres privilegios de los que goza el castellano según Boix (2006: 50): 1) es lengua oficial única en su territorio histórico; 2) es también oficial en el territorio histórico de las demás lenguas; 3) goza de oficialidad exclusiva en los órganos centrales del Estado.

[12] Para un análisis profundo sobre el estatuto jurídico de las lenguas de España se recomienda la obra de Pérez Fernández (2006). En Cichon/Doppelbauer (2008) y en Turell (2007) tam-

A estos tres modelos, que toman claramente como punto de partida los estados, podrían añadirse otros tipos de reconocimiento que surgen con la aparición de nuevas estructuras de organización política. Nos referimos concretamente a la creación de la Unión Europea (UE), una entidad supranacional que genera nuevas jerarquías en el reconocimiento jurídico de las lenguas[13]. La UE tiene actualmente 23 lenguas oficiales que suelen definirse como las lenguas nacionales de los 30 estados miembros, esto es, las lenguas que son oficiales en todo el territorio nacional de dichos estados. De este modo, el resto de lenguas que en ellos gozan de reconocimiento legal (sea en términos de cooficialidad o de lengua minoritaria reconocida) no se encuentran representadas a nivel supraestatal, perdiendo así parte de su estatus jurídico (solo válido dentro de las estructuras estatales y regionales).

En general, cada vez son más los países que tienden a reconocer las diversas lenguas autóctonas como lenguas oficiales o bien a otorgarles cierto grado de reconocimiento jurídico. Como países pioneros podríamos mencionar Suiza, cuya Constitución de 1874 establecía la oficialidad del francés, alemán, italiano y romanche (art. 116), e Irlanda que, en la Constitución del Estado Libre Irlandés, creado en 1922, establecía la doble oficialidad del inglés y del irlandés (gaélico). Si bien la cooficialidad o el reconocimiento legal de una lengua es la base para regular su uso social, tampoco debe ignorarse que, en algunas ocasiones, el reconocimiento oficial de un idioma no conlleva necesariamente la adopción de medidas reales para su protección. Este es el caso de algunos países como Colombia, Ecuador o Perú (y algunos otros estados de Latinoamérica) que, a pesar de reconocer oficialmente sus respectivas lenguas indígenas, no introducen medidas para la realización de este derecho, de modo que la situación *de iure* de estas lenguas no se corresponde con las respectivas prácticas reales.

El estatus del catalán en Cataluña ha ido variando a lo largo de los siglos. Antes de la Monarquía borbónica fue la lengua de un estado. A partir del siglo XVIII vivió varias etapas de prohibición y represión que se fueron repitiendo hasta el último tercio del siglo XX (véanse epígrafes 4.1 y 4.2). Durante la II República española, con la aprobación del *Estatut d'Autonomia* de 1932, se estableció como lengua cooficial, estatus que le fue arrebatado con la implantación de la dictadura franquista. Finalmente, en 1979, el *Estatut de Sau* le devolvía el rango de cooficialidad del que sigue gozando hasta la actualidad.

---

bién puede encontrarse un estudio sobre la situación sociolingüística actual de las lenguas en España.

[13] Para más detalles remitimos al artículo de Climent-Ferrando/Gimeno Ugalde (2006).

De mayor complejidad que el anterior, pues depende de desarrollos históricos y políticos que ocurren en el seno de una sociedad, el concepto de "prestigio", conocido también bajo el nombre de "estatus ficticio", se refiere a la aceptación social de una lengua. En el ámbito de la sociolingüística catalana, suele distinguirse –como recuerda Kremnitz (2002: 123)[14]– entre prestigio interno y prestigio externo. El primero se refiere a la reputación de una lengua entre sus propios hablantes y el segundo a la reputación que los no hablantes confieren a la misma. Es pertinente puntualizar que incluso en situaciones en las que dos lenguas tienen un mismo estatus jurídico (cooficialidad) el prestigio puede ser distinto. En el caso actual de Cataluña, el prestigio interno y externo que se otorga a la lengua catalana es muy alto, si bien no puede afirmarse lo mismo del catalán/valenciano en la Comunidad Valenciana, donde tanto el prestigio interno como el externo son mucho menores. Este ejemplo sirve para ilustrar que, a pesar de que ambas comunidades autónomas tienen en común el estatus jurídico de la cooficialidad, un mismo idioma puede gozar de un prestigio muy diferente según el contexto en el que nos hallemos. En otras palabras, el prestigio de una lengua, más allá de su estatus, varía en función de las coordenadas histórico-políticas. Esta diferenciación de prestigio se refleja también en la funcionalidad de las lenguas: así pues, el catalán en la Comunidad Valenciana se reduce mucho más a los ámbitos de uso privados, mientras que el castellano es la lengua predominante de la esfera pública y formal[15]; en Cataluña, en cambio, el catalán está muy presente en los ámbitos públicos y oficiales, aunque también en los usos privados[16]. Si observamos el prestigio del catalán en Cataluña desde una perspectiva diacrónica, tomando como referencia el periodo seleccionado para nuestra investigación, podemos percatarnos de que fue aumentando progresivamente desde 1833 a 1932. Mientras que a inicios de la *Renaixença* todavía se constataba un bajo prestigio de la lengua, aducible a su desplazamiento de los usos formales, a finales del siglo XIX y durante las tres primeras décadas del XX el catalán fue ganando prestigio, a la vez que recuperaba dominios de uso que antes estaban reservados al castellano. El aumento de prestigio del catalán también tuvo repercusiones en su reconocimiento jurídico (estatus), ya que tras décadas de reivindicación logró establecerse la oficialidad en 1932.

---

[14]   Entre otros nombres menciona los de Aracil, Ninyoles y Vallverdú.

[15]   Sobre el prestigio del catalán en la Comunidad Valenciana se recomienda la lectura del epígrafe correspondiente del libro de Max Doppelbauer (cf. 2006: 54-56). Para obtener una panorámica general de la situación sociolingüística en esta Comunidad, remitimos también al artículo de Gimeno Menéndez (2008).

[16]   Si bien hay que decir que, en los últimos años, se observa una tendencia a favor del castellano en ciertos ámbitos de uso, especialmente informales. Sin duda, esta tendencia tiene una relación directa con la inmigración castellanohablante llegada desde finales de la década de los 90 del siglo XX que tiende a emplear el español como *lingua franca*.

En situaciones de contacto lingüístico y partiendo de la base de que en todas las sociedades existe una cierta desigualdad de grupos, el prestigio de una lengua está relacionado con el de los diferentes grupos sociales. Al mismo tiempo, los grupos sociales dominantes son los que determinan cuál es la lengua o lenguas de prestigio. En consecuencia, se puede afirmar, por un lado, que los hablantes tienden a usar la lengua de mayor prestigio para aumentar su prestigio social y que, por el otro, el grado de prestigio de un idioma dependerá de su necesidad de uso en los ámbitos públicos y formales. En general, es posible decir que la necesidad de uso de una lengua variará en función de cuál o cuáles sean los grupos sociales que impongan sus criterios dentro una sociedad (cf. *Diccionari de Sociolingüística* 2001: 232). En este contexto es conveniente retomar el tercer concepto que añade Kremnitz (2002: 126): el valor comunicativo o, siguiendo la terminología de Roberto Bein, el "valor de uso" de una lengua. El primero define este valor como la suma de todos los contactos lingüísticos en un espacio y lugar determinados y apunta que entre el estatus, el prestigio y el valor comunicativo existen grandes divergencias. En otras palabras, para este sociolingüista alemán, el valor comunicativo se explica en términos de si una determinada lengua es útil en una función comunicativa concreta o no. Asimismo, sugiere que este valor tendrá un mayor peso en las decisiones político-lingüísticas del futuro tanto a nivel de los diferentes estados como a nivel europeo.

Para ilustrar los distintos conceptos que se han venido comentando, Max Doppelbauer (2006: 56-57) se sirve del ejemplo de Senegal: en este país africano, antigua colonia francesa, la única lengua oficial es el francés, idioma que además goza de un gran prestigio y se asocia al ascenso social, siendo, por ejemplo, la lengua vehicular de toda la enseñanza (incluida la universitaria). Sin embargo, según las estadísticas, solo alrededor del 12% de la población sabe hablarlo y únicamente un 0,2% lo tiene como lengua materna. El 80% de la población habla bien wolof/volofo, una lengua autóctona que cerca de la mitad de la población tiene como idioma materno (*ibid.*). Esto significa, pues, que, a pesar de que el francés goza de un alto estatus jurídico (única lengua oficial) y de un gran prestigio social, su valor comunicativo es prácticamente nulo, al ser un idioma apenas usado en la vida cotidiana de la mayoría de la población. El volofo, por el contrario, tiene un estatus jurídico más bajo comparado con el francés, siendo descrito en la constitución como una *langue nationale* (sin especificar la definición del término); goza de un prestigio mucho menor que el francés pero su valor comunicativo es muy elevado si se compara con esta lengua, pues gran parte de la población lo entiende y sabe hablarlo. Una situación similar la encontraríamos en Mozambique, donde el portugués –lengua de prestigio– es la lengua oficial del país según el artículo 10 de la Constitución del 2004, aunque menos de un 6% la tiene como lengua materna y menos de la mitad de la población sabe hablarla. El resto de lenguas, sin determinarse cuáles, son consideradas *línguas nacionais* (art. 9).

Volviendo a nuestro ámbito de investigación, desde una perspectiva diacrónica, el catalán a principios del siglo XIX en Cataluña tenía un prestigio reducido y carecía de estatus jurídico, pero gozaba de un gran valor comunicativo: era el idioma más extendido en los ámbitos de uso privados e informales y, en muchas ocasiones, seguía siendo extraoficialmente lengua vehicular de la enseñanza. A lo largo de la segunda mitad del siglo XIX y durante las tres primeras décadas del XX su prestigio fue aumentando, al igual que su valor comunicativo conforme iba recuperando ámbitos de uso formales. La culminación de este proceso se produjo en 1932 con el ascenso a la oficialidad compartida. La represión franquista hizo que su prestigio, así como su estatuto jurídico, fuera anulado de manera radical; asimismo, su valor comunicativo quedó reducido al mínimo, es decir, exclusivamente al ámbito familiar. Actualmente, a pesar de su elevado prestigio y de su estatus cooficial, el valor comunicativo del catalán está mostrando una cierta regresión, siendo reemplazado con frecuencia por el castellano que se convierte en una suerte de *lingua franca* para los hablantes de lengua no catalana que viven en esta Comunidad Autónoma[17]. Esto nos permite confirmar la tesis de Kremnitz de acuerdo con la cual pueden existir grandes divergencias entre el estatus, el prestigio y el valor comunicativo de una lengua.

1.3. Ideología, actitud y discursos lingüísticos

Según Del Valle (2007b: 18-19), las aproximaciones contextualizadoras del lenguaje (antropología lingüística, sociolingüística, estudios glotopolíticos, etc.) y su consolidación académica posibilitaron los análisis lingüísticos orientados más hacia el hablante, el uso y los contextos que hacia el sistema en sí, como venía haciéndose tradicionalmente desde enfoques estructuralistas, generativistas, etc. Este cambio de paradigma –junto a una cierta convergencia de las ramas contextuales de la lingüística (sociolingüística, antropología lingüística, etc.) con las ciencias sociales y la filosofía– creó el marco propicio para el reconocimiento de la categoría analítica "ideología(s) lingüística(s)" (*ibid.*). Desde entonces, los investigadores han ido proponiendo definiciones distintas que sugieren una cierta unidad conceptual. Martí i Castell (2005: 73), por ejemplo, entiende por ideología lingüística todo aquello que se piensa sobre el lenguaje, sobre las lenguas, pero vinculado siempre al concepto general que se tiene sobre el universo inte-

---

[17]   Para conocer detalles sobre el valor comunicativo del catalán en la Comunidad Valenciana se recomienda la lectura de Doppelbauer 2006: 57-58.

lectual. Mucho más precisa sería la definición de Boix (1998) que la describe como el conjunto de creencias sobre el lenguaje que tienen los hablantes como justificación o racionalización de su manera de percibir la estructura y el uso lingüístico. Para Boix, estas creencias son, por un lado, mecánicas y responden a las posiciones, intereses y prácticas sociales de los individuos y grupos; y, por el otro, están determinadas por los contextos históricos, a la vez que limitan los comportamientos futuros. El enfoque de Boix sugiere un punto de vista muy interesante, pues no solo destaca la importancia del contexto social en la manera de percibir la lengua desde una perspectiva actual, sino también la relevancia del pasado en su constitución y su dimensión performativa, es decir, su capacidad de influenciar los comportamientos futuros.

Del Valle propone una definición bastante similar a la de Boix, si bien mucho más amplia:

> Las ideologías lingüísticas son sistemas que articulan nociones del lenguaje, las lenguas, el habla y/o la comunicación con formaciones culturales, políticas y/o sociales. Aunque pertenecen al ámbito de las ideas y se pueden concebir como marcos cognitivos que ligan coherentemente el lenguaje con un orden extralingüístico, naturalizándolo y normalizándolo (van Dijk 1995), también hay que señalar que se producen y reproducen en el ámbito material de las prácticas lingüísticas y metalingüísticas [...]. El análisis de las ideologías lingüísticas, por tanto, debe plantearse como objetivo la identificación del contexto en el que cobran pleno significado (Del Valle 2007: 19-20).

Siguiendo la definición propuesta, vale la pena enfatizar la función que tienen las ideologías en la producción y reproducción de las prácticas lingüísticas y metalingüísticas, dado que la ideología lingüística, anclada en un contexto histórico-político determinado, se refleja, por un lado, en las prácticas y usos lingüísticos de sus hablantes y, por otro, en las prácticas metalingüísticas, es decir, en las referencias a la lengua que hacen tanto los hablantes como los no hablantes.

La noción de ideología lingüística está estrechamente vinculada a la de "actitud lingüística". Precisamente la ideología, es decir, el conjunto de imágenes o ideas sobre una lengua, está unida a la actitud o actitudes que se tienen sobre esta. Si nuestra creencia sobre una lengua determinada es positiva, la actitud que tendremos hacia ella será lógicamente positiva. Cuando se habla de actitudes lingüísticas nos referimos fundamentalmente a la disposición favorable o desfavorable que tienen las personas o grupos hacia las lenguas, sean las propias o ajenas (cf. VV.AA. 2006: 285); esta definición, a nuestro modo de ver, también sería aplicable a las variedades lingüísticas.

"Las actitudes se forman de manera compleja a partir de las creencias, representaciones y percepciones establecidas en torno a las lenguas, influidas todas ellas por un determinado sentimiento de afecto o de rechazo" (*ibid.*). De forma sucinta: por una parte, las actitudes dependen de las ideologías lingüísticas y, por otra, predisponen a las personas a que adopten un comportamiento lingüístico u otro, esto es, "provocan tendencias de uso de una lengua o de sustitución, ya sea de forma absoluta, o para determinados ámbitos o situaciones específicas" (*ibid.*). Así pues, las actitudes lingüísticas determinan los comportamientos lingüísticos generando situaciones de uso normal, de diglosia o de sustitución lingüística. Con todo, debe señalarse que tanto las actitudes como los comportamientos lingüísticos se ven condicionados por el estatus de las lenguas, así como por el valor comunicativo de estas.

En términos generales, las actitudes lingüísticas se pueden dividir en dos tipos: las positivas y las negativas. En cuanto a las últimas, es preciso hacer referencia al "prejuicio lingüístico", entendido como un tipo de prejuicio social que se manifiesta en un juicio de valor sobre una lengua o sus hablantes (*Diccionari de Sociolingüística* 2001: 228-230). Los prejuicios suelen mostrarse en forma de estereotipos que tienden a presentarse en dicotomías: hay lenguas dulces y suaves y lenguas ásperas; lenguas fáciles y difíciles; lenguas de cultura y lenguas primitivas, etc. Las actitudes de prejuicio no solo inciden en la relación de unas lenguas con otras (prejuicio interlingüístico), sino también en las diversidades internas de la lengua (prejuicio intralingüístico). Los prejuicios presentan pues dos niveles de realización: actitudes de prejuicio interlingüísticas e intralingüísticas[18]. Las primeras, de mayor interés para el presente estudio, se refieren a las concepciones relacionadas con la lengua como medio de comunicación respecto a otras lenguas; las segundas son aquellas que tienen relación con la percepción de la diversidad interna de una lengua, pues dentro de un mismo sistema lingüístico también existen prejuicios como las supuestas diferencias cualitativas entre las distintas variedades: por ejemplo, suele ser común el rechazo hacia las consideradas inferiores. Asimismo, es preciso enfatizar que las actitudes y comportamientos lingüísticos no siempre se pueden clasificar claramente en términos de positivo y negativo sino que, dependiendo del contexto, pueden aparecer también bajo formas contradictorias.

---

[18] Dentro del ámbito interlingüístico, Tuson señala los siguientes prejuicios: hay lenguas fáciles y lenguas difíciles; existen lenguas suaves y lenguas ásperas; las lenguas más importantes son las más habladas; hay lenguas de cultura y lenguas primitivas; existen lenguas útiles y lenguas inútiles; hay lenguas superiores y lenguas inferiores por su literatura (*Diccionari de Sociolingüística* 2001: 229). También identifica otros prejuicios como las afirmaciones de que es natural que las lenguas desaparezcan, hay lenguas de cultura y lenguas estériles, etc. A nivel intralingüístico pueden destacarse algunos prejuicios como la denigración de formas no estándar, la relación jerárquica y genética entre lengua y dialectos, el menosprecio hacia variedades ajenas e incluso el menosprecio al estándar (*ibid.*).

Una de las actitudes de prejuicio más extendidas sobre el catalán durante el periodo que analizaremos era su supuesta "ineptitud" para ciertos ámbitos de uso, es decir, como lengua formal y de alta cultura. Desde un punto de vista mucho más general y actual, podría mencionarse otro prejuicio, bastante extendido, que se fundamenta en la creencia de la mayor utilidad de unas lenguas en detrimento de otras. Bajo una perspectiva glotológica, la lingüística científica parte de la "esencial igualdad de las lenguas", si bien estas pueden ser desiguales en su trato social o político; las lenguas son desiguales en su tratamiento social, no en su naturaleza lingüística (cf. D'Andrés Díaz 2006: 198-199). Así pues, no existen lenguas más útiles o menos útiles, sino que el índice de utilidad depende de las necesidades de comunicación de cada hablante respecto a la lengua en cuestión.

Para concluir este epígrafe, queremos señalar que el empleo que se hará aquí de la categoría de "discurso" parte de la propuesta de Del Valle (2007: 25-27). Este autor, siguiendo los postulados de Jaworski y Coupland, destaca dos aspectos de la teorización del lenguaje como discurso: su vinculación con el uso ("interacción") y el contexto ("orden social"). Así pues:

> [A]l definir el lenguaje como (inter)acción insistimos en su carácter no sólo constativo (como reflejo objetivo de una realidad externa que posibilita la transparencia de la comunicación) sino también su naturaleza performativa, es decir, en su condición de herramienta que interviene la realidad que (re)presenta [...] y que opera sobre el contexto en que se usa (*ibid.*: 26).

En otras palabras, lo que propone este investigador es el uso de "discurso lingüístico" teniendo en cuenta tanto su carácter performativo, esto es, su relación dinámica con el contexto, como su carácter ideológico. Tomando esta definición como referencia, el análisis de nuestro corpus servirá para observar la evolución del discurso metalingüístico a partir de una doble vertiente: desde una dimensión descriptiva, esto es, para observar cómo los distintos autores ven la realidad y desde una dimensión performativa, es decir, para ver cómo los propios agentes del discurso pretenden influirla.

1.4. Lengua nacional

Sin duda, a pesar de ser un término muy usado, definir qué se entiende por "lengua nacional" puede resultar mucho más complejo de lo que a primera vista parece. En el marco de un estado centralista, la lengua nacional se considera sinónimo de lengua oficial (*vs.* lengua provincial, regional o autonómica). Es obvio que la lengua nacional de un estado centralista solo puede ser una, que además coincidirá con la única lengua oficial en todo el Estado. Tal y como sugiere el *Diccionari de Sociolingüística*:

[...] la llengua nacional esdevé la llengua completa per excel·lència: és vista com la llengua capaç de definir el conjunt de la realitat de manera anàloga a les altres llengües nacionals –que són, però, altres, estranyes i estrangeres– i en una posició preordinada de llengua global i superior amb relació a altres llengües compreses en el mateix àmbit estatal. Els estats organitzats com a plurilingües no són una excepció a aquest principi des del moment que és reconegut el caràcter de llengua nacional en el seu propi territori a cada una de les llengües presents (2001: 179)[19].

Es importante incidir en que para que una lengua se considere nacional debe ser defendida con voluntad consciente y no practicada como el legado de una tradición (cf. Anguera 1997: 15). Sin embargo, existe también otro modo de entender el concepto de lengua nacional. En algunos estados, la lengua del pueblo se considera la lengua de la nación. En estos casos, se distingue entre lengua nacional y lengua oficial, siendo esta última la lengua del Estado, es decir, la utilizada en los ámbitos de uso oficiales (administración, justicia, enseñanza, etc.)[20].

En el contexto español, durante el siglo XVIII y casi todo el XIX, la categoría de lengua nacional solo quedó reservada al castellano. Desde la implantación de la Monarquía borbónica, pasando por el liberalismo y la Restauración, la asunción de este idioma como lengua nacional fue una constante no únicamente para los sectores españolistas sino también para los catalanes, a pesar de que ningún texto jurídico le reservara tal categoría. De hecho, como señala Anguera, ni la Constitución de Cádiz de 1812, ni las constituciones de 1837, 1845, 1869 y 1876 contenían referencias a la lengua del Estado. El proyecto constitucional de Primo de Rivera de 1929 mencionaba en el artículo octavo que "el idioma oficial de la nación española es el castellano", pero la oficialidad de esta lengua *stricto sensu* se estableció por primera vez en el artículo cuarto de la Constitución republicana (1931) (cf. Anguera 1997: 229).

Durante gran parte del siglo XIX, la asunción del castellano como lengua nacional y oficial de España era un fenómeno generalizado, incluso en Cataluña. Sin embargo, la crisis de la Restauración y la evolución progresiva del *catalanisme* hizo que algunos sectores catalanes se cuestionaran el papel del castellano como lengua nacional. Paralelamente a la expansión del uso social del catalán, al aumento de su prestigio y a la generalización de las demandas reivindicativas de

---

[19] Por "lengua completa" se entiende aquella que es capaz de cumplir cualquier función en el seno de una sociedad moderna (cf. *Diccionari de Sociolingüística* 2001: 174). En otros contextos se hace referencia también a la "aptitud" o "funcionalidad" de la lengua para cualquier ámbito de uso.

[20] En Irlanda, por ejemplo, el irlandés se considera lengua nacional y oficial, mientras que el inglés es únicamente lengua oficial (cf. *ibid.*: 179).

su estatus, fue dándose una transformación en la percepción de la lengua propia, que incidió en las ideologías y actitudes lingüísticas de sus hablantes. Así pues, entre finales del siglo XIX y principios del XX se produjo un cambio de rumbo sustancial a partir del cual el catalán pasaría a considerarse la única lengua nacional de Cataluña. Siguiendo este cambio de paradigma, parece natural que los esfuerzos se dirigieran hacia su establecimiento como única lengua oficial ya que, como se ha podido observar, existe una tendencia general a equiparar los conceptos de lengua oficial y nacional.

Al principio de este epígrafe se ha aludido a la dificultad de definir la noción "lengua nacional". De hecho, su definición dependerá de la perspectiva que se adopte. Así, por ejemplo, de acuerdo con los nacionalistas españoles, la única lengua nacional de España es el español/castellano (definida muchas veces desde este punto de vista como "lengua común"), mientras que, desde la perspectiva catalanista, el catalán es la lengua nacional de Cataluña. Una posición intermedia es la asunción de que todas las lenguas de España –entre ellas el castellano, el catalán, el euskera, el gallego, etc.– son lenguas nacionales.

La definición de lengua nacional es, por tanto, subjetiva y depende de la ideología lingüística de los individuos y de los grupos. Asimismo, en la definición y reconocimiento de una lengua como idioma nacional la conciencia lingüística del grupo en cuestión es determinante. Partiendo de todo lo expuesto, al hablar de "lengua nacional" nos referiremos a esa percepción subjetiva (que puede ser individual o colectiva) según la cual el idioma en cuestión se vincula estrechamente a la conciencia nacional y se considera válido o incluso el mejor instrumento como vehículo de comunicación en la vida nacional. La asunción de un idioma como "lengua nacional" es, al igual que la identidad nacional, una construcción dinámica. Así pues, durante buena parte del siglo XIX, como consecuencia de la situación diglósica, los catalanes asumieron el castellano como lengua nacional, pero desde finales de ese mismo siglo, a medida que se cuestionaban la diglosia, empezaron a replantearse ese papel y a reservar dicha categoría al catalán, la lengua propia de Cataluña.

Para concluir, es significativo señalar el hecho de que los textos jurídicos vigentes en España –como, por ejemplo, la Constitución de 1978 o los diferentes estatutos de autonomía– no incluyan el término "lengua nacional" o "idioma nacional". El artículo 3 de la Constitución introduce el término de "oficialidad" y tanto en el anterior *Estatut* (1979) como en el actual (2006) se habla de "lenguas oficiales" y "lengua propia". Las connotaciones políticas de esta designación y la sensibilidad que despierta el término "nacional" son las razones por las que suponemos la ausencia de este término en el ámbito legislativo español.

2. MARCO TEÓRICO: IDENTIDADES Y NACIONALISMOS

2.1. Identidades individuales y colectivas

En general, el ser humano se caracteriza por la conciencia de sí mismo. La identidad es fuente de sentido y experiencia en el hombre (cf. Castells 2002: 8). Como señala Kremnitz (1995: 3), en psicología el concepto de identidad se aplica al equilibrio entre continuidad y cambio, sin necesidad de que estos elementos deban plantearse de manera consciente. La identidad de un individuo, aunque también la colectiva, puede a la vez ser múltiple (cf. Castells 2002: 8; Metzeltin 2000: 34)[1] y estar compuesta por diferentes elementos como la edad, la religión, la orientación sexual, etc. El hecho de que la identidad –tanto individual como colectiva– tienda a ser plural puede ser origen de tensiones y contradicciones (cf. Castells 2002: 8). Asimismo, el que esté formada por diferentes componentes también puede provocar ciertas contradicciones:

> Nicht alle Komponenten der Identitätsvorstellung müssen kohärent sein: Identität ist von Widersprüchen durchgezogen. Die äußeren Umstände bestimmen (mit), welchen Komponenten in welcher Situation besondere Bedeutung zukommt. Individuen können frühere Identitätselemente, die sich als ungünstig erwiesen haben, aus ihrem Bewußtsein verdrängen, andere haben einfach ihre Bedeutung verloren, weil sich die Situation geändert hat (Kremnitz 1995: 4).

En términos generales y en condiciones normales, es decir, en situaciones exentas de crisis, el ser humano tiende a percibirse a sí mismo en continuidad (cf. *ibid.*: 3). En cambio, tal y como se puede concluir a partir de la cita anterior, la identidad, en tanto que construcción, es un proceso dinámico.

Si bien se puede hablar de "identidad individual", cabe precisar que esta no puede funcionar de manera independiente a las relaciones sociales dado que es el resultado tanto de la percepción propia como de la externa y que ambas percepciones se condicionan mutuamente. De hecho, como puntualiza Petkova (2006: 259), las

---

[1] Para profundizar sobre las distintas formas de identidad individual remitimos a la lectura del capítulo 3 ("Identitätsfindung durch den Anderen") de Metzeltin (2000); en especial a las páginas 30-34.

diferentes concepciones relativas a las identidades coinciden en que el individuo depende en gran medida de la sociedad y que el "yo" individual es, en cierto modo, un reflejo social y cultural del colectivo.

Todos los aspectos anteriormente mencionados quedan resumidos en la definición de "identidad personal" (individual) que ofrece Castiñeira[2]:

> La *identidad personal* es aquella estructura subjetiva, relativamente estable, caracterizada por una representación compleja, integrada y coherente del yo, que un agente humano tiene que poder elaborar en interacción con los otros dentro de un contexto cultural particular en el transcurso de su conversión en adulto y que irá redefiniendo a lo largo de su vida en un proceso dinámico de recomposiciones y rupturas (2005: 41-42).

De la definición de este autor es interesante destacar varios aspectos. En primer lugar, que la identidad individual es subjetiva. En segundo lugar, que es relativamente estable o continua, como también afirma Kremnitz; para poder hablar de identidad individual es preciso que exista un sentido de continuidad psicológica, corporal y temporal. En tercer lugar, la identidad individual se elabora en interacción dentro de un contexto cultural. Esto significa que no es independiente de las relaciones sociales. La identidad individual se forja en interacción con los demás, es decir, como "un proceso complejo de identificación con el otro y de separación de él" (*ibid.*: 42). En último lugar, a pesar de percibirse como algo estable, la identidad se presenta como un proceso dinámico y no monolítico. Según Castiñeira, esta visión dinámica implica asumir el aprendizaje de gestionar "cierta permanencia dentro del cambio o, al revés, cierto cambio dentro de la sensación de permanencia" (*ibid.*: 44).

Una de las diferencias entre la identidad individual y la colectiva es que esta última presenta características más distinguibles. La percepción de grupo (hacia dentro y hacia fuera) debe apoyarse en rasgos más concretos. La identidad colectiva –aunque también la individual– se basa en la diferenciación; así pues, se forma a través de oposiciones o binomios. Freud fue el primero en aseverar que la conciencia colectiva, si bien esta descripción también es válida para la identidad individual, se fundamenta en el dualismo "propio-ajeno" (*own-alien*) o "yo-otro" (*self-other*) y que este se construye tanto de manera consciente como inconsciente (cf. Petkova 2006: 256). Asimismo, siguiendo la teoría freudiana, la pertenencia a un grupo, la identificación con los miembros de este y la diferenciación con respecto a "otros" son los tres elementos básicos que conforman la identidad

---

[2]   El escritor y crítico literario vasco Jon Kortazar también reflexiona sobre las identidades individuales y colectivas, definiendo la primera como la construcción del "yo" y señalando la idea de que la identidad (individual y colectiva) como "construcción" es algo comúnmente aceptado (2005: 78).

colectiva y, por extensión, la identidad nacional (cf. *ibid.*: 257). En un sentido bastante similar se expresa Metzeltin al afirmar que:

> Die Tatsache, jemanden zu gleichen, einer Gemeinschaft anzugehören, bestimmte Eigenschaften mit jemandem zu teilen, impliziert immer auch, einer anderen Gruppe nicht anzugehören oder sich anhand verschiedener Charakteristika von jemandem zu unterscheiden (2000: 29).

Este mecanismo de funcionamiento sería válido tanto para los individuos como para los grupos.

La identidad colectiva es un fenómeno social; sin embargo, podría añadirse también que es una "construcción" social, dado que no es una realidad preexistente sino que se construye, mental y discursivamente, dentro de las sociedades. Como ejemplos de criterios usuales para formar identidades colectivas, Kremnitz menciona, entre otros, la pertenencia estatal, la pertenencia religiosa y los grupos de comunicación ("Kommunikationsgemeinschaften").

Otro aspecto significativo de la teoría de Castells (y asumido por los estudios sociológicos en general) es precisamente la aceptación de que todas las identidades –y aquí incluiríamos tanto las individuales como las colectivas– son construcciones[3]:

> Man kann sich leicht über den Sachverhalt verständigen, dass aus soziologischer Perspektive alle Identitäten konstruiert sind. Die eigentliche Frage ist, wie, wovon, durch wen und wozu. Die Konstruktion von Identitäten bezieht ihre Baumaterialien aus Geschichte, Geografie, Biologie, von produktiven und reproduktiven Institutionen, aus dem kollektiven Gedächtnis und aus persönlichen Phantasien, von Machtapparaten und aus religiösen Offenbarungen. Aber Einzelpersonen, soziale Gruppen und Gesellschaften verarbeiten diese Materialien und ordnen ihren Sinn nach sozialen Determinanten und kulturellen Projekten neu, die in ihrer Sozialstruktur und in ihrem raum-zeitlichen Bezugsrahmen verwurzelt sind (Castells 2002: 9).

Desde un punto de vista sociológico, la identidad no está determinada sino que se construye a partir de elementos históricos, geográficos, biológicos, de la memoria colectiva, a través de instituciones, etc., pero también de fantasías individuales. A esto debe añadirse un nuevo componente: la narratividad. Las identidades humanas, tanto individuales como colectivas, son identidades narradas. En palabras de Castiñeira, la identidad individual es una "construcción narrativa que pretende dar sentido a una historia vivida" (2005: 46). Las narraciones, los relatos sobre nosotros mismos, son un modo de interpretarnos, de "construir nuestro pro-

---

[3]   De manera análoga, Metzeltin (2000: 34) define las identidades como construcciones mentales.

pio mapa mental de lo que somos y donde estamos, de lo que hacemos y del sentido de nuestra acción" (*ibid.*). El principio de narratividad también puede aplicarse a la identidad colectiva y si afirmábamos que la narratividad permite disponer de "memoria biográfica" en el caso de la identidad individual, en las identidades colectivas permite disponer de una "memoria colectiva".

Queda todavía por abordar un aspecto esencial en la creación de identidades colectivas: el papel que desempeña la lengua. Desde una perspectiva sociolingüística, Kremnitz (1995: 9) estudia la función de la lengua en la formación de identidades (colectivas) y sostiene que, en la era moderna, la lengua es uno de los aspectos más recurrentes a la hora de determinar y, sobre todo, de crear autoconciencia en identidades colectivas relativamente estables. Un caso paradigmático sería el de la identidad catalana, en la que, sin duda, la lengua desempeña un papel esencial. Sin embargo, esta no es siempre un elemento generador de identidades. Es evidente que existen sociedades que tienen en común una misma lengua pero que no necesariamente comparten otros elementos identitarios, es decir, que no forman necesariamente una misma identidad colectiva. Por otro lado, en sociedades organizadas bajo una estructura plurilingüe, la pregunta que cabría plantearse es si realmente se trata de una sola sociedad plurilingüe o de varias sociedades monolingües (*ibid.*: 10). De cualquier modo, hay que resaltar que el criterio lingüístico no sirve siempre para determinar o formar una identidad colectiva y, al mismo tiempo, habría que añadir que la lengua por sí misma no puede funcionar como elemento cohesionador exclusivo cuando se trata de formar identidades colectivas. Si bien en el caso de la identidad nacional catalana, en cuya definición nos detendremos en el siguiente epígrafe (2.2), la lengua se erige como un pilar discursivo fundamental, partimos del supuesto de que no es el único elemento cohesionador y de que, obviamente, no todas las identidades colectivas se construyen basándose en el factor lingüístico.

2.2. Nación, nacionalismo e identidad nacional

El término "nación" ha venido siendo utilizado de manera distinta a lo largo de la historia. La expresión "nación" proviene del término latín *natio*, que significa "nacimiento", pero también hace referencia al origen común o al origen relacionado con la lengua (cf. Metzeltin 2000: 114-116). Hasta la era de la Ilustración, conceptos complejos como "pueblo", "nación", "estado" o "país" no se definían nítidamente, sino que solían emplearse aludiendo a la territorialidad o a la población (cf. Metzeltin 2000: 115[4]; Pasquini 2005a: 3). Antes de la Revolución Fran-

---

4   Metzeltin (2000: 114-136) ofrece diversos e interesantes ejemplos del uso de este concepto, especialmente durante el siglo XVIII.

cesa (1789) el reino era el factor primordial para determinar la organización política de los territorios. Sin embargo, la crisis del Antiguo Régimen hizo patente la necesidad de nuevas fuentes de legitimación en la organización política; en este contexto, la nación pasó a convertirse en el elemento central del nuevo orden establecido (cf. Blas Guerrero 1997: 325)[5].

Un análisis somero de los estudios que abordan el nacionalismo evidencia que, desde finales del siglo XIX y principios del XX, existe una diferenciación clásica e ideal entre lo que se denomina la nación "civil" y la nación "étnica" o, en otras palabras, entre la nación "política" (*Staatsnation*, también llamada *Willensnation* y *Konsensualnation*) y la "cultural" (*Kulturnation*). Mientras que la primera se adscribe al ámbito francés, la segunda encuentra sus raíces en el contexto alemán. En los siguientes párrafos nos detendremos a comentar brevemente estos conceptos, no sin antes mencionar que la diferenciación prototípica fue establecida por Friedrich Meinecke (cf. Weichlein 2006: 36-37)[6].

Un momento significativo para la (re)definición del concepto de "nación" debe buscarse en la Revolución Francesa[7]. En este contexto destaca la figura de Emmanuel-Joseph Sièyes (1748-1836), quien formuló una definición extensa del concepto. Según Metzeltin (2000: 118), el éxito que alcanzó el texto de Sièyes durante la Revolución no residía en la originalidad de sus ideas –que aparecían ya en el *Contrat social* de Rousseau– sino en el modo de su presentación, caracterizado sobre todo por una retórica brillante, por la sencillez de sus argumentaciones y por la multitud de ejemplos aducidos. La definición de Sièyes, equivalente a lo que se entiende por "nación cívica", sostiene que la nación es un vínculo de personas unidas por voluntad y con objetivos comunes (*ibid.*: 119-121).

Contrario a las ideas francesas de la nación política, surgió en Alemania un movimiento culturalista, enmarcado en el Romanticismo, que definió la nación en términos étnicos ("nación cultural")[8] y cuyos principales representantes fueron

---

[5] Para un estudio detallado sobre la evolución y significación histórica de esta noción se recomienda la lectura de Pierre Pasquini (2005a/2005b).

[6] Meinecke desarrolló esta idea en *Weltbürgertum und Nationalstaat* (1908). Posteriormente, otros autores modernos como Smith (1994) han establecido una diferenciación entre tres tipos básicos de nación: 1) nación cívica (nacionalismo cívico); 2) nación étnica (nacionalismo étnico); 3) nación híbrida o concepción "pluralista" de la nación (nacionalismo pluralista). Otra división interesante aparece en Villoro (2002), quien diferencia entre naciones "históricas" y naciones "inventadas".

[7] La *Declaración de los Derechos del Hombre y del Ciudadano* (1789) en Francia establece por primera vez el principio de la soberanía del pueblo y crea el concepto de Estado nacional/Estado nación (*Staatsnation*).

[8] Por étnico, se entiende aquí lo cultural y no lo racial.

Johann Gottfried Herder (1744-1803) y Johann Gottlieb Fichte (1762-1814).
Herder es, sin duda alguna, una figura clave para entender el nacionalismo
romántico, pues ha sido considerado el fundador y padre del nacionalismo cultural alemán[9] (cf. Llobera 1996: 164; Blas Guerrero 1997: 213). Para Herder la
nación se define a través de la combinación de diferentes elementos que diferencian unas naciones de otras. Estos componentes son la cultura, la religión, la institución política, el arte y la literatura, etc. (cf. Llobera 1996: 166); la lengua
adquiere para él un valor fundamental en la definición del pueblo (*Volk*). De
hecho, como apunta Siguan (2001: 43)[10], Herder fue el primero en destacar la
relación entre lengua y nación, una idea que impregnaría buena parte del pensamiento europeo de los siglos XIX y XX. Asimismo, para este pensador romántico
la lengua no es solo expresión del espíritu de una nación, sino también el único
modo de manifestarse (cf. Llobera 1996: 168). La lengua se convierte, pues, en
expresión máxima (y única) del espíritu de la nación, de modo que pueblo y lengua no pueden concebirse separadamente[11]. De acuerdo con los postulados her-
derianos, de todas las pérdidas que puede sufrir un pueblo, la lengua sería la
mayor de todas. El pensador alemán lo ejemplificaba afirmando que si un pueblo
perdiera su independencia política, habiendo preservado su lengua, seguiría manteniendo la esencia nacional[12]. Cabe enfatizar, en cambio, que la relevancia que
otorgaba Herder a la lengua no tenía el sentido político que adquiría en otros
autores como Fichte.

Teniendo esto en cuenta, es comprensible que Herder fuera un gran defensor de
la lengua alemana y que llegara incluso a compararla con el griego y el latín en
cuanto a sus cualidades como lengua filosófica (cf. Llobera 1996: 169). Dado
que creía firmemente en la intrínseca relación entre lengua y pueblo, abogaba por

---

[9]   Las raíces de este movimiento se remontan a principios del siglo XVIII, pero su aparición
      como doctrina coherente se sitúa en el último tercio de ese siglo (cf. Berlin 2000: 391).

[10] A pesar de esto, Siguan (2001: 43-44) señala que fue Wilhelm von Humboldt quien mejor
      desarrolló la idea filosófica de que el pensamiento humano se basa en la lengua y de que,
      por tanto, el binomio lengua/pensamiento está intrínsecamente relacionado. En *Latinum
      und Hellas* (1806), Humbolt sostenía que la lengua era el alma de la nación. De sus ideas
      también se desprende la noción de *Volksidentität*, en la cual la lengua desempeña un papel
      primordial.

[11] El concepto de *Volksgeist*, que acuñó precisamente Herder, se convirtió en un concepto cen-
      tral del Romanticismo y posteriormente caló con fuerza en la *Renaixença* catalana.

[12] Es importante destacar la similitud de planteamientos de Enric Prat de la Riba, quien adop-
      tará muchas de las tesis de Herder y las aplicará a la "nacionalitat catalana" (epígrafe 4.5.8).
      La pervivencia de la lengua, a pesar de la pérdida de la independencia política como resul-
      tado de la Monarquía borbónica, sería interpretada como la muestra más evidente de la per-
      vivencia de la nación catalana; de ahí precisamente que el catalán adquiera ya en ese perio-
      do un valor simbólico primordial.

la necesidad de escolarizar en lengua alemana (y no en lengua extranjera o latina) a fin de reavivar el sentimiento hacia el propio pueblo. Así pues, también criticaba la postura de sus compatriotas que desprestigiaban el idioma alemán. Con todo, su actitud hacia la lengua no debe malinterpretarse, pues también promovía el estudio de otras lenguas y literaturas para fomentar "la armonía y el entendimiento universal" (*ibid.*: 170). La apuesta de Herder por la diversidad es prácticamente incuestionable; así lo interpreta también Isaiah Berlin: "Herder y sus discípulos creían en la coexistencia pacífica de una multiplicidad rica y una variedad de formas nacionales de vida, cuanto más diversas mejor" (2000: 393).

En el invierno de 1807-1808, Fichte presentó sus tesis en una serie de discursos pronunciados en la Academia de las Ciencias de Berlín, titulados "Reden an die deutsche Nation" ("Discursos a la nación Alemana") (cf. Blas Guerrero 1997: 179-180; Metzeltin 2000: 127-131; Siguan 2001: 41; Cruz Prados 2005: 22). Estos discursos, como han analizado diversos investigadores, son un llamamiento a la conciencia nacional alemana en el contexto de la invasión napoleónica y de la caída de Prusia en la Batalla de Jena. Fichte lamentaba la situación en la que se encontraban los alemanes ante la derrota francesa y apelaba a la necesidad de recobrar la conciencia del propio ser, así como al reconocimiento de la identidad alemana. A diferencia de la concepción francesa de nación (*Staatsnation*), la idea de Fichte (al igual que la de Herder) parte de la nación cultural que tiende a otorgar a la lengua un valor esencial. La concepción de Fichte se basaba en una definición de la nación alemana formada por todos los pueblos de habla germánica (cf. Metzeltin 2000: 130; Siguan 2001: 41). Sin embargo, a diferencia de Herder, Fichte creía que la unidad cultural alemana implicaba la unificación política.

Para Fichte, el pueblo alemán era superior, espiritual y moralmente, con respecto al resto de pueblos europeos (cf. Blas Guerrero 1997: 179-180; Cruz Prados 2005: 22). Esta superioridad se la confería a través del hecho de que el pueblo alemán era el único pueblo germánico que había conservado su lengua original, es decir, su propio modo de expresarse. Por tanto, su forma de expresión correspondía de manera perfecta y natural con su modo de pensar; esto explica en parte la centralidad de la lengua en el ideario de Fichte.

Otra figura relevante para la concepción de "nación" fue el italiano Pasquale Stanislao Mancini (1817-1888), cuyas ideas tuvieron gran repercusión durante la segunda mitad del siglo XIX y la primera mitad del XX (cf. Metzeltin 2000: 131). Mancini veía en todas las naciones unas características naturales e históricas como el territorio, la raza, la lengua, las costumbres, la historia, las leyes y la religión pero, entre ellas, señalaba la mayor capacidad de la lengua para crear vínculos (cf. Metzeltin 2000: 132):

Ma di tutt'i vincoli di nazionale unità nessuno è più forte della comunanza del Linguaggio. Questo è indubitato, che l'unità del linguaggio manifesta l'unità della natura morale di una Nazione, e crea le sue idee dominanti (Mancini 1851, citado en *ibid.*: 132-133)[13].

Desde el punto de vista culturalista, el peso de la lengua para la idea de nación es indiscutible como demuestran los ejemplos de Herder, Fichte y Mancini, a los que cabe añadir el de Bronislaw Trentowski (1808-1869). Para este, por ejemplo, el elemento lingüístico adquiere una relevancia primordial, pues llega a afirmar incluso que la lengua nacional es el producto del alma de la nación (cf. Pasquini 2005b: 80). En un sentido muy opuesto al de los alemanes Herder y Fichte o al del italiano Mancini, el pensamiento de Ernest Renan (1823-1892), mucho más próximo a la idea de Sièyes, se fundamenta en la nación como resultado del deseo de vivir conjuntamente y de proyectar un futuro común. Para Renan, la voluntad se sitúa por encima de factores históricos, lingüísticos, religiosos, etc. En cuanto a la lengua, sostenía que invita a la unión pero no la fuerza; la voluntad de vivir conjuntamente a pesar de la diversidad lingüística explicaba, a su entender, la existencia de un país plurilingüe como Suiza:

> La langue invite à se réunir; elle n'y force pas. [...] Il y a dans l'homme quelque chose de supérieur à la langue: c'est la volonté. La volonté de la Suisse d'être unie, malgré la variété de ses idiomes, est un fait bien plus important qu'une similitude souvent obtenue par des vexations. [...] Ne peut-on pas avoir les mêmes sentiments et les mêmes pensées, aimer les mêmes choses en des langages différents? [...] Les langues sont des formations historiques, qui indiquent peu de choses sur le sang de ceux qui les parlent (Renan 1996: 235-236)[14].

De acuerdo con Renan, la nación significa una forma de conciencia, de moralidad y un fuerte deseo de vivir conjuntamente (cf. Metzeltin 2000: 134-136; Petkova 2006: 264; Weichlein 2006: 22-23)[15], pero a la vez un principio espiritual

---

[13]   T.A.: "De todos los vínculos de la unidad nacional ninguno es más fuerte que el de la lengua. Es un hecho indudable que la unidad de la lengua manifiesta la unidad de la naturaleza moral de una nación y crea sus ideas principales".

[14]   "La lengua invita a reunirse; no obliga a ello. [...] Hay en el hombre algo superior a la lengua: la voluntad. La voluntad de Suiza de estar unida, a pesar de la diversidad de sus lenguas, es un hecho mucho más importante que una semejanza lograda a menudo mediante vejaciones. [...] ¿No podemos, acaso, tener los mismos sentimientos y los mismos pensamientos, amar las mismas cosas en distintas lenguas? [...] Las lenguas son formaciones históricas, que indican pocas cosas respecto a la sangre de los que las hablan [...]" (Renan 2001: 67-71).

[15]   El 11 de marzo de 1882 Renan pronunció en la Sorbona la célebre conferencia "¿Qué es una nación?" ("Qu'est-ce qu'une nation?"). Esta debe situarse en el contexto de la guerra franco-prusiana y la crisis nacional de Francia como resultado de la anexión de Alsacia y

que es resultado de procesos históricos (cf. Renan 1996: 240). Así pues, la lengua, el origen, la religión o la geografía no son factores esenciales para la creación de naciones (cf. Metzeltin 2000: 134-135), pues como él mismo afirmaba: "L'homme n'est esclave ni de sa race, ni de sa langue, ni de sa religion [...]" (1996: 242). En este sentido, a su modo de ver, las lenguas no están dadas de manera natural sino que son formaciones históricas (cf. Pasquini 2005b: 86).

En una línea intermedia entre la definición cultural (etnolingüística) y cívica de nación podríamos situar al italiano Giuseppe Mazzini (1805-1872), ya que supo combinar ambas nociones de "nación", otorgando un papel destacado tanto a la lengua como al aspecto político. De acuerdo con Mazzini, una nación es un conjunto de ciudadanos que hablan una misma lengua y que se hallan unidos por la igualdad de derechos civiles y políticos con el objetivo común de desarrollar y perfeccionar las fuerzas sociales y sus actividades (cf. Pasquini 2005b: 84).

Un breve repaso a la historia de Europa hace patente que, en una primera fase, la construcción de los estados modernos partía de la idea de nación política (a excepción de la unificación alemana que sigue el ideal de nación cultural), de manera que pronto empezaron a surgir problemas de minorías en algunas zonas fronterizas (cf. Blas Guerrero 1997: 325-326). En 1870 se inició una segunda fase caracterizada sobre todo por la agitación de las minorías nacionales frente a la dominación estatal y por el surgimiento de los nacionalismos en los grandes imperios. Así pues, entre 1870 y 1914 se dio un conflicto bélico generalizado que evidenciaba la problemática de las minorías nacionales (*ibid.*)[16]. Como demuestra la independencia "tutelada" de Kosovo (de febrero de 2008), el problema de las minorías sigue siendo una cuestión candente en la actualidad, pues tanto Serbia como la minoría serbia residente en el nuevo Kosovo se resisten a aceptar su independencia como país[17].

La experiencia nos demuestra que la búsqueda de una coincidencia exacta entre los límites lingüísticos y nacionales, traducidos en forma de Estado, ha marcado buena parte de la historia universal. Tal y como lo señala Blas Guerrero (1997:

Lorena a Alemania (cf. Blas Guerrero 1997: 462-463). Según la citada fuente, el objetivo de este discurso era ofrecer argumentos para impedir la anexión de esa parte del territorio francés a Alemania que, por su lado, aducía argumentos etnográficos, lingüísticos e históricos para anexionarlo (*ibid.*).

[16] Sobre la periodización del nacionalismo puede consultarse el capítulo de Weichlein (2006) correspondiente a las páginas 42-52 de su libro.

[17] Del mismo modo podemos decir que la no aceptación del nuevo Kosovo por parte de algunos Estados europeos hace patente que la cuestión de las mino-rías no es una excepción limitada a un ámbito geográfico concreto de Europa y que además sigue siendo un tema muy candente en todo el continente.

279-280), la dialéctica inclusión/exclusión ha dado lugar en ocasiones a resultados traumáticos como conquistas, genocidios, asimilaciones forzadas, etc. Por el contrario, también son notables los casos de convivencia pacífica de distintas comunidades lingüísticas dentro de un mismo estado o imperio (*ibid.*). Así pues, como demuestran muchos ejemplos y también las teorías que defienden el concepto "pluralista" de nación (Smith 1994[18]), Estado y nación no deben equipararse siempre uno a uno, ya que también pueden existir diferentes "naciones lingüísticas" dentro de un único Estado que se concibe como "plurinacional"[19]. El ejemplo suizo sería paradigmático, si bien hay investigadores que postulan el ejemplo de España como un estado plurinacional[20].

Los conceptos ideales de "nación cívica" y "nación cultural" son el fundamento para entender los dos ideales correspondientes de nacionalismo. No obstante, salta a la vista que el carácter ideal de estas tipologías no impide la existencia de nacionalismos que se sustentan en la interconexión de rasgos fundamentales atribuidos a los modelos ideales (cf. Blas Guerrero 1997: 342-343). En este contexto, es preciso insistir en que incluso Francia, prototipo de *Staatsnation*, adopta la lengua como principal elemento cohesionador, un rasgo fundamental del nacionalismo cultural (etnolingüístico)[21]. La unidad de la lengua francesa, fomentada a través de la creación en 1635 de la *Académie Française* por parte del cardenal Richelieu, fue un instrumento de uso consciente para crear la unidad del Estado francés; la lengua francesa sigue siendo hoy un elemento esencial en la definición de la identidad nacional.

Dentro de este marco teórico cabe destacar que la nación, entendida como una construcción social, no es un concepto uniforme ni existe, por ende, una defini-

---

[18] Para más detalles sobre las teorías de Smith, véase Jansen/Borggräffe 2007: 99-103.

[19] No obstante, para quienes definen la nación en términos exclusivamente étnicos es imposible hablar de naciones plurilingües; a su entender debería hablarse de Estados multilingües.

[20] Desde el punto de vista jurídico, a diferencia de Suiza, la Constitución española (1978) no reconoce España como un Estado plurinacional. El texto constitucional juega conscientemente con la ambigüedad de los términos "nación" (reservado únicamente a España) y "nacionalidades" sin determinar cuáles son estas últimas (art. 2). El debate sobre España como "nación de naciones" fue el tema de análisis de las *I Jornades J. Vicens Vives* (véase Garcia Rovira 1999). Volviendo al caso suizo, aunque desde el punto de vista jurídico este país se define como un Estado plurinacional, como observa Cichon (2006: 175) un análisis un poco más detallado sobre la realidad permite observar que la mayoría de sus ciudadanos viven comúnmente en un contexto tan monolingüe como el de otros países europeos.

[21] Nos parece muy interesante lo que afirma William Safran al respecto: "if nationalism is defined in civic terms, language tends to be a product of state policy; if it is defined in ethnic terms, then language is an important element of an organic historical community that gives rise to a state" (1999: 92). Sobre la instrumentalización de la lengua como elemento cohesionador en Francia, puede leerse más en el epígrafe titulado *El discurso de la modernidad lingüística* (cap. 4.2.2.1) del presente libro.

ción consensuada ni unánime. Si, por poner un ejemplo, comparáramos qué entiende un francés, un español o un catalán por nación, saltaría a la vista que las percepciones son totalmente distintas. Precisamente a esta disparidad de percepciones (vinculada a la subjetividad de los sentimientos) debe atribuirse el que algunos nieguen el carácter de "nación" a ciertas identidades colectivas (pongamos por caso Bretaña, Cataluña, Escocia, el País Vasco, Galicia, etc.)[22], mientras que en sentido opuesto dichas identidades colectivas se autodefinan como "naciones".

Una vez estudiados los conceptos clásicos de "nación cívica" y "nación cultural", pasaremos a comentar brevemente, desde una perspectiva socio-histórica, qué se entiende por "nacionalismo". Del mismo modo que resulta imposible ofrecer una única definición de "nación", debe señalarse también la dificultad de definir el concepto de "nacionalismo". Este fenómeno ha revestido un gran interés desde diferentes puntos de vista a lo largo de los dos últimos siglos, pero especialmente desde la década de los ochenta del siglo xx, cuando la investigación científica en este campo experimenta un giro significativo que propone nuevas perspectivas de análisis. Una evidencia de este cambio de rumbo es justamente la publicación en el mismo año (1983) de tres obras que se han convertido en referencias básicas dentro de los estudios del nacionalismo: nos estamos refiriendo a los libros de Benedict Anderson, Ernest Gellner, Eric Hobsbawm (cf. Wehler 2004: 8-11; Weichlein 2006: 24-26)[23]. A partir de la citada década los investigadores del nacionalismo parten de varias ideas nuevas (*ibid.*): el primer aspecto es que el nacionalismo se considera una construcción humana ("Konstrukt"). El segundo aspecto es que la comunidad nacional se entiende como una "comunidad imaginada" (*imagined community*), pues, siguiendo las teorías de Anderson, incluso en las naciones más pequeñas los integrantes de la nación jamás llegarían a conocer al resto de miembros que la conforman. En consonancia con esto, la nación se define como una idea imaginada, mental. Otro enfoque esencial, que parte de los postulados de Gellner, es la aceptación de que no son las naciones las que crean el nacionalismo sino los nacionalismos los que crean las naciones. Un último elemento innovador, relacionado con el carácter constructivo del nacionalismo, con-

---

[22] En el caso catalán, es bien conocida la polémica surgida a raíz del anteproyecto del *Nou Estatut*. La propuesta catalana (2005) preveía el reconocimiento de Cataluña como "nación"; apelativo que fue rechazado por las Cortes Generales y, por tanto, no se incluyó en el texto estatutario definitivo (2006), aunque el preámbulo del estatuto recoge este deseo (a modo más bien anecdótico). La Constitución reconoce únicamente la existencia de la "nación española".

[23] *Imagined Communities: Reflections on the Origin and Spread of Nationalism* (Anderson 1983); *Nations and Nationalism* (Gellner 1983); *The Invention of Tradition* (Hobsbawm 1983).

siste en asumir su flexibilidad, su capacidad de redefinirse y de regenerarse con nuevos contenidos.

Nuestro enfoque de análisis se acerca bastante a las teorías constructivistas que afirman que tanto el nacionalismo como la nación y las identidades (colectivas) son construcciones sociales. A modo de síntesis, nos gustaría enfatizar también que partimos de la idea de que el nacionalismo y la nación, como construcciones, no pueden surgir sin una base común, es decir, sin un sentimiento previo de pertenencia a una comunidad con la que se comparte ciertos elementos[24] (historia común, costumbres, lengua, derecho, religión, etc.).

En términos generales, el "nacionalismo" es un concepto polisémico que sirve para expresar realidades diversas. Algunos investigadores comentan ejemplos como el amor por el país, la afirmación de la identidad y la dignidad nacionales, pero también la obsesión xenófoba por conseguir todo esto mediante la violencia y el sacrificio de otras naciones (cf. Llobera 2003: 54; Petkova 2006: 261). Por tanto, hablar de nacionalismo puede tener connotaciones positivas o neutras aunque también muchas negativas. Desde una perspectiva sociológica, el nacionalismo se refiere a una doctrina o filosofía política que ha sido estudiada y definida bajo distintas concepciones. Este término se emplea asimismo en la historiografía para hacer alusión tanto al periodo histórico de formación de naciones (Estados nación) como al surgimiento de otros movimientos nacionalistas.

En sus orígenes, el nacionalismo surgió como un fenómeno político y sociocultural del mundo europeo occidental que luego se fue extendiendo a otras partes del mundo (cf. Wehler 2004: 15). A pesar de que en tiempos anteriores a la era moderna existían lazos de lealtad que permitían crear vínculos de dominio y solidaridad entre las personas y otras grandes asociaciones, el nacionalismo como tal es un fenómeno que nació a principios de la era moderna en el seno de las sociedades occidentales y que se manifestó en forma de revolución como respuesta a las crisis estructurales del Antiguo Régimen (cf. *ibid.*: 16). Sin ánimo de extendernos demasiado en este aspecto –por superar el alcance de nuestro estudio– queremos acotar la definición de nacionalismo de la que partirá nuestro análisis. Por "nacionalismo" entenderemos un fenómeno político y sociocultural, surgido

---

24 En un sentido similar y refiriéndose a ciertas teorías de Gellner, Hroch afirma que: "I cannot accept the view that nations are a mere 'myth', nor do I accept Gellner's global understanding of nationalism as an all-purpose explanation including categories of which nation is a mere derivative. The relation between the nation and national consciousness (or national identity, or 'nationalism') is not one of unilateral derivation but one of mutual and complementary correlation, and the discussion about which of them is 'primary' can, at least for the present, be left to philosophers and ideologues" (2007b: 104).

como construcción social y mental, dinámica (capaz de redefinirse), que actúa como agente de movilización, de integración y exclusión al mismo tiempo, y que sirve de instrumento de legitimación política en la era moderna[25].

Como fenómeno versátil, el nacionalismo puede adoptar una gran multitud de formas. En consecuencia, se puede hablar de nacionalismo religioso, regionalista, conservador, liberal, fascista, comunista, cultural, político, proteccionista, integracionista, separatista, anticolonial, lingüístico, afroamericano, etc. (cf. Kelman 1989: 97-98[26]; Wehler 2004: 12). La multiplicidad de formas que puede adoptar este fenómeno dificulta lógicamente el establecimiento de tipologías básicas[27]. Si bien existen divergencias de planteamientos, los principales estudiosos del nacionalismo (Smith, Hobsbawm, Gellner, Anderson, Kohn, etc.) coinciden en que las naciones son el resultado de procesos sociales, históricos y políticos (cf. Petkova 2006: 256). Así pues, la "nación", entendida como comunidad, es una construcción que se fundamenta en elementos tanto objetivos (por ejemplo, territorio, cultura, economía, etc.) como subjetivos (símbolos y mitos).

La identidad nacional, esto es, la conciencia de pertenecer a una misma nación o grupo nacional es –al igual que la identidad individual y la colectiva– una construcción que requiere cierta continuidad para ser reconocida interna y externamente, es decir, para poder "diferenciarse" hacia dentro y hacia fuera del grupo. Los componentes de continuidad de la identidad nacional se basan en aspectos temporales, demográficos, territoriales, culturales, políticos, etc. (cf. Castiñeira 2005: 48-49). Si bien es cierto que la identidad nacional se sustenta a partir de "mitologemas" (o sea, como conjunto de representaciones manifestadas en imágenes y símbolos), no podemos suscribir la tesis de Blas Guerrero (1997: 230), pues esta parece asumir que la identidad nacional parte exclusivamente de invenciones. En nuestra opinión, la formación de identidades nacionales se fundamenta a partir de

---

[25] Nuestra definición de nacionalismo se basa, en parte, en la propuesta de Wehler, según el cual el nacionalismo es "das Ideensystem, die Doktrin, das Weltbild, das der Schaffung, Mobilisierung und Integration eines größeren Solidarverbandes (Nation genannt), vor allem aber der Legitimation neuzeitlicher politischer Herrschaft dient" (2004: 13).

[26] En la introducción a los ensayos de Fishman (1989).

[27] Wehler establece cuatro tipologías que corresponderían a momentos históricos diferentes: 1) nacionalismo integrador (como en Francia, Inglaterra y Norteamérica) en una fase inicial; 2) nacionalismo unificador (como en Alemania o Italia) en una segunda etapa; 3) nacionalismo secesionista (como los surgidos a partir de 1918 tras la caída de los imperios multinacionales en el este y sureste de Europa) en una tercera fase; 4) nacionalismo transferido (*Transfernationalismus*) del modelo europeo-americano a otros lugares del mundo; este último se transfirió especialmente a las antiguas colonias, donde se vivió una verdadera oleada nacionalista a partir de 1945 (cf. 2004: 51-52). Una tipología similar la encontramos en Teodor Schieder, pero este autor excluye la última etapa (cf. Weichlein 2006: 48-49).

elementos objetivos (como pueden ser la historia, la lengua, la cultura, etc.) que adquieren una dimensión simbólica (en ocasiones, incluso mitificada).

Un aspecto esencial de la identidad nacional es la cultura nacional. Bajo cultura nacional, siguiendo a Castiñeira, entendemos el sistema simbólico compartido por un grupo de personas que actúa de puente entre el pasado y el futuro y que los une en el presente proporcionándoles sentimientos de solidaridad, pertenencia o lealtad. A esto debe añadirse que:

> La cultura nacional ayuda a alcanzar la autoconciencia de grupo, define los modelos de socialización básicos, prescribe determinados comportamientos, refuerza un conjunto de valores compartidos y da una cierta organización formal al espacio público. La cultura nacional es una forma de vida colectiva, con un repertorio compartido de creencias, estilos de vida, valores, símbolos y que, por lo tanto, da forma a la manera de pensar, percibir y sentir, de cada uno de sus miembros (Castiñeira 2005: 50).

La autoconciencia de grupo, derivada de la cultura nacional, es precisamente uno de los aspectos que permite hablar de identidad nacional (*ibid.*). Por consiguiente, definiremos la identidad nacional como un conjunto de ideas, valores y experiencias –heredadas del pasado (incluyendo también mitos, tradiciones y símbolos)– que conforman una identidad colectiva (construida, narrada y dinámica) que los miembros del grupo nacional asumen y comparten como patrimonio común y que funciona tanto como elemento de cohesión (hacia dentro) como elemento distintivo (hacia fuera). La identidad nacional, al igual que las individuales y colectivas, puede ser múltiple dado que no es necesariamente excluyente[28]. Es preciso señalar que al hablar de "identidad catalana" nos referiremos de modo general a la "identidad nacional catalana", en el sentido de la definición propuesta.

Queda todavía por definir un concepto que aparece también de modo recurrente en la literatura sobre el nacionalismo. Se trata de la noción de "etnicidad", rela-

---

[28] En el caso que nos ocupa, tal y como se verá a lo largo de los próximos capítulos, ser catalán no excluye obligatoriamente la identidad española. En este sentido, Hroch (2000: 195) afirma que todos los individuos tienen varias identidades que no se excluyen necesariamente entre sí sino que se establecen formando algún tipo de jerarquía. Desde su perspectiva, algunas identidades pueden ser completamente compatibles, mientras que entre otras puede existir algún tipo de rivalidad o tensión. De modo más concreto, sostiene que la identificación de los miembros de una minoría nacional puede oscilar entre una identidad más amplia que abarque el Estado y una identidad más pequeña del grupo étnico o regional. Como ejemplo de identidades múltiples no excluyentes Hroch menciona el de la comunidad de habla checa en Moravia alrededor del año 1900: sus habitantes, por un lado, eran ciudadanos del Imperio austro-húngaro; por otro, eran miembros de la nación checa; y, por último, se consideraban moravos, es decir, habitantes de Moravia, una región definida tanto administrativa como históricamente (*ibid.*). Con respecto a la pluralidad de los estados, se recomienda la lectura del libro de Villoro (2002), especialmente las páginas 53-62.

cionada con el nacionalismo cultural o la idea de "nación cultural". Padilla (1999: 115) la define como la pertenencia de un individuo a un grupo social que comparte un patrimonio ancestral común. Para este investigador, este patrimonio es multidimensional y abarca ámbitos de la vida que corresponden a la esfera biológica, cultural, social y psicológica (*ibid.*). La dimensión psicológica es, en su opinión, la de mayor relevancia porque, independientemente de los otros factores, si una persona se identifica como miembro de un grupo, intentará ser percibida y tratada como tal. En el manual de *Soziolinguistik* (Ammon *et al.* 1987) la "etnicidad" se asume como un término polisémico. Sin embargo, siguiendo la perspectiva de las ciencias sociales, se explica como una colectividad donde la pertenencia se define socialmente en términos de descendencia. El estatus étnico no se adquiere sino que se posee (*ibid.*: 92). La inclusión de un grupo étnico en una unidad social mayor se produce de maneras distintas. Así pues, puede hacer referencia tanto a personas de una nación que residen como minoría inmigrante en otra (por ejemplo, la comunidad turca en Alemania o la italiana en Estados Unidos) como a comunidades que viven como minoría en una región o en un país, y cuya situación minoritaria deriva de movimientos o transposiciones de fronteras acontecidos a lo largo de la historia (por ejemplo, los suecos en Finlandia o los eslovenos en Austria). Si tomamos como referencia la definición de identidad nacional propuesta anteriormente, ambos términos (etnicidad e identidad nacional) podrían considerarse sinónimos. Por último, cabe señalar que del mismo modo que hay una relación entre nacionalismo y lengua puede decirse que existe una relación entre etnicidad y lengua (o si se quiere entre identidad nacional y lengua), igualmente difícil de determinar y sobre la cual no existe consenso académico.

2.3. Lengua: ¿elemento definidor de la identidad nacional?

El papel que desempeñan las lenguas en la identidad nacional y en el nacionalismo ha sido objeto de análisis y asumido, en mayor o menor medida, por buena parte de los investigadores más destacados del nacionalismo (Gellner, Haarmann, Hroch, Kohn, Llobera, Safran, etc.[29]); de esta cuestión se ha ocupado también con gran profundidad el sociolingüista norteamericano Joshua A. Fishman[30]. No obstante, si bien una determinada lengua se puede considerar parte del patrimo-

---

[29] Todos ellos asumen la relación entre lengua y nacionalismo, otorgando al factor lingüístico un papel primordial: Ernest Gellner, por ejemplo, afirma que la unidad nacional se define muy comúnmente mediante la lengua; el historiador Hans Kohn, por su parte, también sostiene una íntima conexión entre nacionalismo y lengua.

[30] Precisamente a este tema Fishman dedicó el libro *Language and Ethnicity in Minority Sociolinguistic Perspective* (1989) y posteriormente *Language and Ethnic Identity* (1999).

nio cultural de una comunidad, es preciso mencionar que el sentimiento de pertenencia a una misma identidad nacional no se halla vinculado *per se* a la lengua
(Safran 1999: 91)[31].

Antes de profundizar en la relación entre lengua y nacionalismo/identidad nacional, consideramos conveniente puntualizar algunos aspectos más generales sobre
las lenguas que nos permitirán entender mejor esta correspondencia. A lo largo de
la historia, la lengua ha constituido el sistema de signos que mayor variedad de
funciones ha asumido (cf. Haarmann 1999: 63). Su relevancia, por el contrario,
no se limita a esta polifuncionalidad sino que además, siguiendo a Haarmann
(*ibid.*)[32], hay que presuponer que el mundo se ha construido a partir del uso del
lenguaje y que, por tanto, la comunicación cubre todo el dominio de la existencia
humana. Posiblemente de este hecho deriva la inminencia de la lengua en la creación de identidades (individuales y colectivas)[33], ya que es muy significativo que
tanto la identidad como la lengua tengan en común el hecho de ser elementos
inherentes y exclusivos del ser humano.

La lengua es un instrumento de comunicación que utilizan los miembros de una
misma comunidad lingüística (función comunicativa o instrumental); como código, es una institución y realidad social. La lengua es pues reflejo de la sociedad y
como tal es una realidad social y una realidad política (cf. Leclerc 1979: 21-29).
Como bien sabemos, a través de las instituciones políticas, se impone una variedad sobre otra; se propone o impone un modelo lingüístico determinado; se establecen categorías distintas (como lengua oficial, lengua nacional, lengua regional, lengua propia, etc.); se afirma o se niega el estatus jurídico de un idioma; se
introduce una lengua en la escolarización o incluso se legitima como idioma (*vs.*
dialecto). De este modo, se puede concluir que lengua y sociedad constituyen una
unidad indisociable y que, en este contexto, la lengua es tanto un símbolo de
poder como un medio de lucha por conseguirlo.

Además de su función comunicativa, las lenguas tienen una función social simbólica que ha sido señalada por reconocidos historiadores del nacionalismo como
Miroslav Hroch (1968; 1992; 2005) y sociolingüistas como Brigitte Schlieben-

---

[31]   Safran afirma que "the sentiment of belonging to an ethnonational community is not neces-
       sarily connected with a language, although a specific language may be considered part of
       the cultural heritage of that community" (1999: 91).
[32]   En este sentido, son significativas también las ideas de Humbolt, quien sostenía la existen-
       cia de una relación intrínseca entre pensamiento y lengua.
[33]   La relación entre lengua e identidad ha sido objeto de estudio detallado de la psicología
       social y de la antropología (cf. Ammon *et al.* 1987: 781).

Lange (1977), Peter Cichon/Georg Kremnitz (1996), Georg Kremnitz (2008)[34], etc. Según el *Diccionari de Sociolingüística*, la "funció simbòlica relliga cada parlant a la comunitat, tot creant lligams de pertinença, i assegura la integració de la comunitat lingüística vinculant-la a l'espai físic que aquesta ocupa" (2001: 128). Esta definición, si bien es cierta, olvida mencionar que el sentimiento de pertenencia a una comunidad implica necesariamente la diferenciación con respecto a otras comunidades o grupos. La lengua puede servir entre los miembros de un grupo para establecer fronteras efectivas entre sus integrantes (*in-group*) y los no pertenecientes a ese grupo (*out-group*) (cf. Schlieben-Lange 1977: 129; Pallach 2000: 11); por lo que es a la vez un elemento de inclusión y exclusión (función demarcativa).

Una idea similar la sostiene Bossong (1994), quien además realiza una valoración subjetiva, en términos de positivo/negativo, de esta bifuncionalidad:

> In diesem Sinne hat Identität [se refiere a la identidad lingüística] zwei Dimensionen, eine positive und eine negative. Identität konstituiert sich [...] einerseits als die Gleichheit und andererseits als die Ungleichheit des Sprechers mit dem Angesprochenen. Mit anderen Worten, sie ist solidarisch auf der einen, exklusiv auf der anderen.

La función demarcativa de las lenguas, según Fishman, no es un fenómeno nuevo sino más bien una tendencia humana muy antigua: "Contrastive self-identification on the basis of language is a very ancient human proclivity" (1989: 285).

Para recapitular: la lengua adquiere un papel esencial si consideramos que no es solo un medio de comunicación interpersonal, sino que además puede constituir un elemento de diferenciación respecto a los no integrantes de una comunidad lingüística determinada. Se distinguen de este modo dos funciones sociales básicas que nos interesan para nuestro estudio: por una parte, la función comunicativa y, por otra, la simbólico-demarcativa[35]. Dicho de otro modo, hay que diferenciar entre una función objetiva, como instrumento de comunicación social, y una función subjetiva, como elemento identitario y demarcativo. La función subjetiva implica una dimensión simbólica y afectiva que, en determinados contextos, puede llegar a desarrollar de modo potencial un sentimiento diferenciador. Este

---

[34] Kremnitz (2008) asume también esta diferenciación al señalar dos funciones básicas de la lengua: la comunicativa, que nos permite establecer contactos con los demás; y la demarcativa, que nos diferencia de los otros asegurándonos al mismo tiempo la propia identidad.

[35] Para Lamuela existen tres funciones sociales básicas: 1) la comunicativa; 2) la simbólica; y 3) la definidora o constructora de la realidad. Esta última es la que contribuye a desarrollar las distintas concepciones de la realidad (cf. *Diccionari de Sociolingüística* 2001: 127-128). En el *Diccionari de Sociolingüística* se añade una cuarta que sería la función discriminante, esto es, como filtro para el ascenso social.

sentimiento o conciencia diferencial –al que Ferrando y Nicolás se han referido como "función compensatoria" (2005)– puede evolucionar en movimientos reivindicativos como se puede observar en el caso catalán a partir de la segunda mitad del siglo XIX. En esta misma línea, Kremnitz (2008) sostiene que la preferencia de ciertas variedades lingüísticas por la demarcación (en detrimento de la comunicación) puede hacer crecer el valor simbólico de las lenguas (o variedades) hasta el extremo de derivar en ideas fragmentadoras. Un claro ejemplo dentro del contexto lingüístico catalán lo encontramos en el *secessionisme valencià*[36] y, en menor medida, en el *gonellisme* balear. La fragmentación podría conllevar la pérdida de la función comunicativa de lenguas "pequeñas", corriéndose el riesgo de facilitar la imposición de lenguas francas o dominantes, cuyo valor comunicativo es obviamente superior[37].

La lengua, como vehículo para expresar sentimientos, actitudes y valores, posee una función clave en la identidad colectiva, si bien no es el único elemento que la sustenta (cf. Haarmann 1999: 63)[38]. En determinados periodos de la historia se le ha asignado un papel ideológico muy importante y en incontables ocasiones se le ha convertido en elemento central de la identidad nacional de ciertas comunidades, enfatizando su función simbólica o connotativa. Entre las principales etapas en las que la lengua ha servido para promover el desarrollo cultural Haarmann (*ibid.*: 64-66) menciona el siglo XVIII[39]. En este contexto no debe olvidarse la relevancia de la idea de "lengua nacional" durante la Revolución Francesa[40], que caló con fuerza en la creación de gran parte de los Estados nacionales de Europa. Sin embargo, la lengua también adquirió un valor primor-

---

[36]   A pesar de que el discurso público tiende a enfatizar su simbolismo, las consecuencias de la negación de la unidad del catalán en la Comunidad Valenciana hacen frenar su normalización. Los efectos más perniciosos son, por una parte, la disminución del uso social de esta lengua en la Comunidad y, por otra, la afirmación de un bilingüismo favorable al castellano (cf. *Diccionari de Sociolingüística* 2001: 248). La monografía de Doppelbauer (2006) ofrece un estudio detallado sobre este fenómeno.

[37]   Para un análisis básico referente a las concepciones sintetizadoras y fragmentadoras, con ejemplos concretos dentro de Península Ibérica, se recomienda la lectura del artículo de Kremnitz (2008: 11-20).

[38]   Haarmann destaca, por ejemplo, el caso de las poblaciones en Bosnia y Herzegovina, donde la lengua no es el elemento central de la identidad nacional. Según este estudioso (1999: 63-64), lo que hace que un serbio, un croata o un bosnio se defina como tal es su pertenencia a diferentes comunidades religiosas.

[39]   Fishman (1989: 271) va mucho más allá e incluso menciona la utilización de las lenguas vernáculas como vehículo de comunicación y control de masas en los imperios clásicos de la Europa occidental.

[40]   El concepto de "lengua nacional" se ha discutido en el epígrafe 1.4; su instrumentalización en el contexto francés se tratará en 4.2.2.1 (*El discurso de la modernidad lingüística*).

dial a lo largo del siglo XIX[41], pues durante esa centuria y siguiendo los ecos del Romanticismo, se convirtió en un elemento simbólico central de diferentes comunidades cuyo ideal se orientaba en la coincidencia de las fronteras (territoriales) de un Estado con las fronteras lingüísticas[42].

A pesar de la falta de consenso sobre el papel que desempeñan las lenguas en la formación de naciones o identidades nacionales, Hroch afirma que los agentes que participaron en los procesos nacionales no se sirvieron solamente de su función comunicativa sino también de su dimensión simbólica como instrumento de movilización:

> Wie unterschiedlich auch immer die Ansichten über die Bedeutung der Sprache als Faktor der ethnischen Identifikation sein mögen, eines ist gewiss: Die Akteure der Nationsbildung gebrauchten die Sprache meist nicht nur als Kommunikationsmittel, sondern auch als Identifikationscode, als Instrument der nationalen Mobilisierung (2005: 178).

La afirmación de Hroch deja constancia de la importancia de la función simbólica (identificadora) de la lengua en la creación de identidades nacionales.

En contextos donde coexisten minorías y mayorías lingüísticas, la lengua minoritaria puede convertirse en un símbolo de identidad para la respectiva comunidad lingüística, mientras que el idioma mayoritario se puede convertir en símbolo de opresión. Como demuestran innumerables ejemplos, como símbolo de igualdad política, la comunidad minoritaria alófona suele expresar reivindicaciones lingüísticas y exigir el uso de su lengua en ámbitos públicos como la administración y la enseñanza. Las demandas lingüísticas del grupo minoritario pueden tener, pues, una función compensatoria en el sentido que proponían Ferrando y Nicolás (2005). En el extremo opuesto, para el grupo mayoritario la(s) lengua(s) minori-

---

[41] La importancia de la lengua como elemento cohesionador parece remontarse incluso a épocas muy anteriores. En el artículo "Social Interpretation of Linguistic Demands" (1992: 67-96), Hroch señala su relevancia ya desde la Edad Media: "As far back as the Middle Ages, language was accepted as an instrument of group solidarity, though not everywhere and only by a rather limited part of feudal society" (*ibid.*: 82). Asimismo, afirma que el principio absolutista implicó, en cierto modo, la homogeneización lingüística: "it can be provisionally suggested that the use of a 'print-language' within the territory of an absolutist state seems to be a sufficient criterion for distinguishing the written language from dialects, patois and so on" (*ibid.*: 71). También es importante lo que añade después: "It is significant that medieval literary languages which did not become state-languages (or which lost that status) disappeared, or became marginalized during the period of absolutist rule (as was the case with Norwegian, Catalan, Czech and Welsh)" (*ibid.*).

[42] Como bien apunta Schlieben-Lange (1977: 129), esta coincidencia ha desempeñado un papel trágico en la evolución de algunos nacionalismos y también fue crucial en la ideología fascista.

taria(s) se puede(n) llegar a percibir como una amenaza para la unidad nacional o como un signo de desintegración nacional (cf. Leclerc 1979: 28-29). Esta es la dirección en la que se ha venido desarrollando el nacionalismo español, especialmente durante las últimas décadas[43].

En suma, la importancia de la lengua es tal que incluso el nacionalismo que parte de la idea de nación como unidad política ("nación cívica") se sirve de la lengua como elemento cohesionador ("lengua nacional"); este sería el caso de Francia, prototipo de nación cívica. Además de su función comunicativa y de su dimensión simbólico-afectiva, la lengua es también expresión de poder[44] y desde un punto de vista colectivo ha sido generadora de la conciencia nacional de muchos pueblos. La compleja relación entre lengua y conciencia nacional se ha mostrado como una constante a lo largo de la historia pero, como señalan algunos investigadores como Fishman (1989: 279), Safran (1999: 77) y Hroch (2005: 171), el papel que desempeñan las lenguas en los procesos de creación nacional sigue siendo una cuestión controvertida. A pesar de que muchos estudiosos han afirmado esta relación y han aseverado la centralidad del factor lingüístico en la creación de múltiples nacionalismos, sigue habiendo otros que se muestran casi indiferentes frente al elemento glotológico.

Son prácticamente incontables las ocasiones en las que la lengua se ha convertido en un medio eficaz a la hora de preservar la identidad colectiva y cohesionar comunidades. Así pues, como indica Safran, la lengua ha servido para conservar la identidad de los tamiles en Sri Lanka, de los turcos en Chipre, de los quebequeses en Canadá, etc. (cf. 1999: 80). Sin embargo, es evidente que no todas las identidades nacionales se basan en la lengua como elemento cohesionador: los casos de Israel y Pakistán, fundamentados sobre todo en la religión, serían dos claros ejemplos. En otras ocasiones, tanto la lengua como la religión han servido de base al nacionalismo, como ilustra el ejemplo polaco. Por su parte, el nacionalismo croata tiene su fundamento en la combinación de elementos religiosos y socioeconómicos, que a su vez han contribuido a poner énfasis en las diferencias lingüísticas. Por lo tanto, el uso de una misma lengua no conlleva necesariamente un sentimiento nacional común. A pesar del ideal nacionalista alemán de los siglos XVIII y XIX, basado esencialmente en la lengua, la unificación alemana nunca ha llegado a completarse; la lengua no consiguió imponerse para crear una unidad cultural (y obviamente tampoco política) más extensa que incluyera todos

---

[43]   Si bien debe puntualizarse que esto no solo queda ejemplificado en el contexto español desde una perspectiva actual, sino prácticamente desde el último tercio del siglo XIX.

[44]   La idea de la lengua como expresión de poder ha sido estudiada por diferentes autores como Colomines (1992: 18) y Bourdieu en su libro *Langage et pouvoir symbolique* (2001).

los territorios de habla germánica (actual Alemania, Austria y parte de Suiza). Análogamente la lengua española, común en muchos países del mundo, no ha sido suficiente para crear un verdadero sentimiento de panhispanismo en el sentido cultural (y político) del término que permita abarcar tanto a los países latinoamericanos de habla hispana como a España. Lo mismo podría decirse del inglés, del francés o del árabe, lenguas comunes en muchos Estados del planeta (cf. Safran 1999: 80-81). El árabe, por ejemplo, es uno de los elementos que permite definir la "nación árabe", si bien la religión se sitúa por encima de este factor[45]. Como se ha ilustrado a través de distintos ejemplos, la lengua no es ni puede ser el único elemento sustentador del nacionalismo. En palabras de Safran: "If language were the sufficient ingredient of nationalism (defined as a politically mobilizing and state-seeking ideology), there would be several thousand sovereign states, rather than the existing two hundred" (*ibid.*: 78).

Así pues, siguiendo a Ernest Renan y en consonancia con las afirmaciones de Safran, podríamos decir que la lengua invita a la unión pero no a la fuerza. En algunos casos, la lengua o, mejor dicho, la conciencia de hablar una lengua diferente adquiere un valor simbólico-afectivo que permite crear vínculos y sentimientos de pertenencia a una comunidad (*in-group*) y al mismo tiempo sentimientos de diferenciación con respecto a quienes no forman parte de esta (*out-group*), estableciendo una "identidad contrastiva". Precisamente en esos casos la lengua se convierte en un potencial instrumento político que las élites y sus instituciones pueden emplear como atractivo elemento cohesionador y diferenciador[46]. Siguiendo a Paul Brass, Safran (1999: 83) asevera que cualquier lengua puede convertirse en un instrumento eficaz capaz de movilizar a un gran número de personas mediante símbolos y valores con un enorme potencial emocional.

Para entender el peso de la lengua en la creación de la identidad nacional catalana debemos enfatizar tanto su valor simbólico-afectivo como su función compen-

---

[45] Safran (1999: 81) enfatiza la importancia del árabe como vehículo del islamismo pero al mismo tiempo asegura que la lengua común no es suficiente para construir la "nación árabe", puesto que, en tal caso, no podríamos hablar de la nación siria, egipcia o palestina ni existirían los conflictos internos dentro del mundo árabe.

[46] Safran (1999: 84) menciona varios ejemplos ilustrativos: en Turquía se latinizó el alfabeto de la lengua nacional con el fin de diferenciar el nacionalismo turco del islam transnacional; en Moldavia, las autoridades soviéticas impusieron el alfabeto cirílico para diferenciarse de los rumanos; durante la dictadura de Tito, la lengua yugoslava sirvió para atenuar las diferencias y para fomentar la idea de una nación "transétnica", si bien la desintegración del nacionalismo yugoslavo hizo aumentar las diferencias entre serbios y croatas, también a nivel lingüístico.

sadora. Este libro se centrará en observar cuál es la importancia que se ha ido atribuyendo a la lengua catalana a lo largo de casi un siglo y cuáles han sido los elementos discursivos más recurrentes.

3. ORÍGENES Y EVOLUCIÓN
DEL *CATALANISME* (1833-1932)

En esta parte se hará un breve repaso a la evolución del *catalanisme* desde sus orígenes hasta el año 1932, fecha en la que termina nuestro análisis y que coincide con la proclamación del *Estatut d'Autonomia* republicano. Se trata de ofrecer una panorámica general que ayude a comprender y a contextualizar mejor los distintos aspectos que iremos tratando a lo largo de los diferentes capítulos de la cuarta parte. Para un análisis detallado de la historia de Cataluña y del *catalanisme* remitimos a los estudios de Nadal i Farreras/Wolff (1992), Vilar (1995), Risques *et al.* (1999), Collado Seidel (2007), Bernecker *et al.* (2007b), entre otros. La obra de Nagel (2007), de carácter más general, así como el artículo de Bernecker (2007a) ofrecen también breves introducciones sobre la historia de Cataluña que pueden resultar útiles para consultas puntuales. En cuanto a las obras centradas en el *catalanisme*, se recomienda el libro de Balcells (2004), obra de referencia en la literatura catalanista, y el libro de Masgrau (1992). Este último –aunque de manera muy breve– ofrece una buena panorámica del movimiento catalanista. Para profundizar en las relaciones entre España y Cataluña remitimos a las obras de Riquer i Permanyer (2000) y Anguera (2006). Por último, también debe mencionarse el libro *La España de los nacionalismos y las autonomías* (Anguera *et al.* 2003) para un análisis profuso acerca de los nacionalismos en España.

Según Llobera (2003), el *catalanisme*, como doctrina política coherente, se establece entre 1886 y 1906 con las obras de *Lo Catalanisme* de Almirall y *La nacionalitat catalana* de Prat de la Riba –que contribuyeron decisivamente en la formulación del *catalanisme* político si bien desde perspectivas distintas–. Con todo, su gestación como sentimiento patriótico tendría un origen anterior que se remontaría a mediados del siglo XIX con los inicios de la *Renaixença* y la restauración de los *Jocs Florals*. Teniendo en cuenta esto y para una estructuración más clara de esta sección, se tomará como punto de partida la periodización propuesta por Josep Termes (2000: 82-84) según la cual se pueden distinguir cuatro momentos o fases históricas en el desarrollo del hecho nacional catalán. La primera etapa se extendería a lo largo del último tercio del siglo XVIII y durante parte del siglo XIX, concretamente hasta el fracaso del proyecto federal populista de 1868-1873. La segunda se situaría entre el inicio de la Restauración (1875) y la gran crisis del

Estado español de 1898. La tercera fase nacería con la citada crisis y finalizaría con la caída de la Monarquía en el año 1931. La cuarta y última etapa correspondería a todo el periodo de la Segunda República hasta el estallido de la Guerra Civil de 1936. Nos permitimos omitir la última etapa por no corresponder con el periodo seleccionado de nuestro estudio y reducir la primera fase a los inicios de la *Renaixença*, dejando a un lado la evolución del siglo XVIII.

Un hecho que llama la atención es que las fases que propone Termes para el *catalanisme* estén determinadas por sucesos políticos españoles. Sin embargo, no podemos olvidar, como nos recuerda Riquer i Permanyer, que el marco histórico-político que condiciona la configuración del *catalanisme* es el español, es decir, el mismo en el que tuvo lugar la revolución liberal, la II República, la Guerra Civil, y otros acontecimientos relevantes. Por otro lado, también es preciso recordar que la construcción identitaria catalana se produce a la par de la construcción y la difusión de la nueva idea de España como nación-Estado (cf. Riquer i Permanyer 2000: 54). Por este motivo resulta imprescindible estudiar la evolución del *catalanisme* teniendo en cuenta no solamente el marco histórico-político de Cataluña, sino también la coyuntura política de España y los cambios que se produjeron a lo largo de este periodo. Así pues, siguiendo todavía a Riquer i Permanyer (2000: 54-55), el análisis histórico del *catalanisme* debe de realizarse a partir del marco territorial español, pues la politización de lo que este estudioso denomina "viejos particularismos" y la nacionalización del patriotismo liberal español son procesos no solamente coetáneos, sino que se influyen mutuamente, se condicionan y causan reciprocidades. En este sentido, las palabras de Pierre Vilar son reveladoras y anticipan lo que veremos en la cuarta parte: "A la resurrección de las glorias catalanas por los herederos de la Renaixença replicó el castellanismo exacerbado de los Azorín, de los Unamuno" (1983: 65).

A pesar de la innegable centralidad del marco español para la configuración del *catalanisme*, la extensión temporal que proponemos para este análisis, es decir, el periodo que va de 1833 a 1932, viene determinada por dos hechos históricos vitales para Cataluña. En primer lugar, 1833 fue el año que simbólicamente dio comienzo al movimiento literario-cultural de la *Renaixença*. En segundo lugar, 1932 fue un año de doble significación: por un lado, gracias a la publicación de *Diccionari general de la llengua catalana*, supuso el fin de la codificación lingüística del catalán y, por otro, la aprobación del *Estatut* republicano que devolvía al catalán su estatuto de lengua oficial.

3.1. Primera etapa: de 1833 a 1873

Esta primera etapa está muy vinculada a la *Renaixença*, entendida de manera general como una profunda transformación de la sociedad catalana, que se desarrolló tras un largo periodo conocido en la historiografía catalana como la *Decadència*[1]. Con el nombre de *Renaixença* se conoce el amplio movimiento, fundamentalmente cultural y literario, pero también de concienciación política que surgió hacia el 1830 en Cataluña y que tiene como componente básico el redescubrimiento de la cultura y la sociedad catalanas como un hecho diferencial importante que debía potenciarse en distintos ámbitos. El inicio y establecimiento de la *Renaixença* se hizo oficialmente en 1833 con motivo de la publicación del poema "Oda a la Pàtria" de Bonaventura Carles Aribau, una composición que, sin embargo, poco tenía que ver con el espíritu del citado movimiento.

A diferencia de lo que se ha pretendido demostrar en muchas ocasiones, el movimiento de la *Renaixença* no fue un fenómeno exclusivamente de la alta cultura. Es preciso puntualizar que buena parte de la población catalana participó de este sentimiento de reencuentro con la lengua y cultura propia (cf. Masgrau 1992: 17). Este hecho se hace patente en la existencia de un intento de recuperación lingüístico y cultural de carácter más popular, pues, por ejemplo, la restauración de los *Jocs Florals* (1859) y la aparición de los primeros periódicos en catalán a partir de 1865 se vieron acompañados de un movimiento "menos culto" que ocurría de forma paralela a la corriente literaria más elitista. A este respecto, destaca la figura del dramaturgo Frederic Soler, más conocido con el pseudónimo de Serafí Pitarra, que dio un gran impulso al teatro en lengua catalana y que influyó en la consolidación de un movimiento entusiasta de raíz más popular.

Como bien apunta Bernecker (2007a: 18), el sentimiento que derivaría en el *catalanisme* no solo se debe a la revitalización de la lengua catalana, sino también a la implantación definitiva de la Revolución Industrial en Cataluña y al consiguiente crecimiento económico. Esto pone de manifiesto que en el siglo XIX se dio una convergencia compleja de elementos nacionales, sociales y económicos que harían evolucionar el movimiento literario-cultural de la *Renaixença* hasta el *catalanisme* político. Como apunta taxativamente este autor:

> Es besteht kein Zweifel, dass der Aufschwung des Katalanismus als eigenständige Kultur- und Regionalbewegung in einem engen Zusammenhang mit der zunehmenden wirtschaftlichen Bedeutung der Region Katalonien und der machtpolitischen Stellung der lokal-regionalen Bourgeoisie stand (*ibid.*).

---

[1]   En la historiografía catalana se suele designar con este nombre el periodo comprendido entre finales de la Edad Media y la *Renaixença*, es decir, desde inicios del siglo XVI hasta 1833. Una panorámica general sobre la historia de Cataluña desde la unión matrimonial entre los reyes Fernando e Isabel (1469) hasta finales del siglo XVIII se puede encontrar en Bernecker (2007a: 12-17) y en Collado Seidel (2007: cap. 2, *Niedergang in imperialer Zeit*).

Algo parecido sostiene Balcells (2004: 38) al afirmar que "[e]l desarrollo económico que diferenciaba a Cataluña fue la sólida base material sobre la que se edificó la *Renaixença*".

Esto, junto a la progresiva centralización del Estado liberal –cuyas transformaciones supusieron cambios importantes que afectaron también de manera directa a Cataluña (la centralización política, la división territorial de Cataluña en las cuatro provincias actuales, la aparición de gobernadores civiles y de la Guardia Civil, la reiteración de las prohibiciones sobre el uso y la enseñanza del catalán, la baja participación de los catalanes en el Estado, etc.)–, fue suscitando un sentimiento de descontento generalizado. Durante el reinado de Isabel II (1833-1868) este malestar se intensificó también entre las élites catalanas, pues el establecimiento del Estado liberal representaba una centralización más eficiente que la monarquía absolutista. A esto cabe añadir la grave crisis económica y financiera a la que se enfrentó todo el país entre 1864 y 1868. El llamado "complejo de colonia" se fue extendiendo incluso hasta los sectores conservadores y hacia 1868 la necesidad de "emanciparse" de Madrid era ya una idea bastante extendida en la sociedad catalana[2] (cf. Riquer i Permanyer 2000: 66). En este momento, el anticentralismo se convirtió en un punto de convergencia, que generó las primeras solidaridades verticales en Cataluña (*ibid.*). Así pues, la *Renaixença*, como movimiento literario y cultural, coincidió con una etapa de fuerte activación de la memoria histórica, de resistencia lingüística, de malestar por la situación política y de acentuación de la diversidad económica a través de la consolidación de la industrialización catalana (*ibid.*: 67), derivando en lo que se conoce como *catalanisme* político y que alcanzaría su punto álgido a partir de la crisis española de 1898.

El destronamiento de Isabel II, obligada al exilio en París tras la Revolución de *La Gloriosa*[3], y sobre todo la experiencia del llamado Sexenio Democrático (1868-1874)[4] y las esperanzas frustradas de este periodo influyeron notoriamente en el desarrollo posterior del *catalanisme*. Por ejemplo, como afirma Collado Seidel, la Constitución de 1873 contenía elementos liberales como la soberanía del pueblo y la división de poderes entre el Estado y la Iglesia pero no contenía los elementos federales que exigían los catalanes (2007: 136). A todo esto tam-

---

[2] En este contexto, cabe destacar que las propuestas catalanas no eran independentistas sino que reivindicaban una mayor autonomía dentro de un marco federalista.

[3] El Sexenio Democrático (1868-1874) se inició como un movimiento revolucionario que provocó el exilio de la reina Isabel II. Entre 1870 y 1873 se estableció la monarquía de Amadeo de Saboya y en 1873 se instauró la Primera República, que finalizó en 1874 con la restauración de la Monarquía borbónica.

[4] Para más detalles sobre la experiencia del Sexenio Democrático y las consecuencias para el *catalanisme*, véase Balcells 2004: 50-56.

bién habría que añadir la subida al trono de otro monarca, Amadeo de Saboya (1870-1873), que haría que los catalanes fueran sintiéndose cada vez más alejados de la política de Madrid y que reivindicaran un nuevo marco de profunda reforma del Estado español.

Así pues, fue precisamente el marco político del Sexenio el que hizo posible que en Cataluña tuviera lugar el primer debate abierto y explícito sobre su lugar en una posible reorganización del Estado español (cf. Riquer i Permanyer 2000: 77). A esto contribuyó la abdicación del monarca de Saboya quien, tras no haber conseguido una estabilización política del país[5], fue sustituido por Estalisnau Figueras (1819-1882) y después por Francesc Pi i Margall (1824-1901). El nuevo gobierno intentó establecer una base federal, pero la presencia notoria de catalanes en el gobierno propició que muchos entendieran la federalización del Estado como una empresa catalana (cf. Collado Seidel 2007: 138). Asimismo, a raíz de la proclamación de la I República (1873-1874), el 9 de marzo de 1873 los federales catalanes realizaron un intento fallido de proclamar del Estado catalán[6], que fue revocado desde Madrid por Pi i Margall y Figueras, el entonces presidente de la República (cf. Masgrau 1992: 30-31; Anguera *et al.* 2003: 30 y Balcells 2004: 54)[7]. Este acontecimiento no solo hizo que las relaciones entre España y Cataluña se volvieran más tensas y que, a su vez, los recelos hacia Cataluña se agudizaran, sino que fue además uno de los elementos desencadenantes de la posterior escisión de Almirall con respecto al federalismo pimargalliano en 1881.

Ante el inminente fracaso de la I República, Pi i Margall dimitió el 18 de julio de 1873 cediendo el paso a Nicolás Salmerón, primero, y a Emilio Castelar, más tarde, quienes marcaron un cambio de rumbo político importante donde el sector militar adquiría un nuevo protagonismo. El 20 de septiembre de ese año, Castelar suspendió las Cortes y el día 3 de enero de 1874 el general Pavía encabezó un golpe de estado militar que llevó a un régimen autoritario presidido por el general Serrano, cerrando así el proceso iniciado en 1868 y estableciendo el prólogo de la Restauración borbónica bajo Alfonso XII (cf. Risques *et al.* 1999: 136).

---

[5]   En ese momento el país se veía desestabilizado por distintos frentes: la rebelión carlista en el País Vasco, Navarra y Cataluña, por una parte, y la sublevación cubana, por otra, eran los puntos más candentes (cf. Balcells 2004: 54). Las guerras civiles carlistas duraron hasta 1876 y concluyeron con la completa derrota militar de los carlistas. Más detalles sobre el carlismo en Bernecker 2007b: 92.

[6]   Ya se había intentado el 23 de febrero de ese mismo año.

[7]   Durante la corta duración de la I República (febrero de 1873-enero de 1874) hubo un total de cinco presidentes: el primero fue Estanislau Figueras, el segundo Francesc Pi i Margall, el tercero Nicolás Salmerón, el cuarto Emilio Castelar y el último Francisco Serrano Domínguez.

Entre tanto, en Cataluña empezaban a tener lugar las primeras manifestaciones del *catalanisme* político. En 1870, un grupo de jóvenes con inquietudes literarias y catalanistas como Àngel Guimerà, Pere Aldavert y Francesc Matheu fundó la entidad *La Jove Catalunya*. Esta iniciativa seguía el ejemplo de otras sociedades nacionalistas europeas de la época; recordemos, por ejemplo, la asociación *Joven Europa*, creada por Giuseppe Mazzini en 1834 y que sirvió de inspiración para la fundación de la entidad catalana (cf. Masgrau 1992: 32; Anguera *et al.* 2003: 30). Pero no fue hasta 1880 cuando el movimiento catalanista dio un gran salto con la celebración del *Primer Congrés Catalanista*, impulsado por Valentí Almirall.

En definitiva, podemos decir que en este periodo el movimiento catalanista se caracterizaba por ser eminentemente un movimiento federalista democrático, basado en un proyecto hispánico-federal, que aspiraba a un cierto tipo de autonomía catalana en el marco de un Estado español descentralizado. Sin embargo, la experiencia del fracaso del Sexenio Democrático y de la I República supuso la crisis de la vía democrática española para conseguir una reforma descentralizadora del Estado y la consecución de un Estado pluralista; esto derivó en una ruptura por parte de los federales catalanes que optaron por una vía política exclusivamente catalana (el *catalanisme*), encabezada por Almirall y desvinculada del federalismo español (cf. Riquer i Permanyer 2000: 70). Así pues, en el periodo de 1868 a 1873, durante el cual se vio naufragar por completo el proyecto republicano federal, se comenzó a inaugurar una nueva etapa en la formación del *catalanisme* político donde la figura de Almirall adquirió una gran relevancia.

3.2. Segunda etapa: desde el inicio de la Restauración (1875) hasta el Gran Desastre (1898)

Tras las convulsiones políticas vividas durante el Sexenio, se volvió a instaurar la Monarquía borbónica bajo un periodo que se conoce como la Restauración y que llegó a ser el sistema político más largo de la historia contemporánea de España y de Cataluña. El 9 de enero de 1875, Alfonso XII, en quien había abdicado Isabel II, volvió a España por el puerto de Barcelona (cf. Risques *et al.* 1999: 151). La Restauración, régimen implantado por Antonio Cánovas del Castillo y basado en un sistema bipartidista en el que se alternaban los dos grandes partidos de la época a imitación del modelo británico (cf. Balcells 2004: 57), fue bien recibida por la burguesía catalana, pues, como afirman Balcells (2004) y Bernecker (2007a; 2007b), esta vio la rápida consecución de diversos acontecimientos que iban claramente a su favor: la derrota definitiva en Cataluña de la sublevación carlista (1875), el restablecimiento de la dominación sobre Cuba en 1878, la detención del librecambio, etc. Resulta curioso que, a pesar de que durante un cuarto de siglo la burguesía catalana apoyó el sistema oligárquico de la Restauración, fuera en esa misma época cuando surgió el *catalanisme* como fuerza política (cf. Bernecker 2007a: 20; 2007b: 93)[8]. También es llamativo el hecho de que, durante la Restauración, Cataluña viviera una época de notorio crecimiento económico y de mejoras en las infraestructuras: por ejemplo, en 1875 se inició la instalación del suministro eléctrico en la ciudad de Barcelona; en 1877 se realizó la primera comunicación telefónica del territorio español entre Barcelona y Girona; y en 1883 se creó la primera locomotora (cf. Collado Seidel 2007: 142). Al mismo tiempo, y vinculado al auge de la industrialización y del sector textil, se produjo el crecimiento de algunas ciudades catalanas que se convirtieron en verdaderos centros urbanos[9]. A partir de la segunda mitad del siglo XIX también se dio una emigración hacia Cataluña procedente de otras regiones de España (cf. *ibid.*: 142-143).

Este periodo, en el que se forjó el *catalanisme* político, coincidió con la primera etapa de la Restauración española y con el proceso nacionalizador español de Cánovas del Castillo. Esta nueva idea oficial de la "nación española" se alejaba del liberalismo progresista y recurría a los valores más conservadores, católicos y nostálgicos, haciendo referencia a muchos episodios del pasado colonial americano o a la Reconquista (Riquer i Permanyer 2000: 72-73). La visión canovista partía del esencialismo identitario español, es decir, de la existencia de la nación española como algo heredado, preexistente, y se basaba en la unidad y la coherencia de la España católica (*ibid.*). La propuesta canovista implicaba un rechazo absoluto hacia una España plural contraria a las tesis regionalistas, federalistas o provincialistas (*ibid.*: 74). Precisamente en el contexto centralizador y de naturaleza antidemocrática del régimen de la Restauración[10], comenzaron a tomar fuer-

---

[8] Balcells (2004: 57) sostiene que hasta 1899 la burguesía industrial catalana mantuvo una posición de conformismo provincial e incluso manifestó un españolismo intransigente al estallar la segunda guerra de Cuba y la sublevación de Filipinas. Asimismo, afirma (*ibid.*: 51) que la burguesía catalana, al igual que la Administración española, creía en la necesidad de mantener la esclavitud para preservar la colonia de Cuba, tal y como lo había demostrado mediante su rechazo al proyecto de abolición gradual de la esclavitud en Puerto Rico en el año 1872.

[9] Hasta finales de siglo Barcelona dobló prácticamente el número de habitantes llegando a unos 533.000. Otras ciudades con población numerosa por detrás de la capital catalana eran Tortosa, Reus y Lleida. El censo total de Cataluña ascendía a 1.945.307 habitantes (cf. Collado Seidel 2007: 142-143).

[10] Se prohibieron las organizaciones políticas de trabajadores, se limitó la libertad de prensa, se generalizó el caciquismo, etc. (cf. Collado Seidel 2007: 139-140), aunque aparentemente el sistema se mostraba democrático y abierto (por ejemplo, había vuelto a introducir el sufragio universal en 1890). Anguera *et al.* (2003: 47) señalan que igual que en 1845 el Estado volvió a ser confesional y centralista.

za los planteamientos particularistas y las reivindicaciones políticas catalanas. Este fue, en definitiva, el marco político en el que empezó a forjarse el movimiento político activo del *catalanisme*.

Durante este periodo vuelve a destacar la figura de Valentí Almirall, considerado en muchas ocasiones como el padre del *catalanisme* político (cf. Ridao 2005: 74; Bernecker 2007b: 93). A partir de 1873, Almirall, que se sentía "desengañado por la posibilidad de la revolución federal en España" (Termes 2000: 86-87), se centró en el particularismo catalán con el fin de encontrar una alternativa a las posturas federalistas pimargallianas. En otras palabras, Almirall se replanteó el modelo federalista reivindicando un proceso de regeneración de Cataluña, que serviría también para regenerar España[11]. Un año después de haber fundado el *Diari Català*, el primer diario escrito en lengua catalana con una ideología claramente catalanista, organizó el *Primer Congrés Catalanista* (1880)[12] del que surgiría el *Centre Català* (1882)[13], una fusión de todas las organizaciones catalanistas que velaban por los intereses morales y materiales de Cataluña (cf. Balcells 2004: 60; Bernecker 2007a: 20; 2007b: 93-94). En 1881, Almirall había roto definitivamente con Pi i Margall debido a divergencias ideológicas, pues Almirall creía que este último subordinaba el federalismo catalán a los intereses del federalismo español (cf. Masgrau 1999: 35).

En 1883 se celebró el *Segon Congrés Catalanista* que tuvo una gran relevancia en la configuración de *catalanisme* político. Este congreso se declaró a favor de la cooficialidad del catalán en Cataluña y de la conservación del derecho catalán, proclamó la existencia de Cataluña como entidad global por encima de divisiones administrativas provinciales, exigió al Gobierno español una política económica proteccionista y criticó, además, la militancia de políticos catalanes en partidos españoles (cf. Masgrau 1992: 37-38). Según Masgrau, este último punto es de especial significación, pues por primera vez se formulaba la necesidad de militancia en partidos catalanes y se expresaba de manera abierta que el problema de Cataluña solo podía resolverse desde una perspectiva interna (*ibid.*).

---

[11]   En 1886 Almirall publicó su obra principal, *Lo Catalanisme. Motius que el legitimen, fonaments científics i solucions pràctiques*. En este libro amplió parte de las ideas expresadas en el *Memorial de Greuges* y formuló con coherencia su doctrina política asentando las bases del *catalanisme* político. Almirall expresaba una crítica al Estado español y hacía uso de la idea "caràcter" para explicar la decadencia de España. Por otro lado, postulaba una regeneración en la que Cataluña podría convertirse en el motor de transformación de España (cf. Masgrau 1992: 42). Véase también el epígrafe 4.5.5.

[12]   En esta celebración se llegó a unos acuerdos básicos que hacían referencia a tres aspectos importantes: el *catalanisme* político, la normalización lingüística y la defensa del derecho catalán (cf. Masgrau 1992: 36-37). Véase también el epígrafe 4.3.1.1.

[13]   El lema del *Centre* era "Catalunya i avant, avui, demà i sempre" (Masgrau 1992: 37).

En 1885 Almirall y el *Centre Català* trataron de hacer frente a las tendencias librecambistas y al peligro que representaban los tratados de comercio con Francia y Gran Bretaña para la industria textil catalana, presentando al monarca Alfonso XII un documento conocido como el *Memorial de Greuges* (Memorial de Agravios) en defensa de los intereses morales y materiales de Cataluña[14]. Este *Memorial*, promovido y redactado por el mismo Almirall, fue, tal y como afirma Balcells, la primera movilización unitaria del *catalanisme*, dado que los principales literatos y eruditos de la *Renaixença*, conocidos juristas catalanes, políticos catalanistas e industriales se unieron con un mismo objetivo (2004: 60-61)[15]. Al tiempo que Almirall intentaba, sin éxito, que la burguesía catalana rompiese con los partidos españoles, surgía con fuerza otra vertiente del *catalanisme* de matriz católica, conocida como el *vigatanisme*, cuyo núcleo se encontraba en Vic bajo la dirección del canónigo Jaume Collell y con *La Veu del Montserrat* como órgano de difusión (*ibid.*)[16]. Esta corriente, que consideraba que el *catalanisme* debía ser católico, adquirió un cuerpo doctrinal con la publicación en 1892 de *La tradició catalana* de Torras i Bages. El *vigatanisme*, como señala Balcells (*ibid.*: 66), fue absorbido por el *catalanisme* conservador, que consiguió buena parte del clero catalán pero que no se definía como clerical. De hecho, Prat de la Riba, en *La nacionalitat catalana* rompería con la exclusividad católica que proponía el *vigatanisme* y el mismo Torras (cf. 1977: 51).

En 1887 se produjo la escisión del *Centre Català* debido a tensiones entre liberales y tradicionalistas, entre católicos y no católicos, entre políticos y apolíticos, etc. (cf. Balcells 2004: 62; Bernecker 2007a: 20)[17]. En este sentido, cabe recordar que el *Centre* se había creado por coincidencia en objetivos e intereses concretos pero no por coincidencia ideológica[18]. Del sector escindido se formó la *Lliga de*

---

[14] Al parecer el monarca recibió con comprensión esta acción catalana, mientras que Cánovas del Castillo reaccionó en contra.

[15] Joan Ridao (2005: 45) afirma que es la primera expresión de la unidad de la sociedad civil catalana ante un Estado centralista. Para más información sobre el *Memorial*, véase Anguera *et al.* 2003: 70.

[16] Almirall creía que la modernidad inherente en el *catalanisme* y la regeneración de España solo eran posibles partiendo de una base secularizada. No obstante, la burguesía catalana pensaba, al igual que Cánovas del Castillo, que la Iglesia seguía siendo necesaria para legitimar el orden social, si bien ya había dejado de legitimar el orden político (cf. Balcells 2004: 61).

[17] Como bien apunta Bernecker (2007a: 20), hasta la Guerra Civil la historia del *catalanisme* se caracterizó por una sucesión de escisiones, disoluciones y formación de nuevos partidos.

[18] El *Centre Català* entró en crisis a partir de 1887 y se disolvió a mediados de la década de los noventa de ese mismo siglo. El detonante de la crisis fue la oposición de Almirall a la celebración de la Exposición Universal de Barcelona en 1888, que tuvo como resultado la escisión de sus oponentes que fundaron la *Lliga de Catalunya* (cf. Anguera *et al.* 2003: 70).

Catalunya –apoyada por el *Centre Escolar Català*, un grupo de jóvenes universitarios catalanistas con Enric Prat de la Riba, Narcís Verdaguer i Callís, Lluís Domènech i Montaner, Josep Puig i Cadafalch y Francesc Cambó a la cabeza (cf. Balcells 2004: 62; Bernecker 2007b: 94-95)– que adquirió rápidamente protagonismo y hegemonía. En la celebración de los *Jocs Florals* de 1888 este grupo presentó a la reina regente María Cristina un manifiesto, *El Missatge a la Reina Regent*, en el que reivindicaban la autonomía de Cataluña, la oficialidad del catalán, la enseñanza en esta lengua, la restauración de las Cortes catalanas, el servicio militar voluntario, etc. En definitiva, pedían que "la regente impulsara en España un sistema similar al de la Monarquía dual de Austria" (Anguera *et al.* 2003: 71).

En 1889 la *Lliga* creó la *Unió Catalanista* que, en su asamblea anual celebrada en Manresa en marzo de 1892, aprobó las *Bases per a la Constitució Regional Catalana*, más conocidas como las *Bases de Manresa*. Las *Bases* han sido definidas como una especie de primer proyecto de estatuto de autonomía de Cataluña (cf. Balcells 2004: 63-64; Bernecker 2007a: 21)[19], en las que predominaba un cierto tono conservador. En ellas se exigían amplias competencias para Cataluña: se reivindicaba que las finanzas y el sistema tributario fueran competencia catalana, que únicamente los catalanes (tanto de nacimiento como por naturalización) ejercieran los cargos públicos, que el servicio militar fuera obligatorio y que el catalán fuera la única lengua oficial en Cataluña, incluso en las relaciones con el poder central[20]. Dentro del sistema de la Restauración y del centralismo estatal no debe extrañar que las *Bases* fueran tildadas de separatistas, aunque, como bien señala Balcells (2004: 63), el hecho de que empezaran estableciendo las competencias exclusivas del poder central y los vínculos del poder regional con este confirma todo lo contrario, es decir, pone de manifiesto la asunción de Cataluña como parte integrante de España[21].

A finales del siglo XIX la situación política de España se hacía cada vez más tensa, especialmente desde el estallido de la insurrección en Cuba y Filipinas y la masiva represión contra los anarquistas en Barcelona[22]. En 1898, con la pérdida defi-

---

[19] Véase también el epígrafe 4.3.1.2.

[20] Se puede encontrar una descripción completa de las *Bases* en Masgrau 1992: 50-51.

[21] Por otro lado, también debe señalarse el carácter reaccionario de las *Bases* que, en cierto modo, contrastaban con el reciente restablecimiento del sufragio universal. Por ejemplo, proponían que las Cortes catalanas fueran elegidas por los cabezas de familia agrupados en gremios o grupos profesionales (cf. Balcells 2004: 64). Balcells afirma que las *Bases* eran "una manifestación del *pairalisme*, ideología que confundía patriotismo y tradicionalismo e idealizaba las estructuras de tipo rural y gremial" (*ibid.*). Sin embargo, también señala que el *catalanisme* abandonó muy pronto esta posición tradicionalista.

[22] Hacia finales de siglo el anarquismo había cobrado una gran fuerza en Barcelona. Entre 1893 y 1896 la capital catalana vivió una verdadera oleada de violencia anarquista cuyo

nitiva de las colonias de Cuba, Filipinas y Puerto Rico, las tensiones entre Cataluña y el Gobierno central se intensificaron[23] dando un vuelco en el desarrollo del *catalanisme* que, finalmente, estaba a punto de conseguir el respaldo de la burguesía catalana dispuesta a romper con los partidos de la Restauración (cf. Balcells 2004: 70; Bernecker 2007b: 98).

Este segundo periodo se caracteriza por pasar de unas manifestaciones de simple catalanidad, es decir, del orgullo de ser y sentirse catalán, de reivindicar una historia y una lengua propia –compatibles con la idea de una España plural–, a la necesidad de reivindicar un poder político catalán que implicara una reforma profunda del Estado español (cf. Riquer i Permanyer 2000: 80) y que se basara en su descentralización. La gran crisis del Estado español no solo dio paso al ascenso del *catalanisme*, sino también a la aparición de una conciencia crítica española, por parte de algunos intelectuales de España, que también reclamaba una "regeneración" del país.

3.3. Tercera etapa: de 1899 a 1932

Tras la crisis española provocada por la pérdida de las colonias de ultramar, en 1899 hubo un cambio de rumbo definitivo en el *catalanisme*: esto ocurrió cuando el gobierno de Francisco Silvela subió las contribuciones en Cataluña para compensar el déficit producido por la guerra colonial[24]. En actitud de protesta, la burguesía catalana de Barcelona se negó a pagar los impuestos a través de un movimiento de resistencia civil conocido como el *Tancament de caixes* (cf. Balcells 2004: 70-71; Bernecker 2007b: 98). Desilusionada con la política española e impregnada de la idea del *Regeneracionismo*, la burguesía catalana decidió dar su apoyo a la *Lliga Regionalista*[25], nacida en 1901 de la fusión de la *Unió Regionalista* de Albert Rusiñol y el *Centre Nacional Català*. Este último aglutinaba el sector escindido de la *Unió Catalanista* en el que se integraban personalidades

---

principal objetivo era desestabilizar el sistema político y llevar a cabo una revolución social. La violencia culminó con los procesos de Montjuïc que a su vez fueron respondidos con el asesinato de Cánovas del Castillo. En esa época Barcelona recibió el sobrenombre de la "ciudad de las bombas", pero como bien apunta Collado Seidel, la violencia anarquista no solo sacudía a Barcelona sino que durante los últimos años del siglo XIX fue un fenómeno extendido por toda Europa (2007: 145-146).

[23] Un ejemplo de las tensiones fue la reprobación del Gobierno de Madrid a la entrega del Mensaje al rey de Grecia en 1897 por parte de la *Unió Catalanista* con motivo de la liberación de Creta de la dominación turca (cf. Masgrau 1992: 52).

[24] La pérdida de Cuba también afectaba a Cataluña, pues esta colonia representaba un mercado importante para los productos industriales y agrarios catalanes.

[25] La *Lliga* fue liderada por Francesc Cambó e ideada por Prat de la Riba.

como Puig i Cadafalch, Prat de la Riba o Cambó (cf. Masgrau 1992: 58-59; Anguera *et al.* 2003: 72-73). En 1901 la *Lliga Regionalista de Catalunya*, que a pesar de ser nacionalista usaba el adjetivo regionalista por motivos estratégicos[26], consiguió una aplastante victoria electoral en Barcelona al ser elegidos sus cuatro candidatos[27] (cf. Balcells 2004: 72; Bernecker 2007b: 99), convirtiéndose así en el partido hegemónico de Cataluña hasta la segunda década del siglo xx[28]. Sin embargo, en 1904 se escindió un grupo formando *Esquerra Catalana*, con Jaume Carner, Ildefons Sunyol y Lluís Domènech i Montaner a la cabeza, cuyo portavoz fue el *Poble Català*.

En 1906 la *Lliga* impulsó la *Solidaritat Catalana*[29], un movimiento surgido como defensa colectiva y unitaria de lo que se percibía como ataques del gobierno de Madrid contra Cataluña (cf. Masgrau 1992: 59). La creación de la *Solidaritat* tiene sus orígenes en el episodio de asalto a la revista catalanista *Cu-Cut!*, que había publicado una viñeta satírica sobre las derrotas del Ejército español y la destrucción de sus talleres de impresión por parte de los militares de la guarnición de Barcelona en el año 1905 (cf. Badia i Margarit 2004a: 495-496; Balcells 2004: 83; Bernecker 2007b: 102). Este incidente fue aprovechado para elaborar la Ley de Jurisdicciones de 1906 y reprimir el *catalanisme*. La citada ley concedía facultades judiciales extraordinarias al Ejército atentando contra la libertad de expresión, por lo que fue rechazada tanto por los republicanos como por los políticos catalanistas.

La *Solidaritat Catalana* triunfó en las elecciones de 1907 obteniendo 41 de los 44 escaños disputados y estableciéndose como un verdadero movimiento de masas, pero la contundente victoria no logró evitar que esta coalición tan hetero-

---

[26] Con esta estrategia el partido pretendía, por una parte, no alarmar al poder central y, por otra, captar al electorado conservador catalán (cf. Balcells 2004: 70). El órgano de prensa de este nuevo partido fue *La Veu de Catalunya*, aunque también lo fue el semanario satírico *Cu-Cut!*

[27] Aun así debe señalarse la escasa participación electoral en Barcelona, solo un 20% del electorado acudió a las urnas (cf. Balcells 2004: 72).

[28] La *Lliga* representaba especialmente los intereses de los fabricantes, artesanos, banqueros, hombres de negocios, juristas, representantes de asociaciones financieras, burguesía industrial, etc., en definitiva, de la clase burguesa catalana, y contaba con el apoyo de la Iglesia católica. Sin embargo, el *catalanisme* pronto se fue convirtiendo en un movimiento de masas que representaba a todas las capas sociales. De hecho, al margen de la *Lliga* había una izquierda catalanista que intentaba articular una alternativa a la vertiente conservadora. La única capa social no integrada en el *catalanisme* era el proletariado industrial que seguía manteniendo su orientación internacional (cf. Bernecker 2007b: 99-100).

[29] Participaron la *Lliga Regionalista*, el *Centre Nacional Republicà*, la *Unió Catalanista*, federales, carlistas, republicanos e independientes, a excepción de los lerrouxistas que quedaron al margen (cf. Anguera *et al.* 2003: 74).

génea se erosionara pronto y que la Semana Trágica de Barcelona (1909) acabara definitivamente con ella[30]. Tras el fin de la *Solidaritat*, la *Lliga Regionalista* consiguió vencer en las elecciones provinciales de 1911. En mayo de ese año la *Diputació Provincial* de Barcelona propuso un proyecto para la creación de una mancomunidad de las cuatro provincias catalanas, que fue aprobado en octubre de ese mismo año (cf. Balcells 2004: 101). Finalmente, el 6 de abril de 1914 se creó la *Mancomunitat de Catalunya*[31], presidida por Prat de la Riba y con un claro predominio de la *Lliga Regionalista*[32]. La *Mancomunitat* representaba la primera reunificación territorial de Cataluña (federación de las cuatro diputaciones catalanas) y el primer reconocimiento por parte del Estado español de la personalidad y la unidad de Cataluña[33]. Si bien las competencias catalanas no se habían ampliado, la unión de las cuatro provincias tuvo un enorme valor simbólico. El *catalanisme* de esta etapa está muy vinculado a la figura de Enric Prat de la Riba, primer presidente de la *Mancomunitat*. Prat de la Riba había expresado su primera formulación del pensamiento catalanista conservador en 1894 en un compendio redactado en colaboración con Pere Muntanyola, titulado *Compendi de la doctrina catalanista*, pero la síntesis de su doctrina nacionalista quedó asentada en *La nacionalitat catalana*, publicada en 1906.

Mientras todos estos acontecimientos sucedían en Cataluña, el panorama político español no levantaba cabeza desde el desastre de 1898. La primera gran crisis del sistema de la Restauración ocurrió en 1909 (cf. Bernecker 2007a: 22; 2007b: 107), que derivó en la Semana Trágica de Barcelona. El telón de fondo fue la huelga general convocada por la clase obrera y la *Solidaritat Obrera* en Barcelo-

---

[30] Entre las causas de la erosión de la *Solidaritat*, Nadal i Farreras y Wolff (1992: 398) citan la debilidad de las bases del acuerdo, la escasa representación de los sectores obreros, el peso del lerrouxismo y la disidencia interna entre los sectores conservadores y los nacionalistas republicanos. Para profundizar sobre este asunto, véase Balcells 2004: 90-96.

[31] Para un estudio pormenorizado sobre la *Mancomunitat* y su obra educativa, cultural y de infraestructura, véase Balcells 2004: 101-122.

[32] De hecho, los dos presidentes de la *Mancomunitat* pertenecían a la *Lliga*: Prat (1914-1917) y Puig i Cadafalch (1917-1923) (cf. Anguera *et al.* 2003: 75).

[33] Aprovechando la ola de optimismo provocada por el fin de la Primera Guerra Mundial y la difusión de los 14 puntos del presidente norteamericano Thomas W. Wilson, en los cuales se instaba a la autodeterminación de los pueblos y las minorías nacionales, la *Lliga* impulsó en 1918-1919 una campaña autonomista (cf. Masgrau 1992: 61; Nadal i Farreras/Wolff 1992: 407). Esta campaña se concretó en la redacción de un documento titulado *Missatge i bases de la autonomia* en el que se reivindicaba la plena soberanía catalana en cuestiones de orden interno. Las bases obtuvieron el apoyo unánime de todas las fuerzas políticas –a excepción de Francesc Macià que las consideraba insuficientes– y se presentaron a las Cortes españolas donde fueron rechazadas. Véase también Anguera *et al.* 2003: 77-78. Sobre el papel de la *Mancomunitat* como impulsora de la obra fabriana, remitimos al epígrafe 4.3.2.3.

na como consecuencia del incidente ocurrido en 1909 cuando los obreros españoles fueron atacados en el Norte de África por los cabileños de la zona, lo que llevó a la Guerra de Marruecos. En verano de 1917 otras tres crisis sacudieron al sistema, desestabilizando nuevamente la situación política de la Restauración. La Guerra del Rif (1919-1926) en Marruecos y el Desastre Annual de 1921, en el cual el Ejército español fue derrotado por los rifeños, causando una crisis definitiva que acabó socavando los cimientos de la monarquía de Alfonso XIII y motivando el golpe de Estado de 1923.

El 13 de septiembre de 1923 se produjo el pronunciamiento del capitán general de Cataluña, Miguel Primo de Rivera, quien pretendía poner en orden el peligro que suponía para la integridad de España el *catalanisme* político y el movimiento obrero español. Si bien los catalanistas conservadores de la *Lliga Regionalista* apoyaron en un principio el golpe de Estado, creyendo en las promesas descentralizadoras de Primo (cf. Anguera *et al.* 2003: 78)[34], la política militar centralizadora del dictador provocó su paulatino distanciamiento distanciando y oposición al régimen. El anticatalanismo de la dictadura se hizo patente a los pocos días de la subida al poder de Primo de Rivera: se prohibió la *senyera* (la bandera catalana) y el himno de *Els Segadors*, así como el uso del catalán en los documentos públicos y ante las autoridades; en 1925 se abolió la *Mancomunitat* y se cerraron numerosas organizaciones culturales, escuelas, periódicos, etc. (cf. Bernecker 2007a: 24)[35].

Con la agudización de la crisis económica como consecuencia de la crisis financiera internacional de 1929, la dictadura se debilitó. Así pues, en enero de 1930 Primo de Rivera dimitió y se dirigió al exilio dando paso a su sucesor, el general Dámaso Berenguer, que lideró un régimen con un estrecho margen de libertad conocido como la *Dictablanda* (cf. Anguera *et al.* 2003: 113; Collado Seidel 2007: 164). Los catalanistas de izquierda habían unido fuerzas para derrocar al dictador y, a mediados de 1930, junto con los republicanos, habían firmado el Pacto de San Sebastián.

---

[34] Como señala Balcells, la *Lliga* no participó en la conspiración que preparaba el golpe de Estado pero Puig i Cadafalch dio crédito a la voluntad regionalista del dictador (cf. 2004: 123).

[35] Para más detalles sobre la represión durante la dictadura de Primo de Rivera, véanse Anguera *et al.* 2003: 78-80; Balcells 2004: 123-126; y Bernecker 2007b: 117-121. Durante esta época las acciones de protesta también fueron destacadas. En 1928 Francesc Macià emprendió un viaje por Europa y América a fin de sensibilizar la opinión internacional ante el caso catalán. En La Habana se aprobó la *Constitució Provisional de la República Catalana* que defendía la independencia de Cataluña y la confederación voluntaria con otros pueblos de España (cf. Masgrau 1992: 84; Anguera *et al.* 2003: 79).

El 12 de abril de 1931 el *catalanisme* conservador de Cambó fue derrotado en las elecciones dando la victoria a *Esquerra Republicana de Catalunya*, formada en marzo de ese mismo año a raíz de la fusión de diversos partidos catalanistas de izquierdas y liderada por Francesc Macià[36] (cf. Anguera *et al.* 2003: 124-125; Bernecker 2007a: 24-25). Por primera vez en la historia, el *catalanisme* de izquierdas conseguía el poder y exigía la aplicación del Pacto de San Sebastián.

En plena euforia catalanista, el 14 de abril de 1931 Lluís Companys proclamó la República en Barcelona y horas después Macià proclamaba el Estado catalán dentro de una Federación de Repúblicas Ibéricas. El gobierno republicano mandó a tres ministros[37] para negociar la situación en Cataluña; ese mismo día se llegó a un acuerdo por el cual se sustituía la República catalana por la *Generalitat* y se ponía en marcha la elaboración de un proyecto estatutario que se presentaría a las Cortes Generales. El proyecto, conocido como *Estatut de Núria* y que partía de una idea federalista de España, fue redactado en pocas semanas y se llevó a referéndum en Cataluña el 2 de agosto de 1931[38]. Sin embargo, antes de que fuera aprobado por las Cortes, se promulgó la Constitución Española de diciembre de 1931 que definía a España como un Estado integral, es decir, un Estado unitario descentralizado, pero no de base federal como deseaban los catalanes. Cuando el *Estatut de Núria* fue aprobado definitivamente por las Cortes sufrió grandes modificaciones que afectaban especialmente a los ámbitos de la educación y lengua, de las finanzas y del poder legislativo. Con respecto a la lengua, la modificación más sustancial fue la sustitución de la oficialidad exclusiva por un régimen de cooficialidad[39]. En general, la respuesta catalana al texto modificado se articu-

---

[36] Francesc Macià tuvo una trayectoria personal y política muy peculiar. De joven ingresó en el Ejército español llegando a ser coronel. Los hechos que provocaron la *Solidaritat Catalana* en 1906 le afectaron tan profundamente que decidió abandonar el Ejército y dedicarse a la política, adoptando una postura bastante radical. En 1922 fundó el partido *Estat Català*, influido por la lucha política de los irlandeses contra la ocupación británica, con claros planteamientos separatistas. La irrupción de la dictadura de Primo de Rivera en 1923 provocó la radicalización de su partido que pasó a la clandestinidad y llevó a Macià al exilio. Desde el exilio continuó la lucha y organizó la conspiración fallida de Prats de Molló (1926) que intentaba invadir Cataluña para derrocar la dictadura de Primo. En 1928 también convocó la *Assemblea Constituent del Separatisme Català*, que elaboró una constitución para una Cataluña independiente (cf. Masgrau 1992: 80-83).

[37] Lluís Nicolau d'Olwer, Marcelino Domingo y Fernando de los Ríos (cf. Anguera *et al.* 2003: 125).

[38] El texto original definía a Cataluña como un estado autónomo, mientras que el texto aprobado por las Cortes la reducía a "región autónoma".

[39] Para más detalles sobre las modificaciones del *Estatut de Núria*, véase Gimeno Ugalde (2008).

ló en dos direcciones: por una parte, una satisfacción por haber conseguido la autonomía y, por otra, decepción por no concebirse como un proyecto de máximos (por ejemplo, esta última fue la postura de ERC)[40]. Durante la II República *Esquerra Republicana de Catalunya*[41] siguió siendo el partido hegemónico en Cataluña y a partir de febrero de 1933 la *Lliga* se estableció como el segundo partido más fuerte (cf. Bernecker 2007b: 123)[42]. El estallido de la Guerra Civil el 18 de julio de 1936 y la victoria del Frente Nacional liderado por el general Franco pusieron fin a la corta vida autonómica de Cataluña que solo lograría restablecerse tras el fin de la dictadura franquista.

3.4. Conclusiones

El *catalanisme* vivió su punto de inflexión entre 1885, con la presentación del *Memorial de Greuges*, y 1906, cuando a instancias de la *Lliga* se creó la gran coalición de la *Solidaritat Catalana*. Ese mismo año se publicó *La nacionalitat catalana* de Prat de la Riba coincidiendo con la celebración del *Primer Congrés Internacional de la Llengua Catalana*, uno de los eventos más destacados de inicios de siglo que contribuyó a crear un marco propicio para la posterior codificación de la lengua. El fracaso del Sexenio Democrático y de la I República, por un lado, y la centralización llevada a cabo durante la Restauración, por el otro, fueron un motor de arranque para este movimiento. Pero el detonante definitivo ocurrió cuando los sectores burgueses dieron su apoyo al incipiente *catalanisme* como consecuencia del desastre de 1898, que evidenciaba la incompetencia e ineficacia del Estado español para mantener su mercado colonial[43].

Así pues, el surgimiento del *catalanisme* hay que entenderlo como un fenómeno ocurrido en unas coordenadas concretas, es decir, en un marco histórico, político, social y económico determinado que debe tenerse en cuenta para realizar un aná-

---

[40] Estas mismas reacciones se han podido observar en los otros dos procesos de aprobación autonómica.

[41] ERC representaba una unión popular de las clases media y trabajadora.

[42] Durante el periodo de la República también hubo tensiones entre el Gobierno catalán y el central. Por ejemplo, el 6 de octubre de 1934 el nuevo presidente de la *Generalitat*, Lluís Companys, quien había sucedido al fallecido Francesc Macià en 1933, se enfrentó al Gobierno central y proclamó el Estado catalán dentro de la República Federal Española. El movimiento fue aplastado por el Ejército a manos del capitán general Batet (cf. Nadal i Farreras/Wolff 1992: 420). Como represalia, el *Estatut d'Autonomia* quedó suspendido desde octubre de ese año hasta febrero de 1936. En febrero de ese último año, la *Generalitat* reemprendió sus funciones pero ahora desposeída de poderes políticos.

[43] Esta derrota fue especialmente significativa, teniendo en cuenta que buena parte de las potencias mundiales estaban viviendo en ese momento un auge imperialista.

lisis apropiado. Uno de los aspectos que no debe olvidarse es que el surgimiento del *catalanisme* político se dio en un contexto histórico en el que Cataluña no disponía de instituciones políticas propias y que, por tanto, aparecía en cierto modo como antagónico al discurso nacionalista español, fundamentado en las instancias estatales, o sea, en el nacionalismo institucional. El discurso catalanista surgió como contrapunto al discurso españolista y basó su nacionalismo en la tradición, la historia, las costumbres y la persistencia de la identidad, otorgando un valor primordial a la lengua. Sin embargo, como bien apunta Riquer i Permanyer, la existencia de unos elementos identitarios previos como los que acabamos de mencionar no legitiman ni explican el surgimiento del *catalanisme*; es preciso que, en una coyuntura determinada, exista también la voluntad y la posibilidad de politizarlos (cf. 2000: 222).

A modo de conclusión y sin ánimo de profundizar demasiado en la cuestión, las puntualizaciones de Riquer i Permanyer nos parecen muy significativas para poder comprender mejor el surgimiento del movimiento catalanista. Según este autor (2000: 220-222), el *catalanisme* nace como reacción a lo que denomina "triple frustración", cuyo origen se remonta a la década de los cuarenta del siglo XIX. Se trata de una frustración en tres sentidos: en el sentido democrático, civilista y federalizante. En primer lugar, la "frustración democrática" surgió como resultado de que el nuevo sistema liberal no fue un sistema abierto y de amplio consenso ciudadano; en segundo lugar, la "frustración civilista" derivaba del abusivo protagonismo de los militares en el ámbito político catalán; y, por último, la "frustración federalizante" o descentralizadora, apareció como respuesta a la imposición de un sistema administrativo y político fuertemente centralista y con carácter uniformador que no se mostraba flexible ante las demandas catalanas. La convergencia de estos tres factores, esta "triple frustración", condujo a la "emergencia de un sentimiento antiestatal" cada vez más generalizado en Cataluña que propició la politización del provincialismo catalán y derivó en una doctrina política de carácter catalanista (*ibid.*). Otro factor decisivo fue el desarrollo económico e industrial que vivió Cataluña a lo largo del siglo XIX y que, sin duda, también incidió en la evolución del sentimiento diferenciador. Todos estos factores y coyunturas provocaron que el sentimiento identitario catalán evolucionara desde posicionamientos provinciales, regionalistas y federalizantes hasta posturas exclusivamente catalanistas donde Cataluña era concebida, de manera cada vez más generalizada, como la nación de los catalanes.

4. EVOLUCIÓN DE LA IDENTIDAD CATALANA: SIGLO XIX Y PRINCIPIOS DEL XX

En su obra sobre la conciencia lingüística y nacional durante la *Renaixença* en Cataluña, Irmela Neu-Altenheimer (1992) distinguía, de modo general, tres fases en la construcción de la identidad nacional catalana. Estas fases son una adaptación del modelo establecido por Miroslav Hroch[1] que, refiriéndose a las "pequeñas naciones", fija tres etapas para explicar el desarrollo de los movimientos nacionalistas (*national movements*)[2] y que se definen como sigue:

Phase A
where a small group of intellectuals devoted themselves to scholary enquiry into the language, history, traditional culture and so on, of the non-dominant ethnic group;

Phase B
where a new range of activists emerged, who now began to agitate for their compatriots to join the project of creating a fully-fledged nation;

Phase C
where a majority of the population responded to the patriotic call and formed a mass movement; during this Phase C, the full social structure of the nation would usually come into being, and political differentiation begin to emerge (Hroch 1968: 68)

Lo interesante de este modelo es que permite periodizar de manera flexible los movimientos nacionalistas según las condiciones políticas y sociales de cada caso sin imponer marcos cerrados ni estructuras rígidas. En otras palabras, este modelo trifásico, flexible desde el punto de vista cronológico, tanto en lo que se refiere al establecimiento de las fases como a su duración, permite tener en cuenta los contextos determinados (históricos y políticos) de cada movimiento[3].

---

[1] Cf. Hroch 1968: 24-30; 2005: 45-47; 2007a: 67-96.

[2] En 1968 establece este modelo de tres fases (A, B y C) para el estudio del desarrollo del nacionalismo moderno de las pequeñas naciones europeas (*kleine europäischen Völker*) que ejemplifica con siete análisis concretos: el de los checos de Bohemia, los lituanos, los estonios, los finlandeses, los noruegos, los flamencos y los eslovacos. A nuestro modo de ver, este modelo también sería aplicable a otros contextos.

[3] Puede encontrarse un breve análisis crítico sobre este modelo en Weichlein (2006: 50-52). Este estudioso también comenta otros modelos explicativos como el de Theodor Schieder

Según Neu-Altenheimer, en el caso del nacionalismo catalán, la primera etapa abarcaría desde 1833 hasta 1879; la segunda, desde 1880 hasta 1900; y la última, desde 1901 hasta 1939. La primera (fase A) correspondería a una etapa de reivindicación exclusivamente cultural y lingüística; la segunda (fase B), al surgimiento del *catalanisme* como fuerza política; y la tercera (fase C), a la consolidación del *catalanisme* como un movimiento de masas:

> In der "Phase A" hätten sich "gelehrte oder kulturelle Einzelpersonen" mit der nationalen Tradition beschäftigt, während sich erst in der "Phase B" der Katalanismus als politische Kraft organisiert habe. Erst in der "Phase C" habe sich der Katalanismus als Massenbewegung erwiesen (Neu-Altenheimer 1992: 66-67).

En líneas generales, la división de Neu-Altenheimer ha servido de base para la organización de esta parte, aunque deben señalarse algunas pequeñas modificaciones. En primer lugar, la fase A que establece esta investigadora coincide con nuestro capítulo 4.2, titulado *Recuperación de la lengua e identidad catalanas*. En segundo lugar, la segunda y la tercera etapa (fases B y C) de esta investigadora corresponden, en parte, a nuestro capítulo 4.3, titulado *Reivindicación y defensa del catalán como lengua nacional*. Por último, la fase C de Neu-Altenheimer comprende hasta el fin de la Guerra Civil, mientras que el presente estudio concluye con la culminación de la codificación fabriana en 1932, es decir, con la fecha de publicación del *Diccionari general de la llengua catalana*. El capítulo 4.3 ha sido dividido en dos partes: la primera, *Defensa política del catalán*, abarca desde la década de 1880 hasta finales del siglo XIX, y la segunda, *Construcción de una lengua moderna cultural y nacional*, comprende desde inicios del siglo XX hasta 1932. Ambas partes coinciden, aunque con una ligera reducción temporal de siete años, con las fases B y C que propone Neu-Altenheimer. Como ya se ha anunciado en las primeras páginas de este libro, esta investigación deja al margen el análisis de la II República (1931-1936) y el desarrollo de la Guerra Civil española (1936-1939). La motivación es doble. Por un lado, la normativización culmina con la publicación del citado diccionario en el año 1932; así pues, al ser la lengua el principal objeto de este análisis, consideramos justificado concluir con una fecha tan significativa desde el punto de vista lingüístico, que además concuerda con la aprobación del *Estatut* republicano y el establecimiento de la cooficialidad del catalán. Por otro lado, debido a la complejidad de los acontecimientos histórico-políticos de la II República y de la Guerra Civil, abordar estos hechos requeriría un análisis profundo que sobrepasaría el alcance del presente estudio.

(1908-1984) que trata de establecer distintas tipologías en la creación de los estados modernos, basándose en un modelo de tres fases (cf. 2005: 48-49).

Asimismo, debe señalarse que la fijación de una cronología determinada debe entenderse solo como un intento, partiendo de la sistematización, de explicar y estructurar una realidad que se manifiesta siempre bajo formas complejas. Somos conscientes, por tanto, de las limitaciones que presentan los modelos como el propuesto, si bien hay que puntualizar que estos pueden ayudarnos a comprender mejor ciertos patrones de funcionamiento.

4.1. Introducción: lengua e identidad catalanas

El papel que desempeñan las lenguas en los procesos de creación nacional es una cuestión controvertida (cf. Fishman 1989: 279; Hroch 2005: 171, etc.), especialmente en la medida en que también existen nacionalismos que no se fundamentan en la base etnolingüística o cultural[4]. Esta idea también ha sido recogida por Kremnitz (1995: 9), quien señala que la lengua es un factor muy importante, si bien no el único, en la creación de identidades colectivas. Ilustrándolo con el ejemplo de la América de habla española, Badia i Margarit (2004b: 65) también corrobora la tesis de que la lengua no siempre singulariza (véase también los ejemplos aportados en los epígrafes 2.2 y 2.3). Sin embargo, existe un consenso generalizado sobre el hecho de que la identidad nacional catalana se define esencialmente a través de su lengua. La lengua, pues, ha sido vista como eje vertebrador de la identidad catalana tanto por investigadores extranjeros (Vilar, McRoberts, etc.) como catalanes (Colomines, Badia i Margarit, etc.). Independientemente de si estos definen a Cataluña como nación o como región de España, todos coinciden en que el catalán es uno de los principales pilares vertebradores de la identidad (nacional) catalana[5].

En una de las múltiples ocasiones en que Badia i Margarit ha abordado la relación de la lengua y la identidad catalanas, afirmaba rotundamente no solo la existencia de una identidad catalana (2004b: 99) sino la tesis de que la lengua, a la cual los catalanes siempre se han mantenido fieles, era el elemento más impor-

---

[4] Siguiendo las ideas de Kohn, Safran (1999: 79) comenta el ejemplo del nacionalismo judío y menciona tres elementos básicos en los que este se sustenta: la idea de ser el pueblo elegido, la conciencia de una historia nacional y el mesianismo. La lengua, por tanto, no es un elemento imprescindible para formar parte de la nación judía o, por poner otro ejemplo, de la comunidad/nación gitana.

[5] El escritor Joan Colomines define la lengua como elemento clave del "hecho diferencial" catalán: "La lengua catalana ha constituido siempre un elemento vivo y dinámico que ha alternado la intimidad del refugio familiar con momentos de esplendor social, cultural y político. Por eso ha sobrevivido. Y porque nuestro hecho diferencial no se alzó contra nada ni nadie. Nació como nacieron las lenguas europeas" (1992: 19).

tante para definir la identidad catalana y Cataluña. Asimismo, señalaba el idioma
catalán como el principal elemento integrador de los catalanes:

> Je voudrais enfin vous entretenir de la langue catalane, l'élément le plus important
> pour identifier la Catalogne. À la différence de ce qui arrive dans d'autres régions
> européennes (y compris quelques régions espagnoles), où le sentiment de posséder
> une singularité comme peuple n'empêche pas les habitants d'emprunter la langue offi-
> cielle de l'État, alors qu'ils avaient gardé un idiome propre, reçu de leurs ascendants,
> la Catalogne s'est toujours montrée très fière de sa langue nationale. En effet, les Cata-
> lans se sentent surtout intégrés au moyen de la langue (*ibid.*: 76)[6].

En la obra que Carlos Collado Seidel dedica a la historia de Cataluña, *Kleine
Geschichte Kataloniens*, su autor sostiene el mantenimiento de una fuerte conciencia cultural basada en la idea del catalán como lengua común (2007: 8). De
manera análoga, McRoberts destaca la importancia que reviste la lengua en relación a otras demandas de la nación catalana, puesto que cumple la función de dis-
tinguirla de otras naciones potenciales (incluso de la española). El papel destacado de la lengua, como bien indica este politólogo canadiense, es compartido por
todos los miembros de la nación, si bien en grados distintos, y ha constituido la
base de importantes consecuciones nacionales (2002: 21). Esta aceptación general a la que hace referencia McRoberts es confirmada por Llobera (2003: 157-
158), quien llega a afirmar incluso que la importancia de la lengua catalana no es
únicamente asumida por las personas de origen catalán, sino también por todos
aquellos de origen no catalán que viven en Cataluña: "la llengua catalana és d'una
gran importància tant per aquells d'origen català com per als que són d'origen
espanyol i viuen a Catalunya".

El historiador francés Pierre Vilar postulaba la importancia del factor lingüístico
como elemento principal de cohesión nacional y de diferenciación cultural:

> Sobre un espacio territorial bien definido por sus protecciones terrestres y por su orien-
> tación marítima, ha podido así perpetuarse, a pesar de las idas y venidas de las inva-
> siones, una unidad lingüística apoyada en la permanencia de las relaciones concretas y

---

6   T.A.: "Les quiero hablar de la lengua catalana, el elemento más importante para identificar
    Cataluña. A diferencia de lo que pasa en otras regiones europeas (incluyendo algunas regio-
    nes españolas), donde el sentimiento de poseer una singularidad como pueblo no impide que
    los habitantes tomen prestada la lengua oficial del Estado habiendo mantenido un idioma
    propio, heredado de sus ancestros, Cataluña siempre se ha mostrado orgullosa de su lengua
    nacional. En efecto, los catalanes se sienten, ante todo, integrados por la lengua". En las con-
    clusiones de este artículo insiste en la misma idea: "La langue de la Catalogne est le meilleur
    indicateur de l'identité catalane, à cause de son histoire, de sa structure, de sa spécificité et
    de l'intégrité que les Catalans ont mise à y rester fidèles" (2004b: 100; T.A.: "La lengua de
    Cataluña es el mejor indicador de la identidad catalana, debido a su historia, a su estructura,
    a su especificidad y a la integridad que los catalanes han mostrado en seguir siéndole fiel").

capaz de conseguir, a largo plazo, la instauración de un patrimonio cultural común. De esta manera es como se funda, históricamente, una comunidad estable (1992: 10).

Algo similar sostiene Pallach, para quien el idioma es precisamente el elemento que ha permitido que los catalanes hayan mantenido su identidad: "la llengua ha fet cristal·litzar la consciència de pertànyer a un grup diferent" (2000: 110), convirtiéndose en elemento de exclusión (hacia afuera de la comunidad lingüística) y de inclusión (hacia dentro). De este modo, cada ataque directo al catalán se ve respondido con fuerza "no volent oblidar-la transmentent-la a través de tots el mitjans disponibles; després, tornant a crear estructures culturals, socials, professionals o polítiques que els permetin d'organitzar-se per continuar existint com a tals" (*ibid.*). Cada vez que el *catalanisme* se ve castigado en su manifestación más íntima, la lengua, se despierta una "nueva cohesión nacional" (*ibid.*: 113). La perspectiva de Pallach, con la que estamos plenamente de acuerdo, muestra la estrecha relación entre los acontecimientos políticos y la reivindicación lingüística.

Es de especial relevancia lo que dice esta investigadora (*ibid.*: 110) al destacar que la lengua se convierte en elemento de discordia, pues deviene un factor de exclusión para unos y una reivindicación identitaria para otros. La validez de esta generalización se ha constatado en el caso del catalán en numerosas ocasiones a lo largo de la historia y ha sido motivo de fuertes tensiones como los debates acerca de los *Estatuts d'Autonomia* catalanes. A continuación se expondrán algunos ejemplos que ilustran estas relaciones tensas, centradas en el aspecto glotológico, y que permiten observar la centralidad de esta cuestión dentro de nuestro campo de análisis.

En el siglo XX, los ataques al catalán se han repetido de manera constante. Esto puede explicarse precisamente por el hecho de que existe una conciencia generalizada, tanto interna como externa, de la centralidad de esta lengua para la identidad colectiva catalana. Reprimir la lengua ha sido, pues, una forma de opresión al pueblo catalán y un intento de superar el hecho diferencial que, por otro lado, justifica y da sentido al movimiento catalanista. La instrumentalización política de la lengua –tanto por sectores catalanistas como por sectores anticatalanistas– se ha hecho patente en reiteradas ocasiones. Por ejemplo, con la dictadura de Primo de Rivera, el 18 de septiembre de 1923 se estableció un Real Decreto que prohibía el uso del catalán en las escuelas primarias. Esta dictadura se caracterizó por su política anticatalanista, más centrada en la represión lingüística que en la cultural. Las manifestaciones populares de la lengua fueron objeto de persecución con la finalidad de "desnacionalizar al pueblo", pero curiosamente hubo cierta permisión con las de carácter más culto:

> Així, les activitats d'investigació científica, adreçades en principi a un petit nombre d'iniciats i poc susceptibles de desvetllar l'entusiasme de les masses, no patiran la

censura ni seran prohibides; es tracta d'una actitud de condescendència envers les acti-
vitats minoritàries mancades, segons es pensava, de tota base popular, com les edicions de la Fundació Bernat Metge, creada el 1923, o l'autorització de les edicions de
Barcino i de la Lliberia Catalònia, que publicaven entre altres les obres de Pompeu
Fabra sobre la llengua (Pallach 2000: 113-114).

La instauración de la II República significó un nuevo avance para la lengua catalana. A las autoridades republicanas no se les escapó la arbitrariedad de las medidas adoptadas por Primo de Rivera y el 29 de abril de 1931 se estableció un decreto (Decreto de Bilingüismo) por el cual se derogaban las disposiciones que
prohibían el uso del catalán en la escuela: "Quedan derogadas todas las disposiciones dictadas desde el 13 de Septiembre de 1923 contra el uso del catalán en las
escuelas primarias" (citado en Pallach 2000: 112).

Sin embargo, durante el periodo republicano la cuestión de la lengua no se vio
exenta de controversias. Como describe Tornafoch, en el debate en torno al *Estatut d'Autonomia* de Cataluña de 1932 los puntos que más polémica suscitaron
fueron la oficialidad del catalán y la organización del sistema educativo. En cuanto al primer aspecto, las palabras de Tornafoch son bien significativas:

> Que la cuestión del idioma era esencial para los nacionalistas catalanes, y que así
> debería reflejarse en el Estatuto que se estaba discutiendo en las Cortes de Madrid en
> 1932, también lo sabían los diputados españoles favorables a conceder un régimen de
> autogobierno para Cataluña (2004: 35).

En efecto, Manuel Azaña, entonces presidente del Consejo de Ministros, aseveraba la importancia de la lengua para los catalanes de la siguiente manera:

> Y, por último, al abordar la cuestión de la enseñanza, hemos tenido presente, y deben
> tener presente todos los Diputados, que ésta [la lengua] es la parte más interesante de
> la cuestión para los que tienen el sentimiento autonómico, diferencial o nacionalista, o
> como lo queráis llamar, porque es la parte espiritual que mas [*sic*] les afecta, y singu-
> larmente lo es de un modo histórico, porque el movimiento regionalista, particularista
> y nacionalista –no hay por qué avergonzarse de llamarlo así– de Cataluña, ha nacido
> en torno de un movimiento literario y de una resurrección de idioma, y, por lo tanto, es
> en este punto no sólo donde los catalanes se sienten más poseídos de sentimiento, sino
> donde la República, juzgando y legislando prudentemente, debe ser más generosa y
> comprensiva con el sentimiento catalán (citado en Tornafoch 2004: 35).

La actitud abierta de Azaña con respecto a las demandas lingüísticas catalanas
encontró fuerte resistencia no solo entre la opinión pública, sino también entre
gran parte de los políticos e intelectuales españoles de la época. Esta oposición se
venía forjando desde comienzos del siglo XX. Una vez más, la lengua se puede
considerar un instrumento político: por un lado, los catalanistas la reivindicaban
como elemento básico de su identidad y, por otro, tanto los partidos conservado-

res como parte de la intelectualidad española la consideraban una amenaza para la unidad cultural de España y para la lengua española. Tornafoch resume muy bien esta situación anterior a la República y durante este periodo:

> El Estado, en manos de partidos monárquicos que no aceptaban el carácter pluricultural de España, consideraba la nación como una unidad cultural y espiritual en la línea de la confusión clásica entre cultura española y cultura castellana. Esta identificación no cambió con la llegada de la República y buena parte de la intelectualidad española representada en las Cortes adoptará una posición inflexible en la cuestión de la oficialización de la lengua y la cultura catalana. Para los intelectuales españoles no existirá otro idioma ni otra cultura que el idioma y la cultura castellanas (2004: 37).

En el marco del debate del *Estatut* de Cataluña, durante los meses de mayo y agosto de 1932, en las Cortes se discutió con virulencia la cuestión de la lengua. Unas semanas antes del comienzo de este debate se había iniciado el intento de ajustar el "federalismo" del proyecto de *Estatut* –redactado por los políticos catalanes en la localidad de Núria (20 de junio de 1931) y aprobado el 2 de agosto de 1931 por doble plebiscito en Cataluña (*ibid.*: 38)– al "regionalismo" propugnado en la Constitución española (aprobada el 9 de diciembre de 1931)[7]. Como señala Tornafoch (*ibid.*: 39), muchas voces se mostraban antiestatutarias: entre otras, cabe resaltar las figuras de Miguel Maura (republicano derechista), Miguel de Unamuno (independiente) y José Ortega y Gasset (Agrupación al Servicio de la República).

La insurrección militar de Sanjurjo (10 de agosto de 1932) aceleró la aprobación del *Estatut* que confería a Cataluña la anhelada autonomía política y administrativa. Una vez enmendado el proyecto se aprobó por 318 votos a favor y 19 en contra (*ibid.*: 40). El rango del catalán en el proyecto de 1931 era el de lengua oficial exclusiva, mientras que el texto enmendado establecía un régimen de oficialidad compartida; se precisaba también que en las relaciones con las autoridades del Estado el uso del castellano era obligatorio y que todas las disposiciones y resoluciones oficiales debían redactarse en ambos idiomas:

---

[7] Es significativo señalar que el proyecto de *Estatut d'Autonomia* se tramitó al Gobierno provisional de la II República el 14 de mayo de 1931, cuando todavía no existía la Constitución republicana, que se aprobó el 9 de diciembre de ese mismo año. Así pues, se planteó la cuestión de ajustar el proyecto estatutario al nuevo texto constitucional que, como indica Pla Boix (2005: 200), se le había sobrevenido. El proyecto, aprobado anteriormente el 2 de agosto de 1931 por el 99% de los votos (con una participación del 75%), establecía la oficialidad exclusiva de la lengua catalana y disponía que "en les relacions amb el Govern de la República serà oficial la llengua castellana" (*ibid.*). Sin embargo, la tramitación del estatuto en las Cortes generó fuertes tensiones especialmente en lo que al régimen lingüístico se refiere. Así pues, las Cortes republicanas modificaron sustancialmente el texto provisional, pasando de un modelo de oficialidad exclusiva con ciertas concesiones (anteproyecto de 1931) a un régimen de cooficialidad (*Estatut de Núria*).

Art. 2
L'idioma català és, com el castellà, llengua oficial de Catalunya. Per a les relacions
oficials de Catalunya amb la resta de l'Espanya, així com per a la comunicació de les
autoritats de l'Estat amb les de Catalunya, la llengua oficial serà el castellà.
Tota disposició o resolució oficial dictada dins de Catalunya, haurà d'ésser publicada
en els dos idiomes[8.]

Es notoria la actitud crítica de Miguel de Unamuno, quien proponía reducir la
cooficialidad del catalán al ámbito de la *Generalitat* y establecer el castellano
como lengua exclusiva en los organismos de Estado y en la documentación pública. También destacó la fuerte oposición a la oficialidad del catalán por parte del
grupo intelectual integrado en la *Agrupación al Servicio de la República* (cf. Tornafoch 2004: 41). Ferrando y Nicolás (2005: 370)[9] comentan la animadversión
de los principales intelectuales castellanos en lo que concernía a los avances políticos, sociales y culturales de la lengua catalana, especialmente tras la doble oficialidad reconocida por el *Estatut*. Las reivindicaciones lingüísticas de los territorios con lengua propia se veían como una amenaza a la "presumpta naturalització
de l'espanyol i una conculcació dels drets històrics dels castellanoparlants"
(*ibid.*). La controversia generada por el aspecto lingüístico se evidencia en el
hecho de que el artículo 2, que concedía el estatus de cooficialidad al catalán, fue
aprobado con 152 votos a favor y 114 en contra (cf. Tornafoch 2004: 40), es decir,
con un estrecho margen.

A pesar de su significación histórica, el *Estatut* de 1932 tuvo una vida corta y
llena de avatares. Quedó suspendido el 2 de enero de 1935 por Ley Estatal (cf.
Pla Boix 2005: 196), siendo levantada por Decreto ley el 26 de febrero de 1936.
Finalmente, el progreso en el reconocimiento del catalán derivado de la aprobación del *Estatut* se veía nuevamente truncado por el trágico episodio de la Guerra Civil (1936-1939). La ley franquista del 5 de abril de 1938 derogaba el *Estatut d'Autonomia de Catalunya*, iniciando un periodo de represión contra la lengua
que no finalizó hasta casi 40 años después. El triunfo del bando nacionalista y la
instauración de una nueva dictadura, esta vez mucho más larga que la anterior,

---

8   Citado en "L'Estatut de Núria (1932). Els Estatuts de Catalunya comparats". Documento
     elaborado por la *Fundació Centre de Documentació Política*. <http://www1.pre.gva.es/
     argos/fileadmin/argos/datos/observatorio_tematico/reforma_estatutos/estatutN_ria.pdf> (3
     enero 2010).
9   Entre las principales voces intelectuales de la época que mostraban oposición destacan,
     entre otros, Miguel de Unamuno, Ramiro de Maeztu, Ramón Menéndez Pidal, Pío Baroja,
     José Ortega y Gasset, Claudio Sánchez Albornoz, Salvador de Madariaga y Américo Cas-
     tro. Según Ferrando y Nicolás, con matices y énfasis distintos, todos ellos coincidían en los
     siguientes argumentos: "la conveniència de no alterar l'estatus diglòssic del català, llengua
     de l'emotivitat que es *degradaria* amb l'ús públic i l'accés a l'alta cultura" (2005: 370).

supuso la persecución sistemática de la identidad catalana[10] y de su lengua. El uso del catalán se prohibió en los ámbitos oficiales y la lengua fue objeto de represión constante. El 31 de julio de 1940 la *Solidaridad Nacional* estableció un artículo por el que prohibía el uso de todas las lenguas diferentes del castellano:

> Primero – A partir del día primero de Agosto todos los funcionarios interinos que en acto de servicio dentro o fuera de los edificios oficiales, se expresen en otro idioma que no sea el oficial del Estado, quedarán ipso facto destituidos (citado en Pallach 2000: 134).

En lo que se refiere a la educación, la *Nueva Ley de Instrucción Pública* (17 de julio de 1945) establecía el castellano como la lengua vehicular de enseñanza en la educación primaria:

> Artículo 7º - La lengua española, vehículo fundamental de la comunidad hispánica, será obligatoria y objeto de cultivo especial, como imprescindible instrumento de expresión y formación humana, en toda la educación primaria nacional (citado en Pallach 2000: 136).

La prohibición y represión de la lengua catalana después de la Guerra Civil originaron una nueva situación de diglosia en la que el castellano volvía a representar el idioma de la cultura oficial del Estado y el catalán, la lengua vernácula, se convertía en una lengua de segundo rango. Sin embargo, este empeño de uniformización cultural y lingüística encontró grandes focos de resistencia tanto en el interior del país (bien en la clandestinidad o fuera de esta con tímidos intentos de recuperación lingüística) como en la diáspora[11]. Esta situación fue provocando

---

[10] Se recomienda el capítulo 1 de la segunda parte del libro de Pallach (cf. 2000: 119-133) para profundizar en la represión franquista y en los intentos de aniquilar la identidad catalana.

[11] En este contexto, es preciso incidir en el papel impulsor de la Iglesia en lo referente a la recuperación de la lengua durante el Franquismo. Como señala Pallach (2000: 174), desde finales de los cincuenta el monasterio de Montserrat editaba dos revistas en catalán, *Germinabit* y *Serra D'Or*, que contribuyeron a la difusión del catalán; desde la primera se inició además la primera campaña a favor de la enseñanza en catalán en 1959. Por otra parte, entre los movimientos de resistencia, debe destacarse la *Nova Cançó*, considerado un verdadero movimiento nacional. Para los cantautores de la *Nova Cançó*, cantar en catalán "significava reconèixer l'esforç per recuperar la normalitat de la llengua i afirmar l'existència d'un cançoner tradicional fort i viu, i alhora difondre els textos dels poetes antics o moderns" (*ibid.*: 174-175). Por otra parte, no debe olvidarse la significación de instituciones como el *Òmnium Cultural*, fundado en 1961 por un grupo de industriales catalanes que pretendían subvencionar el catalán con fondos privados y campañas a favor de su uso público: en 1966 reivindicaba el lema "Volem bisbes catalans" ("Queremos obispos catalanes"); en 1968 se celebró el año de Fabra ("Any de Fabra"); y en 1969 se impulsó la promoción del catalán en la escuela (*ibid.*). Por último, cabe recordar el papel de diversas organizaciones, instituciones y revistas en el exilio que trabajaron para difundir el uso público del catalán. Entre las revistas, puede mencionarse la *Revista de Catalunya*, reaparecida en París en

una toma de conciencia colectiva que Badia i Margarit (2000: 173), tal y como comenta Pallach, ha denominado "estat de la diglòssia".

El papel central y, a la vez, controvertido de la lengua se evidenció también en los debates sobre el *Nou Estatut de Autonomía* (2006) catalán. Tanto el texto propuesto por el *Parlament de Catalunya*, como el texto definitivo (llevado a referéndum), contienen diversas referencias a la cuestión lingüística[12]. El catalán, tal y como se introducía ya en el *Estatut* de 1979, sigue siendo la lengua propia y oficial de Cataluña. Este estatuto se comparte con el castellano, oficial en todo el Estado. Sin embargo, el nuevo texto estatutario ofrece un marco legal para la lengua catalana mucho más detallado y conciso que los dos anteriores. El nuevo articulado, además de definir el catalán como lengua oficial de Cataluña y como lengua propia del Principado, siguiendo lo estipulado en el *Estatut* de 1979, establece el deber de conocer las dos lenguas oficiales. En cuanto al castellano, la norma catalana no hace más que reafirmar un deber constitucional anclado en el artículo 3.1. La novedad de este precepto reside en hacer extensiva esta obligación para una lengua diferente a la castellana, esto es, el catalán. De acuerdo con el actual *Estatut*, los ciudadanos de Cataluña deben conocer la lengua catalana, de la misma manera que tienen la obligación de conocer la castellana (art. 6.2).

Este elemento innovador, referente a la obligación de conocer el catalán, ha sido también motivo de fuertes polémicas. No han faltado voces críticas juzgando duramente esta disposición y tachándola de discriminatoria. De hecho, una aversión extrema la ha mostrado el Partido Popular, interponiendo un recurso de apelación al *Nou Estatut* en el que aludía, entre otras, a la supuesta "anticonstitucionalidad" de la citada prescripción. Otro ejemplo de la oposición al nuevo texto estatutario son las palabras que Alejo Vidal-Quadras, eurodiputado del Partido Popular, pronunciaba el 9 de septiembre de 2005:

> Es un texto aberrante que abre el camino a la secesión, rompe con el espíritu de la Transición, destruye la cohesión nacional y transforma España en una confederación de naciones inconexas. O acabamos con el Estatuto nacionalista, o el Estatuto nacionalista acaba con nosotros. La reforma del Estatuto ha colocado a Cataluña en una situación de caos que precedió la guerra civil (citado en Ridao 2006).

Aunque no se refiriera concretamente a las disposiciones en materia lingüística, sino al *Estatut* en general, esta cita sirve de ejemplo para reflejar la fuerte oposición

---

1939, y *Quaderns de l'exili (Revista del Grup d'Estudis Polítics)*, publicada en México entre 1943 y 1947.

[12] El texto definitivo fue aprobado en Cataluña por referéndum el 18 de junio del 2006 y entró en vigor el 9 de agosto de ese mismo año. Para un análisis más detallado sobre las disposiciones lingüísticas que contiene el nuevo estatuto, véase Gimeno Ugalde (2007 y 2008).

por parte de algunos sectores políticos. Si bien el carácter diferencial de la lengua no era algo nuevo, sí podemos afirmar que fueron los hombres de la *Renaixença* los pioneros en descubrir el potencial de la lengua catalana como elemento diferenciador, por un lado, e integrador o cohesionador, por el otro. Sin embargo, como se pormenorizará en los próximos capítulos, no se puede hablar de una verdadera "politización" de la lengua catalana como instrumento de cohesión nacional hasta los años ochenta del siglo XIX. El proceso de recuperación de la lengua vernácula llevado a cabo durante la *Renaixença* representó otro proceso paralelo: "el de recuperació de la consciència nacional col·lectiva, és a dir, el catalanisme" (Masgrau 1992: 15). Junto al auge del *catalanisme* se cristalizaron y se modificaron una serie de referentes simbólicos para conseguir cierta cohesión social[13]. La lengua vio acentuada su función simbólica y se convirtió en el primer factor y la razón de ser de la identidad catalana (cf. Ferrando/Nicolás 2005: 319). El catalán empezó a actuar como elemento depositador de la identidad nacional catalana y a adquirir una función compensatoria, pues, a pesar de que en la vida social culta se había llegado a prescindir de él, se consideraba la lengua propia de Cataluña y de los catalanes y, además, un símbolo de distinción con respecto a otras comunidades históricas.

Como conclusión, se puede decir que existe un consenso entre los estudiosos de la historia y de la lengua catalanas en atribuir una centralidad a la lengua respecto a la identidad catalana. Son muchos los investigadores catalanes y extranjeros que destacan la relevancia del catalán en la formación de la identidad colectiva.

4.2. Recuperación de la lengua e identidad catalanas

4.2.1. *El catalán en el siglo XIX: una sociedad diglósica*

A pesar de la política anticatalana llevada a cabo por los borbones desde su llegada al poder, la conciencia nacional catalana se mantenía viva, de manera más o menos consciente, en el pueblo catalán a través de su lengua (cf. Masgrau 1992: 9). Sin embargo, la recuperación de la lengua, sobre todo en lo que respecta al ámbito literario, era un proyecto realmente ambicioso debido a que bajo el Gobierno español la lengua escrita había retrocedido enormemente, creándose una situación diglósica en la que el castellano se había convertido en lengua de prestigio indiscutible, en el idioma nacional. El catalán, en cambio, quedó relegado al ámbito familiar, perdió prestigio y fue considerado una lengua "apta" solo para los contextos informales.

---

[13]   Este fenómeno no es exclusivo del *catalanisme*; puede aplicarse también a otras culturas europeas ochocentistas.

La falta de modelos literarios (modernos) de prestigio, por un lado, y la pérdida del catalán en las esferas públicas, por otro, suponían un enorme reto para la recuperación del idioma, pues el catalán, como lengua literaria y de cultura, había desaparecido durante casi dos siglos. Cuando volvió a retomarse en la literatura culta a partir de la época de la *Renaixença*, había sufrido pérdidas notorias: no se habían creado palabras para expresar todos los conceptos nuevos que habían ido apareciendo a lo largo de todo ese tiempo (disfuncionalidad a nivel léxico); por otra parte, la gran influencia del castellano en Cataluña y su dominio sobre el catalán se hacía patente en la aparición de numerosas interferencias. A todo esto, habría que sumarle un escaso prestigio que generaba comportamientos lingüísticos claramente diglósicos. Badia i Margarit resume con precisión la situación diglósica que se vivía en la Cataluña del siglo XIX, donde el castellano era la lengua alta (dominante) y el catalán la baja (dominada):

> [...] el cas és que al segle XIX la societat catalana era diglòssica: la gent parlava el català espontàniament, exclusiva i corrent. Per cert, la fidelitat dels catalans del segle passat a la llengua de llurs avantpassats, sorprenent des de més d'un punt de vista, fou el que salvà la llengua per a la posteritat [...]. Malgrat el que acabo de dir, com a llengua escrita tothom usava el castellà (única llengua vehicular en l'ensenyament, en la cultura, en els mitjans de comunicació, en la predicació, etc.). El castellà era, en termes sociolingüístics, la llengua A (= alta), de les expressions solemnes i llengua escrita, mentre que el català era la llengua B (= baixa), de les expressions casolanes i la llengua parlada (2004a: 490-491).

Como mínimo durante la primera mitad del siglo XIX la mayoría de los intelectuales catalanes escribían en castellano, si bien el catalán seguía vigente como lengua oral y como lengua de uso en la correspondencia personal (cf. McRoberts 2002: 24; Anguera 2006: 94-95). Casassas i Ymbert (2005: 89) afirma que hasta el Sexenio Democrático (1868-1874) el castellano siguió siendo la lengua más utilizada en la alta cultura. Asimismo, durante la década de los treinta y los cuarenta del mencionado siglo el castellano era la lengua habitual de la prensa barcelonesa, como, por ejemplo, *El Vapor*, *El Propagador de la Libertad*, *El Catalán*, *El Guardia Nacional*, etc. (cf. Neu-Altenheimer 1992: 73) y que no fue hasta 1845 cuando irrumpió una verdadera euforia de publicaciones en catalán (revistas, calendarios, etc.)[14].

Teniendo en cuenta los déficits que poseía el catalán como lengua culta y literaria, es imposible concebir la toma de conciencia lingüística durante la *Renaixença* sin asumir que, durante todo ese tiempo, el catalán nunca había dejado de

---

14   Este periodo se prolongó hasta 1870 y se vio interrumpido por la falta de instituciones que velaran por la continuidad de las publicaciones (cf. Neu-Altenheimer 1992: 73-74).

ser la lengua de uso habitual y común entre los catalanes[15]. Durante buena parte del siglo XIX la lengua catalana parecía sobrevivir a los reiterados intentos de castellanización:

> [...] a pesar de los esfuerzos llevados a cabo desde el poder, el pueblo continuaba hablando en catalán, las partidas de los libros sacramentales de las parroquias se escribían en catalán [...], y en la endeble vida escolar el catalán convivía mayoritariamente con el latín (Nadal/Prats 1992: 104; cf. también Moran i Ocerinjauregui 1994: 170).

Anguera destaca también su pervivencia en la enseñanza elemental: "Vulnerando la legalidad y contradiciendo las afirmaciones oficiales, el catalán se mantuvo como la lengua básica en las escuelas como mínimo hasta la década de 1830 y de manera más marginal durante buena parte del siglo" (2006: 92).

Asimismo, como dice este historiador, a pesar de la oficialidad del castellano y del incremento del control del Gobierno Civil, el catalán continuaba siendo lengua de uso habitual en la administración gubernamental y judicial:

> Las dos [la administración gubernamental y judicial] utilizaban el castellano en los papeles que circulaban, pero parte de los que recibían de las autoridades inferiores eran en catalán. La mayoría de ayuntamientos continuaron redactando sus libros de actas en catalán durante parte del siglo XIX, pero incluso una vez efectuado el cambio de idioma nadie debe llamarse a engaño. La redacción castellana obedece a un maquillaje impuesto por el creciente control del gobierno civil y a su presión sobre los secretarios municipales. En la realidad, los plenos municipales y todos los trámites se continuaban realizando en su fase oral, y en buena parte de la escrita en catalán (*ibid.*: 96).

Para Anguera, la recuperación de la lengua se encuentra estrechamente vinculada al hecho de que el catalán nunca había dejado de estar presente en el entorno familiar:

> Si alguns podien recuperar la consciència, o sentien la necessitat de fer-ho, vol dir que molts, la immensa majoria, l'havien mantinguda viva al seu voltant, ja que difícilment algú es preocupa de recuperar una llengua desapareguda o tan sols del tot marginada, a no ser en moments de pura elucubració acadèmica o de contundent reivindicació política nacional que no era pas el cas (1997: 24).

Así pues, si bien la distinción entre lengua alta y baja que proponía Badia i Margarit es aplicable al castellano y al catalán respectivamente durante el siglo XIX, no es menos cierto que el despertar de la conciencia identitaria, promovido por la *Renaixença*, solo es explicable asumiendo que, a pesar de los esfuerzos castella-

---

[15] Esta tesis también la sostienen Anguera (2006: 87-109) y Neu-Altenheimer (1992: 73), quienes apuntan que el catalán como lengua hablada del pueblo no había dejado de existir en ningún momento.

nizadores, el catalán se había mantenido en muchas esferas como lengua habitual del pueblo.

4.2.2. *Los antecedentes del debate sobre la cuestión de lengua: siglo XVIII y principios del XIX*

Las discusiones internas de la lengua y la dicotomía catalán *versus* castellano tuvieron su punto álgido en el siglo XIX, sobre todo durante la *Renaixença*. Sin embargo, estos debates encuentran sus primeros precedentes en la época anterior, durante la Ilustración. La figura del historiador, político y filólogo Antoni de Capmany (1742-1813) es de gran importancia para comprender la ambivalencia de los literatos e intelectuales catalanes en la época anterior a la *Renaixença*.

Antes de centrarnos en la figura de Capmany, nos parece conveniente hacer un breve resumen de los acontecimientos históricos y político-lingüísticos más destacados de este periodo. En 1715 se completó la anexión castellana de la Corona de Aragón, cuyas consecuencias fueron decisivas, en sentido negativo, para el desarrollo de la lengua catalana. Desde el punto de vista lingüístico, Ferrando y Nicolás distinguen, dentro del absolutismo borbónico, dos etapas entre 1715 y 1833 (2005: 266): la primera abarcaría desde 1715 hasta el inicio del reinado de Carlos III (1759); y la segunda, desde su ascenso al trono hasta 1833, fecha en que se impuso el Estado liberal en España. Fue a partir de 1759, esto es, bajo el monarca Carlos III, cuando se empezaron a introducir medidas de imposición del castellano tanto en el ámbito público como en el privado y en los usos religiosos. Lo más destacado del siglo XVIII es que, por primera vez en la historia, el catalán dejó de ser oficial en todo el dominio lingüístico, a excepción de Menorca y Andorra. Las consecuencias de este proceso de sustitución iniciado por los monarcas borbónicos fueron inmediatas, pues entre 1715 y 1716 se establecieron los Decretos de Nueva Planta y en 1717 se sustituyeron las universidades de Cataluña (Barcelona, Tarragona, Lleida, Girona, Vic y Tortosa) por la de Cervera (cf. Ferrando/Nicolás 2005: 268). En lo que a la lengua se refiere, se establecieron también diversas medidas directas que imponían el castellano y prohibían el uso de otras lenguas. Entre estas medidas destaca la Real Cédula de Aranjuez promulgada en 1768 por Carlos III[16] para que en todo el reino se "actúe y se enseñe en lengua castellana" (Moran i Ocerinjauregui 1994: 188). Esta cédula disponía, entre otros aspectos, la introducción del castellano en

---

[16] Según Balcells (2004: 29), este monarca promulgó varios decretos contra el uso público del catalán, aunque la castellanización de la enseñanza primaria y de los documentos notariales se generalizó en el siglo XIX.

diversos ámbitos de la vida pública y sobre todo en las escuelas, si bien existe constancia de que el catalán seguía usándose como vehículo de comunicación escolar (cf. Anguera 1997). En 1772 se impuso el castellano en la contabilidad y en 1778 se prohibió la predicación en catalán en la sede de Mallorca. La Real Cédula de Carlos IV, promulgada en 1799, prohibió las representaciones teatrales que no fueran en castellano y, más adelante en 1820, dentro ya del marco del Gobierno liberal (1820-1823), se decretó el uso exclusivo de esta lengua en los procedimientos criminales ante los tribunales. Al año siguiente, el *Plan Quintana* (1821) supuso el primer intento de instituir una enseñanza oficial uniforme en castellano, medida que implicaba la prohibición del uso del catalán en las escuelas.

Así pues, como destacan Ferrando y Nicolás: "El català [...] és objecte d'una proscripció, al llarg del segle XVIII, que afecta diversos aspectes de la vida pública, des de la toponímia fins l'ensenyament, l'activitat editorial, el comerç o la vida municipal i eclesiàstica" (2005: 281).

Sin duda alguna, todas estas medidas contribuyeron a que la presencia del castellano fuera más intensa pero no llegaron a lograr la completa modificación del comportamiento lingüístico de los catalanohablantes, lo que explica, en cierto modo, el posterior surgimiento de la *Renaixença* y de la conciencia de una identidad nacional catalana.

La nueva coyuntura histórico-política tuvo también un gran impacto en la evolución interna de la lengua. Como consecuencia de la política "lingüicida" borbónica, el catalán sufrió dos procesos simultáneos: el de interferencia exógena y el de dialectización (cf. Ferrando/Nicolás 2005: 293). Ferrando y Nicolás aseveran que la subordinación política a las monarquías de Madrid y de París favoreció la entrada de interferencias castellanas y francesas, sobre todo en el plano léxico[17]. Por otro lado, el proceso de dialectización se vio favorecido por la "pèrdua del llenguatge administratiu i dels registres cultes, d'una banda, i, de l'altra, l'escassa comunicació interdialectal, fruit de la provincialització política" (*ibid.*: 295). Así pues, como consecuencia de esta situación diglósica, las diferentes áreas dialectales tendieron a reflejar sus hábitos fonéticos particulares en la grafía; este proceso se acentúo especialmente en el léxico, si bien no logró impedir la comunicación entre los diversos territorios del dominio lingüístico catalán ni la fragmentación completa de la lengua.

---

[17] Entre el vocabulario que penetró por interferencia exógena destacan algunos castellanismos como *abreviar, aliento, abogat, xasco, enfermedad, disfrutar, estrella, avorrir,* etc., y galicismos como *baioneta, polissó, bisturí, peroné, frac,* etc. (Ferrando/Nicolás 2005: 294).

La aristocracia asumió el proceso de castellanización borbónico (cf. *ibid.*: 279), aunque en general los catalanes seguían conservando el catalán en la esfera privada. Además de esta situación de diglosia más o menos aceptada por parte de la población aristócrata, el contacto con el castellano se vio fuertemente acentuado por la enorme presencia de funcionarios, eclesiásticos y militares de origen castellano en el dominio lingüístico catalán. Así pues, como señalan los investigadores citados, gran parte de la alta sociedad asumía "la distribució diglòssica de funcions comunicatives i rarament qüestionaven aquest *status quo*" (*ibid.*: 273). Esta situación se prolongará hasta mediados del siglo XIX como podrá observarse con los ejemplos de algunos liberales catalanes.

La célebre frase de Antoni de Capmany referida al catalán –"idioma antiguo y provincial, muerto hoy para la república de las letras"– ilustra perfectamente que estos hombres asumían la inviabilidad del catalán como vehículo cultural y literario y, al mismo tiempo, revela el prejuicio de los ilustrados catalanes hacia su propia lengua. La diglosia se reflejaba también en las prácticas lingüísticas de los intelectuales de la época que solían escribir en castellano. A modo de ejemplo, además de Capmany, podemos citar a Gregori Maians i Siscar, Ignasi Torres Amat, Fèlix Torres Amat, Pròsper de Bofarull[18] y Antoni Puigblanch. La mayoría de ellos compartía el amor por su tierra y su lengua natales, si bien no le conferían a esta última el rango de lengua de cultura.

La imposición de José Bonaparte como rey de España durante 1808 y 1813 creó las condiciones favorables para que las ideas de los liberales triunfaran y para hacer crecer un sentimiento español más allá de Castilla (cf. Ferrando/Nicolás 2005: 270). Las tierras de la antigua Corona de Aragón se enfrentaron contra el monarca francés y se mostraron a favor de Fernando VII (1808-1833), hijo de Carlos IV. En 1812, en plena ocupación francesa, las Cortes españolas se reunieron en Cádiz y promulgaron una Constitución liberal que supuso todo un avance en relación a la etapa anterior: se limitaba la autoridad real, se establecía la separación de los tres poderes, se unificaba la legislación del Estado y se abolía la Inquisición (*ibid.*). La Constitución de Cádiz era la primera Constitución española con la que se creaban las bases del Estado español moderno. Sin embargo, la derrota de Napoléon en toda Europa favoreció el regreso de Fernando VII, que prosiguió con el viejo sistema absolutista y que instauró una verdadera represión contra los liberales y los monárquicos contrarios a su centralismo. Finalmente, la muerte del monarca y el ascenso al trono de su hija Isabel II, de tres años de edad,

---

[18] Para más información sobre la obra de Fèlix Torres Amat y Pròsper de Bofarull se recomienda el apartado "Pròsper de Bofarull i Mascaró und Fèlix Torres Amat. Die historische Grundlegung der katalanischen Nationalität" en la obra de Hina (1978: 100-102).

propició un nuevo control del poder por parte de la burguesía liberal bajo la regencia de María Cristina de Borbón (1833-1840), madre de Isabel II y viuda de Fernando VII.

Contrariamente a lo esperado, la etapa del liberalismo español trajo todavía más consecuencias negativas para la lengua catalana. Como señala Moran i Ocerinjauregui (1994: 180), el liberalismo alejó al catalán de los últimos reductos en los que había permanecido durante el régimen borbónico. El catalán, que se había mantenido en el régimen local, en la enseñanza y en la Iglesia[19], fue sustituido por el castellano en todos estos ámbitos. En el registro civil, creado en 1870 en tiempos del general Prim, la exclusividad del castellano obligaba a traducir a esta lengua todos los escritos redactados en idioma extranjero o "en dialecto del país", hecho que a su vez comportaba la castellanización de los antropónimos y topónimos catalanes (*ibid.*: 178-179). En cuanto al notariado, también se excluyó el catalán a través de la ley de 1861 y del reglamento de 1874. Asimismo, tras eliminar su uso escrito, la política liberal intentó restringir su uso oral hasta principios del siglo XX (*ibid.*).

En definitiva, el liberalismo español prolongó la política lingüística centralista, heredada de la época anterior, que siguió acentuando la situación diglósica en detrimento del catalán. En otras palabras, el liberalismo español no supuso la ruptura del modelo centralista borbónico sino su continuación. Así pues, como veremos más adelante al estudiar la figura de Manuel Milà i Fontanals y otros *renaixentistas*, no es de extrañar que los liberales catalanes, quienes aceptaban el nuevo régimen constitucional, adoptaran una actitud hacia Cataluña y al catalán que podría calificarse de ambivalente.

4.2.2.1. El discurso de la modernidad lingüística

A finales del siglo XVIII se produjo en toda Europa un cambio de paradigma que marcó las políticas lingüísticas de muchos países entre los cuales se encuentra España. Este nuevo rumbo ideológico, surgido a partir de la Revolución Francesa, creó un nuevo discurso que Ferrando y Nicolás han denominado "discurso de la modernidad lingüística". De manera análoga, Kremnitz también señala este cambio que afectaba a la relación entre el trinomio lengua, sociedad y política:

> Eine neue Qualität in den Beziehungen zwischen Sprache, Gesellschaft und Politik wird im Verlaufe der Französischen Revolution erreicht, denn nun wird, nach einigem

---

[19] Hasta ese momento el catalán se había mantenido en la enseñanza primaria y, hasta la aplicación del Concordato en 1851, también en la Iglesia (cf. Moran i Ocerinjauregui 1994: 178).

Zögern, während dessen Versuche mit einer Politik der Übersetzungen gemacht, die Verbreitung der jeweils herrschenden Sprachen auf die gesamte Bevölkerung propagiert (1994: 49).

Es bien sabido que la Revolución Francesa cristalizó una ideología lingüística que se basaba en el proyecto de una lengua "nacional" e introdujo una serie de cambios políticos, administrativos, jurídicos y culturales orientados en el principio de racionalidad y de interés colectivo. Desde el punto de vista glotológico, este cambio de paradigma supuso un giro trascendental en el pensamiento lingüístico que ha marcado en gran medida la evolución de la historia: la modificación del sentido de la "natio", en el que se asociaban identidad lingüística y política, fue, según Ferrando y Nicolás (2005: 278), uno de los grandes "descubrimientos" de la Revolución. La pertenencia política adquirió un lugar preeminente, dejando en un segundo lugar la conciencia de pertenencia a un grupo cultural y lingüístico. Así pues, esta nueva concepción difería sustancialmente del idealismo romántico en que la lengua definía el espacio nacional:

> La nació reinventada pels revolucionaris és un concepte eminentment polític i en certa manera abstracte. No es tracta ja d'un terme adequat a una consciència d'adscripció al grup cultural i lingüística, sinó que designa en primer terme una pertinença política, que es fa coincidir amb una llengua única de grup: la *llengua nacional* (Nicolás 1998: 221).

La conciencia política debía coincidir con una lengua única de grupo, la "lengua nacional". La lengua, vista como el instrumento nacional más precioso, se convertía así en el elemento clave para conseguir la cohesión de la nueva sociedad burguesa.

La ideología lingüística revolucionaria se fundamenta en un documento elaborado por el abad Henri Grégoire. En 1790 el Comité de Instrucción Pública de la Convención Nacional le encargó la realización de un informe sobre la realidad sociolingüística francesa (cf. Ferrando/Nicolás 2005: 278); cabe recordar que la Francia de esa época era una sociedad claramente plurilingüe[20]. Grégoire, ayudado por diversos colaboradores, presentó en 1793 un *Informe sobre la necesidad y los medios de aniquilar el patois y universalizar el uso de la lengua francesa*, publicado en 1794. En el informe aseveraba la necesidad de aniquilar el *patois* y de universalizar la competencia y uso de la lengua francesa como instrumento de cohesión nacional. En resumen, sus propuestas se basaban en medidas político-

---

[20]   De hecho, como afirman Ferrando y Nicolás: "[D]'uns 26 milions d'habitants, només dues cinquenes parts eren francòfons de naixement; 6 milions ignoraven el francès; només 3 milions el parlaven correctament i el nombre dels qui el sabien escriure devia ser inferior encara" (2005: 278).

lingüísticas con graves consecuencias para las demás variedades o lenguas diferentes del francés. La trascendencia de este informe radica en que se convirtió en el modelo ideológico de otros procesos de sustitución lingüística durante los dos siglos posteriores (*ibid.*).

Desde este momento, la Revolución política y social adquirió una dimensión cultural en la que la lengua se instrumentalizó y se convirtió en elemento de cohesión nacional. El postulado de Grégoire era bien claro: si Francia quería convertirse en un Estado sólido, el francés debía ser la única lengua de cultura y educación. Mientras el francés era símbolo de modernización y progreso (la lengua de la nación), el resto de lenguas y dialectos, denominadas *patois* de manera despectiva, simbolizaban todo lo contrario: "la reacció i les tenebres de l'antic règim, l'obscurantisme, el fanatisme i l'endarreriment individual i col·lectiu" (*ibid.*: 279). La actitud de "glotofobia" del informe de Grégoire se hace visible en el hecho de equiparar lenguas minoritarias (como el bretón, el vasco o el catalán) con modalidades dialectales del francés.

Un modo eficiente de conseguir cohesión era la generalización de la escolarización. Obviamente este plan no se llevó a cabo durante el desarrollo de la Revolución, pero sí constituyó uno de los principales objetivos de la política lingüística del siglo XIX cuya finalidad era la introducción de la escolarización básica obligatoria (cf. Kremnitz 1994: 50). Con esta política se perseguía un doble objetivo: por una parte, una mejora de la educación y, por otra, la alfabetización en la lengua dominante (*ibid.*), dejando en una posición completamente marginal al resto de lenguas. Desde el punto de vista lingüístico, como postula Kremnitz, este modelo creaba una enorme desigualdad: "Damit ist das ein Modell, in dem Sprachen, die sich bereits in einer starken Position befinden, diese weiter festigen können, während alle anderen auf einen Status nur gesprochener Sprache zurückgedrängt werden" (*ibid.*).

El modelo francés consolidaba un patrón diglósico en el que la lengua estatal adquiría un estatus privilegiado respecto al resto de lenguas habladas en el Estado (o en parte de él), mientras que estas últimas mantenían una situación absolutamente marginalizada. Esta asimetría originaba, al mismo tiempo, un sistema de desigualdad entre lenguas y hablantes que derivaba en una asimilación lingüística y cultural o en una marginalización social:

> Das nationalstaatliche Modell belegt die Staatssprache(n) mit einem besonderen Status, der sie über alle anderen in einem Staat (oder Staatsteil) verwendeten hinweghebt. Zugleich versieht es alle anderen Sprachen mit einem Makel und schafft damit von vornherein ein System der Ungleichheit zwischen Sprachen und Sprecher. Wer von Geburt an zu den Sprechern der offiziellen Sprache gehört, ist im Vorteil, die anderen

müssen sich entweder sprachlich und kulturell assimilieren oder in gesellschaftlichen Randpositionen verharren (Kremnitz 1994: 52).

De acuerdo con Kremnitz, la identificación de nación con Estado y de nación con lengua tiene como consecuencia directa que cualquier cuestionamiento de este modelo político-lingüístico se considere una amenaza para la construcción política y, por tanto, la revisión de esta política lingüística solo sea posible mediante la destrucción del orden estatal establecido. Así pues, no resulta extraño que los movimientos de emancipación lingüística que se vivieron en Europa desde el siglo XIX –por supuesto también válidos para el caso catalán– fueran acompañados de movimientos políticos que insistían en conseguir un cambio del *status quo* político. Asimismo, tampoco es de extrañar que la existencia de minorías lingüísticas autóctonas dentro de los estados nacionales haya sido la causa principal de las tensiones políticas en Europa durante los siglos XIX y XX (cf. Kremnitz 1994: 50-51), un ejemplo perfectamente válido para ilustrar las relaciones entre Cataluña y España a lo largo de los siglos mencionados.

Situándonos en el contexto español, la ideología lingüística de la Revolución se vio reflejada en el Estado, especialmente en la Constitución de Cádiz (1812), impregnada del patrón jacobino de la nación política (cf. Ferrando/Nicolás 2005: 279). En aquella época, no obstante, la identificación lengua y nación españolas se consideraba todavía tan obvia que no requería mención explícita. Esta ideología se hizo patente en los sucesivos textos constitucionales en los que se omitió la cuestión lingüística hasta 1929: el proyecto constitucional de Primo de Rivera hacía constar, por primera vez, que el idioma oficial de la "nación española" era el castellano (Anguera 1997: 229). No debe llamar la atención que esta primera mención explícita apareciera en un contexto histórico en el cual el *catalanisme*, plenamente consolidado, ya había insistido reiteradamente en la necesidad de ofrecer un estatuto jurídico al catalán y en reivindicarlo como lengua nacional de Cataluña.

4.2.2.2. ANTONI DE CAPMANY

Antoni de Capmany (1742-1813), definido por Casassas i Ymbert (2005: 85) como el gran referente ilustrado romántico, fue miembro de la *Acadèmia de Bones Lletres de Barcelona* y también de las academias de Madrid y Sevilla (cf. Hina 1978: 56). Las preocupaciones lingüísticas de Capmany, como las de la mayoría de sus coetáneos, giraban principalmente en torno a la lengua española. Así pues, parece lógico que en la introducción a sus *Observaciones críticas sobre la excelencia de la lengua castellana*, editadas por Cabrera Morales, este último afirme lo siguiente:

Nuestras primeras incursiones en la producción de contenido filológico de este autor, nos hicieron descubrir a un estudioso de la lengua, cuyas reflexiones proporcionarían datos de inestimable valor para el conocimiento de la filología hispánica y de nuestra historia lingüística (1991: 12).

A continuación, se comentarán algunos de los pasajes más representativos de la obra anteriormente citada, publicada originalmente en 1786, que son reflejo de la ideología imperante entre los ilustrados españoles y, por extensión, entre los catalanes. No obstante, es preciso enfatizar antes que las consideraciones de este autor muestran claros prejuicios interlingüísticos.

En el citado trabajo Capmany reflexionaba sobre las características de la lengua castellana, comparándola con la francesa y, en menor medida, con la inglesa y la italiana. Para su autor, ninguna de las lenguas mencionadas superaba a la española en la época medieval: "En aquella época ninguna lengua de Europa habia [*sic*] alcanzado una forma tan pulida, bella y suave como la castellana, pues en ninguna se escribió en tan diversos generos [*sic*] de prosa y metro" (1991: 55)[21].

En cuanto al francés, seguía Capmany (*ibid.*: 56), a pesar de haberse convertido en "lengua universal" y de ser una lengua de gran "corrección, pureza, claridad y orden", carecía de libertad gramatical y no era "apta" para transposiciones de otras lenguas. Entre las mayores carencias del francés, Capmany destacó la pobreza de voces compuestas ("pobre de voces compuestas"), capaces de transmitir ideas complejas; de aumentativos o diminutivos que gradan una misma idea; y, por último, de verbos "frecuentativos e incoativos" que enriquecían una lengua y expresaban ideas "parciales y secundarias". Todas estas características, en cambio, eran rasgos que el castellano poseía en abundancia: "Estas sí que son *nuances* (por hablar en francés filosofico) de que carece esta lengua de los filosofos y abunda con maravillosas diferencias y delicadezas la española [*sic*]" (*ibid.*: 57).

El párrafo siguiente resume algunas de las riquezas morfológicas (composición) de las que se enorgullecía Capmany:

¿Dónde tiene la lengua francesa las energicas voces compuestas *perniquebrado*, *maniatado*, etc., esto es, *à jambes rompues*, *lié aux mains*, como si dixesemos con las piernas rotas, con las manos atadas? ¿Dónde tiene las palabras simples que expresan la accion ó el efecto de la accion como *escopetazo*, *pincelada*, *puñetazo*, etc., que ha de pintar con golpes y mas golpes, *coup de fusil*, *coup de pinceau*, *coup de poing*, etc., como quien dice golpe de fusil, golpe de pincel, golpe de puño? Esta se llama fuerza, concision (*ibid.*: 59).

---

[21] Las referencias corresponden a la reedición de la obra *Observaciones críticas sobre la excelencia de la lengua castellana* de Antoni de Capmany a cargo de Carlos Cabrera Morales (1991).

Sin embargo, comentaba también las supuestas deficiencias del español con respecto al francés u otras lenguas europeas en el ámbito "científico o técnico". Aunque puntualizaba, por otro lado, que esta escasez era solo aparente, pues:

> [...] el vocabulario científico y el filosófico no es francés ni alemán ni inglés: es griego ó latino ó formado por analogía de los idiomas vivos, de raizes ya griegas, ya latinas, que cada nacion forma ó adopta quando ha de escribir en aquellos generos, conformando la terminacion de las palabras advenedizas ó recién refundidas á la índole de su lengua propia (*ibid.*: 57-58).

Capmany pretendía que el castellano llegara a ser reconocido internacionalmente como una lengua científica de prestigio, equiparable al francés en aquella época (cf. Hina 1978: 56). Con el fin de justificar la necesidad de convertir el castellano en una lengua universal y de cultura ("idioma universal") comparaba las características del español con las del francés, afirmando incluso que la lengua castellana superaba a esta última en semántica y, dentro del plano morfológico, en composición y derivación (cf. *ibid.*: 57-58). En cuanto a la comparación con el inglés o con el italiano, Capmany (cf. 1991: 56) era más breve, pues obviamente en la época de la Ilustración la mayor competencia o amenaza para la lengua castellana la constituía el idioma francés, calificado por el mismo autor de "lengua universal". En lo relativo al inglés, afirmaba que no era una "lengua perfecta" y, además, que el "inglés puro actual" solo contaba con tres siglos de antigüedad. No obstante, lo consideraba más enérgico y flexible que el francés, si bien menos puro y rico que este (cf. *ibid.*: 61). En cuanto al italiano, alababa sus cualidades pero, al mismo tiempo, no dudaba en ensalzar las características de la lengua española, enfatizando, asimismo, su mayor antigüedad:

> Podrá llevar alguna ventaja á la española en la suavidad y accento y en las licencias para el lenguaje poético; pero en quanto á la gala, número, harmonia y gravedad, seguramente está la superioridad á favor de la nuestra y, sobre todo, por lo que respecta á su antigüedad (*ibid.*: 62).

En esta obra, centrada en el estudio de la lengua castellana aparecía únicamente una breve alusión al catalán, al que Capmany consideraba un "lenguage hoy provincial, usado en el Principado de Cataluña y por comunicación en los Reynos de Valencia y de Mallorca, inclusas Menorca é Ibiza" (*ibid.*: 83). Esta referencia al catalán, idioma al que también denominaba "lemosino"[22], se limitaba a la introducción de un breve listado de palabras en francés, en catalán y en toscano (cf. *ibid.*: 83-91). La relevancia de este breve pasaje se halla en la descripción del

---

[22] "Como baxo de la denominacion general de *lemosino* entiendo no solo el francés sino el catalan, lenguage hoy provincial" (Capmany 1991: 82).

catalán como "lenguaje hoy provincial", pues refleja no solo la situación diglósica en detrimento de esta lengua, sino también la actitud de prejuicio de los propios ilustrados catalanes.

En el *Código de las Costumbres Marítimas de Barcelona* Capmany ofrecía una traducción al castellano de este antiguo texto, escrito originalmente en catalán, y al final incluía un glosario en castellano de los vocablos náuticos y mercantiles contenidos en la traducción. En esta obra, reconocía la grandeza del catalán en la Época Medieval en la que había llegado a ser una "lengua nacional", la lengua oficial de la Corona Catalano-Aragonesa:

> Fué, en una palabra, una lengua nacional, y no una xerga territorial, desde el siglo XII hasta principio del presente: en la que se adoptó, con el nuevo gobierno, la castellana en todos los tribunales, y actos públicos de las provincias de la Corona de Aragón (Capmany 1791: 355).

La consecuencia directa del proceso de sustitución del catalán era, para Capmany, la degradación interna de la lengua catalana hasta haberse convertido en un idioma de uso familiar, no apto para otras situaciones comunicativas:

> Desde esta época solo ha quedado reservada para el trato familiar de las gentes, y uso doméstico del pueblo. Por consiguiente, ha padecido ya alguna alteracion, degenerando de su castiza y legítima habla y escritura (1791: 355).

El elogio al catalán medieval se contraponía a una opinión negativa de lo que era la lengua catalana en su época: un idioma "rancio y semimuerto" (Hina 1978: 60). La supuesta "ineptitud" del catalán para el ámbito literario, es decir, su "inviabilidad" para la alta cultura la resumía afirmando que era un "idioma antiguo, muerto hoy para la República de las Letras" (citado en *ibid.*: 59).

El ejemplo de Capmany sirve para ilustrar el desprestigio social de esta lengua en la época de la Ilustración. Por otro lado, también es conveniente puntualizar que la designación de Campany difiere de lo que hoy entendemos por "lengua muerta". En sociolingüística, se pueden distinguir dos tipos de lenguas muertas: en primer lugar, las lenguas que como consecuencia de un proceso de sustitución lingüística han desaparecido (extinción lingüística), como sería el caso del dálmata, y, en segundo lugar, las llamadas "protolenguas" como el latín, que desaparecen porque evolucionan en otras lenguas y no porque dejan de ser habladas[23]. La perspectiva de Capmany, que influenciará los primeros debates lingüísticos de la *Renaixença*, no concuerda con ninguna de estas dos definiciones, puesto que en realidad, al considerar al catalán idioma "muerto" para la "República de las

---

[23]   Cf. *Diccionari de Sociolingüística* (2001: 178-179).

Letras", lo que su autor ponía en tela de juicio era su valor como lengua literaria y de cultura y como lengua de prestigio. La afirmación rotunda de Capmany no debe sorprender si se tiene en cuenta que el castellano había sido implantado como lengua vehicular de la educación primaria y que, lentamente, se había ido produciendo un desplazamiento del catalán en todos los ámbitos de la alta cultura. Así pues, excluido de la esfera pública y de la administración y, en parte, ignorado por las clases altas de la sociedad catalana, el catalán en la época de Capmany había quedado reducido al habla popular.

A pesar de mostrar una actitud lingüística claramente diglósica, no debe menospreciarse la importancia de este autor para la lengua catalana. Àngel Guimerà le consideró el precursor de la *Renaixença* e incluso fue reconocido por muchos historiadores de la época posterior como Antoni de Bofarull, Joaquim Rubió i Ors y Víctor Balaguer (cf. Neu-Altenheimer 1992: 198). Desde una perspectiva más actual, su figura ha sido valorada como un referente casi pionero de la filología catalana[24]: "Auch weil er sprachliches, metasprachliches und historisches Wissen zum Katalanischen nicht mehr als selbstverständlich ansieht, verfaßt er Kommentare, fast Pionierarbeiten zur katalanischen Philologie" (*ibid.*: 203).

4.2.3. *Primera gramática en lengua catalana*

A principios del siglo XIX la lengua dominante seguía siendo el castellano, mientras que el catalán continuaba siendo una lengua "provincial" –tal y como la había calificado Capmany en el siglo anterior–, reducida a los usos literarios populares y utilizada comúnmente como vehículo de aprendizaje del castellano. No obstante, si bien había perdido muchas funciones, el pueblo continuaba fiel a su lengua materna. Como asegura Mila Segarra (en Ballot i Torres 1987: 13), los diccionarios y vocabularios que se editaban en esta época tenían el propósito "ilustrado" de dar a conocer la lengua "importante" y "útil" a los catalanes que no habían tenido la oportunidad de aprender bien la lengua castellana ya fuera por cuestiones de edad o de educación. Así pues, el catalán era el medio de estas obras y no el fin en sí, es decir, no era el objeto de estudio de dichas publicaciones gramaticales, diccionarios, etc. Facilitar el aprendizaje del castellano era el propósito, por ejemplo, del *Diccionario catalan-castellano-latino*[25], editado entre 1803 y 1805 por Joaquim Esteve, Josep Belvitge y Antoni Juglà (cf. Segarra

---

[24] Hina también lo ha considerado un precursor de la filología catalana: "Es ist wohl nicht übertrieben, wenn man Capmany neben Bastero als den wichtigsten katalanischen Philologen des achtzehnten Jahrhunderts bezeichnet" (1978: 59).
[25] Se puede consultar un breve análisis sobre esta obra en Rico/Solà (1995: 128-129).

1985: 130; Neu-Altenheimer 1992: 255; Miracle 1998: 130), o del *Diccionario manual de la lengua catalana y castellana* de Agustí Roca i Cerdà de 1806, inspirado en el anterior (cf. Miracle 1998: 131), o de la gramática de Joan Petit i Aguilar (1796-1829), cuya finalidad –como se explicitaba en el mismo título y en el prólogo– era facilitar el acceso al castellano y al latín: *Gramática Catalana Predispositiva. Pera la mès fácil Inteligéncia de la Española y Llatina*[26].

De acuerdo con Mila Segarra (en Ballot i Torres 1987), resulta significativo que ninguna de estas obras tuviera la pretensión de solucionar una de las principales dificultades que había ido surgiendo a finales del siglo XVIII y que, por un lado, ya había suscitado discursos y memorias en la *Acadèmia de Bones Lletres* y, por otro, había desencadenado la famosa polémica del *Diario de Barcelona* en 1796: nos referimos a la falta de una lengua codificada y de una ortografía estable que diera un margen de seguridad a los escritores para cultivarla en el campo literario. Sin embargo, la mayoría de los escritores catalanes tampoco demostraron en este periodo un gran interés por el cultivo de la lengua "provincial", pues casi todos aceptaban de un modo u otro la "inviabilidad" de la lengua vernácula como vehículo cultural (cf. Segarra, en Ballot i Torres 1987: 15-16). Dicho de otra manera, a finales del siglo XVIII y principios del XIX se seguía aceptando la situación diglósica y se asumía el prejuicio de la "ineptitud" del catalán para los contextos formales y la alta cultura. A esto contribuyó también la castellanización de las clases hegemónicas, hecho que hacía inviable la existencia de una literatura culta en catalán.

En los siguientes párrafos se expondrá de manera breve el debate ortográfico del *Diario de Barcelona*, el cual ayudará a comprender mejor la aparición de la gramática de Ballot i Torres. Esta polémica, una de las más destacadas de finales del siglo XVIII, se inició el día 17 de julio de 1796 a raíz de una carta de una personalidad desconocida que firmaba bajo el pseudónimo castellanizante "Lluc Capcigrañ", en la que este solicitaba que le informaran sobre cómo debía escribir algunas palabras que adjuntaba en las décimas escritas por él mismo[27]. El primero en responder fue un tal D.J.S., quien contestaba a "Capcigrañ" que si tenía dudas ortográficas era porque no había recurrido a los autores adecuados; en concreto, le remitía a la obra del Padre Màrtir Anglès, autor de un vocabulario trilingüe en catalán, castellano y latín aparecido en 1722: "el Padre Anglès era bastante para aclarar su cabeza en todas las dudas que podrían ocurrirle" (citado en Miracle

---

[26] La tesis doctoral de Jordi Ginebra i Serrabou (1991) ofrece un estudio completo de esta gramática. Se encuentra también un breve resumen en Rico/Solà (1995: 29).

[27] Algunas de las palabras objeto de duda eran "boig", "goig", "enuig", "ditxa", "mitja", "desitj" [*sic*], etc.

1998: 128). El tercer nombre relacionado con la polémica fue "Mossèn Henric Porug", partidario del catalán que se hablaba en la época. El cuarto personaje implicado era un tal "Taboll", que ponía en evidencia al señor D.J.S. y al padre Anglès. "Taboll" se mostraba preocupado por la necesidad de estudiar autorizada y científicamente el catalán y no como proponía Anglès (cf. *ibid.*: 127-128). A los pocos días, apareció un nuevo personaje que firmaba como "Mossèn Botall" y que se enfrentaba a "Mossèn Henric Porug" afirmando que el catalán era un idioma y no un dialecto. La siguiente intervención fue de "Bernat Soca", quien defendía al padre Anglès, mostrándole su admiración por haber escrito un diccionario sin tener una gramática (cf. *ibid.*: 128-129). Finalmente, esta intervención provocó la aparición del último polemista que firmaba como "Anton lo Blat", cuyo artículo refutaba las tesis de Bernat Soca, resumía toda la polémica desde el inicio y cerraba el debate.

Según Miracle (*ibid.*: 129-130), la polémica iniciada por "Capcigrañ" se debió probablemente a la personalidad de Ballot i Torres. Para este estudioso (cf. 1998: 130), las razones para formular esta tesis son dobles: por un lado, los singulares pseudónimos "Taboll", "Mossèn Botall" y "Anton lo Blat" son formas anagramáticas del nombre "Ballot"; por el otro, las opiniones defendidas por los tres pseudónimos arriba citados comparten una posición similar. De acuerdo con Miracle, Ballot podría haber intentado iniciar esa polémica como reacción al pesimismo de Capmany. Jordi Ginebra (1991: 21-23), siguiendo las tesis de Segarra, apunta que la participación de Joan Petit i Aguilar –otra personalidad preocupada por cuestiones gramaticales y ortográficas y autor de la *Gramática Catalana Predispositiva*– en esta polémica es verosímil. Según ambos estudiosos, es probable que detrás del pseudónimo de "Mossén Henric Porug" se escondiera la personalidad de Petit i Aguilar.

Ante este panorama de deriva ortográfica y los hechos políticos que se explicarán a continuación, no debe sorprender la aparición de la *Gramática y Apología de la Llengua Cathalana* del sacerdote Josep Pau Ballot i Torres (1747-1821). Publicada íntegramente a finales del 1814 y principios del 1815, parece haber sido redactada en 1810, es decir, justo en el mismo año en que el gobierno de ocupación francesa en Cataluña elevó el catalán a lengua oficial[28] y en el mismo año en que,

---

[28]   La entrada de las tropas francesas a Cataluña, autorizada por la España borbónica con el fin de invadir Portugal, aliado de Inglaterra, acabó convirtiéndose en una ocupación de Cataluña desde febrero del 1808 hasta la conquista oficial por parte de Napoleón en 1812, fecha en que fue adherida al Imperio. Las autoridades españolas no hicieron nada para evitar el despliegue de las tropas francesas en el Principado y los ataques defensivos de la población catalana se dirigieron también a las autoridades borbónicas. La realidad de esta conquista se veía limitada por el débil control sobre la población; para intentar acercarse a ella el maris-

tras largos debates, se decidió que las leyes napoleónicas se traducirían al castellano (y no al catalán) por las dificultades que suponía escribir en una lengua que carecía de modelos y reglas fijas (cf. Segarra, en Ballot i Torres 1987: 16-17; Feliu *et al.* 1992: 179). Entre las posibles razones que impulsaron la creación de la gramática Miracle señala, por un lado, el cese de la publicación en catalán del *Diari de Barcelona* y, por otro, la sensibilidad provocada por una sucesión de hechos entre los cuales destaca la polémica citada anteriormente. Asimismo, es significativo que el propio Ballot mencionara el hecho de que la lengua castellana contase con la gramática de la *Real Academia* y la vasca con la de Larramendi, hecho que quizás habría contribuido también a redactar esta obra.

En este contexto, la aparición de la gramática de Ballot no puede entenderse como una mera casualidad, sino como la respuesta a una situación concreta que le impulsó a la ardua tarea de crear una gramática precursora. Mila Segarra (1985: 131 y en Ballot i Torres 1987: 17)[29], Rubió i Balaguer (1986) y Josep Miracle (1998: 132) la consideran el primer cimiento de la *Renaixença*. En realidad, como comentan algunos estudiosos fue aceptada de manera prácticamente generalizada por los hombres de la *Renaixença* y fue el punto de referencia de otros estudios gramaticales hasta la segunda mitad del siglo XIX, concretamente hasta la década de los sesenta:

> Im Verlauf des 19. Jh. sind mehrere Grammatiken erschienen, die sich noch bis in die 50er Jahre auf die erste gedruckte Grammatik, die von BALLOT I TORRES 1813 beziehen. In den 60er Jahren wird Kritik an den Kodifizierungsvorschlägen von BALLOT laut (Neu-Altenheimer 1992: 262).

A falta de otro tratado gramatical en lengua catalana, no solo los escritores de la *Renaixença* se basaron en esta obra, sino que también muchas otras personas recurrieron a ella como manual de referencia para encontrar soluciones a reglas ortográficas, grafías, etc., y, sobre todo, para confeccionar nuevas obras lexicográficas y gramaticales (cf. Segarra, en Ballot i Torres 1987: 46). Por ejemplo, una de las primeras publicaciones periódicas redactadas exclusivamente en catalán, *Lo Vertader Català* (1843), la adoptó como referencia incluso veinte años después de la muerte del gramático (cf. Segarra 1985: 134; en Ballot i Torres 1987: 46-47). En la confección del *Diccionari de la llengua catalana ab la*

---

cal Augereau se sirvió de una estrategia política persuasiva. En este contexto inició su retórica "catalanística" y apostó por el uso público del catalán, la voluntad de incorporar a los catalanes en la administración y la denuncia del freno que suponía la pertenencia de Cataluña al Estado español (cf. Risques *et al.* 1999: 34).

[29] Si bien contó con algunos detractores, Segarra (en Ballot i Torres 1987: 44) ha señalado la aceptación generalizada de esta obra por parte de los escritores cultos contemporáneos a Ballot.

correspondencia castellana y llatina[30] (1839-1840), Pere Labèrnia retomó algunas de las soluciones ortográficas propuestas por Ballot, así como también lo
hicieron Antoni de Bofarull (1864) y Pau Estorch i Siqués (1875) para redactar
sus respectivas gramáticas:

> Les idees gramaticals i ortogràfiques de Ballot, ultra haver servit de models als precur-
> sors de la Renaixença, es perpetuaren en les generacions futures a través del *Dicciona-
> ri* de Labèrnia i de les gramàtiques de Pau Estorch i Siqués (1875) i Antoni de Bofarull
> (1864), que en discreparen certament poc. El Romanticisme [...] va afavorir aquesta
> tendència al conservadorisme lingüístic, que, amb el progressiu descobriment dels
> nostres clàssics i, en conseqüència, del llentguatge [*sic*] medieval, derivà en una
> tendència a l'arcaisme, donant lloc a les disputes aferrissades de la setena dècada del
> vuit-cents (Segarra 1985: 134-135).

La gramática de Ballot, junto con la *Gramática de la lengua catalana* de Antoni
de Bofarull y Adolf Blanch (1867), fue la obra gramatical más influyente del
siglo XIX (cf. Ferrando/Nicolás 2005: 293). El tratado de Ballot también contó
con detractores; entre ellos destacaron el gramático Joan Petit i Aguilar y el erudito Antoni Puigblanch (cf. Segarra, en Ballot i Torres 1987: 49). Tanto el primero como el segundo sostenían que el ideal a seguir eran los modelos del setecien-
tos; así pues su ideal perseguía modernizar y actualizar la lengua literaria (cf.
ibid.: 49-52).

Igual que muchos de sus contemporáneos, los intereses profesionales de Pau
Ballot i Torres giraban sobre todo en torno al castellano, lengua a la cual otorgaba
un lugar preeminente al referirse a ella como la lengua de toda la nación, el idioma que "debem parlar tots los que nos preciam de verdaders espanyols" (1987:
XXIV-XXV). Esta afirmación pone también de manifiesto que Ballot se sentía
ante todo español o que como mínimo aceptaba una doble identidad.

Ballot dedicó al castellano gran parte de su ejercicio como docente en diferentes
instituciones y su actividad como divulgador gramatical y corrector de textos (cf.
Segarra 1985: 132 y en Ballot i Torres 1987: 6; Feliu *et al.* 1992: 179). En cuanto
a su producción escrita, se había ganado el prestigio gracias a la redacción de
manuales en lengua castellana para el aprendizaje tanto del latín como del castellano. Su dedicación a la lengua catalana fue, por el contrario, bastante secunda-

---

30 Este diccionario, publicado en dos volúmenes, incluía una correspondencia castellana y
    latina. El segundo volumen iba acompañado de siete páginas dedicadas a la ortografía. Las
    soluciones adoptadas por Labèrnia seguían algunas de las propuestas por Ballot. Lamenta-
    blemente, Labèrnia no citó en ningún momento la gramática de su precursor y, obviamente,
    tampoco explicó en qué aspectos había seguido los criterios de Ballot (cf. Miracle 1992:
    136). Se puede consultar un breve resumen de esta obra en Rico/Solà (1995: 129-132).

ria y poco intensa, reduciéndose a la confección de la citada gramática y a la participación en la polémica ortográfica desencadenada en el *Diario de Barcelona* (cf. Segarra, en Ballot i Torres 1987: 7; Feliu *et al.* 1992: 179). Segarra (en Ballot i Torres 1987: 55), siguiendo a Manuel Jorba, afirma incluso que Ballot había dado muestras de poseer una "mentalidad diglósica"[31] al haber participado en el proceso de castellanización del seminario de Barcelona iniciado por el obispo Climent tras la promulgación de la cédula de Carlos III.

En este contexto, cabe recordar que para los catalanes de aquella época España era la nación y Cataluña la patria. Por eso, no debe parecer extraño que Ballot afirmara que la lengua castellana era la lengua de toda la nación, mientras Cataluña era la patria ("Criat en la patria, ques diu Cathalunya / No vol aquest llibre mudar son llenguatge") y el catalán la lengua propia, vernácula. Pero al mismo tiempo reconocía la importancia de conocer la "llengua nativa":

> ¿Peraqué voler cultivar la llengua cathalana, si la de tota la nació es la castellana, la qual debem parlar tots los que nos preciam de verdaders espanyols? Es veritat; pero, no obstant, es necessari també estudiar los principis de la llengua nativa, la que havem apres de nostras mares (Ballot i Torres 1987: XXIV-XXV).

En la parte final de su tratado gramatical volvía a referirse a una idea precursora de la *Renaixença* y del primer *catalanisme* político: el amor a la nación, España, y el amor a la patria, Cataluña, no eran incompatibles; de la misma manera que el amor a la lengua castellana ("llengua universal del regne") y la necesidad de conocerla no eran incompatibles con el amor a la lengua catalana, "llengua nativa":

> Gran estimació mereix la llengua cathalana; mes, perçó no devem los cathalans olvidar la castellana; no sols perque es tan agraciada y tan magestuosa, que no tè igual en las demés llenguas: sino perque es la llengua universal del regne, y se exten á totas las parts del mon ahont lo sol illumina (*ibid.*: 268).

Es muy significativo que en el mismo prefacio el autor confiriera al catalán la categoría de lengua y no de dialecto. La subordinación del catalán a la categoría de dialecto, como señalaba Ballot, era una idea presente en muchos de sus precursores y también en algunos de sus coetáneos: "Alguns han pretés desacreditarla, dient: que no es llengua, sino un modo particular de parlar incult y bárbaro, sens gramática é incapas de tenirla" (*ibid.*: XV).

En la conclusión, titulada "Amats compatricis", incidía en esta misma cuestión, haciendo alusión a dos ideas que, según él, parecían estar bastante extendidas: la

---

[31] Por mentalidad o ideología diglósica se entiende la ideología lingüística que tiende a consolidar de manera valorativa una superposición determinada entre distintas lenguas (cf. *Diccionari de Sociolingüística* 2001: 146).

primera, que la lengua catalana derivaba de la castellana, idea propugnada incluso por reconocidos estudiosos de épocas anteriores como Bernardo de Aldrete (1565-1645), célebre estudioso de la lengua castellana, a quien Ballot citaba; la segunda idea, todavía más disparatada para el autor de la gramática, que el catalán se considerara dialecto ("jerga") y que se creyera no "apto" para poseer reglas idiomáticas. A través de sus reflexiones intentaba contradecir dos de los prejuicios más extendidos en su época:

> Concluida ja esta gramática, siame licit repetir aquí lo que he insinuat en lo prefaci; ço es, que alguns han dit, que la llengua cathalana es un dialecto provensal ó llemosí, per ser molt semblant á la Llenguadoch ó de Narbona, y de aquest sentir es lo célebre Doctor Bernat Aldrete en lo seu origen y principi de la llengua castellana; mes altres ignorants y desviats de la veritat, han propassat en dir, que no es llengua, sino una gerga, que no pot subjectarse á reglas, ni manejarse ab la llum que correspon (*ibid.*: 259).

A lo largo de toda la obra, Ballot no cesa de alabar las características del catalán, especialmente en el prefacio donde afirmaba que era una lengua "sensilla, clara, enérgica, concisa, numerosa, fluida i natural" (*ibid.*: XV-XVI) o que "ab dificultat se podrá trobar altra llengua, que sia mes breu y concisa" (*ibid.*: XIX). Presentaba el catalán como una lengua de cultura, equiparable a cualquier otro idioma europeo –"tan estimable com las demes de Europa" (*ibid.*: XV)– y "apta" como vehículo de comunicación en todos los ámbitos de uso: para la literatura, la oratoria, la filosofía, el derecho, la medicina y demás ciencias. La actitud e ideología lingüísticas de Ballot son precursoras de los posicionamientos catalanistas del último tercio del siglo XIX, pues incluso algunas figuras *renaixentistas* como Milà i Fontanals dudaban de las capacidades del catalán como lengua de cultura:

> ¡O llengua digna de la major estimació, y de que nos preciem de ella per sa suavitat, dulçura, agudesa, gracia, varietat y abundancia! En la oratoria tè energía y força pera persuadir ab eloqüencia. En la poesía es admirable, aguda y facunda; y si se haguéssen recullit totas las poesías cathalanas, com se ha fet de la castellana é italiana, no sería en axó inferior á estas dos llenguas. En la filosofía, en la medicina, en la jurisprudencia, en la theología, no li falta abundancia, gravedat y facundia pera explicarse ab destresa y facilitat. ¿Qué sciencias, que arts hi ha en la societat, que la llengua cathalana no tinga paraules propias pera expressar las máquinas, los instruments, las maniobras, los artefactos? La agricultura, la arquitectura, la náutica, la mecánica, los nous descubriments, ja fisichs, ja intellectuals, tenen sos signes technics, ó paraulas proprias en cathalá per a expressar las suas operaciones. *En fí pot explicar nostra llengua ab paraulas tot lo que lo enteniment pot concebir* (*ibid.*: 264-265; énfasis nuestro).

Ballot estaba convencido de la "aptitud" del catalán para la literatura y para todos los otros ámbitos, pero al mismo tiempo reconocía la situación diglósica y sus reducidos usos en la lengua escrita:

¿Qui serà de nosaltres que no se veja en la precisió de haber de escríurer a vegades en català? Los senyors a sos majordoms, los amos a sos masovers, las senyoras a sa família, las monjas a sos parents, los marits a sas mullers, y enfi tots los naturals se veuhen a vegadas en la necessitat de haber de escríurer alguna carta o bitllet en català. Además, rituals de tots los bisbats de Catalunya són en llengua cathalana [...] y en cathalà, finalment, se ensenya y explica la doctrina christiana (*ibid.*: XXV).

Para Ballot la codificación de la lengua tenía un doble objetivo: "no sols pera desmentir las impugnaciones dels zoylos murmuradors, sino pera que sia al mateix temps un document ó escriptura authéntica, que assegure y perpetúe la sua existencia" (*ibid.*: XXIV). Al mismo tiempo reconocía la dificultad de la tarea que se proponía emprender: "Árduo y penós me ha estat lo haber de subjectar á reglas una llengua, que fins ara no ha tingut gramatica impresa, que haja pogut servirme de norma ó regla" (*ibid.*: XXVI). Y le confería un carácter provisional: "Basta haber jo obert lo camí pera tenirne despres un' altra mes perfecta" (*ibid.*: XXVIII).

Estudiosos como Peers (1986: 116) o Segarra (en Ballot i Torres 1987: 40-44)[32] han destacado el escaso mérito filológico de esta obra, sin llegar a desdeñar su relevancia histórica. Las limitaciones lingüísticas de la obra no deben, pues, restar valor a la importancia de la *Gramatica y apología de la llengua cathalana*, cuya intención inicial era "exaltar la llengua cathalana y elevarla al mes alt grau de perfecció" (Ballot i Torres 1987: VII), y cuya razón de existir era doble: por un lado, responder a la necesidad de codificación de la lengua propia de los catalanes y, por otro, facilitar el aprendizaje de esta lengua a los comerciantes que se dirigían a Cataluña:

La major part dels naturals de esta provincia han desitját en tots temps una gramatica impresa de la llengua cathalana; y casi tots los estrangers, que per rahó del seu comers venen á esta capital, la troban també á menos, pera perfeccionarse en la llengua, y poder comerciar en lo interior del princpiat, qual falta no experimentan en altres países-sos igualment civilisats. Volent jo ocorrer á est inconvenient y satisfer tan grans desitgs, he ordenat esta, que es la primera, que ix á llum de dita llengua (*ibid.*: V).

Las soluciones sugeridas por Ballot, de corte tradicional, y la adopción de estas como modelo de escritura consolidaron la creación de un lenguaje literario que

---

[32] Las deficiencias de la gramática y de la competencia lingüística de Ballot han sido analizadas con detalle en el prólogo a la *Gramatica y apología de la llengua cathalana* de Ballot a cargo de Mila Segarra (1987: 40-44). Segarra critica el hecho de haber codificado una lengua anticuada con todos los vicios de la lengua medieval y con la incorporación de nuevos castellanismos y de formas extrañas a la lengua. Además, esta estudiosa ha señalado algunos de los errores principales que contiene la obra y que demuestran algunas deficiencias lingüísticas.

ya en la segunda mitad del siglo XIX recibía el nombre de "académico" (cf.
Segarra, en Ballot i Torres 1987: 45; Ferrando/Nicolás 2005: 293). De este modo
se establecía un catalán arcaico –muy distante de la lengua hablada– que fue
debatido constantemente en las siguientes décadas. Así pues, la asunción del
modelo ballotiano dio paso a una de las grandes discusiones en torno a la lengua
del periodo de la *Renaixença*: la dicotomía entre el catalán académico o literario
y el catalán próximo a la lengua hablada (*català que ara es parla*). Para establecer
un ideal de lengua literaria Ballot tomó como principal referencia a los autores
antiguos:

> En esta part dels verbs he volgut remirarme; y no obstant segons lo concepte de alguns
> hauré errat: perque á cada poble li apar que lo sèu us de la llengua es lo millor. [...]
> Perço he procurat acomodar-me á tots, conformantme mes ab los authors antics que ab
> los moderns (*ibid.*: 37).

La mentalidad y los gustos de Ballot le hicieron decantarse por la lengua de los
siglos XVI y XVII, y rechazar los modelos de uso de la lengua medieval que la
Ilustración consideraba "incultos" (cf. Segarra, en Ballot i Torres 1987: 22-23).
Como sostiene Segarra, esta actitud no reparó en la necesidad de que para hacer
viable al catalán como lengua literaria, se requería actualizar la ortografía y la
grafía y modernizar las formas, "acostant la llengua escrita a la parlada, i
deslliurar el català de la tutela del castellà en la sintaxi i en el lèxic" (*ibid.*: 19).

En definitiva, con la obra de Ballot y su aceptación casi generalizada se establecía
un modelo de escritura arcaico que se distanciaba enormemente de la lengua oral
y que suscitó algunos de los debates lingüísticos de la etapa posterior. Así pues,
Ballot i Torres fue el precursor y codificador del catalán "académico", corriente
que, a su vez, se dividiría en dos vertientes distintas. Llama especialmente la
atención que un autor setecentista como Ballot sostuviera la viabilidad del catalán
como lengua de cultura, "apta" para todos los ámbitos de uso, mientras una parte
de los hombres *renaixentistas* dudaron de esta capacidad y aceptaron la situación
diglósica del siglo XIX.

4.2.4. Renaixença *y generación* floralesca: *debates en torno a la lengua*

Hacia 1814 la lengua catalana iniciaba un largo proceso de recuperación de su
conciencia; prueba de ello es la publicación de la obra de Ballot, la primera gramática catalana escrita en esta lengua. La situación diglósica, iniciada en el siglo
XVIII, se prolongó durante gran parte del XIX: el catalán había quedado relegado al
ámbito familiar, mientras que el castellano se había consolidado como única lengua de prestigio. En el siguiente párrafo Lamuela y Murgades describen con deta-

lle la situación del catalán en siglo XIX, tanto desde el punto de vista formal como funcional:

> Formalment, el català del segle XIX no ofereix més que un conjunt bigarrat de formes concurrents, originades en la diversitat dialectal i, encara més, en la recurrència desordenada a una tradició literària momificada i inoperant; es troba, doncs, desproveït d'una varietat referencial comunament aceptada; funcionalment, es troba exclòs de prop de dos segles enrere de la vida oficial, compta amb prou penes amb unes poques publicacions, no abasta gaire més enllà de l'àmbit de la comunicació quotidiana i emotiva, la consciència que els parlants en tenen no és gaire més que l'esma d'un ús secular verbalment transmès de generació en generació (1984: 18).

Sin embargo, este siglo también supuso un gran impulso para el catalán, ya que desde entonces se intentó luchar activamente por superar la situación diglósica en que vivía la sociedad catalana y reavivar su cultivo como lengua escrita. Asimismo, comenzó una recuperación de la conciencia lingüística que iría evolucionando hacia el despertar de una conciencia identitaria nacional. Badia i Margarit (2004a: 491) menciona la publicación, el 24 de agosto de 1833, del poema "Oda a la Pàtria" de Aribau, uno de los poemas más famosos de la literatura catalana, como el punto de partida de ese nuevo cambio de rumbo y de la *Renaixença*[33].

Ahora bien, el impulso del catalán y el paso del uso de una lengua a otra en el ámbito literario y en otros ámbitos de la alta cultura no ocurrió de manera automática sino lenta y progresivamente. Son muchos los autores catalanes que a pesar de apreciar su lengua materna seguían acostumbrados a emplear habitualmente el castellano en su producción escrita, tal y como apunta Badia i Margarit: "Així, des de 1833, un grapat d'homes de lletres començaren d'escriure poesies en català. També cal dir que, en tots el altres camps, aquests mateixos homes seguien escrivint en castellà" (2004a: 491).

Un caso paradigmático fue el de B. Carles Aribau (1798-1862), quien escribió toda su obra literaria en castellano. El único poema escrito en lengua catalana por este autor fue curiosamente la famosa "Oda a la Pàtria"; sus intereses literarios se centraban en el ámbito de la literatura española, tanto en lo que se refiere a la lírica como al ensayo y a la edición (cf. Hina 1978: 106-107). En una carta de Aribau, dirigida a su amigo Francesc Renart i Arús (10.11.1832), le ponía al corriente de que estaba preparando una publicación con varias composiciones para su jefe y que él mismo tenía que escribir una en lengua catalana. En el escrito le informó sobre la dificultad que suponía para él escribir en catalán ("pues yo en

---

[33] La *Renaixença* estaba vinculada a nombres como Marià Aguiló, Joan Cortada, Manuel Milà i Fontanals, Pau Piferrer, Joaquim Rubió i Ors, Víctor Balaguer, etc.

mi vida las vi mas [*sic*] gordas"), pidiéndole a Renart que revisara el texto. El siguiente párrafo evidencia la falta de seguridad de Aribau al escribir en su lengua materna:

> Para el dia de S. Gaspar presentamos al Gefe algunas composiciones en varias lenguas. A mí me ha tocado el catalan, y he forjado estos informes alejandrinos que te incluyo para que lo revises, y taches y enmiendes lo que juzgares pues yo en mi vida las vi mas gordas. Pero es menester que lo hagas pronto de manera que el viernes 16 por la noche ya tengas entregado el papel corregido á mi amigo d. Ant.° Bergnes impresor calle Escudellers nº 13, y esto sin falta alguna pues interesa muchísimo que no sea mas tarde. Mira quelo exijo de tu amistad (transcripción de la carta de B.C. Aribau a F. Renart i Arús)³⁴.

Unas décadas más tarde el mismo Valentí Almirall, en un artículo titulado "Adéu-siau, turons"³⁵ (1884), puntualizaba el hecho de que Aribau solo hubiera dedicado una única composición al catalán y que esta no estaba, en realidad, dedicada a la patria ni a la lengua sino a su jefe³⁶:

> A més de que pot simbolisar jamai l'Aribau el nostre renaixement? Acceptant que sigui l restaurador de la nostra llengua literaria, es això titol suficient? No oblidem que l'Aribau va escriure una sola poesia en català, i que aquesta no es dedicada a la patria ni a la llengua, sinó que es senzillament una felicitació al seu patró, el banquer negociant Remisa.

Horst Hina (1978: 103) postula que la relación de Aribau con el catalán no puede calificarse de romántica, pues su idioma materno nunca fue el eje central de sus preocupaciones. Si bien este estudioso no cuestiona la estrecha relación de Aribau con Cataluña, señala que sus intereses estaban más orientados a la defensa de la economía catalana que a los de la lengua. Es evidente que el poema de Aribau fue "instrumentalizado" por los catalanistas durante buena parte de la *Renaixença* e incluso después, porque permitía una clara identificación entre patria y lengua³⁷. La actitud ambivalente de Aribau en lo que concierne a la lengua no

---

34 Biblioteca Cervantes Virtual: <http://www.cervantesvirtual.com/servlet/SirveObras/679273 99873470562265679/p0000001.htm#I_1_> (30 diciembre 2009).

35 Este artículo se publicó originalmente en la revista *L'Avenç* en el año 1884 (Almirall 1904: 47-66).

36 La censura de Almirall fue suscitada por el alzamiento en unos jardines públicos de Barcelona de un monumento, supuestamente dedicado a la *Renaixença* catalana, con la figura de Aribau. Almirall se mostraba en desacuerdo con el hecho de que Aribau representara el despertar del renacimiento catalán.

37 Antoni-Lluc Ferrer (1987) ofrece un estudio detallado sobre la proyección de este poema en el ideario catalanista, titulado *La patrie imaginaire; la projection de "La pàtria" de B. C. Aribau (1832) dans la mentalité catalane contemporaine*.

parece haber sido una excepción en una época en la que el catalán había dejado
de ser durante siglos lengua literaria y de cultura. También puede observarse un
cierto comportamiento contradictorio en Joaquim Rubió i Ors (1818-1899), aunque su compromiso con la lengua catalana fue mucho mayor que el de Aribau.

Rubió i Ors fue el primero, y durante largo tiempo el único, en apostar por la creación de una literatura en lengua catalana (cf. Hina 1978: 104). En el prólogo a su
recopilación de poemas *Lo Gayter del Llobregat*[38], publicado en forma de libro
en 1841, su autor aludía a la posibilidad de alcanzar todavía la independencia
literaria de Cataluña (cf. Termes 2000: 52) y hacía referencia al glorioso pasado
medieval de la literatura catalana ("la mestra en lletras dels demés pobles"):

> *Catalunya pot aspirar encara á la independencia: no á la política*, puig pesa molt
> poch en comparació de las demés nacións, las quals poden posar en lo plat de la balan-
> sa, á més de lo volúm de llur historia, exèrcits de molts mils de homes y esquadras de
> cents de vaixells; *mes sí á la literaria*, fins á la qual no s'exten ni se pot extendre la
> política del equilibri. Catalunya fou per espay de dos sigles la mestra en lletras dels
> demés pobles; *¿per qué puig no pot deixar de fer lo humiliant paper de deixeble ó imi-
> tadora, creantse una literatura propria y apart de la castellana?* (Prólogo a *Lo Gayter
> del Llobregat*; énfasis nuestro).

El prólogo a esta obra ha sido considerado el verdadero manifiesto de la *Renaixença* (cf. Masgrau 1992: 14; Termes 2000: 53). La apología de Rubió no modifi-
có sustancialmente la diglosia de la alta burguesía catalana (que escribía en castellano), pero favoreció la aparición de actitudes "provincialistas" que intentaron
romper con el papel hegemónico centralista sin cuestionar la relación política de
Cataluña con España (cf. Termes 2000: 54).

Rubió comentaba que, a pesar de haber pedido la colaboración a otros jóvenes
poetas, ninguno cedió a la invitación por considerar difícil escribir en catalán.
Las palabras de Rubió son testimonio del comportamiento diglósico de sus coetáneos, así como de la inseguridad provocada por la propia situación diglósica y
por la falta de modelos literarios:

> Sab que li respondrán que los retrau de ferho la dificultat qu' experimentarían al voler
> escriure en una llengua de la qual casi no coneixen la gramática; que també en castellá
> poden cantarse las nostras antigas glorias y las gestas dels nostres ávis, sens deixar per
> assó de obrar en nosaltres lo mateix efecte (Prólogo a *Lo Gayter del Llobregat*).

Este escritor no negaba las dificultades que suponía escribir en catalán pero sostenía que ese no era motivo suficiente para excusar el hecho de no hacer poesía

---

[38] Estas poesías, firmadas con el pseudónimo *Lo Gayter del Llobregat*, se empezaron a publicar en el *Diario de Barcelona* en 1839.

en catalán; además, como sugiere el párrafo siguiente, afirmaba que la lengua catalana podría volver a recuperar su esplendor con un poco de esfuerzo:

> ¿Per qué no pot restablir sos *jochs florals* y sa Academia del *gay saber*, y tornar á sorprendre al mon ab sas tensóns, sos cants de amor, sos sirventesos y sas aubadas? Un petit esfors li bastaría pera reconquistar la importancia literaria de que gosá en altres temps (Prólogo a *Lo Gayter del Llobregat*).

Los deseos de Rubió i Ors de restablecer el certamen literario medieval se vieron cumplidos unos años después con la restauración de los *Jocs Florals*. Rubió defendía el catalán como lengua poética, pues, si bien reconocía sus pérdidas, la consideraba una lengua "dulce" y "rica" como el resto de los idiomas románicos. Este breve pasaje ilustra una actitud lingüística verdaderamente positiva:

> Lo catalá es dols á pesar de las paraules exóticas que se han introduhit en ell y de lo molt que s'ha corromput per lo nostre deixament y abandono: es rich tant com qualsevol altra de las llenguas fillas de la del Laci, d'entre las quals fou la promogénita.

Con el tiempo los ideales de Rubió i Ors se vinieron abajo al sentirse abandonado y burlado en sus propósitos por sus coetáneos (cf. Hina 1978: 110-111). Además, Rubió coincidía en sus ideas políticas con los moderados españoles, quienes a su vez veían con malos ojos el movimiento "provincialista" en el cual se enmarcaba el pensamiento de Rubió. Como consecuencia y a fin de evitar el peligro de ser considerado un poeta local, decidió continuar con su producción literaria prosística y ensayística en castellano (*ibid.*), mostrando así un comportamiento diglósico similar al de otros autores *renaixentistas* e incluso una cierta actitud de "autoodio" (siguiendo la terminología de Rafael Ninyoles).

4.2.4.1. LOS *JOCS FLORALS* Y EL CATALÁN

Tras casi una década de escaso movimiento en el ámbito literario catalán, en 1859 se instauraron en Barcelona los *Jocs Florals*, lo que impulsó definitivamente la recuperación del catalán como lengua literaria, pues en la literatura el catalán también se encontraba en esa época en una situación diglósica y gozaba de un prestigio prácticamente nulo.

En 1858 el conservador reusense Antoni de Bofarull (1821-1892)[39] puso en marcha los contactos para restaurar los *Jocs Florals* (cf. Casassas i Ymbert 2005:

---

[39]   El papel de Bofarull en los *Jocs Florals* fue muy activo. Además de ser su instigador y el secretario de la primera edición, fue presidente en 1865, volvió a ser secretario en 1883 y mantenedor en 1884. Más tarde, como estudiaremos, debido a las discrepancias en materia

89), siguiendo el modelo de los certámenes medievales. En la restauración colaboraron conservadores como Joaquim Rubió i Ors y Manuel Milà i Fontanals, el historiador progresista Víctor Balaguer y el escritor Joan Cortada, quien ya había tratado de recuperar la tradición *floralesca* en 1840 (cf. *ibid.*: 89-90). Tras negociar con el Ayuntamiento de Barcelona, y pese a la oposición del gobernador civil que apostaba por un certamen bilingüe, en 1859 se celebró la primera edición de la restauración de los *Jocs Florals* exclusivamente en catalán bajo la presidencia de Milà i Fontanals, historiador de la literatura catalana medieval e hispanista de reconocido prestigio. Antoni de Bofarull, en su discurso como secretario del certamen, defendió la necesidad de que este se celebrara en catalán como se hacía originalmente[40]:

> Veus aquí la única mira, senyors, que en esta ocasió alentá á las personas renovadoras de tan agradable costum, y *veus aquí la rahó perque los jochs florals de Barcelona havian de ésser, no una creació, sino una renovació de lo antich, y perque havian de ésser en catalá.* [...] Tant com nos sobran los poetas com espanyols, com catalans nos faltan, *y axí, los jochs florals de Barcelona, en lo antich centre de la llengua catalana, del idioma nacional de la antigua Corona de Aragó, ó havian de ésser catalans, ó no ferse* (JF 1859: 49-50; énfasis nuestro).

Los *Jocs Florals* deben entenderse como un acontecimiento no solo literario sino también social: "Die katalanische Sprache hat damit ein öffentliches Forum erhalten, selbst wenn es sich hier nur einmal jährlich stattfindendes Ereignis handelt" (Hina 1978: 113). El hecho de que un acto público (si bien anual) se desarrollara exclusivamente en lengua catalana tuvo una enorme relevancia para la recuperación del idioma y de la conciencia nacional. El catalán se estableció como única lengua oficial del certamen; solo se podían premiar poemas en lengua catalana y los discursos tenían que pronunciarse en catalán. Incluso Menéndez Pelayo, antiguo alumno de Milà i Fontanals y uno de los forjadores de la conciencia nacional burguesa española en el periodo de la Restauración, pronunció su discurso en catalán ante la reina regente María Cristina como presidente de honor de la edición de 1888. En general, la única excepción eran los discursos de los alcaldes corregidores del Ayuntamiento de Barcelona, pronunciados en castellano por ser esta la lengua oficial del Ayuntamiento de la ciudad.

---

ortográfica y gramatical, se fue alejando de esta institución hasta el punto de llegar a darse de baja de la lista de adjuntos.

[40] No obstante, en los diarios de la época también se alzaron algunas voces críticas respecto a esta decisión. Por ejemplo, en *La Corona* se publicó un artículo que se oponía fuertemente a un certamen monolingüe. En este mismo sentido, Pere Mata, médico, político y fundador de la revista *La Joven España*, calificaba la decisión de retrógada (cf. Termes 2000: 55). Al parecer, figuras tan destacadas como Joan Cortada y Víctor Balaguer apoyaron inicialmente la restauración de un certamen bilingüe (cf. Palomas i Moncholí 2004: 214).

La apología de la lengua catalana no solo concernía a los catalanes, sino que también tuvo eco fuera de las fronteras del dominio lingüístico como demuestra el ejemplo de Menéndez Pelayo. A modo de ilustración citaremos algunas aportaciones de este intelectual santanderino en relación al catalán. En su discurso *floralesc*, Menéndez Pelayo se hizo eco de la tesis romántica que defendía la unidad "orgánica" entre lengua y pueblo (cf. Hina 1978: 201):

> Vostre generós y magnánim esperit [dirigiéndose a la Reina Regente] comprén que la unitat dels pobles es unitat orgánica y viva, y no pot ser aqueixa unitat ficticia, verdadera unitat de la mort: y comprén també que les llengues, signe y penyora de rassa, no's forjan capritxosament ni s'imposan per forsa, ni's prohibeixen ni's manan per lley, ni's deixan, ni's prenen per voler, puig res hi ha mes inviolable y mes sant en la conciencia humana que'l *nexus* secret en que viuhen la pauraula y'l pensament (JF 1888: I, 260).

La admiración de Menéndez Pelayo por la restauración de la lengua y la literatura catalanas no solamente se hace patente en este discurso conmemorativo sino también en otras ocasiones. En 1886, por ejemplo, en una de sus cartas dirigidas a Juan Valera, literato y director de la *Real Academia de la Lengua*, declaraba su entusiasmo por la literatura catalana de la época y, en concreto, su fascinación por la calidad literaria de Jacint Verdaguer y de Narcís Oller:

> Donde hay mucha actividad literaria es en Cataluña. Verdaguer (que, a mi entender, es el mayor poeta de mayores dotes que al presente tenemos en España, aunque un tanto contagiado de victorhuguismo pomposo) acaba de publicar un largo poema, Canigó, donde hay trozos tan brillantes y espléndidos como los mejores de la Leyenda de los Siglos. También ha aparecido en Cataluña un novelista llamado Oller, que, a mi juicio, vale muchísimo. Su último libro, Vilanín, es una joya de primor de estilo y delicadeza de observación (Menéndez Pelayo, citado en Hina 1978: 202-203).

Sin embargo, la restauración de los *Jocs Florals* de Barcelona también despertó muchas críticas. Entre los detractores del certamen podemos distinguir tres grandes grupos: por un lado, los que seguían creyendo que el catalán era un idioma muerto, reducido a un simple *patois*; por otro, los que veían en él una amenaza a la lengua nacional[41]; y, por último, los que también defendían la revitalización de la literatura pero basándose en el catalán hablado en la época, es decir, los que se oponían al catalán "arcaizante" que propugnaba el certamen literario como modelo.

Si bien los *Jocs Florals* destacan por haberse convertido en el motor y telón de fondo de los debates lingüísticos más destacados de la *Renaixença*, no es menos

---

41   Las dos primeras posiciones estaban representadas sobre todo por los sectores españolistas recelosos del despertar *renaixentista*.

cierto que su trascendencia va mucho más allá de la discusión sobre aspectos internos y externos de la lengua. La significación de los *Jocs Florals* ha sido expuesta desde diferentes puntos de vista. Como acto social su valor no fue únicamente literario, sino que fue además una afirmación de la lengua y de la cultura catalanas. Horst Hina lo destaca de manera muy precisa:

> Die Blumenspiele sind als sich periodisch wiederholende Affirmation katalanischer Sprache und Kultur, katalanischen Volkstums, gedacht. Daß indes hier die gesellschaftliche Komponente mit entscheidend ist, geht sowohl aus der Art des gefeierten Festes hervor als auch aus der Tatsache, daß bereits die Sprache des Fests ein Politikum darstellt (1978: 113).

Josep M. Figueres también ha señalado la relevancia de los *Jocs* como primer espacio cultural de recuperación lingüística, anterior al teatro y a la prensa. En otras palabras, se puede afirmar que su creación supuso la recuperación del prestigio del catalán como lengua de cultura y contribuyó a crear una audiencia estable para la cultura catalana escrita. Como comenta Figueres:

> Esdevenen el primer espai cultural que recupera la llengua. El teatre i la premsa són ben posteriors, almenys dues dècades. Els Jocs Florals prestigien un ús academicista que es tradueix en la memòria o anuari i en efectes secundaris, però també significatius, i importants: la festa pública en un marc de relleu social, el foment de revistes literàries –Lo Gay Saber–, posen, en definitiva, com assenyala Joaquim Molas, l'escriptor en relació amb la seva societat, i enceten una audiència estable per a la cultura catalana escrita (2004: 203).

Neu-Altenheimer ha comentado también su trascendencia sociolingüística como foro de superación parcial de la situación diglósica y como acto literario que ofrecía la posibilidad de "perfilar-se i publicar en el camp literari" (1983: 431).

En suma, la restauración de los *Jocs Florals* garantizaba la continuidad del catalán escrito (en su uso formal), suponía una institucionalización de la literatura catalana moderna y actuaba como dinamizador y telón de fondo de los debates lingüísticos más importantes de la época. Las polémicas en torno a la lengua "viva"/"muerta", las disputas entre las diferentes concepciones sobre el uso literario (catalán académico arcaizante, catalán académico de tradición moderna y el *català que ara es parla*) y los debates sobre cuestiones ortográficas tuvieron lugar, entre otros, en el marco de esta celebración. Asimismo, los *Jocs Florals* se convirtieron en una plataforma social para la producción literaria y las reivindicaciones políticas ligadas al *catalanisme* (cf. Termes/Colomines 1992: 78).

No sería oportuno cerrar este epígrafe sin mencionar la postura crítica de algunos sectores, especialmente de aquellos que defendían la corriente del *català que ara es parla*. Si bien es cierto que esta celebración literaria fue acogida con amplio entusiasmo, no lo es menos que le faltaran voces críticas. Según Neu-Altenheimer (1983: 432), los *Jocs Florals* eran para sus adversarios sinónimo de una actitud conservadora e incluso reaccionaria, contraria a una visión más progresista y popular de los defensores del catalán hablado que los consideraban un anacronismo. Revistas populares satíricas como *La Esquella de la Torratxa*, *Xanguet* o *Cu-Cut!* solían criticar el certamen publicando caricaturas, sátiras y versos burlescos sobre la celebración (cf. *ibid.*: 433).

Obviamente, estas críticas también eran contestadas por los organizadores del certamen. Así pues, Manuel de Lasarte, secretario de la tercera edición, defendió la institución de los *Jocs Florals* afirmando que estos no eran un anacronismo a juzgar por el creciente número de composiciones que se presentaban año tras año:

> Perque es precís desenganyarse, per mès que sens diga un dia y altre dia que los Jochs Florals son un anacronisme, que son una planta exotica que cada any anirá degenerant, la realitat del fet es que cada any lo número de las composicions presentadas ha aumentat considerablement [...].

> No son donchs los Jochs Florals una institució ferida de mort en sa naixensa, com alguns han suposat (JF 1861: 36).

Dos años antes Joaquim Rubió i Ors, en su discurso como mantenedor, había defendido que los *Jocs Florals* no eran un anacronismo sino el resultado natural y casi necesario del renacimiento literario catalán:

> No era una institució que naixia morta; no era una planta condemnada á viurer en una atmósfera gelada y fosca [...].

> No: lo restabliment dels Jochs Florals, lluny de ser un indisculpable anacronisme, en lloch de ser un fet que se trobás en discordancia ab lo esperit del temps, fou lo produyt espontáneo de una venturosa inspiració; lo resultat natural casi necessari, de la existencia del geni poétich, que jamay se ha extingit completament en aqueix pais [...]: fou lo resultat natural d'eix renaixement literari (JF 1861: 179-180).

Es evidente que la historia dio la razón a Lasarte, a Rubió i Ors y a todos los literatos e intelectuales que habían apostado por la viveza de los *Jocs Florals*, pues estos continuaron celebrándose sin interrupción hasta el estallido de la Guerra Civil[42]. Asimismo, no debe menospreciarse su valor dinamizador de la literatura y lengua catalanas.

---

[42]   Tras 77 años de celebración ininterrumpida la tradición *floralesca* se vio truncada en 1936 por la Guerra Civil. Antes de este acontecimiento su celebración en Barcelona fue constante a excepción del año 1902 (suspendidos por autoridad militar), cuando tuvieron lugar en Sant Martí del Canigó, y del año 1924, cuando se celebraron en Tolosa (Francia).

4.2.4.2. Cuestión onomástica: *llemosí* y *català*[43]

La estructura confederal de la Corona Catalano-Aragonesa contribuyó, por una parte, a consolidar el uso de denominaciones regionales de la lengua fuera de Cataluña y, por otra, a restringir semánticamente la denominación "català" al aplicarse solo a la lengua del Principado (cf. Ferrando/Nicolás 2005: 166). Sin embargo, esta tendencia nunca llegó a desplazar los usos de "nació catalana" y "llengua catalana" para hacer referencia al conjunto del dominio lingüístico (*ibid.*). En efecto, de acuerdo con Ferrando y Nicolás (*ibid.*: 168), el uso de denominaciones particulares no debe atribuirse al cuestionamiento de la unidad lingüística, sino a la proclamación de su origen o su adscripción administrativa particular, porque, en contextos internacionales, sus hablantes se presentaban como parte la nación catalana y definían su lengua como el catalán, a la vez que la denominación predominante en el extranjero seguía siendo la de "lengua catalana".

No obstante, a partir del siglo XVI empezó a generalizarse por todo el dominio lingüístico la denominación de "llemosí" o "lemosín" (nombre de uno de los dialectos occitanos que se solía dar al conjunto de la lengua occitana) para hacer alusión a la lengua catalana medieval y que permitía resolver el conflicto entre "la constatació d'una llengua medieval comuna i unitària i la consolidació de la diversitat onomàstica" (Ferrando/Nicolás 2005: 213). Este hecho hizo que la denominación de "lemosín" se utilizara como sinónimo de "catalán" hasta bien entrado el siglo XIX y que, de manera errónea, se acabaran identificando ambas lenguas. A esta confusión contribuyó en cierto modo el movimiento de la *Renaixença* con su glorificación del pasado medieval, pues fueron los mismos *renaixentistas*, en sus inicios, quienes hicieron uso de esta denominación para referirse a su lengua materna, empleándola comúnmente en las composiciones poéticas de la época. Quizás el ejemplo más significativo sea el de Aribau que en su "Oda a la Pàtria" (1833)[44] aludía a la "llengua llemosina"/"llemosí" para hacer referencia a su lengua materna, es decir, el catalán:

> [...]
> En vá á mon dòls país en alas jo'm transport,
> E veig del Llobregat la platja serpentina,
> Que fora de cantar en llengua llemosina
> No'm queda mes plaher, no tinch altre conhort.

---

[43] Neu-Altenheimer dedica un capítulo entero de su libro a la cuestión onomástica, titulado "Das Katalanische: Eine eigene romanische Sprache: Theorien zum Ursprung und zur Abgrenzung des Katalanische vom Lemosinische" (1992: 131-193).

[44] Reproducido en JF 1863: 33.

Plaume encara parlar la llengua d'aquells sabis
Que ompliren l'univers de llurs costums é lleys,
La llengua de aquells forts que acataren los reys
Defengueren llurs drets, venjaren llurs agravis.

Muyra, muyra l'ingrat que al sonar de sos llabis
Per estranya regió l'accent nadiu, no plora,
Que al pensar en sos llars, no's consum ni s'anyora,
Ni cull del mur sagrat las liras dels sèus avis.

En llemosí soná lo mèu primer vagit
Quant del mugró matern la dolça llet bebia;
En llemosí al Senyor pregava cada día
É cantichs llemosins somiava cada nit.

[...]

La restauración de los *Jocs Florals* de Barcelona también contribuyó a esta tendencia, ya que el certamen estaba abierto a las composiciones escritas tanto en
lengua catalana, antigua o moderna, como en los dialectos del Mediodía francés
en una forma cercana al provenzal o al catalán literario (cf. Rafanell 2006: 76)[45].
Paulatinamente los mismos *renaixentistas* que habían utilizado en sus poemas la
denominación "llemosí" en la primera fase de la *Renaixença*, empezaron a alejarse de la fase romántica de los años treinta y cuarenta mostrándose contrarios a la
sinonimia onomástica. Fue sobre todo en la década de los sesenta y setenta del
siglo XIX cuando comenzó a defenderse con argumentos sólidos que el catalán era
una lengua románica propia y no un dialecto o *patois* (cf. Neu-Altenheimer 1992:
131). Así pues, según Neu-Altenheimer: "Während der Renaixença gehörte also
die Frage nach Ursprung und Abgrenzung des Katalanischen von anderen romanischen Sprachen zu den zentralen Themen in den Grammatiken, Reden, Zei-
tungsartikeln" (*ibid.*: 132).

La delimitación del catalán con respecto al lemosín engloba, de acuerdo con esta
estudiosa, dos dimensiones: por un lado, una de carácter histórico, en contra de la
teoría de un origen provenzal-lemosín[46] y, por otro, una de carácter actual, en
contra de la utilización de las denominaciones "catalán" y "lemosín" como sinó-
nimas. Así pues, los filólogos y literatos de este periodo impulsaron una campaña
de difusión para propagar la diferencia "llemosí"/"català" en la prensa, en los dis-

---

[45]   Por otra parte, hay que destacar que la participación de escritores de todo el dominio lin-
      güístico en los *Jocs Florals* era testimonio implícito del reconocimiento de la unidad de la
      lengua.
[46]   Esta autora ofrece un estudio detallado muy interesante sobre las teorías del origen del cata-
      lán a lo largo de los siglos XVIII y XIX (cf. Neu-Altenheimer 1992: 133-152).

cursos, etc. (cf. *ibid.*: 153). La polémica en torno a la denominación de la lengua desvela, como señala esta autora, la intrínseca relación entre conciencia lingüística e identidad nacional o, en otras palabras, la estrecha relación entre el fenómeno nacional y el lingüístico: "Die Kontroverse um die Bezeichnung des Katalanischen gibt ebenso Aufschlüsse über den Zusammenhang von 'Sprachbewußtsein' und 'nationaler Identität' wie die Auseinandersetzung während der italienischen Renaissance" (*ibid.*: 155).

En este contexto destacaron las figuras de Antoni de Bofarull y Manuel Milà i Fontanals, quienes contribuyeron a desmontar la identificación entre ambas lenguas, si bien vale la pena recordar que la gramática de Josep Pau Ballot i Torres, anterior a la época de estos dos intelectuales, defendía la individualidad del catalán frente al lemosín[47] (cf. Ferrando/Nicolás 2005: 293; Rafanell 2006: 62-63).

Las investigaciones de este periodo, centradas en la historia de la lengua catalana y en la literatura y lengua de los trovadores, fomentaron la diferenciación onomástica. Conviene no perder de vista que los investigadores no rechazaban únicamente la identificación del "llemosí" como sinónimo del "català", sino también la inadecuación del primero para referirse a la lengua y literatura de la Edad Media (cf. Neu-Altenheimer 1992: 176).

En un discurso pronunciado ante la *Acadèmia de Bones Lletres de Barcelona* en 1857 y titulado "La lengua catalana considerada históricamente", Bofarull no solo ponía en tela de juicio la identificación del catalán con el lemosín; también criticaba la impropiedad del término, pues a su entender no era más que un *pars pro toto*:

En buena hora los franceses hablen de lemosín, al hacer la comparación respectiva de las lenguas, dialectos ó patois que se hablan en Francia; pero, en España, aun cuando nuestra lengua fuese la misma del Limousin, es tan ridículo valerse de este nombre, como si llamásemos lengua gibraltarina al castellano, porque los ingleses hubiesen bautizado asi [*sic*] el español de la ciudad que poseen en la Península.

Muchos autores de la época empezaron a ser cada vez más conscientes de la diferenciación entre ambas lenguas y así el uso de la denominación "català" o "llen-

---

[47] En la conclusión a su gramática, Ballot i Torres decía que "[c]oncluida ja esta gramática, siame licit repetir aquí lo que he insinuat en lo prefaci; ço es, que alguns han dit, que la llengua cathalana es un dialecto provensal ó llemosí, per ser molt semblant á la Llenguadoch ó de Narbona, y de aquest sentir es lo célebre Doctor Bernat Aldrete en lo seu origen y principi de la llengua castellana; mes altres ignorants y desviats de la veritat, han propassat en dir, que no es llengua, sino una gerga, que no pot subjectarse á reglas, ni manejarse ab la llum que correspon" (1987: 259).

gua catalana" volvió a consolidarse lentamente[48]. El mallorquín Marià Aguiló, en su discurso como presidente de los *Jocs Florals* de 1867, empleó conscientemente la denominación "llengua catalana": "¡Oh sí! be prou que la conexeu, puix per tot arreu l'hem guaytada com un símbol viu de jovenesa y d'unitat... ¡Oh sí! be prou que endevinau qu'exa dolça *nina* se anomena la LLENGUA CATALANA" (JF 1867: 36).

La figura de Milà i Fontanals fue decisiva en este desarrollo. En su obra *De los trovadores en España* (1861), donde destacaba la unidad lingüística catalano-occitana ("lengua de oc") en la época trovadoresca, sostenía que desde el siglo XIII esta unidad se había disuelto haciendo que el catalán comenzara a constituirse como una lengua propia (cf. Milà i Fontanals 1861; Neu-Altenheimer 1992; Bernat i Baltrons 2004). La importancia del estudio de Milà radica en la reafirmación del catalán como lengua propia, independiente del lemosín[49], y en la distinción que establece, dentro de la lengua de oc, entre la variedad que denomina transpirenaica/galo-meridional y la variedad catalana/española (véase el epígrafe 4.5.2).

A partir de la década de los ochenta del siglo XIX la individualidad del catalán como lengua propia es ya una creencia muy extendida. Una muestra fehaciente es que el propio Almirall, antiguo simpatizante del *felibritge*, a raíz del *Primer Congrés Catalanista* propuso la creación de una academia de la lengua, pero, una academia, debe enfatizarse, de la lengua catalana (cf. Rafanell 2006: 116)[50].

Que el catalán era una lengua distinta del provenzal y la identificación lemosín/catalán un vestigio del pasado se observa claramente en el discurso de Menéndez Pelayo pronunciado en 1888 con motivo de su participación en los *Jocs Florals*. Este intelectual aludía de manera inequívoca a la impropiedad de la denominación "llemosí" (o provenzal) tan extendida en las décadas anteriores:

> Eixa lengua, rebrot generós del tronch llatí, jeya, no fa mitj segle, en trista y vergonyo-sa postració. *Fins son nom propi y genuí se li negava, ni ¿qui li havía de coneixer sots la disfressa d'aquelles peregrines denominaciones de llemosina y provensal ab que solian designarla'ls pochs erudits que's dignavan recordarse d'ella*, encara que fos per donar-la per morta y rellegarla desdenyosament á algun museu d'antigalles? (JF 1888: I, 259; énfasis nuestro).

---

[48] Hay incidir aquí en que la figura de Víctor Balaguer es una excepción, pues este siguió creyendo en la identificación de ambas lenguas hasta muy tardíamente.

[49] Rafanell (2006: 80), no obstante, señala que Milà no fue el primero en ver el catalán como la prolongación de una lengua que se había transformado en otra.

[50] La *Acadèmia de la Llengua Catalana* se creó el 1 de enero de 1881 (véase epígrafe 4.3.1.1).

En respuesta a los artículos de Leopoldo Alas "Clarín", donde el autor sostenía la falta de sintaxis propia del catalán, el joven Prat de la Riba, muy en consonancia con Milà i Fontanals, afirmaba el origen común ("llengua d'oc") de ambas lenguas, a la vez que señalaba una evolución posterior propia del catalán:

> [...] 'l llenguatje dels trobadors no fou més que la llengua literaria composta en gran part de *motz triatz*, de mots escullits entre tots los dialectes populars que formavan en conjunt la gran llengua d'oc ó catalana ó llemosina ó provensal, que tot és hu, ja que tots aquets noms expressan una mateixa cosa.

> Pero aquesta llengua s'ha modificat en las encontradas de Provensa, y per eixó'ls filólechs que la han estudiada tal com avuy se parla en sos antichs dominis tendeixen á véurehi duas llenguas diferentas: la provensal, donantli'l nom de la principal regió en que's parla, y la catalana, que es la veritable continuadora del provensal antich (citado en Rafanell 2006: 145-146).

La diferencia entre los postulados de Milà i Fontanals y los de Prat de la Riba estriba en que este último veía en el catalán contemporáneo el reflejo más cercano del idioma de los trovadores antiguos (cf. Rafanell 2006: 146).

Si a finales del siglo XIX la individualidad del catalán se asumía de manera generalizada, a principios del XX era ya un hecho incuestionable. Esto se pone de manifiesto en la memoria del secretario general del *Primer Congrés Internacional de la Llengua Catalana* (1906), Jaume Algarra i Postius, donde decía: "l'idioma que anem a reconstruir y a purificar, no es sols el que's parla a Catalunya. *Nostra empresa es pera tota la llengua catalana, ab totes ses riquíssimes variants; pera la llengua impropiament coneguda per llemosina*, la que es famosa en el món de les lletres, com una de les branques de la llengua *d'oc* (*Primer Congrés...* 1908: 69; énfasis nuestro).

4.2.4.3. ¿LENGUA VIVA O LENGUA MUERTA?

Con el uso del catalán como lengua oficial de los *Jocs Florals* y el resurgir de la lírica catalana se intensificó el debate sobre la cuestión lingüística que se mantuvo presente hasta bien entrado el siglo XX. Uno de los principales puntos de discusión giraba en torno a la dicotomía "lengua viva"/"lengua muerta", una polémica heredada de la época de Capmany, quien consideraba el catalán como una lengua "muerta" en el ámbito literario. Más adelante, ya iniciado el siglo XIX, Ballot i Torres había acuñado el término "llengua mortificada" en la *Gramatica y apología de la llengua cathalana*. Habiendo sido privado del dominio oficial y público, el catalán estaba lejos de ser una lengua normalizada y era, según Ballot, más bien una lengua de uso "mortificado": "mols anys ha que está privada de son us y exercici en las aulas, en las imprentas y escrits públichs; de manera que si no es llengua morta, á lo menos es mortificada" (1987: 263).

La cuestión de fondo que se debatía a partir de la instauración los *Jocs Florals* era si el catalán literario del certamen era un invento artificial o si, por el contrario, realmente existía una lengua literaria culta. Las opiniones de los literatos e intelectuales al respecto eran bien dispares: por un lado, estaban los que no creían en la existencia de una lengua literaria no artificial, es decir, aquellos que pensaban que la lengua catalana, como lengua literaria culta, era un idioma "muerto"; por el otro, los defensores de la existencia de una lengua literaria catalana, esto es, aquellos que creían que el catalán era una lengua "viva" y "apta" para el uso literario culto.

Entre los defensores de la primera tesis encontramos a Pau Estorch i Siqués (1805-1870), autor de la *Gramática de la lengua catalana* (1857)[51]. Para este, la falta de una literatura catalana moderna era un indicio de que el catalán no podía verse como lengua de cultura y que, por tanto, era una lengua "muerta" (cf. Hina 1978: 122-123). Este escritor se refería a la lengua literaria sin dudar de la viveza del catalán como lengua familiar:

> [...] su lenguaje familiar, que por su precisión y energía guarda cierta analogía con el carácter de sus habitantes (2), no puede considerarse como muerto ni dejará de hablarse acaso por muchos siglos, por mas que en las leyes se vea esta tendencia (3) (1857: prólogo a la *Gramática de la lengua catalana*).

El mismo Estorch i Siqués se adhirió al certamen de los *Jocs* y participó activamente en él, acercando así su posición a la mantenida por la mayoría de organizadores de la celebración literaria, es decir, aquellos que creían en la vigencia del catalán como lengua literaria culta.

En cuanto a los defensores de la segunda tesis destacan Magí Pers i Ramona (1803-1888), autor de la *Gramàtica catalana-castellana* (1847), y Antoni de Bofarull, secretario del primer certamen de los *Jocs*, así como todos aquellos que

---

[51] La gramática de Estorch i Siqués (escrita en castellano) era más extensa que la de Ballot y, de acuerdo con Miracle (1992: 138), estaba construida siguiendo los cánones de obras similares castellanas. La obra fue examinada por la *Acadèmia de Bones Lletres* de Barcelona, que el 27 de mayo de 1857 acordó recomendarla. Así pues, aprobada y recomendada por una institución de tal altura, la gramática suponía el reconocimiento del principio de autoridad del que carecía la obra de Ballot. La *Acadèmia* alababa la gramática "por la inteligente laboriosidad y celo por nuestra lengua nativa que revela en su autor, y especialmente por la mejora que se percibe en la teoría de las conjugaciones del verbo y en la explicación de los regímenes, como también en la abundancia de palabras compuestas que tan características son de la lengua catalana" (*ibid.*: 138).

defendían una visión romántica de la relación entre lengua y pueblo. En el *Bosquejo histórico de la lengua y literatura catalana...*, Pers i Ramona (1850)[52] destacó que "[l]as lenguas no mueren sino cuando muere la humanidad que las habla". En ese mismo sentido se expresó Lluís Gonzaga en su discurso como presidente de los *Jocs Florals* en 1861 al enfatizar que "mentres dure nostra llengua, no se acabarán nostras glorias, perque la vida de la llengua es la vida de la patria y la vida de la patria es la llengua de la fama" (JF 1861: 31). Gonzaga se refería al catalán con una curiosa personificación acuñando el término de "Sempreviva".

Antoni de Bofarull también había expresado una visión romántica sobre la inmortalidad de las lenguas en su discurso de 1857 ante la *Acadèmia de Bones Lletres de Barcelona*, titulado "La lengua catalana considerada históricamente", donde afirmaba que las "lenguas jamás mueren". Bofarull utilizaba una personificación muy visual e ilustrativa para describir la situación del catalán en su época, pues lo veía como un enfermo que "tiene esperanza, y vuelve á respirar con libertad". Por ese motivo, alentaba sobre todo a las generaciones más jóvenes a proseguir la tarea ya iniciada por Ballot a comienzos de siglo:

> Sabios estranjeros que hicistes [*sic*] reconocer la importancia de la lengua catalana; jóvenes estudiosos que os afanais para el renacimiento literario del idioma que aprendisteis en la cuna; cúmplase en vosotros y en vuestros nombres el gran deseo del amigo Pujades, perpetuado por el docto Ballot:
>
> PUS PARLA EN CATALÁ, DEU LI DÒN GLORIA! (Bofarull 1858: 26-27).

Para Antoni de Bofarull y muchos de sus coetáneos, el hecho de que existiera una lírica romántica catalana era una señal evidente de la vitalidad de la lengua y de sus cualidades literarias. La grandeza de los poemas "Oda a la Pàtria" de Aribau y "Llàgrimes de viudesa" de Miquel Anton Martí eran, para este historiador y literato, una constatación de que la lengua catalana estaba "viva" y de que no podía considerarse un idioma vulgar:

> A la lectura de estos admirables partos del ingenio catalán, aun cuando nada mas se haya leido en este idioma, no podrá menos de exclamar el lector: –¿Cómo es posible que la lengua que tan bien expresa los nobles sentimientos del corazon [*sic*] humano, se la deba considerar como vulgar y despreciable? (Bofarull 1864: 44-45).

Entre los partidarios del catalán como lengua literaria destacó también la figura del poeta e historiador Víctor Balaguer. En su discurso de la primera edición de los *Jocs*, Balaguer afirmaba la categoría del catalán como lengua literaria culta

---

[52] *Bosquejo histórico de la lengua y literatura catalana desde su origen hasta nuestros días* de Pers i Ramona, publicado en 1850 en lengua castellana. Citado a partir de Hina 1978: 123.

argumentando que no podía hablarse de una lengua "muerta" si treinta y nueve poetas presentaban su creación en el marco de dicha celebración: "La llengua y la poesía de un pais no són mortas cuant al primer anunci de una literaria justa trenta nou poetes se presentan á disputarse lo llor de la victoria y la honra de la derrota" (JF 1859: 179). Siguiendo la línea romántica, Adolf Blanch i Cortada, secretario de la segunda edición de los *Jocs*, sostenía que el catalán no podía ser una lengua muerta ni morir "mentres quede en aquest sol clásich de llealtat y de noblesa, de honradesa y de patriotisme, un palm mes de terra que haja per nom Catalunya" (JF 1860: 37). Las palabras de Joaquim Roca i Cornet, en su discurso como mantenedor de la citada edición, se pueden considerar una apología a la viveza del catalán: "Viva está y verge en nostres llavis, com en nostres cors" (JF 1860: 150).

Además de estas dos posiciones también había representantes de una visión menos comprometida. Un ejemplo lo hallamos en Marià Aguiló. Según este poeta y filólogo, el catalán como lengua literaria no poseía continuidad, así pues en este ámbito era una lengua "morta-viva" (JF 1867: 32). No obstante, cabe recordar que el papel activo de Aguiló en los *Jocs Florals*[53] demuestra que, en cierto modo, aceptaba la idea de que el catalán literario era o se iba cimentando como una lengua "viva".

El debate sobre la dicotomía lengua "viva"/"muerta" fue quedando poco a poco obsoleto, pues la celebración continuada de los *Jocs Florals* y la creciente participación de poetas fueron consolidando la idea de que el catalán era una lengua (literaria) "viva". Como bien afirmaba Bofarull:

> [...] sa vida hauria sigut aparent y tranzitoria, mes sent real y continuada, sense discul-
> parla, nem ans bè á celebrarla, anem á manifestar lo que es y lo que déu sér, probant
> que 'l mort es viu, y que qui per mort lo tè ó es que no 'l sap veure, ó es que no 'l vól
> véurer, ó millor, que mort lo desitja (JF 1865: 26).

A finales de la década de los ochenta del siglo XIX la idea de que el catalán era una lengua "viva" y "apta" para la creación literaria era un hecho indiscutible, como demuestra el siguiente fragmento extraído del discurso de Menéndez Pelayo en los *Jocs Florals* de 1888:

> Y aquest miracle Deu volgué qu's cumplís. Deu va fer curables als indivíduos y als
> pobles, y que'ls torna la memoria quant los hi fa mes falta, consentí que *la morta* s'ai-
> xequés de son sepulcre y comensés á parlar como si fos viva.

---

53   Fue mantenedor en 1862, 1873, 1874 y 1883; en 1864 obtuvo la *Flor Natural*; en 1886 fue
     nombrado *Mestre en Gai Saber* e incluso llegó a ser presidente en los años 1867 y 1888.

Y aquí la teniu, Senyora, llansant de sos llavis lo doll de la paraula armoniosa y eterna (JF 1888: I, 260).

La defensa y apología del catalán como lengua "viva" estaba estrechamente vinculada a las concepciones románticas. La relación entre lengua y pueblo, herencia del Romanticismo, adquirían una gran relevancia discursiva en la defensa del catalán como lengua literaria; y la lengua se percibía como un elemento inseparable de la "patria", Cataluña. Siguiendo los postulados románticos, la lengua seguiría "viva" siempre que hubiera un pueblo que la hablara. En su discurso inaugural como presidente del certamen de 1864, Joan Cortada dejaba claro que la lengua existiría mientras existiera Cataluña:

> Feu lloch, obriu pas als que diuhen que es morta, deixaulos entrar pera que conegan y oygan á nostres [tro]badors, fassan cortesía á nostre mestres del Gay saber, y després iscan á espargir la noticia de que la llengua catalana es viva, y la profecía de que viurá mentres Catalunya visca [sic] (JF 1864: 17-18).

Recordemos que de un modo similar se había expresado Lluís Gozaga en el discurso presidencial de 1861, en el que presentaba lengua y patria como dos elementos indisociables:

> La Sempreviva, la Sempreviva perdurable que, entre mil y mil perfums de regoneixensa, vos porta escrit ab lletras d'or en sa corola: que mentres dure la nostra llengua, no se acabarán nostras glorias, perque la vida de la llengua es la vida de la patria y la vida de la patria es la llengua de la fama (JF 1861: 31).

En ese mismo certamen Adolf Blanch i Cortada, en calidad de secretario de la celebración, también afirmaba con ecos claramente románticos que la lengua catalana estaba "viva" y que no podría morir mientras existiera una tierra llamada Cataluña:

> […] Vol dir que la llengua dels Ausias March y dels Fivallers, no es morta ni pot morir mentres quede en aquest sol clásich de llealtat y de noblesa, de honradesa y de patriotisme, un palm no mes de terra que haja per nom Catalunya (JF 1860: 37).

4.2.4.4. CONCEPCIONES SOBRE EL *CATALÀ LITERARI*

Durante la *Renaixença* y con la restauración de los *Jocs Florals* –los cuales supusieron la institucionalización de la literatura catalana moderna y tuvieron lugar de manera paralela a la aparición de las primeras publicaciones periódicas–, el debate sobre el modelo ortográfico y gramatical se convirtió en una constante. Como consecuencia del establecimiento del catalán como lengua oficial de un certamen literario culto y su creciente impulso como lengua literaria, resultaba inminente plantearse un modelo de lengua a seguir. Así pues, de acuerdo con Neu-Altenheimer (1992: 67), se empezó a dibujar una línea divisoria entre lo "culto" y lo "vulgar" aunque, como veremos a continuación, en la corriente culta también existían dos tendencias opuestas que propugnaban modelos literarios distintos.

La tradición de la lengua (formal) escrita había quedado interrumpida durante algunos siglos y, ante tal situación, era ineludible plantearse un modelo referencial. Las concepciones sobre el modelo de lengua literaria que debía adoptarse eran muy divergentes. De acuerdo con Segarra (1985: 218-260), dentro de los círculos cultos de la *Renaixença* existían dos modos diferentes de escribir en catalán; y, además, una tendencia de carácter más popular que preconizaba el uso del *català que ara es parla* (también cf. Rico/Solà 1995: 23). En cuanto a la dicotomía vertiente culta *versus* vertiente popular, no se trataba simplemente de dos tendencias ortográficas, sino de dos modos distintos de concebir la lengua literaria (cf. Segarra: 1985: 218).

En cuanto a las vertientes cultas, por una parte, se encontraban los representantes del *català acadèmic de tradició moderna*, siguiendo la terminología de Segarra, es decir, aquellos como Pau Estorch i Siqués y Antoni de Bofarull que adoptaban como modelo la lengua literaria que comenzó a formarse en el siglo XVII. Bofarull[54] definió de manera profusa las características del catalán académico de tradición moderna basado sobre todo en los cánones del siglo XVII, época en que, según este literato e historiador, el catalán había alcanzado su máxima perfección ortográfica (cf. Segarra 1985: 218-219; Rico/Solà 1995: 30)[55]. Para Bofarull, considerado el instaurador del *català acadèmic de tradició moderna* y una de las figuras más destacadas de la *Renaixença*, la disgregación del catalán solamente afectaba a la lengua hablada, ya que por encima de esta había una lengua literaria común compartida por otros restauradores de los *Jocs Florals* (cf. Segarra 1985: 219). Por otra parte, estaban los defensores del *català acadèmic de tradició antiga*, que buscaban soluciones y con-

---

[54] Bofarull participó en las primeras tentativas de regular la ortografía y la gramática de la lengua catalana, tanto en el seno del *Consistori* de los *Jocs Florals* en 1861 y 1863, como de manera más tímida en la *Reial Acadèmia de Bones Lletres* en 1862. La falta de un acuerdo en materia ortográfica y gramatical en los *Jocs Florals* y el peso de su enemigo Marià Aguiló tuvieron como consecuencia su alejamiento de esta institución, a cuya creación había contribuido y a la que se había dedicado con gran entusiasmo, hasta el punto de darse de baja de la lista de adjuntos (cf. Ginebra, en Bofarull 1987: 7-8). Una de sus últimas incursiones en la polémica lingüística fue en el seno de la *Acadèmia de la Llengua*, creada en 1881, de la cual fue miembro al igual que Aguiló. Desde principios de la década de los ochenta hasta su fallecimiento en 1892, Bofarull se mantuvo al margen de la discusión lingüística (*ibid.*).

[55] Para un análisis exhaustivo acerca de las características ortográficas y gramaticales del lenguaje académico tanto de tradición moderna como antigua, véase Segarra 1985: 220-227.

venciones en épocas anteriores, esto es, en la tradición de los siglos XIII, XIV, XV y XVI. Aguiló, Forteza, Taronjí y posteriormente Verdaguer fueron defensores de esta concepción arcaísta. Según Segarra (*ibid.*: 218), la principal diferencia entre unos y otros radicaba únicamente en la fuente de su artificiosidad, puesto que compartían la necesidad de mantener la dicotomía entre la lengua literaria y la hablada.

A estas dos corrientes academistas, se sumaba una tercera sobre el lenguaje literario que propugnaban aquellos a favor del llamado *català que ara es parla*[56]. Según Segarra (*ibid.*: 224), los representantes de esta tendencia no veían la necesidad de crear una lengua literaria diferente de la lengua oral, pues la lengua escrita debía ser un fiel reflejo de la lengua hablada con sus diferencias dialectales. Por tanto, los partidarios de esta concepción escribían de acuerdo con el habla de su región; y el hecho de que gran parte de ellos escribiesen comedias hizo que algunos literatos de la *Renaixença* se mostraran tolerantes con el *català que era es parla* e intentasen conciliar estos dos modos de entender el hecho literario y el lingüístico (*ibid.*: 226). Por ejemplo, Manuel Milà i Fontanals y Joaquim Rubió i Lluch aprobaban la dicotomía entre un lenguaje literario (culto), válido para todo el dominio del catalán, y un lenguaje hablado o vulgar, propio de cada localidad, usado en la literatura de carácter más popular como la comedia de costumbres, la poesía popular, etc. (cf. Ferrando/Nicolás 2005: 337). Sin embargo, también hubo actitudes mucho menos permisivas como la de Antoni de Bofarull, quien en 1864 en su obra *Estudios, sistema gramatical y crestomatía de la lengua catalana*, además de criticar duramente a los arcaístas, arremetía contra los defensores de la corriente popular.

La polémica entre las tendencias academicistas (de carácter culto) y la vertiente popular[57] marcaron los años centrales de la *Renaixença*. El principal representante de la corriente literaria popular[58] fue Frederic Soler (1839-1895), conocido con el pseudónimo de Serafí Pitarra. En 1864 se estrenó la primera "gatada" de Pitarra,

---

[56] Los defensores del catalán escrito como reflejo de la lengua oral no pertenecían a ninguna escuela ni eran necesariamente parte de la misma generación (cf. Segarra 1985: 246).

[57] La defensa de un catalán fiel al habla del pueblo no era un fenómeno nuevo. Los detractores de Ballot, codificador del *català acadèmic*, o los sainetistas anteriores a la segunda mitad del siglo XIX se habían mantenido fieles a la lengua hablada propugnando un modelo escrito cercano a la oralidad. El mismo Joan Petit i Aguilar presentaba su *Gramática Catalana Predispositiva* como una obra "Disposada En fòrma de Pregunta, y Resposta, Per un Pare que desidja enseñar á sos fills el modo de pronunciar en escrits lo Idiome Catalá, *conforme vuy se parla*". No obstante, como dice Segarra, la gran diferencia entre los precursores y los representantes del *català que ara es parla* radicaba en que estos últimos no permitieron que se les dejara al margen del movimiento de la *Renaixença* y que intentaron de manera activa justificar el uso de un lenguaje popular contrario al lenguaje arcaico de los academicistas (1985: 227-228).

[58] Segarra ofrece una descripción detallada de las características del *català que ara es parla* en su obra *Història de l'ortografia catalana* (cf. 1985: 246-259).

L'Esquella de la Torratxa, que obtuvo un éxito sin precedentes, y también se inició la publicación de las "gatadas" con el título genérico de *Singlots poétichs* (cf. Segarra 1985: 231-233). La actitud lingüística de Pitarra se hacía patente en el mismo título de sus obras; por ejemplo, en el caso de *El Castell dels tres dragons*, que subtitulaba "Gatada cavalleresca en dos actes, en vers i *en català del que ara es parla*" (énfasis nuestro). Bofarull criticó abiertamente a los representantes del *català que ara es parla* en su obra publicada este mismo año. Entre 1864 y 1865 proliferó el número de estrenos de "gatadas" y a la vez empezaron a surgir las críticas al conservadurismo lingüístico de los *Jocs Florals* por parte de los partidarios de la corriente popular. Por ejemplo, Conrad Roure y Eduard Vidal estrenaron en 1865 la comedia *Antany y Enguany* en la que parodiaban el certamen literario y criticaban el modelo de lengua que representaban los *Jocs (ibid.)*[59].

Entre 1865 y 1866 se publicó la revista humorística *Un Tros de Papér*[60] de la que eran redactores Serafí Pitarra, Pau Bunyegas y Blai Màrfegas, pseudónimos de Soler, Roure y Vidal respectivamente. La revista estaba escrita, según los redactores, "en catalá del que ns' dará la gana" y fue sustituida por *Lo Noy de la Mare*, dirigida y redactada por Roure (cf. Segarra 1985: 233-234). Segarra destaca la buena acogida de esta prensa humorística en lengua catalana, hecho que también evidencia el alto número (alrededor del centenar) de publicaciones aparecidas entre 1865 y 1900, y señala además su importancia para acostumbrar a la gente sencilla a leer en su lengua materna.

Resumiendo, se puede decir que las disputas entre las diferentes concepciones de lengua literaria marcaron la época de la *Renaixença*. La dicotomía entre el *català acadèmic* y el *català que ara es parla* no se establecía solo en base a dos concepciones distintas sobre la lengua literaria, sino que encubría dos conceptos opuestos sobre el hecho literario y la función de la literatura en relación al público:

---

[59] *La Gata* era una sociedad fundada por Joaquim Dimas, empresario del teatro *Odeon*. Entre 1864 y 1866 se estrenaron unas veinte obras de Serafí Pitarra denominadas "gatadas" y gracias a las cuales su autor alcanzó una notable popularidad. El editor Innocenci López publicó esas obras bajo el epígrafe general *Singlots poètics*. Al disolverse *La Gata*, se creó el *Teatre Català*, sociedad dirigida por Soler hasta su muerte (cf. Carme Arnau en Soler 1985: 8-9).

[60] Las publicaciones satíricas en catalán cuentan con una larga historia. El primer periódico humorístico en lengua catalana fue *Lo Pare Arcangel* (1841), con una clara tendencia anticentralista y defensor de la política económica proteccionista catalana. Otra de las publicaciones satíricas de corriente popular, inscrita en el marco de la *Renaixença*, fue *La Campana de Gràcia*, fundada en 1870 y con una larga vida hasta 1934: los primeros veinte números fueron bilingües y los restantes se redactaron exclusivamente en catalán (cf. Blas Guerrero 1997: 431-432). También es de destacar la famosa revista *L'Esquella de la Torratxa* (1872), de aparición irregular hasta 1878, manteniéndose desde entonces como "una de las revistas más longevas en catalán hasta su desaparición en 1938" (Blas Guerrero 1997: 432).

D'una banda, hi havia els poetes jocfloralescos, preocupats fonamentalment per la forma de les obres literàries [...]. De l'altra, Pitarra i els seus, més preocupats pel contingut de les obres que per la forma, pretenien entusiasmar el públic [...] li explicaven les preocupacions i lluites del seu temps, en to de sàtira, per entretenir-lo, fent-lo riure, i habituar-lo al teatre i, en definitiva, a escoltar la seva llengua dalt de l'escenari i també llegir-la (Segarra 1985: 234).

La segunda vertiente tenía una visión mucho más integradora del hecho literario, si bien el modelo lingüístico que propugnaba reflejaba la gran influencia que, desde inicios del siglo XVIII, había ejercido la lengua dominante sobre el catalán. No obstante, si bien ambas tendencias proponían soluciones opuestas, la gran dificultad tanto para unos como para otros seguía siendo el desprenderse de la influencia castellana. Como bien observa Joan Coromines:

Els poetes dels Jocs Florals i de l'anomenada "escola fluvial" miraven de dissimular la corrupció de la seva llengua manllevant les formes superficials del català antic, mentre que l'íntim ordit de llur estil acastellanat es deixava veure pertot arreu. D'altres menys savis, ignorants del català medieval, provaren d'aprendre de llavis del poble, i llur estil era més pur de semàntica i fraseologia, encara que els manqués el coratge de rebutjar les terminacions castellanes del vocabulari savi, i alguns castellanismes innecessaris però usuals en el parlar vulgar (1982: 62).

Con el tiempo las diferencias entre estas dos posturas fueron haciéndose cada vez más difusas, a pesar de que las críticas a Soler por parte de los arcaístas persistieron. Frederic Soler, ausente de los *Jocs Florals* desde 1865, participó en el certamen de 1871, año en que obtuvo la "englantina d'or" con la composición "Laletá". A partir de ese año ganó otros premios e incluso fue nombrado "Mestre en Gai Saber" (cf. Segarra 1985: 242-243). Según Segarra, el reacercamiento de Pitarra al certamen se produjo paralelamente el alejamiento de Marià Aguiló y los arcaístas: "per als partidaris d'Aguiló, l'entronització de Soler significava una bufetada als arcaistes, mentre, pels altres, representava la reconciliació amb Frederic Soler, que esdevenia definitivament un escriptor culte" (*ibid.*: 243).

La superación definitiva de esta dicotomía ocurrió gracias a la codificación fabriana durante el primer tercio del siglo XX, aunque fue ya con la aparición de la revista modernista *L'Avenç* cuando esta tendencia conciliadora empezó a consolidarse.

4.2.4.5. LA CUESTIÓN ORTOGRÁFICA: *CONSISTORI* Y *REIAL ACADÈMIA DE BONES LLETRES*

La restauración de los *Jocs Florals* marcó un punto de inflexión importante en el proceso de evolución de la recuperación del catalán como vehículo de literatura

culta porque implicaba una institucionalización de la literatura y la lengua catalanas. Asimismo, su continua celebración impulsó el surgimiento de las primeras
publicaciones periódicas en catalán y en consecuencia un nuevo interés por la
codificación gramatical y la unificación ortográfica: con las primeras publicaciones periódicas y la existencia de una plataforma anual surgió la necesidad de
plantearse cómo debía escribirse en catalán moderno. Este interés, que se había
manifestado anteriormente en círculos minoritarios, fue generalizándose y pronto generó confrontaciones entre los defensores de posiciones opuestas. Las divergencias comenzaron a principios de la década de los sesenta y se prolongaron a
lo largo de todo el siglo xix hasta bien entrado el siglo xx. Como bien apunta
Ginebra:

> Aquest revifament de la llengua literària provocà l'interès per la codificació gramati-
> cal –interès que, d'altra banda, ja existia amb més o menys intensitat en alguns nuclis
> minoritaris–, i de mica en mica els escriptors manifestaren les seves opinions, con-
> frontaren les seves propostes i arribaren de vegades a prendre posicions inflexibles i
> irreconciliables que menaren a discussions apassionades. Les confrontacions ortogrà-
> fiques i gramaticals, que fonamentalment s'iniciaren a començament dels anys seixan-
> ta, van ocupar ja tot el segle, i no s'anaren apagant fins al segle xx, amb la publicació
> i la progressiva implantació –no pas sense abrandats enemics– de l'obra de Pompeu
> Fabra (citado en Bofarull 1987: 11).

De hecho, no fue hasta la llegada de la generación modernista cuando tuvo lugar
una reflexión ambiciosa sobre la regulación normativa que pusiera fin al caos
imperante:

> Però fins a la primera generació modernista no trobem cap reflexió ambiciosa sobre
> una eventual regulació normativa que acabés amb la caòtica dispersió de grafies i
> solucions morfològiques imperant i servís alhora de vehicle per a l'ús lingüístic gene-
> ral (Ferrando/Nicolás 2005: 481).

Como señala Ginebra, Bofarull fue una de las personalidades más implicadas en
las polémicas anteriormente citadas. En el seno de los *Jocs Florals* participó en
algunas de las tentativas para regular la ortografía y la gramática: concretamente
en los años 1861 y 1863 y, más tímidamente, en 1862 dentro de la *Acadèmia de
Bones Lletres*. Por otro lado, fue el instaurador de la corriente que defendía una
lengua de tradición moderna[61] (siguiendo la terminología de Segarra del *català
acadèmic de tradició moderna*), mientras que Marià Aguiló, quien se convirtió
en uno de sus mayores enemigos, fue el dirigente de la otra corriente academicis-

---

[61]   En las primeras publicaciones del autor no se hallan preocupaciones sobre la codificación
       ortográfica y gramatical. Parece ser que fue a partir de 1858 cuando Bofarull empezó a sen-
       tir las primeras inquietudes (cf. Ginebra, en Bofarull 1987: 12-13).

ta, de corte arcaizante, inspirada en los clásicos medievales (cf. Ginebra, en Bofarull 1987: 6).

Ante la necesidad de presentar unos poemas que después serían editados oficialmente, al consistorio de los *Jocs Florals* se le planteó el dilema ortográfico, pues era inmimente unificar criterios para la posterior publicación a fin de no dar la impresión de inestabilidad o anarquía. En la edición de los *Jocs Florals* de 1861, justo dos años después de la primera celebración, se acordó convocar a iniciativa del *Consistori* una reunión para discutir ese tema. Entre los invitados se encontraban Manuel Milà i Fontanals, Salvador Estrada, Miquel V. Amer, Joan Cortada, Adolf Blanch, Víctor Balaguer, Marià Flotats y Antoni de Bofarull (cf. Segarra 1985; Ginebra, en Bofarull 1987; Miracle 1998). Al parecer la convocatoria apenas tuvo éxito, lo que demuestra el hecho de que solamente se presentaran tres de los invitados[62]. Al año siguiente, se reanudó la iniciativa y se nombró una comisión formada por Milà i Fontanals, Rubió i Ors, Estrada, Estorch i Siqués y Bofarull; esta *Comissió de l'Ortografia*, nombre oficial que recibió el grupo, se completó a petición de la misma con Miquel A. Martí, Josep Llausàs y Marià Aguiló (cf. Segarra 1985: 151; Ginebra, en Bofarull 1987: 12-13).

En 1862 se registraron dos bajas en la citada comisión: por un lado, la de Estorch i Siqués, por dimisión, y, por otro, la de Estrada, por defunción. Ese mismo año, Milà i Fontanals, como presidente de la comisión, fue el encargado de entregar dos proyectos distintos; pero ninguno de ellos fue asumido por el *Consistori*, que decidió crear un nuevo proyecto basado en la fusión de ambos (cf. Segarra 1985: 152). El resultado fue el *Ensaig d'ortografia catalana*, aprobado ese mismo año por la institución de los *Jocs Florals*. Según Segarra, la autoría de ambos proyectos sigue sin conocerse con certeza; lo que sí se sabe gracias al prólogo del *Ensaig* es que uno de ellos fue el resultado de una propuesta mayoritaria, mientras que el otro era prácticamente el proyecto personal de uno de los miembros de la comisión[63].

---

[62] Miracle (1998: 146) supone que los tres asistentes fueron Milà i Fontanals, Adolf Blanch y Antoni de Bofarull, puesto que hasta la fecha eran los únicos que habían mostrado inquietudes por la cuestión ortográfica.

[63] En cuanto a este último proyecto, Miracle (1998) sostiene que su autor era Bofarull y que de este mismo proyecto habría tomado la base para elaborar la parte ortográfica de *Estudios, sistema gramatical y crestomatía de la lengua catalana* (1864). Contrariamente a Miracle, Segarra (1985: 153-155) opina que el fracaso del proyecto común no se debió a la personalidad conflictiva de Bofarull, sino más bien a las disputas con Aguiló. Recordemos que Bofarull era partidario del uso literario de tradición moderna, mientras que Aguiló lo era del arcaizante. Resulta significativa la afirmación de Segarra con respecto a que en la sección ortográfica de *Estudios...* (1864) Bofarull mostraba un acuerdo casi generalizado con gran parte de las normas establecidas por el *Projecte* del *Consistori* (*ibid.*: 155); por

El debate sobre la cuestión ortográfica también fue abordado por la *Acadèmia de Bones Lletres*. Sin embargo, desde su fundación en el año 1700, la *Acadèmia* no había manifestado ningún interés en la codificación ortográfica y gramatical; su papel en la reivindicación de la lengua fue más bien "tímido"; y, a diferencia del *Consistori* de los *Jocs Florals*, siempre se mostró como una institución bilingüe en la cual el castellano gozaba de tácita preeminencia:

> [...] la seva incidència en la fixació gramatical i ortogràfica fou gairebé nul·la i el seu paper en la reivindicació de la nostra llengua més aviat tímid. No podem oblidar que, a diferència dels Jocs Florals, que des del primer moment instauraren l'ús exclusiu de la llengua catalana en les seves convocatòries, l'Acadèmia va practicar el bilingüisme en els seus actes i discursos, amb un predomini evident, però de la lengua castellana (Segarra 1985: 158).

Segarra comenta que el predominio del castellano en esta institución era tal que incluso en algunos círculos de la misma a finales del siglo xix se llegó a creer que los estatutos prohibían el uso de la lengua catalana:

> Com ens explica Miret i Sans [...], en la sessió del 25 d'octubre de 1897 catorze acadèmics presentaren a la junta de govern, presidida per Balari i Jovany, una petició sol·licitant que es modifiqués el reglament de manera que "pueda usarse indistintamente una y otra lengua en los discursos y publicaciones de la Academia", petició que fou contestada pel president en el sentit que no calia prendre cap decisió al respecte car no hi havia res en els estatuts de la reial corporació que impedís l'ús de la llengua catalana (*ibid.*: 160).

Pero en realidad, la *Acadèmia de Bones Lletres* se mantuvo bastante al margen de las vivas discusiones en materia gramatical y ortográfica que se estaban llevando a cabo durante las décadas de los sesenta y setenta del siglo xix, a pesar de que varios de los protagonistas de los debates más señalados de la época fueran miembros de esta institución como Estorch i Siqués, Bofarull, Aguiló y Milà i Fontanals (cf. Segarra 1985: 160). La *Acadèmia* no trató de imponer ninguna de las obras gramaticales o tratados ortográficos elaborados por algunos de sus más destacados miembros, como el *Diccionario de la llengua catalana* de Labèrnia (1839-1840); la *Gramática de la lengua catalana* de Estorch i Siqués (1857) (si bien la había recomendado por su calidad); los *Estudios, sistema gramatical y crestomatía de la lengua catalana* de Bofarull (1864); o la segunda edición del diccionario de Labèrnia (1864-1865) (cf. Segarra 1985: 160-161).

---

otro lado, como demuestra esta estudiosa con numerosos ejemplos, el *Projecte* no recogía ninguna de las ideas de Aguiló (*ibid.*: 158).

No fue hasta la década de los ochenta, concretamente en 1884[64], cuando la *Acadèmia* reguló en materia ortográfica publicando la *Ortografía de la lengua catalana*, obra encargada a una comisión formada por los académicos Josep Balari i Jovany, Adolf Blanch y Antoni Aulèstia (cf. Segarra 1985: 161-163; Miracle 1998: 180). Parece ser que Blanch y Aulèstia confiaron la elaboración y redacción del proyecto a Balari (1844-1904) (cf. Segarra 1985: 163). El proyecto fue impreso con el título *Proyecto de ortografía catalana* y se repartió entre los académicos para que realizaran las observaciones oportunas. El manuscrito se discutió en tres sesiones distintas durante el año 1880 y en la última de ellas se decidió que Milà i Fontanals, miembro ya jubilado, realizara la revisión definitiva (*ibid.*).

Es significativo señalar que mientras la *Acadèmia de Bones Lletres de Barcelona* repartía entre sus miembros el proyecto ortográfico y se discutían algunos aspectos, por toda Barcelona circulaba la noticia de la futura creación de una nueva *Acadèmia de la Llengua*, como resultado del *Primer Congrés Catalanista* que había tenido lugar ese mismo año (cf. Miracle 1998: 181).

Por causas desconocidas este proyecto quedó aparcado y la versión definitiva no se publicó hasta 1884. El proyecto inicial y la versión definitiva no presentaban grandes diferencias (cf. Segarra 1985: 163-166); las reglas expuestas eran prácticamente las mismas y correspondían al *català acadèmic* en su versión tradicional (*ibid.*)[65]. Bofarull, además de haberse enfadado por no haber sido invitado a formar parte de la comisión, se enfureció porque su obra había sido ignorada por Balari en la elaboración del *Proyecto de ortografía catalana* (cf. Ginebra en Bofarull 1987: 7) y en 1880 apareció un extenso artículo titulado *El proyecto de ortografía catalana por la Real Academia de Buenas Letras* y publicado en la *Revista de Ciencias Históricas* donde arremetía contra su autor y lo criticaba abiertamente. En el siguiente fragmento podemos observar con nitidez la crítica de Bofarull en relación a la falta de citas directas a obras gramaticales y tratados de ortografía anteriores, a excepción de la obra de Ballot, que según este estudioso, se encontraba repleta de desaciertos y no había servido como modelo ortográfico:

> Esas citas ó indirectas á los autores gramáticos y de tratados de Ortografía, sin nombrarlos jamás, son la prueba, como ya digimos, de haberse prosternado la Comision á la idea del iniciador del pensamiento que la Academia ha hecho ejecutar por aquella, y para avivar más la llaga al omitirlos, el único autor que se nombra y á quien se presta

---

[64] Segarra (1985: 161-162) describe con detalle otro intento anterior de la *Acadèmia* de ofrecer unidad a la ortografía catalana en 1862, que al parecer se vio frustrado por las discrepancias entre los miembros de la corporación.

[65] El estudio de Segarra (1985: 163-164) ofrece una breve descripción de las principales características de esta *Ortografía*.

homenaje (y no será esto porque cuenten más de veinte años sus obras, pues, en tal caso, otros autores debieran haverse citado,) es el Doctor Ballot, precisamente aquel cuya ortografía nadie ha seguido, ni puede adoptar la misma Comision, según se trasparenta de sus acuerdos y reglas, y que si tiene el mérito, innegable, de ser el primero que ha publicado una gramática, cayó en muchos desaciertos, que han hecho notar y le han corregido los autores aludidos y no nombrados por la Comision, entre otros (y esto es solo una pequeña muestra), lo que dice acerca de las figuras gramaticales, la admiracion y odio que muestra á los escritos apostrofados, la invencion de las conjugaciones á la Castellana, la introduccion de muchas palabras castellanas en el texto y discursos de su gramática, etc., etc. (Bofarull 1987: 362).

La versión definitiva de la *Ortografía* enmendaba esta omisión y aludía a la obra de Antoni de Bofarull y a su contribución gramatical y ortográfica. La publicación de la *Ortografía de la lengua catalana* de la *Reial Acadèmia de Bones Lletres*, si bien suscitó numerosas críticas favorables y tuvo gran resonancia, también fue criticada desde la *Revista Literaria*, desde la *Veu de Catalunya*, etc. El proyecto provisional había sido únicamente puesto en evidencia por Bofarull cuando ya no formaba parte de la junta de gobierno de la institución[66] ni gozaba del prestigio anterior (cf. Segarra 1985: 162-163; Miracle 1992: 185).

La *Acadèmia* mantuvo estas normas y las siguió en sus publicaciones hasta 1923, año en que se nombró una nueva comisión formada por los "antifabrianos" Ramon Miquel i Planas y Francesc Matheu para formular unas reglas ortográficas de uso interno (cf. Segarra 1985: 166). Cabe mencionar que las normas de 1884 se mantuvieron hasta mucho después de que el *Institut d'Estudis Catalans* sancionara las *Normes ortogràfiques* que habían sido aceptadas de manera generalizada por los escritores del dominio lingüístico catalán. A pesar de todo, debe señalarse que gracias a la revolución liberal y a su impulso renovador la *Acadèmia* se convirtió en una de las instituciones más dinámicas de Cataluña (cf. *ibid.*: 157). Por ejemplo, en el ámbito de la docencia creó cinco cátedras entre 1835 y 1837 que ayudaron en la restauración de la Universidad en Barcelona. En el campo literario, impulsó la convocatoria de dos concursos poéticos en 1841 y 1857, considerados antecedentes de los *Jocs Florals* de Barcelona (*ibid.*). La proyección internacional y el enorme prestigio de esta institución se debe sobre todo al hecho de contar entre sus miembros con las figuras más destacadas del ámbito cultural e intelectual de Cataluña como los filósofos y pensadores Martí d'Eixalà, Llorens i Barba, Torras i Bages; filólogos y eruditos como Rubió i Ors, Rubió i Lluch, Aguiló, Balari i Jovany, etc.; y escritores como Jacint Verdaguer, entre otros (*ibid.*). La catalanización lingüística de esta institución, en cambio, no tuvo

---

[66] Bofarull pasó a la categoría de académico jubilado en 1880 (cf. Ginebra, en Bofarull 1987: 7).

lugar hasta finales del siglo XIX, justo dos años después de que otra institución tan destacada como el *Ateneu* hubiera apostado por el uso público del catalán.

4.2.5. *Contradiscurso y autojustificación* (Renaixença y Jocs Florals)

El despertar del sentimiento nacional junto con la recuperación de la conciencia lingüística y la situación política dentro del marco del Estado español implicaban obligatoriamente una definición por contraposición o, dicho de otro modo, una alusión obligada a la lengua hegemónica, el castellano. Todo inicio de recuperación de un idioma que se halla sumido en una situación diglósica, como era el caso del catalán, implica, por un lado, una justificación de la propia lengua, de sus características, de su categoría de lengua frente a dialecto y, por otro, su defensa frente a los detractores de los propios ideales. Así pues, durante todo el periodo de la *Renaixença* y con la restauración de una plataforma de recuperación de la lengua literaria como la de los *Jocs Florals* (fase A), la autojustificación y la definición por contraposición no podían ser más que *topoi* recurrentes.

En cuanto a la definición por contraposición, no nos referimos a un discurso identitario que cuestionaba la lengua castellana, sino a un discurso que suponía la mención explícita al idioma de la nación, esto es, el español. Por tanto, no deben llamar la atención las referencias explícitas al castellano y a la necesidad de conocerlo, enfatizando la idea de que el cultivo de ambas lenguas (castellano y catalán) podía ser compatible. Precisamente porque la celebración del certamen y el renacer literario de Cataluña eran vistos, por parte de algunos sectores, como una amenaza a la unidad de España y a la lengua nacional, es natural que en muchos de los discursos y publicaciones de la época se hiciera referencia explícita a la necesidad de conocer y respetar el castellano, idea que el mismo Ballot ya había expresado en su gramática a principios del siglo XIX[67]. Asimismo, se solía hacer hincapié en que el amor hacia el catalán no implicaba el odio o rechazo a la lengua castellana. Para comprender mejor estas alusiones es indispensable recordar que durante este periodo (y de hecho hasta prácticamente finales del siglo XIX), España se consideraba la nación y Cataluña, la patria.

En 1854 Antoni de Bofarull defendía el cultivo literario del catalán, si bien sostenía que no debía abandonarse el uso de la "lengua nacional", un deber para todos los españoles. Como ilustraba mediante los ejemplos de Salvà, Puigblanch o

---

[67]   "[...] llengua de tota la nació, es la castellana, la qual debem parlar tots los que nos preciam de verdaders espanyols" (Ballot 1987: XXIV-XXV).

Capmany, para este historiador y literato el conocimiento y el estudio de ambas lenguas no era excluyente:

> Aparte de lo que acabamos de decir, creemos que considerada literariamente la lengua catalana, se puede cultivar, sin abandonar por esto los esfuerzos que como españoles debemos hacer para conocer la lengua nacional, pues ambas cosas son posibles, si se atiende á los buenos hablistas castellanos que han producido las provincias que no son de Castilla, y á que entre estos se hallan algunos de los que cabalmente han tenido que hacer mayores estudios sobre el lenguaje catalan: basta recordar por ahora los nombres de Salvá, de Puig-blanc, y sobre todo de nuestro inmortal Capmany (1987: 33).

En otra ocasión, Bofarull volvía a enfatizar que el cultivo y el amor hacia la lengua catalana no excluía el cultivo y estudio de la castellana y lo demostraba con los ejemplos de Capmany, Puigblanch, Ballot y Rubió, quienes a pesar de haberse ocupado del catalán también se habían dedicado al estudio de la lengua nacional:

> Cabalmente cuando mas se ha propagado y conocido en nuestro suelo la lengua castellana, es cuando se ha pensado en devolver á la catalana, en el círculo literario, las fuerzas que perdiera; es decir, que la civilizacion y la ciencia son los móviles que nos han hecho volver los ojos á la olvidada joya, y en prueba de ellos, que han sido sus cultivadores y restauradores, en gran parte, los mismos que mas han conocido y se han afanado en propagar la magnifica lengua castellana, tales como Capmany, Puigblanc, Ballot, Aribau, Rubió y otros [*sic*] (1858: 10).

Francesc Permanyer, en su discurso como presidente de la segunda edición de los *Jocs Florals*, animaba a los poetas al cultivo del catalán y también hacía referencia al hecho de que el cultivo literario de la lengua vernácula no excluía el de la lengua castellana. Como ejemplos nombraba a Aribau, Piferrer y Carbó, quienes a su entender dominaban con maestría la lengua española:

> Canteu sens por, trovadors provensals, canteu en catalá, com canta en Aribau cuant se recorda de que es poeta, y ab tot axó no deixa de esser qui es, ni de coneixer y estimar la llengua de Castella, á la cual y baix la protecció de Isabel II, ha dedicat un monument de eterna gloria (1). Canteu en catalá, y animeuvos del esperit de nostres pares com ho haveu fet fins ara, y no contentantvos parlant, sino pensant i sentint en catalá, com en catalá sentian y pensavan los jamay ben plorats Piferrer y Carbó, mentres manejavan com mestres la llengua dels Cervantes y Grandas (JF 1860: 29).

El ejemplo de Aribau fue utilizado también por Víctor Balaguer en 1862:

> Seguiune les petjades d'aquell poeta que, ab son celebrat *Adeu siau, als turons de sa patria*, no sols fou lo primer de tots que gosá axecar y enaltir ab gran acert la moridora llengua [...], sino que es el que ha mostrat despres qu' es pot esser lo millor mestre, lo princep dels poetas de Catalunya, essent un dels mes galans, purs y triats escritors de Castella (JF 1862: 449).

Joaquim Roca i Conet, mantenedor de los *Jocs Florals* en 1860, destacaba tanto la admiración de los catalanes por la lengua castellana como la estimación a la lengua materna. Como en los casos de Bofarull y Permanyer su postura no era exclusivista:

> Ningú, Senyors, ningú nos guanya en admirar la noble, magnífica y sonora llengua de Castèlla, que tots havem de tenir també per nostra, filla igualment de la victoria y de la galantería, y que també saben alguns olvidar per altras estranyas. Pero per aixó ¿acás hem de olvidar la nostra? Dirán que es llengua morta. Sí: ho dirán sols los que voldrian poder tirar lo grapat de pols sobre sa tomba (JF 1860: 149-150).

Ser catalán y estar orgulloso de serlo no excluía ser y sentirse español, como apuntaba Lluís Gonzaga en su discurso presidencial de los *Jocs Florals* (1861):

> Som espanyols, sí, som espanyols: ho som ab orgull, ho som de bon cor, y de bon cor y ab orgull serém fins al darrer suspir, fins al últim sacrifici. Mès també som catalans, volem serho, nos gloriám de serho, no podem deixar de serho, ja que catalá fou lo bressol que 'ns gronxaba y adormía, catalans eran los mugròns que mamárem nostres llabis, y catalanas són nostras afeccions, nostra llengua, y nostra historia. Som espanyols pera servir al Estat, y saber morir, cuant convé, per la Reyna y sa bandera, com tot lo mon ho veu, y per tot la sanch ho proba; y som catalans pera no deixar morir jamay la memoria dels ínclits barons que de prop y de lluny, per mar y per terra admiráren los sigles per la fidelitat de llur cor, y la grandiositat de llurs empresas (JF 1861: 25-26).

Sino justamente todo lo contrario: "Cuant mès bons, mès il-lustrats, mès dignes catalans sabrem ser, mès bons, mès il-lustrats, mès dignes espanyols serém" (*ibid.*: 27).

Joan Illas i Vidal, presidente del *Consistori* de 1862, expresaba también una dualidad identitaria común en muchas figuras de la generación *renaixentista* como se observará en el corpus de autores con los ejemplos de Balaguer y Milà i Fontanals:

> No 'ns destorba; ans be 'ns ajuda pera esser bons espanyols esser catalans de cor ab viva fé.

> Los recorts y l'llenguatge que ab la llet hem mamant, com millors siguian [sic] millors també 'ns farán, mes forts, mes ágils, pera l'maneitg de brassos y de llengua en los fets y en las lletras nacionals (JF 1862: 46-47).

Los discursos citados anteriormente deben entenderse como justificaciones a las críticas procedentes de sectores españoles (e incluso catalanes) que pretendían mantener el *status quo*, asegurando el papel del castellano como única lengua de cultura e idioma nacional. En un discurso pronunciado en 1861 en una conferencia en Madrid, el catalán Pere Mata (1811-1877)[68] no solo mostraba un evidente

---

[68] Es preciso recordar que Pere Mata estaba establecido en Madrid.

rechazo hacia la celebración de los *Jocs Florals* sino también su preocupación por el futuro del castellano en Cataluña. Esta actitud lingüística, que traduce un cierto "autoodio", manifiesta que el discurso españolista jacobino estaba muy arraigado en todo el país. Por otro lado, la identificación que Mata hacía del catalán con la lengua lemosina es muy representativa de la primera *Renaixença*, si bien en esa época ya empezaba a generalizarse el rechazo a la sinonimia onomástica:

> [...] hay una marcada tendencia a resucitar *el estudio de la lengua lemosina, que, haciéndose exclusiva, no puede producir nada bueno, ni para el país en general ni para los mismos catalanes.*

> Entre otros hechos de ese espíritu retrógrado que pudiéramos citar, están los *Juegos Florales*, establecidos con el esclusivo objeto de premiar poesías catalanas, lo cual *no puede menos que aumentar el descuido que harto generalmente se nota en Cataluña respecto al estudio del idioma nacional* (*Curso de lengua universal. Lecciones dadas en el Ateneo Científico y Literario de Madrid en 1861*. Madrid, 1862, citado en Jorba 1983: 137; énfasis nuestro).

Como señala Jorba (1983: 137-138), el economista Laureà Figuerola (1816-1903), también afincado en Madrid y no vinculado a la *Renaixença*, mantenía una actitud de españolismo jacobino. Algunas figuras como las mencionadas, generalmente establecidas en la cultura castellana, veían en este nuevo movimiento un elemento perturbador (*ibid.*).

Los ejemplos citados confirman que durante esta etapa (fase A) el proyecto catalán se enmarcaba dentro de vías regionalistas. Así pues, deben contextualizarse en el correspondiente marco histórico las palabras de Juan Ramón Lodares referentes a los autores catalanes decimonónicos, pues de lo contrario podrían llevar a una interpretación errónea de la realidad histórica que describen:

> Se da en la época contemporánea, por tanto, un proceso de "diglosia-favorable" hacia el español en áreas de contacto lingüístico, auspiciado por instituciones estatales (en todo caso, más débiles en España que en Francia o Italia) y que recibe el beneplácito, cuando no el impulso entusiasta, de las clases pudientes en dichas áreas. Buen ejemplo de ello son los ideólogos del español como lengua nacional de España (¡incluso de Portugal!) que aparecen la Cataluña decimonónica: Ballot, Dou, Figuerola, Claret, Puigblanch, Pi i Arimón o B. C. Aribau [...], gentes, en fin, militantes en pro del español y esto era general en esos ambientes (2006: 23).

Los autores catalanes decimonónicos que cita este lingüista español no deben considerarse ideólogos del castellano como lengua nacional ni simples "militantes en pro del español", sino que debe tenerse en cuenta que, tras la imposición del castellano como idioma nacional, habían aceptado en cierto modo la situación

diglósica. Entonces, el hecho de que los intelectuales y literatos catalanes decimonónicos se expresaran a favor del español (aunque también a favor del catalán) se explica porque España era sentida como la nación y Cataluña como la
patria. Cataluña, la patria, pertenecía a la nación española ("patria común") y, en
consecuencia, el catalán se consideraba una de las lenguas españolas. Así pues, el
cultivo del catalán y el amor hacia la lengua materna no debía implicar el abandono del castellano, la lengua nacional. De hecho, como apunta Neu-Altenheimer, la distinción entre la "nación española" y la "patria" era *topos* recurrente
durante todo el periodo de la *Renaixença* (fase A): "Diese typisch romantische
Unterscheidung zwischen der 'spanischen Nation' und dem auf ethnischen wie
sprachlichen Gemeinsamkeiten basierenden 'Vaterland' taucht als Topos während der gesamten Renaixença (s.u.) wieder auf" (1992: 74).

Las reivindicaciones del catalán durante esta fase no eran políticas (en el sentido
que comenzaron a serlo a partir de la década de los ochenta del siglo XIX), sino
expresión de la propia cultura y literatura. Por otro lado, la autojustificación también afectaba a cuestiones más específicas como a la dicotomía lengua/dialecto.
En esta época eran habituales las declaraciones en las que se calificaba el catalán
de mero dialecto (*patois*) y, por lo tanto, se consideraba inútil la celebración de
un certamen literario. A este tipo de críticas, Antoni de Bofarull replicaba rotundamente que el catalán era una lengua y al mismo tiempo denunciaba la ignorancia de los que sostenían lo contrario:

> […] aixó fa que's tingan per alguns com inútils los Jochs florals catalans; aixó fa que's
> done constantment lo nom de *dialecte* á la llengua dels Jaumes, dels Muntaners, dels
> Aussias Marchs; á la lléngua del Códich marítim mes conegut en lo món […]. Los
> mateixos que tenen per inútils los Jochs florals pót sér ni s'han pres la pena de averi-
> guar pera qué's fan! Los mateixos que tractan á la lléngua de *dialecte* quí sap si fins
> ignoran lo que dialecte significa (JF 1865: 28).

4.2.6. *Análisis y conclusiones*

La recuperación del catalán, fomentada por la plataforma literaria y cultural de
los *Jocs Florals*, empezó a suscitar los primeros debates en torno a la lengua en
los círculos más minoritarios. Como destaca Kremnitz (1995: 112), las cuestiones que se plantearon los hombres de la *Renaixença* hasta finales del siglo XIX
eran, entre otras, si el catalán era una lengua románica propia, cuál era la relación
entre el catalán y el castellano, si el catalán era o no una lengua "viva", cómo
debía llamarse y, obviamente, cómo debía codificarse.

El catalán, alejado durante siglos de los ámbitos públicos y de la alta cultura, volvía a ser lengua oficial de un certamen literario reconocido, recobrando así una

pequeña parcela de su prestigio social. Este hecho suscitó uno de los primeros debates lingüísticos en la época de la *Renaixença*: la cuestión de si el catalán continuaba siendo una lengua "apta" para el cultivo literario. El debate no ponía en evidencia la "viabilidad" del catalán como lengua de uso cotidiano, es decir, su valor comunicativo común, puesto que como tal nunca había dejado de estar presente en Cataluña y mantenía su viveza a pesar de la creciente incursión de castellanismos. Lo que algunos cuestionaban, debido su situación diglósica, era su "aptitud" como lengua literaria de prestigio por considerarla una lengua "muerta" en los ámbitos de uso formales. Esta era una idea heredada de la Ilustración como ejemplifica el caso de Antoni de Capmany, quien a pesar de mostrar aprecio por su lengua materna la consideraba un "idioma muerto para la república de las letras". La actitud de Capmany manifiesta que a finales del siglo XVIII el catalán carecía de prestigio y valor como lengua literaria y cultural.

La celebración repetida de los *Jocs Florals* y el aumento de escritores que usaban esta lengua en sus creaciones literarias fue dejando obsoleto un debate que solo podía comprenderse teniendo en cuenta la situación diglósica, el escaso prestigio y el poco valor comunicativo del catalán en los contextos formales durante aquella época. Así pues, el debate fue adoptando nuevas formas y se fue adaptando a las nuevas necesidades. Una vez asumida la "validez" del catalán como lengua literaria culta, asociada a su paulatino aumento de prestigio, pronto surgió la cuestión del modelo de escritura a seguir. En este contexto aparecen diferentes concepciones del catalán literario (vertiente culta *versus* vertiente popular) que evidencian a la vez modos distintos de entender la literatura y su función social. Por una parte, estaban los defensores de un modelo basado en la tradición literaria antigua, que lógicamente difería del modelo de lengua oral, y por otra, estaban los que propugnaban un modelo literario más próximo a la lengua que se hablaba en la época. Los segundos eran los defensores del *català que ara es parla* que, a pesar de no formar un mismo grupo, coincidían en la necesidad de escribir de una manera próxima a la lengua oral para no caer en anacronismos y para facilitar la comprensión de la literatura a todas las capas de la sociedad. Entre los partidarios el *català que ara es parla* destaca la figura de Frederic Soler, más conocido con el pseudónimo de Serafí Pitarra. Este grupo (*xarons*), distanciado de los círculos políticos y académicos más conservadores, aceptaba las interferencias del castellano tanto en la lengua como en la grafía propugnando un modelo escrito cercano a la realidad oral (cf. Kremnitz 1995: 112-113). Dentro del primer grupo, es decir, dentro de los defensores de un modelo de lengua escrita inspirado en la tradición literaria, hay que distinguir dos corrientes divergentes entre sí: la primera, encabezada por Antoni de Bofarull, era la llamada defensora del *català acadèmic de tradició moderna* y reivindicaba un modelo literario siguiendo los cánones del siglo XVII; y, la segunda corriente, liderada por la figura de Marià Aguiló, propugnaba un catalán académico de tradición antigua, basado en los siglos XIII, XIV, XV y XVI. Ambas corrientes se inspiraban en la tradición como fuente de artificiosidad, compartían la necesidad de establecer una clara diferenciación entre lengua oral y lengua escrita, y divergían por completo de los defensores de la corriente popular.

Como punto de equilibrio entre las vertientes culta y popular se fue erigiendo una tercera vía, cuyo principal representante fue Milà i Fontanals, que se mostraba tolerante con los partidarios de la corriente popular. Las diferencias entre la postura culta y popular fueron haciéndose cada vez más difusas[69] sobre todo desde que Soler volvió a participar en los *Jocs Florals* de 1871, hecho que resaltaba la reconciliación de la vertiente popular con la visión conservadora de esta institución. No obstante, cabe destacar que el acercamiento de Soler a los *Jocs Florals* coincidía con el alejamiento paulatino de Aguiló y los arcaístas.

El debate no solo se centraba en las distintas concepciones del catalán literario sino también en las discusiones ortográficas. La restauración de los *Jocs* y las primeras publicaciones periódicas en catalán —pues anualmente se editaban de modo oficial las composiciones del certamen— planteaban la inminente cuestión de fijar un modelo ortográfico. Esto desencadenó grandes confrontaciones a principios de la década de los sesenta del siglo XIX y que no cesarían hasta bien entrado el XX. En 1862 el *Consistori* de los *Jocs Florals* publicó un ensayo ortográfico (*Ensaig d'ortografia catalana*) que evidenciaba la falta de consenso entre los miembros de la comisión encargada, en la cual se encontraban Aguiló y Bofarull, representantes de las dos corrientes cultas mencionadas. La cuestión ortográfica también fue abordada por otras instituciones como la *Acadèmia de Bones Lletres*, aunque de manera mucho menos enérgica. De hecho, esta institución, que mostró un claro predominio del castellano hasta finales del siglo XIX (1897), no se pronunció oficialmente en materia ortográfica hasta 1884 con la publicación de la *Ortografía de la lengua catalana*, cuya revisión definitiva estuvo a cargo de Milà i Fontanals. Estas normas, que gozaron de buena acogida, fueron mantenidas por la *Acadèmia* hasta 1923.

Otra controversia significativa de esta época fue la cuestión onomástica. Como herencia de la Ilustración, al principio de la *Renaixença* era común la identificación de "llemosí" ("llengua llemosina") con la denominación "català" ("llengua catalana"). Pero los mismos *renaixentistas* que habían utilizado el nombre de "llemosí" en sus poemas se mostraron cada vez más contrarios a la sinonimia

---

[69] Especialmente en el Principado (cf. Kremnitz 1995: 113).

onomástica, sobre todo a partir de las décadas de los sesenta y setenta del siglo
XIX. Así pues, poco a poco se fue consolidando una clara preferencia por la denominación "català" o "llengua catalana". A esta aclaración contribuyeron las figuras de Antoni de Bofarull y, sobre todo, de Manuel Milà i Fontanals.

Una de las tendencias más comunes de la generación *floralesca* era la dignificación de la lengua catalana, especialmente en el ámbito literario. Sin embargo,
también eran habituales las declaraciones a favor del castellano, la lengua de la
nación española de la cual los catalanes se sentían parte[70]. Si bien no faltaron
voces aisladas que deseaban elevar el catalán a lengua nacional como Pers i
Ramona, podemos afirmar que la asunción del castellano como lengua nacional
era un fenómeno generalizado durante la época *renaixentista*. Pers i Ramona en
su *Bosquejo histórico* declaraba que:

> [E]l catalán será lengua nacional en Cataluña, mientras que sus hijos estén en la per-
> suasión que los reyes de Castilla no son más que condes de Barcelona, y que sus inte-
> reses y costumbres estén en abierta oposición con los intereses de los demás pueblos
> de España (1850: 109).

En este contexto, la visión de Pers i Ramona se podría considerar una excepción
precursora del discurso catalanista de las fases B y C.

A pesar de algunas excepciones como la de Pere Mata, se puede decir que a partir
de la segunda mitad del siglo XIX se fue generalizando de manera progresiva la
aceptación del catalán como vehículo "adecuado" para la alta cultura. Este hecho,
por el contrario, no excluía que muchos *renaixentistas*, especialmente los de la
primera generación, mostraran actitudes que desde una perspectiva actual podrían considerarse contradictorias o ambivalentes pero que debemos contextualizar
correctamente: de la política centralista española habían heredado la asunción del
castellano como lengua de mayor prestigio y como vehículo cultural universal;
en oposición al catalán, lengua reducida al ámbito privado y familiar, que carecía
de prestigio social. Así pues, mientras que a lo largo de esta etapa se observa una
reivindicación literaria y cultural del catalán, también vemos un realzamiento del
valor del castellano como lengua de cultura e idioma nacional y universal. Milà i
Fontanals, Balaguer y Rubió i Ors, entre muchos otros intelectuales y literatos
vinculados al movimiento de la *Renaixença* y de los *Jocs Florals*, son figuras
representativas de este periodo y de la ideología lingüística que acabamos de describir.

---

[70] En el discurso como secretario de la primera edición de los *Jocs Florals*, Bofarull destaca-
     ba refiriéndose a España que "lo amor y lligament á la patria actual es indubitable" (JF
     1859: 35)

Retomando el modelo trifásico de Hroch, se puede constatar que este primer periodo, recogido bajo el título de *Recuperación de la lengua e identidad catalanas*, coincide con la fase A (1833-1879), es decir, con la etapa de reivindicación exclusivamente cultural y lingüística. Las discusiones analizadas se enmarcan únicamente dentro de la reivindicación cultural y, sobre todo, lingüística y literaria. En este contexto histórico es significativa la defensa a la lengua castellana, hecho que debe interpretarse como evidencia de que la gran mayoría de los hombres de la *Renaixença* no cuestionaba el papel del castellano como lengua nacional y de que, por tanto, aceptaban en cierto modo la situación diglósica. Era lógico, entonces, que no reivindicaran un estatus diferente más allá del reconocimiento del catalán en el ámbito cultural y literario. En otras palabras, la generación *renaixentista* no se cuestionaba el mayor prestigio del castellano, si bien reivindicaba un mayor valor comunicativo del catalán en los ámbitos de uso mencionados.

Tal y como se expondrá en el próximo capítulo (4.3), la dignificación de la lengua literaria era un elemento imprescindible, aunque no suficiente, para la recuperación social del idioma (cf. Ferrando/Nicolás 2005: 481). Por tanto, haría falta un marco de actuación más amplio donde se reivindicara políticamente el uso del catalán y que coincidiría con el surgimiento del *catalanisme* como fuerza política.

4.3. Reivindicación y defensa del catalán como lengua nacional

4.3.1. *Defensa política del catalán*

La dignificación de la lengua que supuso la restauración y la celebración continuada de los *Jocs Florals* desde 1859 coincidió con el auge del movimiento político catalanista y las primeras reivindicaciones político-lingüísticas. En el último tercio del siglo XIX se formularon las primeras declaraciones políticas coherentes relacionadas con la lengua (cf. Anguera 1997: 229)[71]. En este contexto, es de

---

[71] Es preciso destacar que en esa época no existía la necesidad de declarar una lengua oficial en el sentido moderno de la palabra, sino que era suficiente con imponer una por decreto o por práctica (cf. Anguera 1997: 229). Así pues, se sobreentendía que la lengua burocrática de la Monarquía española era el castellano, aunque esto no aparecía de manera explícita en ningún texto fundamental. Por ejemplo, la Constitución de Cádiz –en cuyo artículo 12 declaraba la oficialidad y exclusividad de la religión católica– no incluía ninguna referencia a la lengua del Estado; referencia que tampoco aparece en el Estatuto Real de 1834 ni en las constituciones de 1837, 1845, 1869 y 1876 (*ibid.*). Como consecuencia de las reivindicaciones y de la defensa política del catalán, el proyecto constitucional de Primo de Rivera de 1929 (art. 8) hacía constar por primera vez que "el idioma oficial de la nación española es el castellano" (*ibid.*). A partir de ese momento, la alusión a la oficialidad del castellano se percibió como algo necesario: el artículo 4 de la Constitución republicana de 1931 establecía la oficialidad de esta lengua, al igual que el art. 3.1. de la actual Constitución.

gran relevancia la aparición del primer diario escrito exclusivamente en lengua catalana, el *Diari Català*, considerado el primer intento serio de conseguir una penetración social mayor y que coincidió con el principio de la etapa propiamente catalanista de Valentí Almirall (cf. Termes/Colomines 1992: 106). Desde los inicios del *catalanisme* la lengua era un elemento de gran importancia para la identidad catalana, aunque fue sobre todo a partir de las últimas dos décadas del siglo XIX cuando pasó a convertirse en un "instrumento" político consciente, cuya función se consolidaría bien entrado el siglo XX. Neu-Altenheimer señala detalladamente esta evolución que comenzó con la dignificación del catalán como lengua literaria escrita (fase A) hasta los intentos de institucionalización y difusión del periodo que trataremos en este capítulo[72]:

> Die Frühphase der "Jochs Florals" war vor dem Bemühen getragen, dem Katalanischen als Schriftsprache Prestige zu verschaffen. Mit Beginn des politischen Katalanismus wird die "jocfloraleske" Phase überwunden. Es dominiert nun nicht mehr das Bestreben, das Katalanische primär als Dichtersprache wiederaufleben zu lassen. Vielmehr werden Ziele wie die Institutionalisierung und Verbreitung (durch Schule, Öffentlichkeitsarbeit usw.) des Katalanischen vorrangig (1992: 311).

A comienzos de los años ochenta del siglo XIX la lengua era vista, cada vez más, como el emblema de Cataluña y la defensa del catalán se había transformado en un objetivo común en todas las corrientes del *catalanisme* (cf. Grau Mateu 2004: 35 y 46). Así pues, regionalistas e incluso los partidarios dinásticos coincidieron en la reivindicación lingüística, esto es, en emprender acciones en favor del uso público del catalán, si bien con argumentos y objetivos distintos. No es de extrañar que la cuestión lingüística estuviera presente en la prensa y en las obras doctrinales, como afirma Grau Mateu: "[C]onvertida, doncs, en una causa *transversal* del catalanisme, la llengua catalana esdevingué durant els anys vuitanta un tema habitual a la premsa i a les obres doctrinals catalanistes" (*ibid.*: 36).

Para estudiar más claramente la evolución de la defensa política del catalán en los últimos veinte años del siglo XIX, el análisis se dividirá en dos partes: la primera está dedicada a la década de los ochenta y la segunda a la de los noventa.

4.3.1.1. DÉCADA DE LOS OCHENTA

Durante la década de los ochenta y en lo que concierne a la reivindicación del catalán destaca de manera más o menos directa la figura de Valentí Almirall. Tras

---

[72] La etapa *floralesca* a la que se refiere Neu-Altenheimer (1992: 320) termina con el inicio de la fase propiamente catalanista, es decir, a partir de las últimas décadas del siglo XIX.

su ruptura definitiva con Pi i Margall (1881) y su desvinculación con el federalismo, esta figura se convirtió en el impulsor de la "*renaixença* política" (cf. Termes/Colomines 1992: 106).

Diari Català y *Primer Congrés Catalanista*

La aparición del *Diari Català*[73], fundado y dirigido por Almirall, supuso un enorme avance para el movimiento catalanista y de modo muy especial para la lengua catalana. Como señala Josep M. Figueres, era "la primera vegada en la història moderna que un diari en català apareix i ho fa d'una forma digna [...], configurant un producte ben competitiu amb els periòdics que es fan en castellà a Barcelona" (2004: 85).

La incorporación del catalán en los medios formales de comunicación de masas tuvo una importancia indiscutible, pues venía a cubrir una necesidad que se había hecho urgente, tal y como declaraba el mismo diario en su primera edición: "Lo DIARI CATALÁ, donchs, vé á omplir aquet vuit que's notaba en lo nostre renaixement".

La relevancia de un medio de comunicación diario como la prensa no pasaba por alto al equipo de Almirall, que veía en la lengua un poderoso instrumento de difusión del *catalanisme*:

> D'avuy en avant, lo primer amich que'ns parlará cada dia, nos parlará en la nostra llengua; d'avuy en avant sabrém en catalá las noticias que'ns interessan, y en catalá'ns posarmé [*sic*] en comunicació ab lo mon; d'avuy en avant comensarem lo dia baix la impressió de ideas purament catalanas (DC, núm. 1, 04.05.1879, 2).

El compromiso político era asumido por la misma dirección del *Diari* al afirmar en el número inicial que su objetivo era "pensar y obrar á la catalana". Esta declaración de principios se llevó a cabo con toda firmeza, puesto que no se trataba

---

[73] Pese a su corta duración, el *Diari Català. Polític i literari* se publicó entre el 4 de mayo de 1879 y el 30 de junio de 1881, un total de 686 números, a los que se deben añadir 99 más pertenecientes a las tres etapas de suspensión en las que adoptó el nombre de *Lo Tibidabo. Diari no polític*; *La Veu de Catalunya. Diari no polític però clar i català*; y *Lo Catalanista Diari no polític*. El *Diari* fue condenado tres veces por el Tribunal de Imprenta debido a temas relacionados con la lucha social, el sistema político vigente y la unidad del Estado español (cf. Figueres en Almirall: 1984: prólogo, XVI). Las causas de la desaparición del *Diari Català*, según indica Figueres (2004: 89), fueron estrictamente políticas e internas y no de otro tipo como se ha escrito en alguna ocasión. Por otro lado, cabe decir que esta publicación no fue nunca un diario de masas sino el de una minoría sensibilizada; la gran mayoría del público lector la acaparaba el *Brusi* o el *Diario de Barcelona* (*ibid.*).

únicamente de una plataforma receptora del *catalanisme*, sino también de una plataforma dinamizadora de actos relacionados con este movimiento. De acuerdo con Figueres: "El diari no només serà una plataforma receptora, sinó alhora activa i dinamitzadora de fets com el primer Congrés Catalanista o la lluita en defensa de la llengua, el proteccionisme, la unitat territorial de Catalunya contra les províncies, etc." (2004: 87).

En cuanto al modelo lingüístico, ya en la primera edición el *Diari* especificaba el tipo de lengua que emplearía: "Respecte á llenguatje, procurarém que sigui clar, correcte, y lo mes aproximat que's pugui al que actualment se parla en la generalitat de Catalunya" (núm. 1, 04.05.1879, 3).

Como se observa en el siguiente fragmento, el *Diari* no era ajeno al debate sobre el uso escrito de la lengua (*català que ara es parla versus* corrientes académicas), que cada vez adquiría una mayor trascendencia, y mantenía una posición firme con respecto al idioma, proponiendo su reconstrucción a través del uso activo:

> Lo llenguatje es avuy una verdadera dificultat pe'ls catalans, á causa de haberse interromput son us escrit durant molts anys. De aquí resulta, que si's ressucita lo de la última época literaria, se cau en un enorme arcaisme impropi dels nostres temps, mentres que, si s'emplea lo catalá tal com se parla, resulta, sino gruller, poch artístich. Aixó vol dir que habem de seguir en la ja comensada empresa de reconstruir lo idioma, y un idioma sols per l'us se reconstrueix. Escribim, donchs, en català, y en catalá tratém assumptos sérios y moderns, y sens adonárnosen s'anirá formant la llengua própia dels catalans d'avuy (DC, núm. 1, 04.05.1879, 3).

La actitud de Almirall y el conjunto de la redacción en cuanto al uso de la lengua era bien clara: se mostraban a favor de un punto de equilibrio entre el catalán *xaronista*, representado por los humoristas y encabezado por Serafí Pitarra, y el uso arcaizante y artificial, fomentado por los *Jocs Florals*. Así pues, la actitud lingüística del *Diari Català* proponía una tercera vía que sería precursora del pensamiento fabriano.

En cuanto a las reivindicaciones lingüísticas, este periódico contribuyó a la difusión de cuestiones relacionadas con la lengua como el rechazo a las prohibiciones institucionales del uso público del catalán, la eliminación de castellanismos, la necesidad de unificación lingüística y de incorporación en la enseñanza, etc. (cf. Figueres, en Almirall 1984: XXI). Asimismo, contribuyó a la difusión de la lengua y literatura catalanas desarrollando iniciativas de carácter cultural como el *Certamen Literari* en 1880 o el lanzamiento de la *Biblioteca del Diari Català* que publicó obras de carácter científico y literario en forma de folletín.

La reacción anticatalanista a la aparición del primer periódico en catalán no se hizo esperar. *Lo Tibidabo*, que sustituyó al *Diari Català* durante su primera suspensión y que se autodenominaba no político, no tardó en contestar a la "provocación" del periódico madrileño *El Liberal* donde se anunciaba la creación del primer diario escrito en "dialecto catalán". *Lo Tibidabo* defendió la categoría de lengua del catalán en un artículo publicado "La nostra llengua" en el que, en resumidas cuentas, acusaba de ignorancia a la plantilla de *El Liberal*, recordándoles que el catalán era una lengua propia (no un dialecto) comparable al castellano:

> A la gent d'*El Liberal* se'ls hi pot ben dir que l'escriure'ls hi fa perdre 'l llegir.

> No llegeixen historia, ni filologia, ni llengüística, y es clar, ¿qué sab lo gat de fer culleres? [...]

> Nosaltres tenim un llenguatje propi, peculiar; lo caudal de paraulas de que consta lo diccionari catalá es tant ó mes important que 'l del castellá; los nostres mots, los nostres modismes, los nostres adagis, la nostra fraseología y la nostra sintaxis res, ó casi res tenen que veure ab altras llenguas (*Lo Tibidabo*, núm. 9, 03.08.1879, 2).

El *Diari Català* sirvió también de medio de difusión de distintas preocupaciones lingüísticas. Por ejemplo, el 23 de octubre de 1879 publicó una carta dirigida al director del *Diari* y firmada el día anterior por algunos catalanistas preocupados por la necesidad de llegar a un consenso de codificación ("Se tracta de la necessitat de unificar lo sistema gramatical de nostra enérgica llengua"). Los firmantes de dicha carta criticaban que los mismos literatos no hubieran solucionado la cuestión ortográfica y denunciaban que esta deficiencia podía llegar a provocar que, ante la duda, muchos catalanes acabaran optando por el uso del castellano en la escritura (fomentando la diglosia heredada):

> ¿No veuhen, per ventura, nostres capdalts literats que mentres nostra llengua no's decideixi formalment per un ó altre sistema hi haurá molts catalans mateixos, que ab la mes bona voluntat d'escriure en nostra parla, no sabent quina ortografía adoptar, seguirán com fins are la castellana llengua? (DC, núm. 148, 23.10.1879, 488).

La carta concluía lanzando una pregunta destinada a la *Acadèmia de Bones Lletres de Barcelona* en relación a la redacción de un tratado de ortografía que esta institución estaba preparando:

> ¿Tindria la respectable Academia de Bonas Lletras de Barcelona l'amabilitat de satisfer los vehements desitjos de uns quants catalans de cor, diéntloshi si la subcomissió que designá fa alguns mesos pera portar á efecte la redacció de un tractat de ortografía catalana está treballant á aqueix fi, y en cas afirmatiu, si creu que trigarém gayre temps á saber en definitiva com s'ha d'escriure académicament nostre idioma? (DC, núm. 148, 23.10.1879, 488).

Otra de las iniciativas de Almirall fue la convocatoria del *Primer Congrés Catalanista*. La primera idea sobre la celebración del congreso se publicó en el diario

La Veu de Catalunya (sustituto temporal del *Diari Català*) el 8 de agosto de 1880. El aviso informal se anunció en la sección fija de los domingos reservada a Almirall, quien firmaba bajo el pseudónimo *L'Amic de les Festes* (cf. Figueres 2004: 139). El escrito animaba a la participación activa de los catalanistas y anunciaba la futura convocatoria oficial:

> Esperem que dintre de pocs dies se presentaran al públic les bases i per tal motiu lo present article serveix sols per a advertir els que com nosaltres pensen. Comencin ja a preparar-se, i el dia que se'ls convoqui, responguin unànimes a la convocatòria. Los amors platònics han passat ja a la història [...]. La causa que defensem és santa i justa; defensem-la, doncs, a la llum del dia, que és com se defensen totes les grans causes (Almirall 1984: 93).

Según las bases oficiales, la participación era individual y tenía que ser avalada por un periódico (no humorístico) o asociación catalanista. Entre los temas a discutir: la formación de un centro científico y artístico, la creación de una institución científica catalana, una academia de artes plásticas y un conservatorio de música.

En general esta iniciativa fue bien acogida por los medios catalanistas, aunque también se levantaron voces contrarias a la celebración. Las bases se publicaron el 11 de septiembre de ese mismo año en el *Diari Català*, *La Veu del Montserrat*[74] (que posteriormente se opondría abiertamente al *Congrés* liderado por Almirall), *Lo Rossinyol del Ter*, *La Renaixensa*[75] y *La Ilustració Catalana* (cf. Termes/Colomines 1992: 107). Entre las voces contrarias a la celebración del congreso destacan algunas revistas humorísticas como *L'Esquella de la Torratxa*, *La Campana de Gràcia* y *Lo Borinot*; también se opusieron algunos sectores intelectuales como Narcís Oller que renunció a figurar en la comisión del congreso (cf. Figueres 2004: 141). En cuanto a la prensa en castellano, *El Diluvio*, por ejemplo, se mostró favorable al congreso y los miembros de su plantilla fueron aceptados como participantes del congreso y como avaladores de otros congre-

---

[74] *La Veu del Montserrat* (1878-1902) fue publicada por primera vez el 2 de febrero de 1878. Este semanario, dirigido por Jaume Collell y editado por Ramon Anglada, se estableció, según Pérez Francesch (2005), como el órgano de expresión de la corriente conocida como *vigatanisme*. Esta corriente estaba formada por un grupo de intelectuales catalanistas, fuertemente influenciados por el ambiente eclesiástico, que tenían su círculo en la ciudad de Vic y que, una vez decepcionados por el carlismo a raíz de la derrota bélica de 1876, vertebraron una teoría superadora de este que seguía siendo ruralista y tradicionalista. A partir de la última década del siglo XIX incorporaron a su ideario componentes del *catalanisme* político conservador. Entre las figuras más destacadas podemos nombrar a Verdaguer i Callís, Torras i Bages o Jaume Collell (*ibid.*).

[75] *La Renaixensa* (1871-1903) era una revista mensual de carácter literario y cultural, fundada en 1871 por Francesc Matheu, Àngel Guimerà y Pere Aldavert.

sistas[76]. En cambio, *La Gaceta de Cataluña* o el semanario *La Publicidad/La Publicitat* eran contrarios a la celebración: el primero se proclamaba abiertamente no catalanista y el segundo rechazaba la presidencia de Almirall[77] (*ibid.*).

A pesar de la divergencia de opiniones, la inscripción de 1282 participantes evidencia la euforia por el *Congrés Catalanista*. El 9 de octubre de 1880 tuvo lugar la sesión inaugural del *Congrés* en el Ayuntamiento de Barcelona; la celebración fue todo un acontecimiento porque consolidaba la idea de que "la participació política sense dependència de Madrid havia de ser un fet" (Termes/Colomines 1992: 109). En un sentido similar se expresa Josep M. Figueres al afirmar que: "El Congrés assoleix, parcialment, els objectius concrets i possibilita, malgrat les discussions, que dins el moviment catalanista es vagi formant la idea que la participació política sense dependència de Madrid sigui un fet" (2004: 144).

Otro de los aspectos destacados del *Congrés* fue la reivindicación lingüística. En su intervención durante la cuarta sesión de la celebración, el Sr. Sacases aludía a la necesidad de crear una institución o centro permanente que velara por el idioma catalán (al que calificaba de lengua) y por su uso normalizado; al mismo tiempo mencionaba la necesidad de disponer de cátedras de literatura catalana e historia de Cataluña:

> Aquesta institució l'anomenaria Academia, com una especie d'institució profesional: dintre d'aquesta institució ensenyaría lletras catalanas, hi donaría un curs de llengua catalana anualment, y sabriam si es lo catalá dialecte, com tots los dias nos tiran en cara certas personas contrarias al catalanisme; si es un dialecte com diuhen, ó una llengua ó idioma, com creyém tots nosaltres, diferenta del castellá en l'analogía, sintaxis, prosodia y ortografía. Nostre idioma es anterior al castellá: podrá haberse corromput gracias al predomini que'n las escolas oficials ha tingut lo castellá; pero may ha descendit á la catagoría de dialecte. A l'enseñansa del catalá fora á lo que obehiria la creació d'aquesta institució, pero no'm concentraría al estudi de la llengua, estudiaría també la literatura, hi establiría cátedra de literatura catalana. Fransa fá molt temps que te'n Montpeller establerta una cátedra de literatura provensal; ¿perque en Catalunya no hem de tenir una cátedra de literatura catalana? ¿Perque avuy, tenint una Diputació com la de Barcelona, no s'ha creat en nostre Institut aqueixa cátedra? Ja sé que's va demanar per un catalanista, diputat provincial, que's creés; pero aquesta petició no arribará probablement á passar á se un fet.

---

[76] En un artículo publicado en el DC el 18.09.1880 Almirall abría las puertas a la participación activa de ese diario y a todas las demás entidades que, a pesar de usar el castellano, fueran catalanistas: "Però que consti ben alt que els iniciadors no han tingut cap idea d'excloure ningú; al contrari, esperem i demanem lo concurs de tots los que com *El Diluvio* s'interessin per l'esplendor del catalanisme" 1984: 98).

[77] *La Publicitat* proponía a Víctor Balaguer como presidente.

Al costat d'aquesta podría haberho una cátedra d'historia de Catalunya (Actas PCC: 138-139).

Para la opinión pública, incluso para quienes no pertenecían a los círculos intelectuales como el propio Sacases, ya no era suficiente una recuperación del uso normalizado del catalán sino que se requería una actuación en otros ámbitos, por ejemplo, en el político: "Veus aqui perque no penso que basti escriure en catalá, sino que debem fer política catalana, ciencia catalana, art catalá, industria catalana, comers catalá" (Actas PCC: 137).

El breve fragmento citado revela un cambio sustancial en el pensamiento catalanista. El uso del catalán, impulsado por la *Renaixença* y los *Jocs Florals*, debía ir acompañado de acciones políticas concretas y de actuaciones en otros ámbitos como la ciencia, el arte, la industria y el comercio. Se trata, pues, de toda una reivindicación política que en realidad caracterizaba ya el panorama catalán desde la década de los ochenta del siglo XIX.

Acadèmia de la Llengua Catalana y el Centre Català

Ante el fracaso de las tentativas de codificar la ortografía catalana por parte de las dos únicas instituciones que podían acometer tal tarea, esto es, el *Consistori* de los *Jocs Florals* y la *Reial Acadèmia de Bones Lletres de Barcelona*, entre 1868 y 1878 la necesidad de crear una institución nueva se había convertido en una idea defendida por distintas voces (cf. Segarra 1985: 170). Finalmente esta idea cobró forma con el *Primer Congrés Catalanista*, donde nació la propuesta de fundar una *Acadèmia de la Llengua Catalana*. En un principio se preveía que el mismo Congreso se encargara de su fundación, pero esta iniciativa fue mal vista por algunos miembros del consistorio de los *Jocs Florals* que opinaban que la *Acadèmia* debía ser una creación directa de los *Jocs* (cf. *ibid.*: 171). Asimismo, el hecho de que el *Congrés* fuera eminentemente político despertaba un cierto recelo entre los medios apolíticos (cf. Miracle 1998: 181). Finalmente, se acordó que esta nueva entidad surgiera de una comisión bipartita formada por miembros tanto del *Congrés* como del *Consistori dels Jocs* (*ibid.*).

La creación de esta institución se realizó tras la lectura del acta de reunión celebrada por la *Mesa del Congrés Catalanista* y el *Consistori dels Jocs Florals*. La *Acadèmia* tendría un carácter independiente, según el cual se fijarían su reglamento y estatutos: Milà i Fontanals asumía la presidencia, el presidente sustituto era Rubió i Ors y el secretario Guimerà. Además se nombraron nueve académicos entre los que destacan Antoni de Bofarull y Marià Aguiló. Para el *Diari Català*, que hizo pública la noticia el 2 de enero de 1881, la constitución definitiva de la *Acadèmia de la Llengua Catalana* era un signo evidente de la vitalidad del *catalanisme* y de la *Renaixença* cultural y política:

> Lo Catalanisme, donchs, ha dat [un] pas mes. La constitució defenitiva [de l'] "Academia" de la nostra llengua es un nou *acte possessori* de la vitalitat del nostre naixement. ¡Tant de bó que logri lo seu objete, que tendeix directament a fomentar lo progrés y la millora de la terra catalana! (DC, núm. 508, 02.01.1881, 12).

El *Diari* mostraba su entusiasmo declarando abiertamente su deseo de que el catalán se convirtiera en lengua cooficial en el Estado español: "¡Tant de bó que, declarada cooficial del Estat, com desitxem tots los catalans, contribuheixi á que la nostra bonica y enérgica llengua sigui respectada y considerada com se mereix!" (DC, núm. 508, 02.01.1881, 12).

Esta última declaración fue una de las primeras reivindicaciones públicas del deseo de oficializar el catalán y significó un claro punto de inflexión con respecto al movimiento cultural y literario de la *Renaixença* (fase A).

La *Acadèmia* debía encargarse de editar una gramática y un diccionario que pusiera orden a la deriva lingüística y sirviera de pauta a los escritores catalanes (cf. Segarra 1985: 169). Su creación despertó grandes expectativas como demuestra el siguiente pasaje publicado en el *Diari Català*: "lograrém tenir una autoritat, per tothom respectada, que'ns fixará las reglas á que debém subjectarnos pera escriure en catalá, y podrém sortir d'aquesta diversitat de parers sobre lleys ortográficas" (núm. 483, 09.12.1880, 549).

No obstante, como indica Grau Mateu (2004: 44), el nuevo organismo no satisfizo las expectativas suscitadas, pues, debido sobre todo a las discrepancias entre los miembros que formaban la *Acadèmia*, esta se mantuvo prácticamente inactiva y no dio resultados prácticos: una muestra de esta inactividad es el hecho de que los miembros solo se llegaran a reunir en tres ocasiones. La codificación ortográfica, como estudiaremos, tendría que esperar hasta la fase C[78].

Como consecuencia directa del *Primer Congrés Catalanista* en 1882 nació el *Centre Català* (cf. Blas Guerrero 1997: 31). El *Centre*, que contaba con filiales

---

[78] Antes que el *Institut d'Estudis Catalans* (IEC), tres instituciones habían abordado de manera directa la cuestión ortográfica tratando de poner fin a la anarquía ortográfica: la *Acadèmia de la Llengua Catalana*, fundada en 1881; la *Reial Acadèmia de Bones Lletres*, que en 1857 había aprobado la *Gramàtica de la llengua catalana* de Pau Estorch i Siqués y en 1884 publicó la *Ortografia de la llengua catalana* de Balari i Jovany, Blanch y Aulèstia; y el *Consistori* de los *Jocs Florals*, que había aunado esfuerzos por unificar la ortografia catalana entre 1861 y 1863 (cf. Nadal/Prats 1992: 102). Sin embargo, ninguna de las instituciones mencionadas logró poner fin a la anarquía lingüística imperante.

en otras localidades fuera de Barcelona, dio un nuevo impulso a la *Renaixença*, implicando una nueva orientación hacia el futuro en lugar de la glorificación del pasado. Asimismo, supuso un fomento de la política lingüística y del bilingüismo en Cataluña y planteó programas sociales, filosóficos y políticos para "descentralizar" España (cf. Neu-Altenheimer 1992: 94). En resumen, el *Centre Català*, además de por su relevancia política, destacó por la publicación en catalán del *Butlletí del Centre Català* y por su dedicación a la presencia pública de la lengua catalana.

La euforia que había despertado el *Primer Congrés Catalanista* no obtuvo todos los resultados esperados: la creación de una nueva institución que pusiera orden en la deriva ortográfica, que cada vez se hacía más evidente, no dio frutos palpables. Sin embargo, el nacimiento del *Centre Català*, que derivaba directamente del *Congrés*, se convirtió en una plataforma que fomentaba una política lingüística activa, el bilingüismo en Cataluña y la presencia del catalán en los ámbitos públicos.

Lliga de Catalunya y los *Jocs Florals* de 1888

En 1886 las juventudes catalanistas aparecieron en escena. Bajo el amparo del *Centre Català de Barcelona* se creó el *Centre Escolar Catalanista*, donde destacó la figura de Enric Prat de la Riba (cf. Termes/Colomines 1992: 114). El núcleo más joven del centro discrepaba tanto de la orientación como del autoritarismo almiralliano; estas diferencias se hicieron patentes justo después de la presentación del *Memorial de Greuges* (1885) y especialmente a raíz de un escrito de Almirall, dirigido al *Centre de Sabadell*, en el que exponía su programa político para la siguiente presidencia y criticaba también la actitud de algunos jóvenes "exaltados" (*ibid.*). Esta intervención, así como la decisión de disolver el *Centre de Sabadell* no fue del agrado del *Centre Escolar Catalanista*, que en 1887 anunció su separación del *Centre Català*. El sector conservador escindido fundó ese mismo año la *Lliga de Catalunya*, una vía conservadora presidida inicialmente por Romaní i Puigdengolas y en la que participó también Àngel Guimerà[79].

La relación de Almirall con los *Jocs Florals* podría clasificarse de ambigua: en 1881 los criticó ferozmente (cf. Figueres 2004: 203); en 1886 encabezó su presidencia; y en 1888 se opuso radicalmente y participó en la celebración de otro certamen paralelo al oficial. Según Figueres, el cambio de parecer de Almirall frente

---

[79] Desde las páginas de *La Renaixensa* este grupo comenzó a utilizar el término "nacionalisme" para definir el *catalanisme* (cf. Termes/Colomines 1992: 115).

a los *Jocs Florals* se debe sobre todo a la profunda evolución de su pensamiento entre 1881 y 1886 (ruptura con Pi i Margall y rechazo a cualquier tipo de dependencia central): "L'evolució d'Almirall, del 1881 al 1886, és enorme. Passa de considerar els Jocs Florals com un simple element festiu i ornamental a peça inseparable de la recuperació nacional" (*ibid.*: 204).

De hecho, la evolución de Almirall coincidía con un cambio dentro de la evolución del movimiento catalanista al que ya se ha hecho referencia anteriormente. Durante la década de los ochenta del siglo xix, el movimiento cultural y literario adquirió una dimensión política significativa. De ahí que el uso del catalán o la existencia de una plataforma literaria y cultural como la de los *Jocs Florals* comenzara a verse como un elemento clave del movimiento político que era preciso "instrumentalizar". Con todo, la crítica de Almirall a los *Jocs Florals* estaba más relacionada con la burguesía idealizada que los representaba que con la propia institución: "la crítica d'Almirall és més, en el fons, vers la burguesia idealitzada dels Jocs que no envers aquests" (Figueres 2004: 203).

En 1886, justo en el mismo año en que publicó *Lo Catalanisme*, Almirall asumió la presidencia de los *Jocs Florals*. El discurso se hizo eco de los contenidos de su libro: ejemplo de ello es la referencia a la degeneración del carácter catalán –"Sé bé que'l carácter catalá está en general degenerat, y que sóls una fortíssima sacsejada pot regenerarlo"– (JF 1886: 45). Pero también lo adaptó a la celebración del certamen: así pues, asumiendo que la poesía era un "instrumento" político de sensibilización popular Almirall se dirigió a los poetas catalanes para que contribuyeran a forjar el futuro de Cataluña a través de su creación literaria: "En dos sóls mots vos condensaré mon pensament, poetas de la terra. ¡Doneunos ideals, y la patria está salvada!" (JF 1886: 47).

Tras la lectura de estas líneas, sorprende que dos años más tarde Almirall se opusiera ferozmente a los *Jocs* y promoviera la celebración paralela de otros con carácter extraoficial. No obstante, como ya se ha señalado anteriormente, la actitud de Almirall no se debe al rechazo a los *Jocs* en sí, sino a la burguesía que los representaba y a una situación concreta que pasamos a resumir muy brevemente. En 1888 se propuso organizar los *Jocs Florals* el día 27 de mayo en lugar del primer domingo de mayo como era habitual, para su celebración concidiera con el viaje de la Reina María Cristina a la capital catalana:

> La candidatura de la Lliga (formada per Marià Aguiló, baró de Tourtoulon, Marcel·lí Menéndez Pelayo, Jacint Verdaguer, Àngel Guimerà i Joaquim Cabot) va guanyar la patrocinada pel Centre Català (que formaven Joan Mañé i Flaquer, Josep Balari i Jubany, Josep Lluís Pellicer, Eduard Vidal i Valenciano, Josep Martí i Folguera i Antoni Rubió i Lluch) (Termes/Colomines 1992: 115).

Finalmente, y a pesar de la oposición de Almirall y de su grupo (*Centre Català*), los *Jocs* se celebraron el 27 de mayo en el recinto de la Exposición Universal, en un lugar diferente a donde se realizaban habitualmente. Marià Aguiló fue el presidente y entre los mantenedores destacó la figura de Marcelino Menéndez Pelayo, quien pronunció un discurso de elogio a la lengua catalana. Por otro lado, de manera extraoficial, se organizaron otros *Jocs Florals* paralelos promovidos por Almirall en la fecha y el lugar tradicionales. Estos últimos, como indica Figueres (2004: 233), han pasado casi desapercibidos para la mayoría de los historiadores de la literatura catalana; aun así, resulta muy significativo que en una actividad tan simbólica y representativa como la de los *Jocs* se cristalizaran posiciones políticas tan divergentes o, en otras palabras, se cristalizara la ruptura entre las dos tendencias del *catalanisme* (cf. Termes/Colomines 1992: 116; Figueres 2004: 234).

4.3.1.2. DÉCADA DE LOS NOVENTA

En la década de los noventa del siglo XIX se constata un paralelismo, con una diferencia de un año, entre dos acontecimientos de gran relevancia para la lengua y para el *catalanisme* (cf. Badia i Margarit 2004a: 491-492):

1) en 1891 tuvo lugar la campaña para la reforma lingüística de Joaquim Casas-Carbó, Pompeu Fabra y Jaume Massó Torrents, que aspiraba a la creación de una ortografía coherente;

2) en 1892 se redactaron y publicaron las conocidas *Bases de Manresa* de la *Unió Catalanista*

También es interesante destacar que a partir de 1895 la estrategia de intervención pública impulsada desde el *Centre Escolar Catalanista* tuvo repercusiones muy favorables en lo que concierne a la expansión del uso social del catalán (cf. Grau Mateu 2004: 56). En esa misma década se puede constatar una "catalanización" de instituciones y entidades catalanas en las cuales anteriormente había dominado el monolingüismo castellano. En la esfera pública, el avance más significativo fue la adopción del catalán en el *Ateneu Barcelonès*. A finales de 1895 la *Unió Catalanista* se había apoderado de la junta directiva del *Ateneu*, de modo que el 30 de noviembre de ese mismo año, al celebrarse la sesión inaugural del nuevo curso Àngel Guimerà, su nuevo presidente, preparó y pronunció en catalán una ponencia titulada "La llengua catalana". La iniciativa de Guimerà causó gran estupor, pues era la primera vez que se usaba el catalán en un discurso presidencial de esta institución (cf. Anguera 1997: 216-217; Grau Mateu 2004: 56). Tres socios se levantaron indignados y lanzaron gritos de desaprobación, mientras que la mayoría del público respondió a la protesta de los últimos, creándose un gran revuelo (cf. Grau Mateu 2004: 57). Finalmente, los socios que habían protestado fueron obligados a abandonar la sala y Guimerà, que había contemplado la situación en silencio, prosiguió su discurso una vez finalizado el tumulto. El discurso de Guimerà fue aclamado por los asistentes, mientras que algunos socios, entre los cuales se hallaba Manuel Duran i Bas, se dieron de baja del *Ateneu* en protesta por la iniciativa. A pesar de los incidentes el acto de Guimerà sirvió de base para la catalanización de esta entidad que en 1896-1897, dentro de la reforma general de sus estatutos, fijaba oficialmente la igualdad de derechos entre el castellano y el catalán en las reuniones y actos públicos de la entidad (*ibid.*).

Al principio de su presentación Guimerà justificó la elección del tema y de la lengua empleada mencionando dos motivos. En relación al tema, se trataba de un agradecimiento al catalán, pues su presidencia en el *Ateneu* se debía a los trabajos realizados en esta lengua. En cuanto al idioma, la razón aducida era de carácter afectivo y práctico, puesto que, como afirmaba, en esta lengua le resultaba más fácil pronunciarlo y al mismo tiempo presuponía que sería incluso un placer para los oyentes del *Ateneu*:

> Sabia que á la presidencia de l'Ateneu Barcelonès m'hi duyan los meus pobres treballs en llengua catalana, y he considerat que era en mi un dever ineludible'l parlarvos d'aquesta, la llengua de Catalunya, encara que no més fos com agrahiment, per deure á ella sola mercè tant senyalada. Més altra causa, després de l'agrahiment, m'ha portat, senyors, á escullir aquest tema pera l'acte inaugural de l'Ateneu, y es lo creure que, degut al impuls de l'afecte que jo tinch á aquesta llengua, me serà més planera la feyna de pensar y extendre'l discurs, al mateix temps que'l considerar que á molts de vosaltres no vos serà gayre molest y potser fins vos serà agradós l'escoltar las mevas paraulas; y no per lo que en ellas jo vos diga que ja no sapigueu, sinó per lo simpàtich que us té d'esser á vosaltres lo sentir enrahonar una curta estona de llengua de l'antich Principat, tant als qu'heu nascut á dintre de Catalunya, y per consegüent la parleu á tot'hora, com als que, essent fills d'altres países, ja la enteneu com á la llengua propia, tota vegada que, estant domiciliats á Barcelona, ahont tot afecte arrela y troba grata correspondencia, la estimeu aquesta terra y la considereu com la vostra segona patria (Guimerà 1895: 7-8).

Es obvio que la actitud de Guimerà fue un acto plenamente reivindicativo, pues, como muchos de sus contemporáneos, propugnaba una extensión del uso social del catalán y su reconocimiento público. Entre los aspectos más reivindicativos de este discurso, sin precedentes hasta la fecha, puede señalarse el uso del catalán en la enseñanza a todos los niveles, la obligación de conocer dicha lengua por parte de los funcionarios de los tribunales de justicia catalanes y de manera indirecta un reconocimiento legal (cf. Guimerà 1895: 38-39). A pesar de que como él mismo apuntaba su exposición no tenía un carácter político, el dramaturgo estaba convencido de que el catalán recuperaría valor en todos los ámbitos de uso:

Jo no us diré ara aquí, senyors, la manera d'assegurarli el pervenir á la llengua de
Catalunya. Pera dírvosho vos hauria d'exposar ara tot un plan de política á la catalana,
y jo no he vingut aquí á parlarvos de política, sinó de llengua y de literatura. Més, sia
com sia, vinga pel camí dret ó pel camí tort, vinga per la convicció d'Espanya ó per la
imitació dels estrangers, estich segur de que tornarà á esser la nostra llengua á Catalunya lo que sabem que ha sigut per la historia. Y esperantho, senyors, veyem com
aquesta llengua's parla de cada dia més y més á Catalunya; que es tothom en aquesta
terra, fins ignorantho molts d'ells, los que fan que creixi y's propagui (*ibid.*: 41).

El ejemplo del *Ateneu* fue adoptado también por la *Reial Acadèmia de Bones Lletres de Barcelona*. El dominio acaparador del castellano en esta última institución
era tal que a finales del siglo XIX se llegó a creer incluso que los estatutos prohibían el uso del catalán (cf. Segarra 1985: 160). En 1897 un grupo de académicos
presentó una petición solicitando el bilingüismo, a la que el presidente replicó
contestando que ningún estatuto de la *Reial Acadèmia* prohibía el uso del catalán.
De acuerdo con lo expuesto, en 1899 Josep Torras i Bages (1846-1916) pronunció por primera vez el discurso de recepción en catalán (cf. Anguera 1997: 216;
Grau Mateu 2004: 57).

A pesar de estos dos ejemplos, no todos los intentos de difusión del catalán en el
ámbito público tuvieron igual éxito. Grau Mateu (2004: 57)[80] explica que en
1896 la *Academia de Jurisprudencia y Legislación*, que acababa de ser ocupada
también por catalanistas, decidió pedir al ministro de Justicia (en un escrito
redactado por el mismo Prat de la Riba) el uso de lenguas no castellanas en la
administración de la justicia. No obstante, a diferencia de las otras entidades, esta
última institución resolvió seguir usando el castellano en sus sesiones hasta el
año 1901.

Los intentos de expansión del uso social del catalán encontraron también grandes
resistencias. De acuerdo con Grau Mateu, "al mateix temps que el català accedia
a nous territoris, com les corporacions privades o l'ensenyament primari, les
autoritats estatals donaren noves mostres de la seva oposició a l'ús públic i oficial
del català" (*ibid.*: 58). En este contexto, destaca la orden del director general de
Correos y Telégrafos del 23 de mayo de 1896 que prohibía el uso del catalán y
del euskera en conferencias telefónicas y telefonemas[81]. Los incidentes no hicie-

---

[80] Grau Mateu (2004: 57) alude al error de Anguera (1997: 216) al señalar que esta institución
no adoptó el catalán hasta el año 1900.
[81] La problemática del uso de la lengua catalana en esta institución tenía precedentes, pues el
4 de mayo de 1880 el *Diari Català* publicó una noticia, titulada "La llengua catalana y'l
telégrafo en Espanya", en la que se explicaba que un funcionario había prohibido a un
cliente enviar un telégrafo en catalán; este último tuvo que traducirlo al castellano para
poder enviarlo. Reproducimos una parte de la noticia publicada en el DC: "Un amich nostre

ron esperar: ese mismo mes, mientras el diputado Antoni Serra llamaba desde Zaragoza al diputado Joan Canyellas, que se encontraba en Madrid, el encargado de la centralita interrumpió la comunicación al constatar que la conversación se estaba manteniendo en catalán. Ambos políticos, como señala Grau Mateu, "demanaren explicacions al govern pel que consideraven que era un acte de violació de la seva intimitat" (*ibid.*). A los pocos días, el diputado liberal Josep Maluquer i Viladot exigía en el Congreso que se acabara con esa absurda situación, de modo que la orden fue revocada por el ministro de gobernación Cos Gayón (cf. Anguera 1997: 125).

En resumen se puede decir que durante esta etapa el catalán fue ganando terreno en el ámbito público e institucional. Así pues, gracias a la iniciativa de algunos catalanistas, se convirtió en lengua cooficial del *Ateneu Barcelonès* (1895). Sin embargo, también encontró focos de resistencia y muestras de oposición como ejemplifica el rechazo de su uso tanto en la *Academia de Jurisprudencia y Legislación* como en *Correos y Telégrafos*.

Campaña lingüística de *L'Avenç*

Coincidiendo con la eclosión modernista de finales de los ochenta e inicios de los noventa del siglo XIX, aparecieron numerosas publicaciones de carácter cultural y literario que también se preocupaban por el estado de la lengua[82]. Una de las más conocidas, por su carácter dinámico y progresista, fue *L'Avenç*. Su fundador, director y editor, Massó Torrents, bautizó el periódico con un sinónimo de progreso, "avens" (avance) y lo subtituló "Periòdic catalanista".

La revista, creada en 1882, salió con cierta regularidad (aproximadamente cada 15 días) hasta diciembre de 1884. La segunda etapa de su existencia, vinculada a

---

s'apersoná ahir en l'Administració telegráfica central per posar un despaix escrit en llengua catalana, mes al véurel l'empleat, contestá que'l telégrama no podia circular tal com estaba escrit. Foren inútils tots los arguments que li feu lo que tractaba de telegrafiar en catalá. L'empleat, que no ha nascut en Catalunya, s'aferrá á la seva negativa y aquell no tingué mes recurs que traduhir á la llengua castellana lo telégrama qu' acababa d'ensopegar. Ja ho saben los nostres lectors: poden, si volen, telegrafiar á sos parents, amichs y coneguts usant lo francés, l'inglés, lo grech, lo rus, fins, ho estiman be, lo xino; pero no poden telegrafiar en catalá".

[82] Las publicaciones literarias y culturales proliferaban desde hacía varias décadas. Una de las primeras fue *Lo Gay Saber/Lo Gai Saber* (1868), que se definía como un periódico literario "fet per escriptors catalans, mallorquins i valencians", seguida de *La Renaixensa/La Renaixença* (1871), esta última se convirtió en diario a partir de 1881, con una edición matinal y otra vespertina.

la campaña de reforma y a la figura de Pompeu Fabra, se inició en enero de 1889. En esta nueva fase pasaba a ser mensual y, tal como se especificaba en el subtítulo, tendría un carácter literario, artístico y científico[83]. En enero de 1890 los jóvenes Pompeu Fabra y Joaquim Casas-Carbó, junto con Alexandre Cortada, se convirtieron en miembros de la plantilla de redacción; las dos primeras figuras además fueron responsables de la reforma lingüística de *L'Avenç*[84]. El interés lingüístico era el pilar básico de la revista, como afirmaba su propio director: "Nosaltros hem fet per are de la llengua el principal objecte dels nostros estudis" (*L'Avenç* 1891: 374).

En cuanto al objetivo de la campaña de reforma, aseveraba que era una empresa "patriótica", hecho que reafirma la relación intrínseca entre lengua e identidad: "La nostra empresa és patriòtica, y amb aquet convenciment seguirem els nostros treballs d'estudi y de propaganda am tota la seguretat y constancia qu'ens dóna la nostra bona fe" (*L'Avenç* 1891: 378).

En este contexto cabe señalar también que, a diferencia de la generación *renaixentista*, el grupo de *L'Avenç* creía que el catalán podía volver a ser una lengua de alta cultura[85]. Precisamente en este aspecto reside la importancia de esta revista, que se alejaba de las concepciones románticas de la época anterior (fase A) y se planteaba como objetivo la estandarización de la lengua (fase B), si bien la campaña había sido considerada un fracaso por estudiosos como Josep Miracle (1989).

La campaña de *L'Avenç* se desplegó entre julio de 1890 y diciembre de 1892 con una serie de conferencias, artículos y publicaciones como el *Ensayo de gramática de catalán moderno* (1891) de Pompeu Fabra (cf. Ferrando/Nicolás 2005: 481). La campaña se proponía fijar la lengua literaria aproximando la escritura y la oralidad y "depurarla" de interferencias. Ferrando y Nicolás resumen su propósito en tres puntos:

1) la necesidad de terminar con la anarquía ortográfica y la elaboración de un diccionario normativo;

---

[83] Los temas de los artículos publicados eran literarios, artísticos o arqueológicos. También se hacía crítica tanto a las publicaciones catalanas como a las obras de otras literaturas. Pronto demostró ser una revista de calidad, en la que escribieron reconocidas personalidades como Marià Aguiló o Valentí Almirall.

[84] Para un análisis exhaustivo de la estrategia ideada por Casas-Carbó con el fin de promover la reforma lingüística, véanse de Segarra 1985: 266-268; y Miracle 1998: 216-257.

[85] Neu-Altenheimer (cf. 1992: 102) señala las fuertes críticas de esta revista hacia destacados representantes de la *Renaixença* como Rubió i Ors.

2) la unificación de la lengua culta y la vulgar, es decir, de dos modelos de lengua enfrentados inútilmente;
3) el inicio de una depuración léxica y gramatical.

Por su parte, Mila Segarra (1985: 277) distingue cinco aspectos que motivaron la campaña:

1) modernizar la ortografía catalana;
2) evitar que la grafía generase dificultades en la pronunciación;
3) crear un sistema ortográfico operativo;
4) alejar la ortografía catalana de la castellana;
5) respetar la etimología en el modo de escribir los cultismos.

La campaña de *L'Avenç* se desarrolló en tres frentes: los artículos periodísticos, la imprenta y las conferencias. La primera etapa de la campaña estaba constituida por los artículos de Eudald Canibell y de Joaquim Casas-Carbó. Este último escribió un total de cinco artículos que, según Segarra (1985: 268), no incitaron a los intelectuales a la polémica. Fabra apenas participó en esta primera etapa. En 1891 la revista solo anunció la aparición de su *Ensayo de gramática del catalán moderno*. Contrariamente a lo esperado, esta primera gramática no suscitó apenas críticas: la primera generación de la *Renaixença* no reaccionó ante esta publicación y solo algunos de los miembros de la segunda generación (Collell, Farré i Carrió, etc.) criticaron la obra de Fabra y también la campaña lingüística de la revista (cf. Segarra 1985: 272; Miracle 1989: 124).

La segunda fase de la campaña tuvo un carácter oral y se basaba en una serie de cuatro conferencias, publicadas posteriormente en la revista[86], pronunciadas en el *Centre Excursionista de Catalunya* per Jaume Massó Torrents, Joaquim Casas-Carbó y Pompeu Fabra. Según *L'Avenç*, el ciclo de conferencias organizadas por el *Centre Català* en 1891 se inició como respuesta a una conferencia de Antoni Rubió i Lluch, titulada "Carácter general de la literatura catalana", que los redactores y el fundador de *L'Avenç* consideraban una provocación respecto a las ideas de su propia revista. Massó Torrents, como fundador de la publicación, anunció la motivación de esta campaña lingüística:

> Ens decidim a exposar en públic las nostras ideas després d'haver-ho fet desde las planas de L'AVENÇ, aprofitant la primera ocasió que s'ens ha presentat de poder entrar en brega, gracias a una conferencia donada en aquet *Centre* pel distingit catedràtic Sr. Rubió y Lluch (*L'Avenç* 1891: 375).

---

[86] Para un análisis detallado acerca de las propuestas lingüísticas de Casas-Carbó y Fabra, véanse Segarra 1985: 272-775; y Ferrando/Nicolás 2005: 482.

En el artículo citado Casas-Carbó hacía referencia a la dificultad que suponía la falta de un modelo que ofreciera líneas generales para la escritura en catalán:

> El renaixement literari català ha suscitat un problema qu'està encare per resoldre: com s'hà d'escriure? en quinas bases hem de fondar la llengua literaria? Perquè si no partim de bases fixas qu'ens donguin quand menos las linias generals de la llengua, la vacilació serà constant y no sabrem may ni hont anem, ni quin camí hem de seguir (*L'Avenç* 1891: 145).

Casas-Carbó establecía una diferencia entre la lengua hablada y la escrita: la primera no era uniforme pero era el documento "vivent qu'ha passat de generació en generació per medi del contacte oral" (*L'Avenç* 1891: 146); la lengua escrita, con una existencia de varios siglos, tenía también un gran número de variedades. La cuestión que planteaba el autor era qué modelo de lengua escrita debía adoptarse; en su opinión, cabía preguntarse qué siglo y qué autores debían tomarse como referencia. Pero ante la dificultad de esta cuestión y las posibles inconsistencias que surgirían, Casas-Carbó no recomendaba buscar una unidad lingüística literaria sino que proponía la diversidad lingüística, basada en las diferentes variedades del catalán. Así pues, se impondría de manera natural una variedad que respondería a las necesidades del pueblo catalán:

> Que l'obra literaria es produeixi amb espontaneitat en la varietat de la llengua que millor senti el seu autor, que la nostra literatura produeixi molt y bo, y resultarà qu'aquella forma lingüística que millor respongui a l'estat mental del nostro poble, en cada moment determinat de la seva historia, serà la que s'imposarà naturalment y espontania, sense necessitat de convencionalismes previs, ni de motllos estrets de cap mena (*L'Avenç* 1891: 147).

A modo de conclusión aconsejaba que cada cual escribiera como mejor le pareciera, proponiendo un modelo que a simple vista se podría calificar de anárquico: "Que cadahú escrigui en la varietat viva de català que millor senti i més li agradi" (*L'Avenç* 1891: 148).

Sin embargo, la libertad que propugnaba no debía interpretarse como un llamamiento a la anarquía lingüística, sino más bien como una propuesta abierta en la que se diera espacio a las diferentes variedades del catalán y que fuera cercana a la lengua hablada como demostraba en su artículo "Quin ha de ser el modern catala literari" [*sic*] de la campaña lingüística (*L'Avenç* 1891: 378-381). Como destacan Ferrando y Nicolás (2005: 482), el aspecto más criticable de esta propuesta era precisamente que la visión de la lengua que se presentaba era en definitiva restrictiva, pues se tomaba como referencia el catalán oriental, concretamente el del área barcelonesa. En fonética, por ejemplo, aconsejaba adoptar la del catalán oriental, "el més parlat y el més català de tots" (Casas-Carbó en *L'A-*

venç 1891: 380), porque era la única forma que permitiría depurar la lengua literaria de la influencia castellana: "sols en aquesta podrà desenrotllar-se espontaniament la llengua literaria am caràcter català propi, y sols aixís triunfarà de l'absorbent influencia que la llengua castellana preten exercir sobre ella" (*ibid.*).

Curiosamente el joven Fabra declaraba también la "superioridad" de la variedad oriental: "Hem de depurar y enriquir el vocabulari y la sintaxis, però las formas actuals y la pronunciació oriental hàn de ser definitivament adoptadas, per la seva innegable superioritat" (*L'Avenç* 1891: 388-389).

La tercera etapa de la campaña que establece Mila Segarra (cf. 1985: 275) vuelve a ser eminentemente escrita. Se trata de un conjunto de notas breves en las que generalmente, de forma anónima, se explicaban las reformas ortográficas que se iban adoptando. El conjunto de escritos, recogidos con el nombre genérico de "La Reforma Lingüística"[87], se fueron publicando mensualmente en la revista a lo largo de 1892, a excepción de los meses de septiembre y noviembre (*ibid.*).

Si bien los primeros escritos de Casas-Carbó y el *Ensayo de gramática de catalán moderno* de Fabra, pertenecientes a la primera fase, tuvieron una escasa reacción, los discursos de la segunda etapa no tardaron en generar fuertes polémicas en contra de las innovaciones propuestas por los miembros de *L'Avenç* (cf. Segarra 1985: 278). Como señala Segarra, las controversias entre los redactores de la revista y sus detractores se describían detalladamente en las páginas de *L'Avenç*. Entre los detractores destacó la figura del canónigo Jaume Collell (1846-1932)[88], quien reprochaba a los jóvenes de *L'Avenç* su contribución a la anarquía ortográfica en un artículo titulado "Sintomas de descomposició", publicado en el periódico *La Veu de Catalunya*:

> Tal com se presenta la *Campanya de L'Avenç*, no servirá per altra cosa sinó per acabar d'enmaranyar la confusió que regna en la manera d'escriure en català i podrán dir, los qui temps ha desitjan y treballan per lograr alguna major uniformitat, allò d'aquell

---

[87] Segarra (1985: 276) ofrece un resumen de las soluciones adoptadas por la revista en esta tercera etapa.

[88] Jaume Collell (1846-1932) fue uno de los socios fundadores del *Círcol Literari de Vic* [*sic*], constituido en 1880, que se convirtió en un foco de cultura cívica, artística y lingüística de la ciudad (cf. Requesens, en Collell 1994: 7). Entre su círculo de amigos se encontraban Jacint Verdaguer y Marià Aguiló. En la *Universitat de Barcelona* estudió con los profesores Milà i Fontanals, Llorens i Barba y Vidal i Valenciano. Allí conoció también a Josep Torras i Bages que fue su compañero de estudios. En 1878 fundó *La Veu del Montserrat*, un periódico católico-catalanista redactado en catalán. Además de dedicarse a la vida religiosa, Collell realizó una extensa tarea en la difusión y defensa del catalán y defendió la predicación en esta lengua. En 1887 fue presidente del *Consistori* de los *Jocs Florals*. También destacó por su interés en las cuestiones lingüísticas y demostró una fuerte aversión por la reforma ortográfica debatida a finales del siglo XIX e inicios del XX.

proverbi castellá, *éramos pocos y parió la abuela* (*La Veu de Catalunya*, núm. 50, 20.12.1891, 589).

Collell criticaba que la campaña de *L'Avenç* surgiera en un momento en que, a su juicio, ya se estaba consiguiendo la uniformidad ortográfica; su aparición, del todo desacertada, no iba sino a reforzar la opinión anticatalanista de que el *catalanisme*, incluso en el ámbito literario, vivía una situación de caos:

> [...] lo nostre renaxement anava tendint á la uniformitat ortográfica, y que, en cert modo y en sas líneas generals, la havíam ja casi obtinguda; y per açó es mes de doldre que per la manía de singularisarse, ó per lo que sía, hagen vingut nous elements perturbadors que á lo més lograrán fer bona l'opinió que'ls nostres adversaris tenen de que, fins literariament, lo Catalanisme es la casa den Garlanda (*La Veu de Catalunya*, núm. 50, 20.12.1891, 590).

Por otro lado, el canónigo aprovechaba la ocasión para arremeter contra el ensayo gramatical de Pompeu Fabra, publicado ese mismo año:

> No fa pas molt temps que un estranger al véure anunciada la obra den *Pompeu* Fabra, *Ensayo de gramática de catalán moderno*, cregué haver trobat un llibre per iniciarse en lo conexement del nostre idioma; peró hagué de dexarsho córrer, puix trobá que sa lectura *le enturbiaba la cabeza*, paraulas textuals del bon home del Nort qu'ns ho contava. Y es de advertir que, á parer nostre, lo Sr. Fabra es lo qui va mes ben calsat dels de la colla modernista (*La Veu de Catalunya*, núm. 50, 20.12.1891, 589-590).

Las críticas de Collell no tardaron en encontrar réplica, concretamente en una respuesta anónima en la sección de noticias ("Novas") de la revista (núm. 12, diciembre de 1891) en la que se aclaraba a Collell que el catalán no había conseguido la uniformidad ortográfica a la que el canónigo hacía referencia y, por otra parte, se burlaba de su inconsistencia ortográfica. Se le recriminaba, por ejemplo, que alternara sin criterio coherente las letras "ç" y "s" detrás de consonante (*avençat, renaixensa*) o "b" y "v" en posición intervocálica (*probatura, pensavem, haver*) (cf. Segarra 1985: 280).

Collell escribió dos artículos más referentes a la polémica campaña de *L'Avenç* a principios de 1892. El primero apareció en enero del citado año en la *Revista Catalana*[89], fundada por el mismo Collell, con el título "Advertiment ortografic" [*sic*]. En esta breve nota el canónigo pedía a los colaboradores de su revista que contribuyeran a la unificación lingüística empleando un sistema uniforme y aprovechaba la ocasión para arremeter contra las propuestas ortográficas de *L'Avenç*, sin citar explícitamente el nombre de la revista:

---

[89]   En enero de 1889 Collell fundó la *Revista Catalana* que tuvo una duración de seis meses en esta primera etapa. Esta revista literaria se volvió a editar en 1892 con una duración de cuatro meses (enero-abril).

I com sia que aqueixa anarquia han vingut darrerament a empitjorar-la unes provatures e innovacions que ja no sols afecten a l'ortografia, sinó també als elements fundamentals de la gramàtica catalana, nos fem un dever de pregar encaridament a nostres col·laboradors que corretgesquen amb atenció llurs escrits a fi de que es conserven en esta Revista, com en un oasis, les bones tradicions del català literari, que es poden ben agermanar amb certes necessitats que el curs del temps imposa a les formes del llenguatge (Collell 1994: 93).

El segundo, titulado "Entesos", fue publicado en el número 2 de *La Veu de Catalunya* el 10 de enero de 1892. Este escrito destaca por la dureza de las críticas a los miembros de *L'Avenç* y especialmente a su director, Massó Torrents[90]:

Mai nos hem volgut constituir en mestres de ningú, i molt menos de deixebles que tenen tan poca corretja i que des del trípode d'una presumptuosa suficiència, en lloc de dar-nos alguna raó científica, eructe, com lo Sr. Massó, una raconada de bilis.

Crega el nostre col·lega que per est camí no hem de seguir-lo, i que en vista de les destemplances de *L'Avenç* i de la pallassada que perpetraren en lo Centre Excursionista llegint lo nostre al·ludit article en la sessió del dia 24 de desembre, en una forma indigna de gent que vol passar per sèria i estudiosa, farem completament cas omís del Sr. Massó (Collell 1994: 95-96).

El canónigo de Vic se caracterizó por su aversión a la reforma ortográfica y por su lucha por mantener la lengua heredada del pasado (cf. Requesens, en Collell 1994: 26). Su oposición a la reforma dio lugar también a una campaña en contra de la ortografía fabriana (1913) que tuvo su punto álgido en 1915 cuando Collell aceptó la presidencia de la *Acadèmia de Llengua Catalana* que acababa de volver a fundarse (cf. *ibid.*: 29). Esta academia resurgió como una corporación opuesta al *Institut d'Estudis Catalans* y publicó en 1916 sus *Regles Ortogràfiques* que pretendían combatir las *Normes ortogràfiques* del IEC.

Bases de Manresa[91]

Una de las primeras decisiones de la *Unió Catalanista* fue la organización de una reunión del consejo de representantes. En esta reunión se acordó convocar una asamblea para "elaborar el programa polític essencial de l'entitat, sota el nom

---

[90] El artículo "Entesos" responde a una triple embestida: 1) a la lectura pública en el *Centre Excursionista* del primer artículo de Collell referente a esta polémica ("Sintomas de descomposició"); 2) a la nota anónima publicada en *L'Avenç*; y 3) a la carta de Massó Torrents dirigida a Collell, publicada también en esta revista (cf. Requesens, en Collell 1994: 27).

[91] Una versión completa de las *Bases* en castellano se encuentra en De la Cierva (1997: 139-145).

Bases per a la Constitució Regional Catalana" (Termes/Colomines 1992: 137).
Así nacieron las conocidas *Bases de Manresa*, cuya celebración tuvo lugar en la
localidad de Manresa los días 25, 26 y 27 de marzo de 1892.

Entre los 243 delegados que participaron se hallaban presentes los nombres más
célebres de las letras catalanas[92]; además asistieron artistas, impresores, arquitec-
tos, esclesiásticos[93], estudiantes, etc., quedando representada también buena parte
de la burguesía catalana conservadora (cf. Masgrau 1992: 49)[94]. Entre los participantes cabe desctacar al arquitecto Lluís Domènech i Montaner, presidente de la
Unió y de la *Assemblea de Manresa*, y a Enric Prat de la Riba, que en calidad de
secretario de la *Unió*, fue redactor de las *Bases*[95] (cf. Blas Guerrero 1997: 50).

Dejando de lado el desarrollo de las sesiones nos centraremos en el significado
de las *Bases* para la evolución del *catalanisme* y, de forma más concreta, para el
desarrollo de las demandas lingüísticas dentro de este movimiento. Termes y
Colomines han descrito el doble valor de la celebración de las *Bases* de la
siguiente manera:

> [...] primer, les *Bases de Manresa* foren el primer intent seriós de delimitar les rela-
> cions entre Catalunya i Espanya, la primera concreció constitucional (malgrat tenir
> una formulació genèrica i un rigor jurídic més que discutible); i, en segon lloc, la con-
> firmació que el catalanisme optava per entrar específicament en el sistema de la Res-
> tauració (1992: 153).

En cuanto a las reivindicaciones de carácter lingüístico, es de especial interés la
Base 3, dentro del apartado del poder regional, que propugnaba tanto la oficialidad exclusiva del catalán en Cataluña como su establecimiento como lengua oficial en las relaciones con el poder central: "La llengua catalana será la única que
ab carácter oficial podrá usarse á Catalunya y en las relacions d'aquesta regió ab
lo Poder central" (Blas Guerrero 1997: 50).

Es preciso puntualizar que la cuestión lingüística contó con un amplio consenso
en la tramitación del documento. Por otro lado, Pla Boix (2005: 184) comenta
que las *Bases* fueron el primer intento de reivindicación de la oficialidad del cata-

---

[92]   Como documentan Termes y Colomines este hecho propició desde las páginas de *L'Esque-
       lla de la Torratxa* el comentario irónico de Josep Roca i Roca, quien auguraba que la
       "Assemblea de Manresa seria en realitat una festa de *Jocs Florals* en prosa" (1992: 139).
[93]   Destaca también la presencia de religiosos como Torras i Bages, Collell y Codina i Faus (cf.
       Pérez Francesch 2005).
[94]   El carácter conservador y tradicionalista de las *Bases* ha sido analizado en detalle por Bal-
       cells (2004: 64-65).
[95]   Termes y Colomines, siguiendo a otros estudiosos, afirman que Prat de la Riba no fue un
       entusiasta de las *Bases de Manresa* (1992: 141).

lán del siglo XIX. Aun así, la reivindicación de la lengua catalana se había manifestado ya unos años antes en el *Mensaje a la reina regente María Cristina* (1888) en el marco de la celebración oficial de los *Jocs Florals* y, anteriormente, en el *Memorial de Greuges* (1885). Este último, no obstante, se había limitado a denunciar la situación de dominación de la lengua catalana, mientras que el primero reivindicaba el estatuto de oficialidad del catalán. Así pues, como afirma Pla Boix, todas estas iniciativas "postulaven la necessitat de garantir un marc de protecció i reconeixement de l'idioma propi del Principat" (*ibid.*: 185).

En un sentido más amplio y en el contexto de la Restauración, las *Bases de Manresa* han sido consideradas como una especie de primer proyecto de estatuto de autonomía para Cataluña (cf. Blas Guerrero 1997: 50; Balcells 2004: 63; Bernecker 2007a: 21), donde se propugnaba una organización política de carácter federal. Sin duda las *Bases* deben entenderse como la acción política más decidida de recuperar el poder perdido desde la abolición de la *Generalitat* por parte de Felipe V. Por otro lado, también cabe mencionar que suponían un revuelo inadmisible para el Estado centralista y fueron tachadas de separatistas por algunos sectores. No obstante, el hecho de que la primera base estableciera las relaciones de Cataluña con el poder central demuestra el carácter no-separatista de este proyecto político.

4.3.1.3. CONTRADISCURSO Y AUTOJUSTIFICACIÓN

En las décadas de los ochenta y de los noventa del siglo XIX se puede constatar un aumento de los escritos dedicados, en parte o en su totalidad, a ejercer una función de contradiscurso o de autojustificación. Es evidente que el avance del *catalanisme* y las crecientes reivindicaciones lingüísticas provocaban críticas –a veces irónicas, otras sancionadoras– por parte de algunos sectores anticatalanistas. A medida que se consolidaba el proyecto político del *catalanisme*, aumentaban las críticas al movimiento; lo que llegó a provocar tensiones discursivas de gran interés. En este contexto muchas reacciones de los sectores catalanistas se constituían como verdaderas autojustificaciones o contradiscursos a los argumentos anticatalanistas. En este apartado se ofrecerán algunos ejemplos ilustrativos: para ello nos basaremos en algunos artículos periodísticos, por ser un medio de gran difusión de la época, y también en algunos textos aparecidos en el ámbito político-intelectual.

En la fase anterior, desde los inicios de la *Renaixença*, la calificación del catalán como dialecto era algo bastante habitual en los círculos externos a este movimiento literario-cultural. En las décadas mencionadas más arriba esta tendencia continuaba al alza, convirtiéndose en argumento habitual de los círculos exógenos al *catalanisme*. Por esta razón, parece lógico que este tema fuera retomado por los catalanistas para contradecir esta opinión y reafirmar su categoría como lengua. A modo ilustrativo podemos citar el ejemplo de un artículo titulado "Notas sobre l'estat de la llengua catalana", publicado en el *Diari Català* el 11 de marzo de 1880, donde se aludía a la consideración del catalán como dialecto. El autor de este artículo argumentaba que en tal caso el catalán derivaría del latín, al igual que el italiano, el francés, el castellano y el resto de lenguas románicas:

> Aixó sol, desfá l'afirmació de molts ignorants que diuhen que la llengua catalana es dialecte. ¿Dialecte de quina? Tot dialecte suposa precisament una llengua mare en íntima y notoria relació ab aquell, peró ab tal grau de parentiu entre'ls dos, que la fesomia del un se confon moltas vegadas ab la de l'altra. ¿De quina llengua es donchs dialecte la catalana? no pot serho –y encara prenent la paraula dialecte en sa acepció mes lata– sinó de la llatina; peró en tal cas hem de convindre en que també son dialectes la italiana, la francesa y la castellana.

El 19 de agosto de ese mismo año, *La Veu de Catalunya* (sustituto temporal del DC) publicó en su sección literaria un artículo firmado por A.B., titulado "Categoria de la llengua catalana". En él se comparaba la evolución histórica del catalán con la de otras lenguas románicas como el provenzal, el lemosín, el francés, el italiano, el portugués y el castellano. Según el firmante, comparar el catalán con otras lenguas era una forma de enaltecerla e instigaba a los lectores a desmontar la falsa creencia de que el catalán fuera un dialecto: "En resúm, comparém sempre que volguém enaltir nostre llengua y pretenguem fer desapareixer la preocupació que encara conservan alguns d'una manera rutinaria, de considerar la llengua com á dialecte".

El 27 de octubre, otro artículo publicado en *Lo Catalanista* retomaba la dicotomía lengua/dialecto y volvía a hacer alusión al hecho de que los periódicos publicados en Madrid se refirieran al catalán como dialecto: "Ab suma frecuencia succeheix que quan algun periódich dels que's publican a la capital d'Espanya parla del idioma catalá, ab lo despreci propi d'un *dómine*, l'anomena dialecto". De mayor gravedad para el autor del artículo era constatar que incluso algunos catalanes lo relegaran a la categoría de dialecto, mientras que elevaban el castellano a la categoría de lengua: "En Catalunya mateix, y per cert en boca de catalans, habém sentit aplicar el nom de llengua al castellá y 'l de dialecte al catalá".

Estas consideraciones evidencian la relación entre el hecho político y el lingüístico, pues las tensiones lingüísticas no eran más que la transposición de las tensiones políticas entre "centro" y "periferia". De hecho, a medida que el *catalanisme* iba convirtiéndose en un proyecto político concreto con reivindicaciones claras, las tensiones entre Cataluña y España iban también aumentando. Horst Hina destaca que estas tensiones comienzan a ser considerables en la década de los ochenta: "In den achtziger Jahren wachsen die Spannungen zwischen Peripherie und Zentrum in Spanien beträchlich an" (1978: 210).

En esta misma época es significativo el discurso presidencial de 1889 de los *Jocs Florals* pronunciado por Àngel Guimerà que, además de reivindicar extensamente la normalización del catalán, exponía una dura crítica contra los gobernantes españoles y contra la imposición del castellano. En consecuencia podemos decir que Guimerà (JF 1889: 61) no solo era consciente de la diglosia sino que proponía un marco de actuación para la recuperación del catalán. Refiriéndose a los "municipis de terra catalana" exhortaba: "Torneu á valervos de la llengua nadiva en tots los actes de la vida los que heu deixat de parlarla". Para Guimerà la superación de la diglosia requería el fin de la situación de dominancia política: "Ab lo cap ben alt podém exigir de Castella, dels gobernants de Castella, que's tracti á Catalunya com per justicia y fins per agrahiment á la nostra nacionalitat deu ésser tractada" (JF 1889: 60). En su discurso mencionaba también la lengua castellana, de la cual enfatizaba sus cualidades cuando se hablaba de manera natural en el territorio que le era propio, pero a la que criticaba duramente cuando era resultado de una imposición como en el caso de Cataluña. A pesar de que el siguiente fragmento es un poco largo, vale la pena reproducirlo, pues de su lectura puede observarse un cambio radical con respecto a la fase anterior donde las palabras hacia el castellano eran, sin restricciones, positivas:

La llengua de Castella!... *Encisadora y plena d'armonias* quan surt d'uns llabis generosos allá en las verbenas de Sant Joan y en los romiatjes de Sant Isidro; entre'ls sembrats de Valladolid y de Zamora; en las firas de Sevilla y de Granada; allá, d'ells ab ells, en boca d'una dona que estima; d'una mare que plora; d'un sacerdot que resa; d'un infant que somnia ab los ángels. *Esquerpa y esglayadora á Catalunya* quan la sent lo cor tendre del nen en nostras escolas, á qui se'l castiga perque sa mare en lo bressol no li ensenyá á parlarla. *Trista y ferrenya*, quan la escolta, arrencat de la terra nadiva, 'l jove quintat, del cabo ó del sargento que l'arrenglera y 'l mida, y que 'l desperta de nit, quan somnia en sa estimada y en sa mare, pera posarli en las mans lo fusell y un grapat de cartutxos dihentli: pronuncíat, apunta, máta. *Repugnant y odiosa*, quan lo cap de casa la sent del investigador y del comissionat d'apremis, plaga dels erms de la Manxa que cau sobre dels pobles á desfer á espatllas dels goberns los nusos de la corda ab que la hisenda agarrota al pagés, al industrial, á tothom, desde 'l mes rich al mes pobre. *Aborrible y desesperant* quan aném á morir, y 'l notari la imposa en nostra boca fins que en aquell acte mes íntim en que fem entrega dels bens de la terra y anem á donar el darrer adeu als fills y á la Pátria. Fins al instant de la mort, senyors, se'ns persegueix ab aquesta condició humillant; y bon goig que'ls goberns no disposan á sa fantasía de la Iglesia, que si'n dipossesin quí sab si intentarian barrarnos la porta del Cel exigint al sacerdot que'ns negués la absolució si no li demanavan en sa llengua! (JF 1889: 58-59; énfasis nuestro).

En las siguientes páginas nos gustaría presentar otro ejemplo que ilustra las tensiones "centro" y "periferia" tanto en lo que concierne al ámbito político como al lingüístico. Se trata de la polémica suscitada a partir del discurso del célebre poeta, dramaturgo y político Gaspar Núñez de Arce (1832-1903), pronunciado el 8 de noviembre de 1886 ante el *Ateneo Científico y Literario* de Madrid. Este discurso es también representativo de la agitación provocada en Madrid a raíz de la publicación ese mismo año de *Lo Catalanisme* de Valentí Almirall. A las duras críticas del intelectual español no se hizo esperar una respuesta de Almirall, en aquel entonces presidente del *Centre Català*. También Joan Mañé i Flaquer repuso a Núñez de Arce en una serie de artículos publicados en el *Diario de Barcelona*, recogidos en 1887 bajo el título *El Regionalismo*.

En primer lugar, ofreceremos un breve resumen de las principales críticas de Núñez de Arce y luego nos centraremos en la respuesta de Almirall, que contiene dos de los elementos esenciales de este apartado, es decir, el contradiscurso y la autojustificación.

El discurso de Núñez de Arce se entiende como respuesta a la consolidación del *catalanisme*, que ese mismo año había establecido sus primeros fundamentos teóricos con la publicación de *Lo Catalanisme*. Buena parte del discurso se centraba en criticar los argumentos de este texto doctrinal (cf. N.A. 1886: 26-44) sin citar explícitamente a su autor ni el título de la obra; Núñez de Arce se limitaba a decir "un libro publicado en catalán por el último presidente de los Juegos florales de Barcelona" (*ibid*.: 26).

El autor pretendía analizar, desde el punto de vista histórico, "el carácter del regionalismo en España" (*ibid*.: 6), especialmente en Cataluña donde a, su entender, se había expuesto la fórmula "más extrema" del regionalismo. Núñez de Arce veía en las aspiraciones catalanas una "ruptura con los lazos nacionales" y en consecuencia "el aniquilamiento" de la "gloriosa España", si bien opinaba que estas "exageraciones" hallaban una "escasísima resonancia" (*ibid*.: 5-6). Al principio del escrito advertía que su intención no era "lastimar en lo más mínimo a ninguna comarca de España [...], y menos á Cataluña" (*ibid*: 9). No obstante, calificaba al *catalanisme*, al que denominaba "regionalismo" o "particularismo catalán", de "secta política" y le recriminaba propugnar la creación de un "Estado independiente" (*ibid*.: 12).

En la primera parte de su análisis, Núñez de Arce se centraba en el estudio de la *Renaixença* y dedicaba algunas consideraciones a la lengua catalana; establecía una distinción entre la "lengua nativa", en este caso el catalán, y el "idioma nacional", el castellano. Esta dicotomía era asumida por los mismos *renaixentistas* catalanes, si bien el punto de vista de Núñez de Arce difería por completo del de estos. En primer lugar, este autor parecía mostrarse comprensivo con el amor a la "lengua nativa":

> Comprendo el religioso amor que todos guardan á su lengua nativa por menguado y pobre que sea el territorio en que se habla [...] es la lengua que más penetrantes raíces echa en el corazón, porque es aquella en que primeramente se ha sentido (N.A. 1886: 10).

Sin embargo, su comprensión era muy limitada, pues se podría decir que respetaba el plurilingüismo de España, siempre y cuando las lenguas "nativas" quedaran relegadas a su condición de *patois*. Hina resume de manera muy concisa la posición de este autor hacia las lenguas "regionales": "Den Regionalsprachen wird der Rang einer Literatur- und Kultursprache abgesprochen" (1978: 213).

También resulta interesante el contraste que proponía Núñez de Arce entre el "habla oficial" y las "lenguas y dialectos provinciales", estos últimos incapaces de conseguir la "perfección" y la "universalidad" de las lenguas nacionales. Este fragmento demuestra una actitud lingüística repleta de prejuicios:

> Pero de esto á rendirle culto fanático, fuera de toda realidad, hasta el extremo de mirar con enojo, rayano de la envidia el habla oficial de la nación á que se pertenece, y que no por caprichosa voluntad de los hombres, sino por causas muchos más altas, ha llegado á alcanzar la perfección, la universalidad y el predominio que las lenguas y dialectos provinciales no han podido conseguir, hay, señores, inmensa distancia (N.A. 1886: 10).

A continuación proseguía con una diferenciación entre "lenguas locales" y "lenguas mayores", argumentando que estas últimas tenían una "fuerza expansiva", surgida de la "energía de la raza donde provienen", mientras que las primeras, al entrar en contacto con las segundas, "se corrompen y restringen". Esta peculiar visión de Núñez de Arce corresponde sin duda a una ideología lingüística glotofágica que atribuye solo a ciertas lenguas la capacidad de convertirse en "medios eficaces de civilización" o, como bien ha señalado Hina, se trata de una ideología que pretende mostrar el resultado de los acontecimientos políticos como un proceso "histórico objetivo" (1978: 213):

> En la infinita variedad de los verbos humanos, el mundo sería representación exacta de la torre de Babel, si no hubiese idiomas que, en virtud de su fuerza expansiva y por la energía de la raza de donde provienen, se extienden, se propagan y convierten en medios eficaces de civilización. Al paso que las lenguas locales, sólo con el contacto de otras más vigorosas, se corrompen y restringen hasta en los mismos lugares donde tuvieron su cuna, las lenguas mayores, en cuya categoría y en nuestros tiempos ocupa la castellana el tercer lugar, siguen majestuosamente su curso, recogiendo, ó más bien, diluyendo en su corriente, como caudalosos ríos, todos los idiomas ó dialectos indígenas de los países que ocupan ó han conquistado (N.A. 1886: 10-11).

Su actitud lingüística se reflejaba también en sus consideraciones acerca de la
lengua catalana, ya que en el supuesto de que el "particularismo catalán" consiguiera su máxima aspiración ("un Estado independiente") ponía en evidencia que
el catalán fuera suficiente como medio de comunicación con el resto del mundo
debido a su "reducido número" de hablantes y a su "espacio limitadísimo". Sus
prejuicios lingüísticos, como podemos observar, se basaban en argumentos tanto
cuantitativos como geográficos:

> Pues qué, aun suponiendo que el *particularismo catalán* consiguiera realizar sus qui-
> méricas aspiraciones en el grado máximo en que las acaricia, organizando un Estado
> independiente, ó poco menos, del lado de acá de los Pirineos, ¿imagina acaso que le
> bastaría su lengua, hablada sólo por reducido número de gentes y contenida en espacio
> limitadísimo, para ponerse en continua y provechosa comunicación con el mundo?
> (N.A. 1886: 12).

Asimismo, expresaba la incapacidad de esta lengua como medio de comunicación con otros "pueblos" afirmando que para ello se necesitaría otro idioma "más
generalizado", con la "potencia" necesaria para conseguir "la universalidad de
las lenguas dominadoras". En otras palabras, si Cataluña alcanzara la independencia o formara parte de una entidad plurinacional, necesitaría una lengua más
"generalizada" para comunicarse con otros pueblos:

> [...] porque es evidente que Cataluña, ya siga como ahora formando parte integrante
> de una gran nacionalidad, ó ya se constituya en Estado libre, no podrá prescindir, si no
> quiere condenarse á estéril aislamiento, de usar, en sus relaciones con los demás pue-
> blos, otro idioma más generalizado que el suyo, muy digno, sin duda, de la curiosidad
> del filólogo y de la admiración del literato; pero que no tiene la fijeza indispensable, ni
> la extensión necesaria, ni la potencia bastante para pretender la universalidad de las
> lenguas dominadoras (N.A. 1886: 12-13).

Sus reflexiones sobre la literatura catalana son también interesantes. Criticaba
que, a diferencia de Galicia, Cataluña no cultivara la literatura en el "idioma
nacional" (1886: 13), esto es, en castellano, y que se encontrara "retraída y esquiva desde el comienzo de su nuevo renacimiento, encerrándose en sí misma como
el gusano de seda en su capullo" (*ibid.*: 13-14). Núñez de Arce alababa la calidad
literaria de dramaturgos como Soler y Guimerà, de novelistas como Oller y Vidal
i Valenciano, de críticos como Sardà e Ixart y de poetas como Aguiló, Balaguer,
Collell y Verdaguer, cuya producción consideraba digna de admiración "si no cir-
culara en el raudal de sus obras, salvas honrosas excepciones, el veneno del
exclusivismo, ó más bien, una desembozada aversión a las cosas de Castilla"
(*ibid.*: 14).

En cuanto a la *Renaixença*, cabe señalar que su visión positiva sufrió un cambio
radical desde el inicio de la Restauración. El discurso que analizamos muestra,

por tanto, una opinión bastante negativa del movimiento literario catalán. Su autor no ahorraba críticas y se fijaba en este movimiento no desde el punto de vista literario y cultural, sino como instigador de antiguas rivalidades y del odio a Castilla:

> [...] el renacimiento literario del antiguo Principado sólo pensó en reavivar odios anacrónicos y resucitar rivalidades de largo tiempo atrás extinguidas. Inflamado con la memoria de ofensas tradicionales no muy conformes con la realidad histórica, gozóse casi desde sus primeros pasos en escarnecer, calumniar y maldecir á Castilla, que para los promovedores de aquel movimiento es, y continúa siendo, el resto de la Península donde no se habla lengua catalana (N.A. 1886: 16).

Su crítica a la institución de los *Jocs Florals*, a los que en 1868 había asistido junto con el vallisoletano José Zorrilla (cf. Hina 1978: 211), no mostraba menor dureza:

> Hízose de moda en los certámenes solemnes de los Juegos florales la lectura de discursos y poesías consagradas á la *patria*, reducida á términos tan mezquinos que podía caber holgadamente bajo la chimenea del hogar, para dolerse en períodos fogosos ó en melancólicas estrofas de la opresión en que había caído, como si estuviese en manos agarenas y no disfrutara de todos los derechos y franquicias á que puede llegar un pueblo libre. No hubo fábula absurda, ni episodio histórico, ni preocupación vulgar que no sirviera entonces de estímulo para escribir alguna lamentación sobre la esclavitud de Cataluña ó alguna diatriba contra los desmanes de Castilla (N.A. 1886: 16).

Núñez de Arce veía en el *catalanisme* político una consecuencia directa de la *Renaixença*. Para este autor, la "corriente de odios" fomentada por la *Renaixença* desembocó necesariamente en un movimiento político de manifestaciones "extremas":

> Con el transcurso de los años, esta turbia corriente de odios fué aumentando de tal modo, que ya no pudieron contenerla los cauces literarios por donde hasta entonces se había deslizado, y la política, en sus manifestaciones más extremas, se apoderó de este elemento de discordia en la forma y medida que expondré cuando sea oportuno (N.A. 1886: 17).

Llama la atención que este intelectual definiera tanto la *Renaixença* como el *catalanisme* en términos de odio y rivalidades (cf. *ibid.*: 16-17). Transponía también la rivalidad a la que hacía referencia a la capital catalana que, a su modo de ver, sentía celos de la "capital de España"; esta última, decía, era considerada por muchos catalanes "un antro abominable, únicamente habitado por insaciables parásitos, empleados corrompidos, agiotistas sin escrúpulos y ambiciosos sin conciencia" (*ibid.*: 24). La rivalidad entre Barcelona y Madrid se materializaba en el hecho de que la ciudad condal quisiera ser la capital del país por considerarse superior:

La capital del Principado es el centro del movimiento literario que tanta responsabili-
dad tiene en la torcida dirección del regionalismo, y es además un pueblo que siempre
ha mirado con celosa rivalidad, impropia de su grandeza, á la capital de España. Ciudad industrial, comercial, marítima y emprendedora, siéntese como humillada de que
otra ciudad, cuyos elementos de vida juzga muy inferiores á los suyos, tenga sobre la
nación una preponderancia, á su entender, no solamente inmerecida, sino usurpada
(N.A. 1886: 22).

En definitiva se puede concluir que Núñez de Arce veía en el "regionalismo catalán" una amenaza a la unidad de España, una amenaza a lo que a su entender era
una "sólida entidad geográfica y nacional" (*ibid.*: 29). Para el vallisoletano, el
objetivo del *catalanisme* era "trastornar los cimientos de la sociedad española y
destruir de un golpe la obra de muchos siglos" (*ibid.*: 22)[96]. En cuanto a su ideología y actitud lingüísticas, podríamos decir que es prototípica del discurso jacobino españolista, el cual se basaba en la superioridad de la lengua nacional y en el
mantenimiento de la situación diglósica favorable a esta última.

En lo que concierne a la respuesta de Almirall, nos limitaremos a comentar únicamente algunos aspectos significativos, entre los cuales se hallan las referencias a
la lengua y a la literatura catalanas.

Antes de entrar en materia y responder a las críticas de Núñez de Arce, Almirall
se detenía en una extensa introducción en la que se proponía "discutir, no dispu-
tar" (V.A. 1886: 6). El político catalán acusaba especialmente a la prensa centralista de Madrid de boicotear el debate catalanista y agradecía a Núñez de Arce su
discurso, puesto que con él había roto la consigna y le brindaba la oportunidad de
discutir abiertamente sobre el asunto:

Cuando presentámos á Don Alfonso XII el que vos decís, con mucho acierto, que se ha
dado en llamar *Memorial de Agravios de Cataluña*, del cual tuve el honor de ser redactor ponente, si bien todos los periódicos llenaron sendas colunas [*sic*], comentando y
poderando los incidentes á que la presentación dió lugar, ni uno solo quiso entrar á discutir el fondo de las quejas, ni el programa en la Memoria contenido. Vos habeis tenido la suficiente energía [...] para romper la consigna y poner á discusión un tema que
vuestros colegas se habian vedado tratar (V.A. 1886: 8-9).

Desde el punto de vista lingüístico, como bien advierte Figueres (cf. 2004: 194),
esta respuesta constituía una excepción en la trayectoria de Almirall, ya que desde
1878 este redactaba su producción sobre temas catalanistas únicamente en catalán. Si, en esta ocasión, Almirall optó por el castellano fue precisamente para dar

---

[96] Núñez (1886: 25) definía el *catalanisme* como "el delirio más confuso de cuantos pueden
salir de cerebro humano enfermo" (1886: 25).

una mayor difusión a su réplica fuera de Cataluña. Al inicio del escrito el autor puntualizaba lo siguiente:

> Escribo en una lengua que no es la mia nativa, y en ella debo contender con vos, á quien vuestros compatricios colocan, sinó en la misma cúspide del Parnaso castellano, tan cerca de ella, que con solo alargar la mano podríais colocar en su punto más prominente aquel de vuestros poemas que se os antojara (V.A. 1886: 9).

En cambio, decía que usaba el castellano con "repugnancia", no por el hecho de no admirarlo sino por ser una lengua "impuesta" de manera "injusta y arbitraria" (*ibid.*: 11):

> Y no sólo no es mi lengua nativa la que en este trabajo uso, sinó que, á despecho de la admiración que siento por Cervantes y por algunos más, que escribiendo en ella se han inmortalizado, la empleo con repugnancia, por la razón de que nos es impuesta (V.A. 1886: 9).

Reprobaba que los nacidos en tierra de habla castellana consideraran una obligación que los catalanes se dirigieran a ellos en castellano y argumentaba que esa actitud era justamente la que fomentaba la "repugnancia" de los catalanes a expresarse en dicha lengua:

> Por desgracia, la gran mayoría de los que han nacido en Región de lengua castellana no lo comprenden de igual manera, y en su orgullo *hegemónico*, perdonad el vocablo, pretenden que al darles medio de entendernos hablando una lengua que no es la nuestra, no hacemos mas que cumplir un deber exigible. De aqui la repugnancia que muchos de nosotros sentimos á escribir y hablar en castellano (V.A. 1886: 9).

Al mismo tiempo, Almirall exigía que se reconociera el derecho de las demás lenguas de España a ser consideradas "nacionales" y el derecho a la oficialidad lingüística compartida:

> Reconoced nuestro derecho; declarad, como es justo, que todas las lenguas vivas de la parte española de la Península son igualmente nacionales; proclamad la co-oficialidad de la catalana, y podeis tener la seguridad de que, apartada la principal causa de nuestro desvio, si la galantería nos impulsará á emplear vuestra lengua cuando con vosotros conversemos ó discutamos (V.A. 1886: 10).

Son interesantes también las puntualizaciones que hacía Almirall, en la segunda parte del escrito, en respuesta a las consideraciones lingüísticas expuestas por Núñez de Arce. El político catalán dedicó algo más de tres páginas a refutar los argumentos del escritor castellano. En primer término, le reprochaba su escaso aprecio hacia las lenguas "locales":

> Empezais por hacer una apología de las lenguas locales, y aún que quereis levantar el vuelo en alas de la poesía, bien se conoce que no sentís por ellas cariño muy intenso.

[...] Vos, nacido en Castilla, es decir; en una Región cuya lengua especial es al mismo tiempo la impuesta como oficial á todas las Regiones no podeis comprender el cariño que inspira la lengua (V.A. 1886: 30).

En alusión a las críticas de Núñez de Arce y en forma de pregunta retórica, le planteaba cómo pretendía que los catalanes no amaran su idioma y no aprovecharan cualquier oportunidad para protestar "contra la tiranía injusta" de la que eran "víctimas" (*ibid.*: 32). Además le rogaba que retirara el calificativo de "fanático" con el que había designado a los que rendían homenaje a su lengua vernácula:

> ¿Cómo quereis que no amemos nuestro idioma, y que no aprovechemos todos los momentos para protestar contra la tiranía injusta de que somos víctimas? ¡Retirad, os lo suplico en vuestro propio interés, el calificativo de "fanático" que aplicais al culto que rendimos á nuestra lengua! (V.A. 1886: 32).

Por otro lado, puntualizaba que los catalanes no se quejaban del fomento de la enseñanza del castellano sino de que se prohibiera la del catalán (*ibid.*: 33). Respecto al ámbito educativo, proponía un modelo bilingüe basado en la enseñanza de la lengua materna primero (en el caso de Cataluña, del catalán) y después de la segunda, es decir, del castellano (*ibid.*: 38). Al igual que en *Lo Catalanisme*, Almirall proponía el régimen de cooficialidad como "la única solución liberal al problema, que se presenta en todas las naciones que tienen lenguas variadas, y por medio de la cooficialidad lo han resuelto todos los pueblos libres" (*ibid.*: 36).

En lo que a la literatura se refiere, las palabras de Valentí Almirall eran, en cuanto a la dureza, una réplica a las de Núñez de Arce. Almirall criticaba la falta de conocimientos de Núñez, pues este había afirmado que la literatura catalana se encontraba "retraída y esquiva desde el comienzo de su nuevo renacimiento, encerrándose en sí misma como el gusano de seda en su capullo" (N.A. 1886: 13-14). El político catalán le corregía puntualizando que la literatura catalana gozaba de una intensa comunicación con la literatura europea y que en los *Jocs Florals* habían participado representantes de muchos países de Europa:

> Permitidme que os conteste que no estais enterado de lo que pasa en el campo literario catalán. Nuestros autores, lejos de encerrarse en su capullo, están en relación con los de las principales naciones de Europa, y con ellos se comunican directamente. A los Juegos Florales de Barcelona, han concurrido provensales, irlandeses, italianos, y, aún algunos castellanos, y todos han sido recibidos como hermanos, y fraternamente atendidos y asajados (V.A. 1886: 33).

Asimismo, le recordaba que los literatos catalanes habían dedicado algunas celebraciones a sus colegas castellanos (*ibid.*: 33) y que algunas de las obras más destacadas de la literatura catalana de la *Renaixença* habían sido traducidas a varios idiomas europeos (*ibid.*: 34). Al mismo tiempo, le recordaba que en el *Ateneo* de

Madrid no habían sabido recibir con honores a los principales representantes de la literatura catalana, a quienes se les había mantenido "vedada la entrada" (*ibid.*: 35); mientras que sí lo habían hecho los catalanes con los literatos castellanos. Conviene señalar también que el mismo Núñez de Arce, junto con Zorrilla, estuvo presente en los *Jocs Florals* de Barcelona de 1868 (cf. Hina 1978: 211). En este contexto, es significativo lo que apunta Hina refiriéndose al radical cambio de posición del escritor y político castellano: "Núñez de Arces anfangs möglicherweise positive Einstellung zur *Renaixença* (freilich in ihrer "provinzialistischen" Spielart) muß sich in des seit Beginn der Restauration rapide verschlechtert haben" (*ibid.*). Las consideraciones de Hina nos parecen muy oportunas, pues de los párrafos anteriores se deduce que la actitud de Núñez de Arce ante la *Renaixença* era de aprobación, siempre que esta mantuviera un carácter marginal o apolítico. Lo mismo ocurría con el uso y el cultivo del catalán con los cuales adoptaba una posición comprensiva, siempre que no mostraran pretensiones reivindicativas.

En cuanto a la supuesta rivalidad entre Barcelona y Madrid, Almirall respondía que la crítica de Núñez no era más que una crítica "pueril" y que si realmente fueran ciudades rivales, tratarían de imitarse mutuamente: "Las ciudades rivales, en su competencia, se imitan mutuamente, y si vos conoceis Barcelona, sabeis que nada, absolutamente nada, ha imitado de Madrid, en ninguna de las demasiado pretensiosas [*sic*] reformas que ha emprendido" (1886: 39).

Por último, en relación con las críticas de Núñez de Arce donde este calificaba el "regionalismo" de separatista, Almirall respondía que su postura no era separatista porque creía "que el sistema particularista es por su propia naturaleza armonizador" (1886: 67). El político catalán le explicaba sus postulados federalistas valiéndose de una alegoría: España era un conjunto de familias donde cada una podría vivir en su propio piso sin que "ninguna de ellas tuviera derecho ni medios para intervenir en la economía doméstica de las demás" (*ibid.*: 66). Sin embargo, todas serían "inquilinos de una misma casa", unidas "por lazos de vecindad, los vínculos de la sangre y del interés mutuo" (*ibid.*).

El discurso de Núñez de Arce en el *Ateneo* madrileño provocó grandes reacciones en Cataluña. La respuesta de Almirall fue lógica dado que gran parte de las críticas iban dirigidas a su obra *Lo Catalanisme*. Sin embargo, Mañé i Flaquer (1823-1901)[97], periodista y escritor nacido en la localidad tarraconense de Torredemba-

---

[97] Este autor colaboró en diferentes diarios y revistas. También fue colaborador del *Diario de Barcelona*, del cual se hizo director en 1865; gracias a su dirección, el periódico adquirió un gran prestigio entre los círculos intelectuales. El *Diario de Barcelona*, de orientación tradicional, conservadora y católica, fue uno de los periódicos más destacados en Cataluña de la época.

rra, también contestó al discurso de Núñez de Arce en unos artículos publicados en el *Diario de Barcelona*[98]. No se trata aquí de pormenorizar el conjunto de esta obra sino simplemente de comentar algunos de los pasajes más destacados en relación con las críticas lanzadas por Núñez de Arce. Hina señala que la posición de Mañé i Flaquer representaba un intento de mediación entre Almirall y Núñez de Arce: "Man kann den Beitrag von Mañé i Flaquer als Vermittlungsversuch zwischen den Positionen von Núñez de Arce und Almirall ansehen" (1978: 215).

Mañé i Flaquer destacaba que el discurso de Núñez de Arce no era un discurso en contra del pueblo catalán pero sí contra Cataluña (cf. 1887: 8). En cuanto a la idea del literato castellano referente a que el "regionalismo catalán" era un movimiento intrascendente, Mañé i Flaquer replicaba que:

> Si el regionalismo no existiera, si fuera cosa tan baladí como V. supone, no enristraría V. su poderosa lanza para embestir esos molinos de viento, que reduce V. á un prosista extravagante, á cuatro copleros ramplones y á unos cuantos políticos soñadores y sin sentido práctico (M.F. 1887: I, 8).

Añadía que si a Cataluña se le criticaba por ser regionalista, ese adjetivo podría aplicarse a Madrid todavía con más razón, puesto que:

> No hay villa, ni ciudad, ni provincia en España que goce de más privilegios que Madrid, que los defienda con más empeño, que procure aumentarlos con mayor afán, que más se irrite contra los que tratan de disputárselos, pareciéndole muy natural esa ley de excepción en que vive (M.F. 1887: I, 9).

En cuanto a las consideraciones lingüísticas, si bien Mañé i Flaquer, al igual que Almirall, dejaba claro que los catalanes no pretendían dejar de aprender la lengua castellana, su posición era menos comprometida: afirmaba que el uso del catalán como lengua vehicular de la enseñanza tendría efectos muy positivos para el aprendizaje de la lengua castellana, que "sería mejor conocida en Cataluña". Así pues, para el periodista tarraconense, el uso del catalán en el sistema escolar era más un medio que un fin en sí mismo:

> Dios me libre de pretender que en las escuelas de Cataluña no se enseñe el castellano, es decir, la lengua oficial; pero no veo el inconveniente que puede haber en que para esto se emplee el catalán, y se hagan notar las diferencias sintáxicas [*sic*] que distinguen un idioma de otro. Si al enseñarse el castellano en las escuelas se hiciera un estudio comparativo de los dos idiomas [...], de seguro que la lengua oficial sería mejor conocida en Cataluña de lo que es ahora (M.F. 1887: XI, 93).

---

[98] Según Colomer (1984: 13), Mañé i Flaquer se sirvió de un esquema naturalista y biologista de la nación para presentar una imagen de España compuesta por diferentes órganos regionales que debían potenciarse.

Para demostrar que el castellano no estaba marginado en Cataluña sino que además había sido y seguía siendo objeto de estudio, explicaba que fue cultivado y estudiado por grandes filólogos catalanes:

Mi muy querido amigo:

Desde Capmany á Coll y Vehí, Cataluña ha dado maestros de la lengua castellana que pueden figurar sin desventaja al lado de los más reputados preceptistas de Castilla; lo cual prueba que aquí, no sólo no se desdeña aquel incomparable idioma, sino que se le estudia con perseverancia y provecho, porque se le estima en lo que vale (M.F. 1887: XIV, 122).

En otro de los artículos de esta recopilación, titulado "La lengua catalana", Mañé i Flaquer puntualizaba que si en Cataluña no se hablaba el castellano no era "por odio á Castilla" y volvía a insistir, al mismo tiempo, en que el castellano era allí una lengua muy apreciada:

Por lo demás, deseche V. la preocupación vulgar de que aquí no se emplea el castellano como lengua familiar por odio á Castilla. Nadie estima y saborea la lengua castellana con mayor afición que los catalanes, y habrá pocos que no hicieran cualquier sacrificio por hablarla y escribirla como V. la habla y escribe; pero todos estamos convencidos de que esto es un imposible. Nada prueba contra este aserto el que, por necesidad, algunos ó muchos usemos el castellano y procuremos hacerlo lo menos mal posible, pero todos estamos persuadidos de que no llegaremos nunca á dominar una lengua extranjera para nosotros y que con ella −oradores, escritores ó poetas− nos presentamos siempre inferiores á nosotros mismos (M.F. 1887: XIII, 119).

Asimismo, pedía que se dejara de implantar el castellano en Cataluña en el ámbito familiar y en el literario por considerar ambos usos una necesidad para los catalanes:

Y ya que el uso del catalán así en el trato familiar como en las esferas literarias no daña á nadie y es para nosotros de una necesidad imprescindible, ¿por qué lo combaten ustedes con tanto empeño, cediendo á teorías vanas que la realidad rechaza en todos los países? (M.F. 1887: XIV, 129).

Cabe señalar que, si bien tituló uno de sus artículos recogidos en *El Regionalismo* "Empleo oficial del catalán", Mañé i Flaquer tuvo una actitud bastante ambivalente en cuanto al uso oficial de la lengua. En el artículo "Prosistas y poetas catalanes", se mostraba abiertamente a favor del empleo del catalán en el ámbito literario y familiar, pero no a favor de un uso social más extenso (a excepción del uso escolar). Así pues, Mañé i Flaquer no actuó solo de puente entre Núñez de Arce y Almirall, en el sentido que afirmaba Hina, sino que además su ideología lingüística era mucho menos comprometida que la de Almirall e incluso podría calificarse de diglósica. Recordemos, por ejemplo, que Mañé proponía el uso del catalán como lengua vehicular de la enseñanza, poniendo énfasis en el hecho de que tendría efectos positivos en el aprendizaje del castellano. En este contexto, es preciso tener presente que la obra de Mañé estaba exclusivamente escrita en castellano, idioma que consideraba de uso formal y que elevaba a "lengua oficial". Para terminar, podemos decir que mientras Almirall se refería al "catalanisme" (término ya utilizado en su obra doctrinaria), el compendio de los artículos de Mañé i Flaquer se intitulaba *El Regionalismo*. Asimismo, conviene no perder de vista que mientras para Almirall Cataluña era la "patria" de los catalanes y España una nación que idealmente debería estar compuesta por distintos estados federados, para Mañé i Flaquer España era la "patria de todos", incluidos los catalanes (cf. Blas Guerrero 1997: 31).

4.3.1.4. Análisis y conclusiones

En la década de los ochenta del siglo XIX se vivió un cambio significativo en el *catalanisme* con grandes consecuencias para la lengua catalana. En 1885 Valentí Almirall resumía la evolución de las últimas décadas de la siguiente manera:

> [...] no fa pas gayres anys, lo català era considerat com una especie de dialecte, ó millor dit, de *caló*, apte sols pera las grollerías de la gent de baixa má, y que no mereixia mes que'l menyspreu de las personas finas é ilustradas. Ha vingut lo renaixament; s'ha mostrat fort en lo terreno literari, y avuy, fins sos mateixos adversaris mes decidits se veuhen obligats á tributarli honors de llengua (citado en Anguera 1997: 183).

Con este breve fragmento se puede inferir que en esa época se produjo un importante cambio de rumbo: el catalán no solo había recuperado prestigio y valor comunicativo en diferentes ámbitos de uso; sino que, además, había logrado implantarse como lengua y no dialecto.

En los últimos apartados se ha pasado revista a la relevancia del *Diari Català*, tanto como medio de difusión del *catalanisme* como de cuestiones relacionadas con la lengua, y a la importancia del *Primer Congrés Catalanista* y del *Centre Català*. Asimismo, se han analizado las tentativas de codificación ortográfica de la *Acadèmia de la Llengua Catalana* así como de la revista *L'Avenç*; y hemos podido observar la relevancia de las *Bases de Manresa* como apología catalanista y gran primer intento político de reivindicación de la oficialidad del catalán desde la pérdida de la autonomía política en el siglo XVIII.

En general, cabe señalar que durante este periodo (fase B) destaca la utilización de la prensa como "instrumento" político tanto del *catalanisme* como del *anticatalanisme*. La promoción y difusión social de la lengua, por parte de los sectores catalanistas, empezaba a provocar reacciones hostiles en los círculos políticos e intelectuales "españolistas". No volveremos a analizar lo que se ha presentado a lo largo de este capítulo; nos limitaremos a ilustrar con algunos ejemplos, y a modo de resumen, la reacción de rechazo a las demandas lingüísticas catalanistas. Por ejemplo, en febrero de 1885, algunos senadores se manifestaron abiertamente en contra de una petición presentada por el senador liberal Josep Maluquer de Tirrell relacionada con la aprobación del uso del catalán en los procedimientos judiciales (cf. Grau Mateu 2004: 45). Más sonada fue la polémica generada por el político y literato Gaspar Núñez de Arce que en noviembre de 1886, en una conferencia ante el *Ateneo* de Madrid, acusó a las fuerzas catalanistas de pretender desintegrar la "patria española" y censuró los repetidos intentos de restituir el uso oficial del catalán. Como era de esperar, estas acusaciones fueron mal recibidas en Cataluña y las respuestas fueron inmediatas[99]. Una de las más significativas fue la de Valentí Almirall, quien recordaba a Núñez de Arce que el catalán era una "lengua nacional española" y que, en consecuencia, debería declararse idioma oficial. También recordaba que, en Cataluña, el castellano se había establecido de una forma antinatural, fruto de presiones e intervenciones políticas.

La defensa de la lengua se había convertido poco a poco en un elemento indiscutible para los representantes de la *Renaixença* desde que en 1815 Ballot i Torres publicara su obra apologética a favor del catalán. Desde ese momento, según Termes y Colomines (1992: 75), la asociación simbólica entre lengua y patria se convirtió en elemento central de la *Renaixença*. Sin embargo, fue a partir de la coyuntura expansiva del *catalanisme* entre 1880 y 1887 cuando se incrementaron considerablemente la propaganda lingüística y las acciones destinadas a la promoción social del catalán, un aumento que corresponde a la fase B del modelo propuesto por Hroch. Así pues, como dice Grau Mateu "al començament dels anys vuitanta la defensa del català era ja un objectiu comú de totes les corrents del catalanisme" (2004: 35). Todos los partidos políticos y los diarios más destacados coincidieron en la reivindicación de la lengua como demuestran los múltiples ejemplos que hemos ido aduciendo. En conclusión, como destaca Grau Mateu: "convertida [...] en una causa *transversal* del catalanisme, la llengua catalana esdevingué durant els anys vuitanta un tema habitual a la premsa i a les obres doctrinals catalanistes" (*ibid.*: 36).

La centralidad de la lengua durante esta década queda perfectamente ilustrada en el siguiente párrafo del canónigo Jaume Collell, quien en su discurso de los *Jocs*

---

[99] Como destaca Figueres, el discurso de Núñez de Arce fue motivo de escritos de respuesta por parte de pensadores y publicistas catalanes y contribuyó a "la sensibilització popular respecte a la dependència envers un Estat que afavoreix la capital i menysté les *províncies*" (2004: 193).

Florals en 1887 y en un tono visiblemente impregnado por ideas románticas señalaba que:

> [...] la llengua és lo monument més autèntic d'un poble, l'encarnació més viva d'una nacionalitat, [...] la llengua és de totes les obres i de totes les institucions, patrimoni secular d'una raça, la que porta més fortament gravada la sagrada senyal de son caràcter, i és casi una vulgaritat afirmar que el geni de la llengua és la imatge més fael [*sic*] del geni nacional.

En la década de los noventa las reivindicaciones, tanto normalizadoras como políticas, alcanzaron una enorme difusión. Recúerdense, por ejemplo, los esfuerzos por "catalanizar" entidades hasta entonces dominadas por el uso público del castellano como el *Ateneu Barcelonès* o la *Reial Acadèmia de Bones Lletres*; así como la reivindicación de la oficialidad lingüística en las *Bases de Manresa* (1892). En resumidas cuentas, se puede decir que en el cambio de siglo el catalán no era solo la lengua del pueblo y de la literatura (como en la fase A), sino que, a pesar de su exclusión en los ámbitos oficiales, intentaba consolidarse como una lengua de cultura más o menos normalizada:

> El procés de recuperació del català com a llengua de cultura, de relació i amb voluntat de reconeixement polític, és a dir, com a llengua oficial, es consolidà la darrera dècada del xix. El català entrava al segle xx com una llengua reconeguda com a útil i normal per a qualsevol activitat vinculada amb el saber i la seva transmissió, des de la diversió estripada a la més alta erudició, passant per tot allò que es té per normal en una literatura i amb la incorporació de la sapiència ornamental. Era doncs, la llengua de poble, però també de nou llengua d'elit amb tots els ets i uts, malgrat la persistència de la seva exclusió dels usos oficials (Anguera 1997: 268).

Esta evolución hace patente que a finales del siglo xix el catalán iba adquiriendo un mayor prestigio social y recuperando valor comunicativo en los ámbitos de uso más formales.

Las décadas de los ochenta y noventa, agrupadas bajo el epígrafe *Defensa política del catalán*, corresponden a la fase B establecida por Hroch, en la que surge el *catalanisme* político tras superar la concepción romántica de la fase anterior. De ahí que a partir de los años ochenta empezara a ser común el referirse a la nación o nacionalidad catalana.

En cuanto a la lengua, lo que ahora se planteaba era la cuestión de una política lingüística eficiente y, al mismo tiempo, la necesidad de una discusión coherente sobre la codificación y la estandarización del catalán como base para superar la situación diglósica:

> In der "Phase B" gehören Diskussionen über sprachpolitische Forderungen im Rahmen umfassender Programme zur Sicherung von Autonomierechten fast schon zur Tagespolitik.

Ein Sprachenstreit bricht aus; denn Kodifizierung und Standarisierung bilden die Voraussetung einer erfolgreichen Überwindung der Diglossiesituation, was nun ins Bewußtsein der "Katalanisten" rückt. Die zweijährige Kampagne von "L'Avens" ab Ende 1890 trägt Entscheidendes zur Lösung der Kontroverse bei (Neu-Altenheimer 1992: 67-68).

Así pues, se constata una progresión en el discurso metalingüístico. Si bien en el periodo anterior, esto es, durante la *Renaixença* (fase A), se habían iniciado los debates lingüísticos de carácter interno (lengua "viva"/lengua "muerta", concepciones sobre el *català literari*, cuestiones ortográficas, etc.), en esta segunda etapa (fase B) se asentaron definitivamente las primeras manifestaciones de reivindicación político-lingüística y la necesidad inminente de codificar la lengua para superar la diglosia. El paso de la aceptación de la diglosia (fase A) a la reivindicación sistemática de la normalización del catalán (fase B) tiene una estrecha relación con el contexto político, es decir, con el surgimiento del movimiento propiamente catalanista. El liberalismo español, heredero del centralismo despótico y unitarista, rechazaba cualquier cuestionamiento de la diglosia, generando posiciones contradictorias entre los *renaixentistas* y liberales catalanas; la apertura a nuevas vías tuvo que esperar a la llegada del impulso federalista. No obstante, la vía definitiva para el auge del catalán no la ofreció el federalismo español de Francesc Pi i Margall sino el catalán, liderado por Valentí Almirall:

És evident que el liberalisme unitarista, hereu directe del centralisme despòtic, era una via morta per al reconeixement dels drets de la nostra llengua i de la nostra cultura en general. Només del federalisme [...] podia sorgir una *via moderna* que permetés d'evolucionar el moviment de la Renaixença vers un catalanisme polític que inclogués en el seu programa la normalització d'ús de la llengua catalana. No fou però el federalisme espanyol de Pi i Margall el qui havia de recollir les aspiracions de la llengua catalana; tot i que possibilitava la creació d'un estat català dins la nació espanyola, el projecte de Constitució federal de la República Espanyola de 1873 no fa cap referència a la llengua que podrien adoptar aquests estats. Fou el federalisme català –el qual, des del pacte de Tortosa del 1868, conduït per Valentí Almirall, evolucionà progressivament fins esdevenir catalanisme polític– qui reivindicà clarament la normalització de la llengua catalana, tan al Memorial de Greuges del 1885 com a les Bases de Manresa del 1892 (Moran i Ocerinjauregui 1994: 184-185).

En conclusión, se puede afirmar que a lo largo de estas dos fases se produce una evolución con respecto al discurso identitario que tiene una estrecha relación con el cambio del marco político español y catalán. Así pues, durante la *Renaixença* (fase A), había, por un lado, un discurso identitario que pretendía enaltecer la lengua y la literatura catalanas, además de glorificar el pasado y la historia de Cataluña; y, por otro, un discurso que hacía referencia constante a la lengua castellana. Las referencias al castellano eran de elogio e insistían en recalcar su categoría de idioma nacional; esto último era consecuencia directa y lógica de un marco político centralista que fomentaba la idea de España como única nación de todos los españoles. De acuerdo con la ideología imperante, el castellano era la lengua nacional, mientras que el catalán era la lengua vernácula y un idioma español. El amor y el cultivo de la lengua materna eran y debían ser compatibles con la práctica y el cultivo del idioma nacional, tal y como lo ilustraban grandes figuras catalanas, cuya obra y estudio eran prolíficos tanto en las letras castellanas como en las catalanas. También eran habituales las afirmaciones rotundas de la categoría de lengua del catalán, tratando de enterrar el prejuicio de considerarlo un dialecto.

Durante el periodo siguiente (fase B), que coincide con el auge del *catalanisme* como movimiento político, el discurso en torno a la lengua adquirió una nueva faceta. El catalán, antes visto como lengua materna sin pretensiones fuera del ámbito literario, empezaba a tomar una dimensión política convirtiéndose en un instrumento potencial para el *catalanisme*. Recordemos las palabras de Joaquim Rubió i Ors de 1841 en las cuales afirmaba que Cataluña todavía podía aspirar a la independencia literaria. El pensamiento de Rubió i Ors es representativo de sus coetáneos *renaixentistas* (fase A) que, aunque no propugnaban un proyecto político ni pretendían conseguir la autonomía de Cataluña, sí creían, en cambio, en el potencial del catalán como lengua literaria culta. Durante esta nueva etapa (fase B), por una parte, aparecieron las primeras publicaciones diarias en catalán y, por otra, la lengua empezó a ganar terreno en el ámbito público e institucional. Este cambio estaba vinculado a un crecimiento del prestigio social de la lengua, que se podía constatar ya a lo largo de la fase A, pero que se intensificó en la fase B. A mediados de los años ochenta y durante toda la década de los noventa tuvieron lugar las primeras reivindicaciones coherentes para elevar el catalán a lengua oficial, es decir, para asegurarle un estatuto jurídico ya fuera propugnando la oficialidad compartida, como en el caso de Almirall (1886), o la exclusiva, como en las *Bases de Manresa* (1892). Estas reivindicaciones lingüísticas suscitaron recelos y críticas fuera del ámbito catalanista; por tanto, durante este periodo destacaron también los discursos catalanistas en defensa de la lengua propia. Esto afectaba, por un lado, a la dicotomía lengua/dialecto, ya presente en la etapa anterior y, por otro, a las polémicas en torno a la dicotomía "centro"/"periferia", que también incidían en la cuestión lingüística.

Si bien en la fase A, salvo escasas excepciones, las demandas se ceñían estrictamente al ámbito cultural, literario y lingüístico, y no se cuestionaba el papel del castellano como lengua nacional, en la fase B estas reivindicaciones evolucionaron hacia demandas de carácter glotopolítico que pusieron en tela de juicio el papel del español como lengua nacional.

4.3.2. *Construcción de una lengua moderna cultural y nacional*

A lo largo del siglo XIX tuvo lugar un proceso de normalización lingüística[100] del catalán que se enmarcaría dentro de lo que Badia i Margarit (2004a: 492-493) denomina "normalización espontánea", es decir, una normalización que ocurre de manera instintiva sin planificar los métodos ni el modo de llevarse a cabo. También se procedió a otro tipo de normalización, la llamada "científica", que nació a raíz de la aplicación de una serie de estudios adecuados que pretendían justificar las medidas tomadas por la administración.

Desde el punto de vista de este filólogo y sociolingüista catalán, en la historia de la lengua catalana predomina el primer tipo de normalización, sobre todo desde la publicación de la "Oda" de Aribau (1833). En la normalización "espontánea" las clases dirigentes minoritarias, seguidas por las masas, son las que promueven este proceso, tal y como se ha podido observar a lo largo de los apartados anteriores. Los intelectuales y literatos de la *Renaixença* (clases dirigentes) iniciaron el proceso normalizador sin llegar a saber cuáles serían las consecuencias. Sin embargo, no cabe duda de que sin el apoyo del pueblo (las masas) la normalización de la lengua y la extensión de su uso no hubieran podido ser llevadas a cabo. En otras palabras, un proceso de tales características requiere una amplia base popular además de una dirección elitista. Para Badia i Margarit, en el caso catalán, la normalización "científica" no se produjo de manera exhaustiva hasta el año 1980 con la creación de la *Direcció General de Política Lingüística* y la promulgación de la *Llei de Normalització Lingüística* en 1983. No obstante, como él mismo indica, en épocas anteriores también se dio una normalización promovida por las organizaciones públicas, hecho que ayudó a fomentar tanto el conocimiento de la lengua como su uso público. En este contexto, Badia i Margarit (2004a: 493) cita por ejemplo los impulsos de la *Mancomunitat de Catalunya* entre 1914 y 1923 o de la *Generalitat de Catalunya* entre 1931 y 1939. A nuestro entender, el soporte de las fuerzas políticas catalanistas desde finales del siglo XIX hasta bien entrado el XX fue otro de los pilares de la normalización del catalán y posteriormente de la normativización de la lengua.

En el cambio de siglo la normalización definitiva de la lengua implicaba también una codificación lingüística que contribuyera a resolver el problema de la unifi-

---

[100] Kremnitz (1995: 101) emplea el concepto "emancipación" (*Emanzipation*) haciendo alusión a que en sociolingüística catalana el término más utilizado es el de "normalización" (*Normalisierung*). Otra referencia importante sobre el concepto de normalización lingüística la encontramos en D'Andrés Díaz (2006: 179-211). Téngase en cuenta que la definición de este término no es unánime, pues implica también un cierto grado de subjetividad. En un artículo de 2006 Mónica Castillo ejemplifica a través del análisis de cuatro manuales de sociolingüística catalana la dificultad de encontrar una definición satisfactoria para el término "normalización" e ilustra la gran subjetividad que suele implicar el uso de este concepto.

cación ortográfica y gramatical, *conditio sine qua non* para convertir el catalán en una verdadera lengua de cultura e idioma nacional.

Badia i Margarit (2004a: 494-500) distingue tres etapas claves para la historia de la lengua catalana de principios del siglo XX:

a) época del entusiasmo (1901-1906);
b) época del trabajo y reflexión (1913-1918);
c) época del apogeo (1932-1939).

El primer periodo se abrió en 1901 con la *Lletra de convit* del canónigo Antoni M. Alcover y concluyó en 1906 con la celebración del *Primer Congrés Internacional de la Llengua Catalana*. El historiador británico Arthur Terry (2003: 84) comenta la importancia del año 1906, pues no fue solo el año de la celebración de este importante acto internacional y el surgimiento de la *Solidaritat Catalana*, sino también el de la publicación de *La nacionalitat catalana* de Enric Prat de la Riba y de las grandes obras de Eugeni d'Ors (*Enllà*) y de Josep Carner (*Els fruits saborosos*), dos piezas claves del *Noucentisme*.

La segunda fase que establece Badia i Margarit era la del trabajo y reflexión (1913-1918). La fundación, en 1907, del *Institut d'Estudis Catalans* por Enric Prat de la Riba marcó el inicio la normativización del catalán: primero con la publicación de las *Normes ortogràfiques* (1913) y el *Diccionari ortogràfic* (1917), y luego de la *Gramàtica Catalana* (1918), que regulaba la norma morfológica y morfosintáctica. En términos generales, el proceso de normativización se conoce como la "Obra de Pompeu Fabra", en homenaje a su impulsor, el reputado y admirado gramático. Paralelamente a la normativización, el catalán se iba expandiendo en el mundo cultural y editorial. Ambos procesos fueron complementarios e incluso podríamos afirmar que el éxito de uno no hubiera sido posible sin el otro. En el ámbito político, en esta fase destacó la creación de la *Mancomunitat* en 1914 y la redacción de les *Bases de la Autonomía* en 1918.

La tercera etapa (1932-1939) fue la del "apogeo". Pese a las medidas coercitivas, durante la dictadura de Primo de Rivera (1923-1930) el catalán había logrado mantenerse vivo. El nacimiento de la II República Española (1931) abrió una nueva fase para la lengua catalana, pues parte de las reivindicaciones catalanas se hicieron realidad en ese periodo y, en el terreno político, la etapa republicana supuso una nueva eclosión para el *catalanisme*. En 1932, por ejemplo, el *Estatut d'Autonomia*, establecía el catalán como lengua cooficial en Cataluña[101]. Es

---

[101] El *Estatut* aprobado en 1932, conocido como el *Estatut de Núria*, establecía el principio de cooficialidad en su artículo 2. Pero el anteproyecto aprobado mayoritariamente por referén-

obvio que esta medida también repercutió favorablemente en el proceso de normalización del catalán que, en virtud del *Estatut*, pasó a ser lengua de enseñanza y de emisiones radiofónicas y, por supuesto, adquirió el rango de lengua de la administración.

Para analizar nuestra última fase (fase C), que abarcaría casi todo el periodo de las tres etapas propuestas por Badia i Margarit, se ha dividido este apartado en tres epígrafes. El primero corresponde a la *Lletra de convit* de Alcover; el segundo a la celebración del *Primer Congrés Internacional de la Llengua Catalana*; y, el tercero, titulado *Restauración de la lengua catalana*, abarca todo el periodo en el que se erige la obra codificadora de Fabra, esto es, desde la creación del *Institut d'Estudis Catalans* (1907) hasta la publicación del *Diccionari general de la llengua catalana* (1932).

4.3.2.1. *LLETRA DE CONVIT* DE ALCOVER

La *Lletra de convit* del mallorquín Antoni M. Alcover (1862-1932) era una carta dirigida a todos los "amigos" de la lengua catalana donde se les brindaba la oportunidad de colaborar en la elaboración de lo que en el futuro sería el *Diccionari Català-Valencià-Balear* (1930-1962) de Alcover y de Moll[102]. La invitación no hacía distinción de clases ni categorías de ningún tipo, pues el único requisito para participar en su elaboración era el simple amor a la lengua común:

> [...] sense més organisme fonamental que el qui broll espontaniament de l'amor a la llengua, hem de cridar totes les persones que considerem indicades per aquesta empresa literaria, convidantles *si en volen esser*; y constituirnos en sociedat, aont, sense categories ni diferencies de major y menor, treballar qui mes puga per una obra de tanta trascendencia (*Lletra de convit* 1901: 7).

---

dum en Cataluña postulaba la oficialidad exclusiva del catalán salvo en las relaciones con el Gobierno republicano (art. 5). El texto estatutario definitivo difería en gran medida del texto sometido a referéndum en Cataluña, sustituyendo el principio de oficialidad exclusiva, propugnado por los catalanistas, por un modelo de oficialidad compartida con el castellano. Esto manifiesta que las reivindicaciones catalanistas solo se hicieron realidad de manera parcial durante el periodo republicano.

[102] Badia i Margarit afirma que la campaña para la elaboración del diccionario de Alcover era en realidad una campaña para la lengua catalana que en ese periodo "es traduïa en una eufòria a favor de la pàtria catalana, i que en moltes ocasions aquella resultava inseparable d'aquesta" (2004a: 495). Esta época de euforia también tuvo su contrapartida desde la reacción anticatalana. En este contexto destaca el episodio del asalto a la revista catalanista *Cu-Cut!* y la destrucción de sus talleres de impresión por parte de los militares de la guarnición de Barcelona en el año 1905 (cf. *ibid.*: 495-496). Como contrarreacción a este suceso y a la Ley de Jurisdicciones de 1906, se creó el movimiento de la *Solidaritat Catalana* (1906-1909).

El carácter abierto de la *Lletra de convit* se reiteraba en la conclusión en la que se
llamaba a "la cooperació de tots els amichs de la llengua" desde Mallorca hasta el
Rosellón pasando por Cataluña y Valencia:

> A tots els qui parlen, a tots els qui estimen aquesta llengua, diguenli mallorquina, cata-
> lana, valenciana, llemosina, rossellonesa, per el nom no's hem de desavenir, a tots
> nos dirigim, a tots demanam ajuda, socós, cooperació, costat y assistencia (1901: 46).

Como explicitaba el canónigo en el primer párrafo de su invitación, la idea de
crear un diccionario pancatalán surgía de la propia necesidad de los hablantes, es
decir, de la necesidad de disponer de un diccionario que les permitiera emplear su
lengua correctamente. Así pues, Alcover era consciente de una necesidad que se
venía constando desde mediados del siglo XIX y que todavía seguía sin estar
resuelta:

> Amb el moviment generós, ardit, sempre creixent, incontrastable, a favor de la nostra
> estimadíssima, tant d'anys desjectada, envilida y desconeguda de sos meteys fills, -tot
> hom, per poderla escriure y parlar correctament, demana la gramática y el diccionari
> (*Lletra de convit* 1901: 5).

Según Alcover, el principal defecto de las obras lexicográficas realizadas hasta la
fecha era que se centraban en una variedad regional concreta y no contemplaban
la tradición antigua. El único intento más serio de realizar una obra lexicográfica
completa había sido, a su modo de ver, el de Marià Aguiló; tarea que no pudo ser
completada debido al fallecimiento de su autor en 1897. El siguiente fragmento
ilustra el respeto y admiración del canónigo mallorquín por su amigo y maestro:

> D'una manera mes amplia, mes racional, mes completa comprengué l'obra lexicográ-
> fica el gran Mestre, D. Marián Aguiló, gloria puríssima de Mallorca y de la terra cata-
> lana, astre de primera magnitud de la lírica espanyola, patriarca del renaixement litera-
> ri de Mallorca y Catalunya. Emprengué D. Marian ben de bon hora la gloriosa tasca
> del diccionari, no de la variedat mallorquina, catalana, valenciana o rossellonesa, sino
> de la llengua parlada de totes aquestes regions, qui no es mes que una y de la meteixa
> llengua escrita a dites regions sigles enrera. Se passá gran part de sa vida en tal feyna-
> da, replegant mots, frases y modismes en les escursions que feu per tots els antichs
> territoris de la llengua y per dins les biblioteques y arxius, arribant a tenirne molts de
> milenars, fent un comú espantós les cèdules aont les tenía escrits. Desgraciadament D.
> Marian passá d'aquest mon a l'altre l'any 1897, al cel sia ell, sense que hagués comen-
> sat amb tant de pertret reunit l'edifici intens (*Lletra de convit* 1901: 6).

Uno de los aspectos más significativos de la invitación a participar en la creación
del futuro diccionario era precisamente la detallada metodología de trabajo que
proponía Alcover. A simple vista, el carácter abierto de la obra puede hacer pensar
que no existían unas coordenadas concretas ni pautas de trabajo a seguir. Sin
embargo, este no fue el caso de la propuesta, pues en la *Lletra de convit* se descri-

bía con precisión y minuciosidad cómo debía ser el procedimiento metodológico. En primer lugar, Alcover proponía un sistema de papeletas o cédulas de tamaño estándar, indicando en todo momento cómo y dónde debían escribirse las informaciones: en el centro debía introducirse la entrada léxica; en el margen superior derecho, la letra inicial de la palabra; y en el margen inferior correspondiente, el número del colaborador. Una vez concluida la cédula, este último debía entregarla a los secretarios que la ordenarían y distribuirían a otros colaboradores dedicados a la elaboración de los artículos de las entradas lexicográficas. A fin de evitar repeticiones se proponía el trabajo en secciones, las cuales abarcarían tanto la lengua escrita como la oral a través del vaciado de obras de todos los siglos y de la recopilación de datos del "llenguatje vivent" de todo el dominio lingüístico catalán.

Esta campaña no era una simple acción para elaborar un diccionario que recogiera las diferentes variedades del dominio catalán, sino que se traducía en una verdadera campaña por la lengua. Al mismo tiempo, se traducía en una euforia en favor de la causa y la patria catalanas, de ahí que quede justificada su pertenencia a la época del "entusiasmo" propuesta por Badia i Margarit (cf. 2004a: 495). Pese a su carácter lexicográfico, el éxito de la invitación de Alcover solo puede comprenderse como respuesta a la euforia patriótica que se vivía en el momento. Tal y como sugieren Ferrando y Nicolás (2005: 482), la campaña de Alcover asentaba las bases de la lexicografía catalana combinando la erudición y el compromiso cívico. Todo esto confirma una vez más la imposibilidad de separar el fenómeno lingüístico del político o reivindicativo: hacer del catalán una lengua moderna de cultura implicaba su asunción como lengua nacional.

4.3.2.2. *Primer Congrés Internacional de la Llengua Catalana*[103]: camino hacia la norma composicional y otros debates lingüísticos de actualidad

A principios de 1904 Alcover se había planteado la idea de organizar un congreso de sintaxis catalana acerca del cual había hablado con el filólogo y lingüista alemán Bernard Schädel (1878-1926) –versado también en el estudio de la lengua catalana–, quien le sugirió ampliar su propuesta con otros temas. De este intercambio de opiniones surgió precisamente la idea de celebrar el *Primer Congrés Internacional de la Llengua Catalana*, cuyo comité organizador decidió invitar también a especialistas extranjeros, concediéndole de este modo un carácter internacional y por tanto innovador (cf. Rico/Solà 1995: 41; Bofill 1996: 88).

---

[103] Para un estudio exhaustivo sobre el congreso, véase Perea/Colón Domènech 2006.

Como en el caso de la *Lletra de convit*, la celebración de este primer congreso se enmarca dentro la "etapa del entusiasmo"; el término "entusiasmo" no parece una exageración si se tiene en cuenta que se inscribieron unos 3000 congresistas en el acto que se celebró en Barcelona el mes de octubre de 1906 (cf. Badia i Margarit: 2004a: 495). El *Congrés* se dirigía tanto a filólogos, lingüistas y otros estudiosos como al público en general "sense distinció de classes ni categories". Como indican Ferrando y Nicolás (2005: 483), la celebración perseguía una doble finalidad: en primer lugar, proclamar que el catalán poseía el rango de lengua, aspecto que todavía algunos romanistas y muchos políticos e intelectuales españoles discutían; y, en segundo lugar, dotarle de una normativa válida para todos sus hablantes. Este segundo objetivo adquiriría su punto álgido con la creación de la normativa fabriana a partir de la instauración de la autoridad lingüística representada por el *Institut d'Estudis Catalans*.

En general, los medios de comunicación en Cataluña acogieron el anuncio de la celebración de manera muy positiva. La prensa que se declaraba abiertamente catalanista, como el diario *Lo Camp de Tarragona. Periódich Catalanista*[104], la recibió obviamente con especial euforia. Sin ánimo de ofrecer un análisis completo, la reproducción de algunos párrafos referentes a la futura celebración del *Congrés* permitirá demostrar el entusiasmo general con que se acogía la celebración de este acto[105].

En su número 322 del 6 de octubre de 1906, *Lo Camp de Tarragona* apuntaba lo siguiente: "Lo pols de la nostra prempsa va excitantse per hores, y arrèu se llegeixen planes y més planes d'un entusiasme inmens, que fa glatir los grans cors dels bons catalans". La trascendencia del *Congrés* para el *catalanisme* y la conciencia nacional catalana no pasaba por alto a la redacción de este periódico[106]:

Es que talment es trascendental la manifestació de la nostra conciencia nacional ab actes com lo del pròxim Congrés.

Un poble que fa això, es capás de tot lo imaginable, encara que'n senti engunia y esperucansa tot un món. Lo fet lo tenim ja al demunt y a la seva realitat hi han respost de mil maneres tota mena de persones. Cal no més enterarse del actes variis que s'han

---

[104] El periódico tarraconense era portavoz de la *Associació Catalanista* y del *Centre Nacionalista Català*.

[105] *L'Àpat* publicó también el anuncio de la convocatoria del congreso en la edición del 13 de enero de 1906.

[106] En un artículo titulado "Examen de conciencia del Catalanisme" (núm. 106, 13.01.1906) *L'Àpat* también hacía referencia indirecta a la trascendencia sociopolítica del congreso: "Amem com cal la nostra llengua? Hi ha encara un catalá que tingua un duro sobrer i no s'hagi fet congressista del Congrés de la Llengua Catalana que será pel Abril?".

promogut per aquells dies y de les coses que's farán a la capital catalana (*Lo Camp de Tarragona*, núm. 322, 06.10.1906).

La relevancia de un acto de estas características para la identidad nacional catalana no solo evidencia la intrínseca relación entre el fenómeno lingüístico y el político, sino que reitera además la imposibilidad de establecer una nítida línea divisoria entre ambos fenómenos. Por otro lado, la existencia de una sección social y jurídica dentro del propio congreso refleja también el peso que se le atribuía a su normalización y estatus jurídico. Asimismo, debe señalarse que el carácter abierto del acto (destinado también al público en general) pone de manifiesto la relación entre el aspecto lingüístico y el social.

A pesar de que en general el acto fue bien acogido por la prensa catalana, tuvo repercusión en los medios de difusión más populares que, siguiendo su habitual tono satírico, lo anunciaban de una manera más irónica. Este fue el caso del semanario republicano *La Esquella de la Torratxa* que un mes antes de la celebración oficial del congreso publicaba una caricatura del padre Alcover vestido con sotana y llevando el futuro diccionario en la mano izquierda y, en la derecha, una lengua colgando que se identificaba con la lengua catalana, objeto de ironía.

El carácter internacional de esta celebración se vio reflejado en la asistencia de numerosos representantes extranjeros (sobre todo de Alemania, Austria, Francia e Italia) de los cuales cabe resaltar la presencia de respetables romanistas como Morel-Fatio, Nyrop, Holle o Vogel (cf. Rico/Solà 1995: 41) o del mismo Schädel. También es preciso mencionar las participaciones del romanista Menéndez Pidal y de Adolfo Bonilla, catedrático de filosofía de la Universidad de Madrid, como representante de Castilla. Bonilla ofreció uno de los discursos inaugurales donde afirmaba, por un lado, la independencia de la lengua y literatura catalanas y, por otro, su admiración hacia ellas:

> Soy indudablemente, en la relación de los méritos, el último de los castellanos que pudieran venir aquí; pero me cuento seguramente entre los primeros, y quizás no le ceda en este punto el puesto á nadie, en cuanto al amor á la literatura y á la lengua catalanas y en todo cuanto se refiera á la reivindicación de sus legítimas glorias. [...]

> ¿Cómo negar que tengan sustantividad é independencia propias esta lengua y esta literatura, cuando si pasamos al siglo XIX, dando un salto por los siglos XVI, XVII y XVIII que representan un período de estancamiento en su desarrollo, vemos que mientras todos los historiadores, todos los literatos y todos los críticos nos dicen que ha desaparecido la poesía épica, que si tuvo su razón de ser en la edad media ya no vive hoy en las costumbres ni hay nadie con fuerzas capaces de restaurarla, nos encontramos con una resurrección de la misma tan potente, tan espléndida, tan conmovedora como la que dan las obras de Jacinto Verdaguer? (*Primer Congrés...* 1908: 85-86).

El congreso se encontraba dividido en tres secciones: 1) la *Filològica-Històrica*; 2) la *Literària*; y 3) la *Social i Jurídica*, en las que se abordaron 17 temas distintos y se discutieron 61 comunicaciones (cf. Ferrando/Nicolás 2005: 483). Las Actas del Congreso, publicadas en 1908, ocupan cerca de 700 páginas: la mayoría de ellas pertenecían a la sección filológico-histórica (más de 400); la sección literaria abarcaba algo más de 100 páginas; y la social y jurídica algo menos de 100. Las aportaciones de los conferenciantes tenían carácter de ponencia. Según lo estipulado por la organización del congreso, los ponentes debían entregar al Comité Ejecutivo las conclusiones a sus respectivos temas que serían comunicadas a los congresistas inscritos quienes, a su vez, podían hacer enmiendas por escrito antes de la celebración del acto. Durante el congreso, los ponentes se limitaban a realizar una intervención en defensa de sus conclusiones, dado que los participantes podían leer previamente el texto de la comunicación.

En la presentación del congreso e invitación a la participación la comisión técnica, formada entre otros por Alcover, se hacía un breve repaso de la historia de la lengua catalana, poniendo énfasis en el papel de la *Renaixença* y en la necesidad de estudiar y reflexionar sobre la estructura interna del catalán:

> Cal, donchs, ara que la llengua catalana ha recobrat la seva dignitat literaria, que'ns afanyèm a estudiar-la tecnicament en la seva íntima estructura. Es aquesta una necessitat espiritual nostra y un deute que tenim ab la cultura universal (*Primer Congrés...* 1908: 13).

Uno de los principales objetivos del congreso era el estudio de la lengua con un claro componente normalizador:

> El Congrés s'ocuparà, donchs, del desenrotllament dels estudis filològichs a Catalunya. Tractarà, ademés, de les qüestions històriques y literaries que ab la llengua estiguen relacionades, y pensarà en proveir a la defensa y estensió d'aquesta nostra estimada llengua catalana (*Primer Congrés...* 1908: 14).

El discurso inaugural de Alcover, promotor y presidente del acto, es significativo por varios motivos. Por un lado, reivindicaba que el motor y legitimador del congreso era el amor a la lengua catalana: "L'autoridat que dona l'amor d'una cosa devant tots els qui senten aquella metexa amor, aquexa es la nostra autoridad".

Por otro lado, aclaraba que el amor al catalán no implicaba odios: "No, no es odi a res y a negú lo que'ns mou; no som una negació". El congreso se entendía como una afirmación y como una reivindicación del catalán, cuya categoría era comparable al resto de lenguas románicas: "Som l'afirmació de l'eczistència de la nostra llengua y del seu dret inviolable, ilegislable, y imprescriptible a viure com qualsevol de les grans llengues neollatines ses germanes".

Si bien se afirmaba que el amor al catalán no implicaba ni el odio ni la negación, es preciso enfatizar que las referencias al castellano no eran explícitas.

Alcover hacía un llamamiento a todos los participantes acerca de la necesidad de crear una conciencia de estudio y reflexión sobre la lengua y de establecer una norma unitaria como correspondía a las lenguas normalizadas[107]: "¡No tenim diccionari ni gramàtica! y caldría tenirne; no tenim més que essays d'aquexes dues grans obres que la dignitat de tota llengua reclama".

La normativización que propugnaba Alcover –al igual que muchos de los participantes en el congreso– era de carácter composicional, esto es, una norma que tuviera en cuenta las distintas áreas de habla catalana; para ello era preciso la colaboración de personas de las diferentes "comarcas". En el discurso inaugural sobresalía también el enaltecimiento del catalán, equiparable a las demás lenguas románicas, y su derecho a no ser sometido a otros idiomas. El siguiente pasaje destaca por los visibles ecos románticos en cuanto al modo de percibir la lengua, pues el idioma se considera la madre, el origen, de la patria ("Es la nostra reyna y la nostra mare"):

> Per axò hem convocat y celebram aquex Congrés, per restaurar, per reintegrar la nostra llengua en tot el seu primitiu esplendor y també en tots els seus drets, honors, prerrogatives y preeminències de reyna y de mare, que li pertanyen per dret de naturalesa, per un dret tan sagrat com el que puga invocar cap de les altres grans llengues neollatines, ses belles y gentils germanes... Sí, ella es hereua de sa mare, l'escelsa, l'inmortal llengua llatina. Ella es hereua natural de sa mare com qualsevol de ses germanes. Negú ab raó de justicia la pot haver feta borda. Negú ab raó de justicia la pot haver desheretada. Es reyna y senyora del seu territori y de sí mateixa. Es la nostra reyna y la nostra mare.

Entre las numerosas ponencias son de especial interés, por ser de gran actualidad, los temas de la intervención –enmarcada en la sección literaria– de Gregori Aritzà: la importancia de los estudios gramaticales y la necesidad de crear una academia o instituto de la lengua catalana. Dentro de esa misma sección también destacó la intervención del poeta Joan Maragall que planteaba la cuestión de las variedades dialectales y su uso en la literatura. En la última sección, la social y jurídica, se constata una conciencia generalizada respecto a la necesidad de una mayor normalización del catalán que debía estar fomentada por la administración y el poder central. En cuanto a la primera sección, la filológico-histórica, cabe mencionar las aportaciones de Pompeu Fabra, quien contribuyó con la lectura de una comunicación dedicada a las "Qüestions d'ortografia catalana" y cuatro

---

[107] Téngase en cuenta que tampoco se hace mención explícita del castellano o de otras lenguas.

enmiendas a temas presentados por otros ponentes, tres de las cuales se referían a la sintaxis y una a la ortografía (cf. Bonet 2006: 205)[108].

El tema presentado por Aritzà, maestro en la población de Capmany (Girona), se titulaba "Importancia y necessitat dels estudis gramaticals per tota literatura y especialment per la nostra". Su autor definía la gramática como el "código del lenguaje" que servía para regular tanto la lengua escrita como la oral y que, especialmente en el caso del catalán, serviría para eliminar el desconcierto general que, a su juicio, reinaba en aquel entonces:

> La Gramàtica es el Còdich del llenguatge, per contenir les lleis o preceptes que regulen la funció de la paraula, tant parlada com escrita, de la cual naix que son estudi sia necessari a tota literatura o aplicació de les lletres a la espressió del pensament, y sobre tot a la catalana per semblar una airola de desconcerts qu'arriben al estrem de ferhi campejar tants caps com barrets (*Primer Congrés...* 1908: 485).

Aritzà opinaba que la tarea de crear una gramática preceptiva debía encargarse a una academia o instituto que actuara de manera imparcial y científica:

> Baix aquest concepte opino que sería convenient encomanar la feina de que's tracta, a una Academia o Institut en que hi hagués individualitats ben coneixedores de la nostra llengua, les quals podríen escorcollar, examinar y discutir d'una manera serena e imparcial, tot lo relatiu al nostre parlar y escriure, y després ab llurs acorts, unànims o per majoría, establiríen l'art o preceptiva de ben espressarse en català, tant de paraula com per escrit (*Primer Congrés...* 1908: 486).

En este sentido, se inclinaba por un modelo de norma composicional. A su parecer, la institución normativizadora podía estar compuesta por autoridades del mismo congreso o de la *Acadèmia de Bones Lletres de Barcelona*, y otros representantes de cada comarca, quienes, una vez hubieran estudiado todas las cuestiones a fondo, acordaran las reglas por unanimidad o mayoría:

> Dita Academia, Institut o Corporació se podría anomenar de la Llengua Catalana, y triar del Congrés o de la de les Bones Lletres que hi hà a n'aquesta Ciutat, ja que s'hi conta per tot prou sabiesa y personal competent, adjuntanthi també algun company entenimentat de cada comarca, al objecte d'informar degudament sobre les particularitats del llenguatge de son indret, a fi de poder solucionar més encertadament totes les varietats idiomàtiques y dialectals de la terra catalana [...] (*Primer Congrés...* 1908: 486-487).

---

[108] Bonet (2006: 203-221) analiza en detalle las aportaciones de Fabra en este congreso. Según este autor, sus intervenciones demuestran una influencia notable de la lectura del tercer volumen de la *Grammatik der romanischen Sprachen* de Meyer-Lübke, que al parecer había leído a partir de la versión francesa de Auguste y Georges Doutrepont.

La defensa de las conclusiones de Aritzà recibió tres enmiendas por parte de Alcover. En general, el canónigo se mostraba mucho más pesimista en cuanto a las posibilidades de crear una gramática, sobre todo por la falta de estudios previos:

> A la gramàtica, qualsevol que sia l'autor, may li han de concedir més autoritat que la que li donin les proves y raons científiques aont se fundi; y, donat l'atràs dels estudis gramaticals a Espanya, tardarem molt a poder tenir cap gramàtica definitiva (*Primer Congrés...* 1908: 488).

Desde una perspectiva actual, podemos decir que el pesimismo de Alcover era exagerado, sobre todo si se tiene en cuenta que tan solo unos años más tarde, en 1918, se publicó la primera gramática prescriptiva. Por otro lado, la comunicación de Aritzà evidenciaba una necesidad cada vez más inminente: la de disponer de una autoridad reconocida en materia lingüística –ya que, como cabe recordar en este contexto, si bien veinte años atrás se había fundado la *Acadèmia de la Llengua Catalana*, esta se había mantenido prácticamente inactiva–. El deseo de este ponente se vería cumplido un año después, en 1907, con la creación del *Institut de Estudis Catalans*[109] y su *Secció Filològica*.

En cuanto al poeta Joan Maragall, en su presentación dentro de la sección literaria, se mostraba contrario a la imposición de un dialecto sobre otros y, como bien indica Badia i Margarit (2004a: 507), su actitud anticipaba la justificación de la posterior normativa composicional. Según Maragall, conceder prioridad a un dialecto equivaldría a destruir ("matar") la espontaneidad de la lengua:

> Desseguida que fos admès que la nostra literatura ha de concedir el predomini a un determinat dialecte, se propendiría irresistiblement a determinarlo: y el predomini [...] podria falsejar –dich– l'arrencada espiritual de Catalunya, corrompent la seva més alta espressió verbal: matar potser la espontaneitat del seu geni més representatiu, que fóra com matar el geni meteix en flor (*Primer Congrés...* 1908: 490).

Al mismo tiempo, eso implicaría un empobrecimiento antes de haber logrado el total reavivamiento de la lengua:

> Llavores si que l'empobriment vindría avans de la riquesa, el desús avans de l'ús complert, l'estancament avans de la corrent, y se pot dir que avans de la vida. Trista sort amaniríem a la llengua nostra y a la literatura catalana: nosaltres justament qu'hem tingut la ventura de vèurela renàixer com flor de la meravella dels segles! (*Primer Congrés...* 1908: 491).

---

[109] El romanista alemán Bernhard Schädel en su ponencia titulada "Über die Zukunft der katalanischen Sprachstudien" también hacía alusión a la falta de una institución de nivel y rigor científico que respaldara los estudios sobre la lengua catalana (cf. *Primer Congrés...* 1908: 413).

Otro aspecto interesante de su intervención son las reflexiones de lo que en el ámbito de la sociolingüística catalana ha recibido el nombre de "auto-odi". Así pues, Maragall hacía referencia en este párrafo a la falta de conciencia y autoestima lingüística, fruto del centralismo político hegemónico y de procesos diglósicos:

> Mes, al costat d'això ¡quina tristesa m'ha fet a voltes seguir terres hont per amor d'una malentesa civilisació el llenguatge natural es ofegat per sos meteixos fills en la propia boca! Jo'ls he vist ¡malaventurats! fins avergonyirse de que un sabés qu'ells teníen un llenguatge propi dessota d'aquell que, essentlos artificial, feien llastimosos esforços per parlar malament. ¡Quina olor de mort me feien aquets pobles, ullpresos, xuclats per una admiració depriment envers un gran centre foraster y llunyà al que ja no teníen virtut per enviar sinó tèrbols reflectes de la meteixa llum que d'ell rebíen! Tarats d'esterilitat espiritual per sempre més, per traidors a la llur naturalesa, aquestos pobles son causa de la decadencia del centre literari que'ls atrau, que acaba asfixiat pel vuyt que a si meteix s'ha fet, víctima de son propi prestigi y esplendor (*Primer Congrés...* 1908: 492).

Por último, cabe señalar que las conclusiones de Maragall no recibieron ninguna enmienda, lo cual significa que los oyentes se mostraron de acuerdo con sus reflexiones.

Dentro de la última sección, la social y jurídica, destaca la conciencia generalizada sobre la importancia de un uso lingüístico normalizado, promovido por las instituciones públicas. El primer tema, que presentó el abogado y político Josep Bertràn i Musitu en su intervención titulada "La llengua catalana y els poders públichs. Protecció que aquets li deuen", era buen ejemplo de este nivel de concienciación. Este colaborador de Cambó instaba al Estado español a fomentar y proteger la lengua catalana, y a reconocer el derecho de los catalanes a usarla tanto en la esfera privada como pública; asimismo propugnaba su enseñanza en otras regiones de España. Como puede observarse, en el punto II.b se exigía el uso plenamente normalizado:

I.   Essent l'Estat l'organisme directiu i propulsor de la vida nacional, y essent la llengua l'element primordial constitutiu de la nacionalitat, a l'Estat correspòn el foment y la protecció de la llengua catalana.

II. Aquest foment y protecció deu exercirla l'Estat en les següents formes:

    a) Servintsen en la seva vida administrativa general, en la de justicia, l'ensenyansa, quan de Catalunya's tracti o a Catalunya's refereixi.

    b) Regoneixent el dret d'usarla els catalans en tots el actes privats y públics.

    c) Ensenyantla en les demés regions d'Espanya.

    d) Fomentat els estudis superiors de la llengua, el seu teatre, estimulant els seus cantors, sos petes, sos romancers y premiant llur tasca en el concursos per l'Estat degudament organisats (*Primer Congrés...* 1908: 594).

A las conclusiones de Bertràn i Musitu, se realizaron algunas enmiendas que fueron aceptadas por el ponente. Alcover, por ejemplo, sugirió sustituir el topónimo "Catalunya" (II.a) por "pobles de llengua catalana", mostrando una especial sensibilidad por la unidad de los *Països Catalans*. La segunda enmienda, propuesta por Joan Ventosa (otro colaborador de Cambó), añadía que el Estado también debía reconocer el derecho de los catalanes a hablar su lengua vernácula en el Parlamento español. Por último, destaca la propuesta de Francesc Cambó referente al punto II[110]:

I. Aquest foment y protecció ha d'exercirlos l'Estat en les següents formes:

   1ª Mentres existeixi a Espanya un Estat unitari, en la forma que esposen els quatre paragrafs a) b) c) y d) del Ponent.

   2ª Quan se constitueixi l'Estat Català, la llengua catalana serà declarada llengua oficial, ab totes les conseqüencies naturals d'aquesta declaració.

De esta última enmienda se pueden deducir varios aspectos significativos: en primer lugar, que Cambó asumía el marco político español como una unidad; en segundo lugar, que se mostraba consciente de la imposibilidad de declarar la oficialidad exclusiva del catalán en el marco político del momento; y en tercer lugar, que partía de la base que en un futuro no lejano se pudiera constituir el Estado Catalán.

Otra enmienda interesante a la comunicación de Bertràn i Musitu fue la Carles Francesc Maymó quien, si bien se mostraba de acuerdo con las conclusiones del ponente, creía que el catalán debería obtener el estatus de cooficialidad incluso en el marco político del momento y aunque este no se modificara. Una vez Cataluña adquiriese la plena autonomía, el catalán pasaría a ser la única lengua oficial (oficialidad exclusiva):

[…] la llengua catalana, adhuch dintre del sistema politich, deu esser considerada cooficial y declarant que els actes de foment y protecció a la nostra llengua […] Ningú dupta, senyors, que quan Catalunya disfruti de plena autonomia, la llengua catalana deurà esser l'única oficial. Però, mentres aquest moment no arribi, es impossible deixar de sostenir y defensar els drets de la meteixa; es impossible consentir que hi haja dintre del Estat altra llengua, que essent la propia d'una sola part d'ell, tingui el monopoli de l'oficialitat, en perjudici de la catalana, que no sols no domina a casa seva com a mestressa absoluta, sinó que ni sols es admesa a compartir els honors de la cooficialitat ab les altres llengues que's parlen al Estat (*Primer Congrés...* 1908: 597).

---

[110] Las demandas glotopolíticas de Fabra, Prat de la Riba y Rovira i Virgili (véase epígrafe 4.5) se situarían en una línea parecida, pues reivindicaban también el modelo de oficialidad exclusiva.

En esta tercera sección resaltan también las contribuciones de Josep Franquesa i Gomis (1908: 651), Francesc Albó i Martí (1908: 656) y Enric Prat de la Riba (1908: 665). La intervención de Franquesa i Gomis, titulada "Hem de defensar la nostra llengua y reivindicar tots els seus drets", era un manifiesto reivindicativo de los derechos lingüísticos. Mediante distintas metáforas el ponente censuraba la política llevada a cabo desde el poder central, que a su entender impedía el uso normalizado del catalán relegándolo al ámbito familiar y negándole los usos formales:

> Ve a ser com un vestit [el catalán] fet ab tota perfecció, ben ajustat, treballat per un excelent tallador, de dibuix ben vistós y de roba finíssima però que no més podem durlo per estar per casa perquè l'Estat no vol que'l treguem al carrer. Es un instrument meravellós […], però que al sonar està prescrit que no l'han de sentir els vehins y que s'han de tancar totes les portes y finestres perquè no'ls arribi ni'l degotim una sola nota (*Primer Congrés...* 1908: 652).

Así pues, apelaba a la defensa del idioma a través de su uso en todos los ámbitos: "Y aquesta defensa es molt senzilla: consisteix solsament en usarla sempre" (*ibid.*: 653). En resumidas cuentas, su propuesta normalizadora abarcaba todos los contextos del ámbito público: en los comercios, en la señalización urbana, en las escuelas, en los actos públicos, etc. Asimismo, sancionaba abiertamente la imposición del castellano y aseguraba que este sería más aprendido si no fuera objeto de imposición. Curiosamente esta última afirmación era muy similar a la idea que Almirall propugnaba tanto en *Lo Catalanisme* como en su respuesta a Núñez de Arce a finales del siglo anterior: "Lo que [la lengua catalana] no sofreix es l'imposició. Si un dia s'escoltés nostra justa aspiració y l'estudi del castellà no fos obligatori, jo tinch per segur qu'encara se l'aprendría més que avui" (*ibid.*: 655).

Para Franquesa i Gomis, el conocimiento de otras lenguas era una gran riqueza que debía comenzar por la conservación y la defensa del propio idioma: "Res ilustra tant com la possessió dels idiomes, y tantdebó que tots dominessim be els principals d'Europa! Però per la coneixensa dels altres, es necessari assegurar l'existencia del propi, y conservarlo y defensarlo de tots els que'l combaten" (*ibid.*).

La comunicación de Francesc Albó i Martí, abogado y exprofesor de la *Universitat de Barcelona*, defendía la cooficialidad del catalán y del resto de lenguas de España:

> Un regisme polítich igualitari deu atribuir a tots els ciudadans els mateixos drets y totes llurs característiques naturals iguals prerrogatives, a llurs idiomes cooficialitat. ¿Perquè en el Parlament la veu del país no pot ressonar més que en una llengua? ¿Perquè la lley ha de fixar les regles del dret contrariament al dret comú, en la parla d'uns ciutadans y no dels altres? […] (*Primer Congrés...* 1908: 659).

Por último, Enric Prat de la Riba, en su comunicación sobre la "Importancia de la llengua dins el concepte de la nacionalitat", recogía varios aspectos tratados en *La nacionalitat catalana*, publicada ese mismo año, y hacía alusión a la centralidad de la lengua como elemento unificador y distintivo: "Tota societat tendeix a constituir per ella meteixa una llengua, o al menys, una forma determinada de parlar, que uneixi més intimament sos membres components y al unir-los entre sí els separi dels demés" (*Primer Congrés...* 1908: 666). También se refería a la lengua como uno de los principales fundamentos de toda sociedad humana: "No hi hà res comparable a-n aquesta unitat anímica determinada per la comunitat de l'idioma" (*ibid.*: 667). Otro punto destacado de su intervención era la denuncia de que los Estados, como sociedades políticas, intentaban conseguir de manera antinatural y violenta la unidad entre Estado y lengua, favoreciendo la expansión de la "lengua nacional" en detrimento de otras lenguas y provocando incluso la desaparición de estas últimas. Debemos puntualizar que el sentido que Prat de la Riba confería aquí a la lengua nacional era el de lengua oficial del Estado:

> Les societats polítiques o Estats han comprès també el valor incomparable de possehir una llengua que dongui unió y cohessió a sos membres, separant-los dels demés, y d'aquí prové, que, quan naturalment no assoleixen aquest resultat per no coincidir les fronteres de l'Estat ab els límits d'una sola unitat lingüística, fassin esforços desesperats a fi d'obtenir per la violencia aqueixa desitjada unitat de parla, y així afavoreixen l'espansió d'una llengua, d'aquella que adopten per oficial, y combaten durament les altres fins a corrompre-les y fer-les desaparèixer (*Primer Congrés...* 1908: 667).

La significación del *Primer Congrés Internacional de la Llengua Catalana* ha sido expuesta desde diferentes puntos de vista. En general, la prensa de la época hacía una valoración muy positiva del acto. Este es el caso de *Lo Camp de Tarragona*, pues el periódico tarraconense ponderaba la celebración en términos muy positivos[111]:

> Aixís es com s'avensa, aixís com se fa feyna y de la bona, aixís es com se reconquisten pam a pam les terres perdudes y's guanya la consideració dels forts y la simpatía de tots.

> Catalunya, doncs, satisfeta del primer Congrès de la Llengua Catalana, pot y dèu una vegada més cridar un nou ¡Visca Catalunya! ¡Visca la Llengua Catalana! (*Lo Camp de Tarragona*, núm. 324, 20 .10.1906).

---

[111] Además del artículo aparecido en la primera página, se publicaron íntegramente dos de los discursos pronunciados en el *Congrés*, el de Alcover y el de Teodor Llorent. El periódico justificaba la elección de estos dos discursos de la siguiente manera: "Pel gran interès que tenen y per ésser un veritable resúm de les tasques del Congrès de la Llengua Catalana, reproduím los parlaments que pronunciaren lo doctor Alcover y D. Teodor Llorent, lo primer en l'acte d'obertura del Congrès y'l segón en la recepció de l'Atenèu Barceloní, que fou, en realitat, un magnífich coronament".

Desde la relativa objetividad que permite el paso del tiempo, también se ha valo-
rado la enorme importancia de esta celebración. Badia i Margarit resume su relevancia como testimonio del entusiasmo colectivo:

> Era una veu col·lectiva ensordidora. La lectura del llibre dóna testimoni del desbor-
> dant ímpetu d'aquella gent, encesa d'amor a la llengua, disposada a fer per ella el que
> se li demanés i exigent pel que feia als seus usos, als seus drets, al seu coneixement i a
> la seva extensió social (2004a: 495).

Por su parte, Ferrando y Nicolás señalan la trascendencia de este congreso, tanto
en lo que se refiere a la reivindicación sociopolítica como a la normativización:

> El Congrés, que va aplegar representants de totes les terres del domini lingüístic català,
> va tenir una transcendència considerable, tant en la reivindicació sociopolítica de l'i-
> dioma com en la seva normativització ortogràfica, en les discussions de la qual inter-
> vengué activament Fabra (2005: 338).

Kremnitz (1995: 114) también ha destacado la importancia de esta celebración al
considerarla la culminación de la identificación entre lengua y catalanidad. Este
estudioso insiste además en su relevancia como base para la creación de las infraestructuras que permitirán la instrumentalización y la extensión de la lengua
(sobre todo, a través del *Institut d'Estudis Catalans*).

En suma, se puede concluir que el *Primer Congrés Internacional de la Llengua
Catalana* fue significativo por muchos motivos. En primer lugar, como testimonio del entusiasmo colectivo, es decir, como reivindicación sociopolítica; ya se
han destacado las reivindicaciones de numerosos congresistas en este sentido
(por ejemplo, Bertràn i Musitu, Franquesa i Gomis, Albó i Martí y Prat de la
Riba). En segundo lugar y mucho más significativo desde el punto de vista filológico, esta celebración (si bien el nivel de los ponentes no siempre podría calificarse de altamente académico) constituye un precedente inmediato de la futura
normativa composicional. Según Badia i Margarit, el congreso recogió un clima
propicio para conseguir que "la normativa que s'havia d'establir per a la llengua
fos universal i aplicable, per tant, a les grans modalitats geogràfiques del domini
lingüístic" (2004a: 514). En definitiva, se trataba de no privilegiar una modalidad
hegemónica que se había convertido en dominante por razones externas (es decir,
culturales, literarias, etc.) y no por tener una estructura lingüística más apropiada.
Así pues, además de enaltecer y defender la lengua, el *Congrés* también ha pasado a la historia bajo un doble signo: el de unidad y el de diversidad lingüística (cf.
Badia i Margarit 2004a: 541), asentando las bases para el posterior trabajo de
Fabra.

Desde una perspectiva actual, el *Congrés* se considera relevante porque el entusiasmo colectivo que testimonia hace patente una evolución con respecto a las

consideraciones lingüísticas de las épocas anteriores. Si en la celebración anual de los *Jocs Florals* y durante la *Renaixença* los primeros debates giraban en torno a la dicotomía lengua "viva"/lengua "muerta", esta discusión había quedado totalmente obsoleta en 1906. Pues, en la celebración del *Primer Congrés Internacional de Llengua Catalana*, nadie dudaba ya de la viveza del catalán como lengua literaria y de su "viabilidad" como lengua de uso normalizado. Gran parte de los esfuerzos del momento estaban destinados a establecer, por un lado, una norma composicional y, por otro, a elevar el catalán a lengua nacional, reivindicando su pleno uso normalizado en todos los ámbitos (incluidos los oficiales).

Los avances conseguidos desde la celebración de los *Jocs Florals*, esto es, el proceso de superación de la diglosia y la normalización alcanzada en tan solo unas décadas, se resumen magistralmente en este pasaje del discurso inaugural del vicepresidente del congreso, Antoni Rubió i Lluch. Su autor señalaba también la necesidad de una reforma lingüística y ortográfica:

> Quan s'escrivía català solament pera'ls Jochs Florals, y per dirho aixís, una vegada al any, no's trovaven els escriptors devant de la llengua, sinó a curtes estones, y com cosa que's torna a deixar, no s'hi encaparraven y sortíen del pas com podíen y sabíen. Mes quan un s'hi troba ab ella, com ara, cada día,'s fa sense volerho, un detingut examen de consciencia; surten les dificultats a mesura que un s'hi fica més en el seu estudi y llavors neix el sentiment y l'aspiració de la fixesa gràfica y de sa reforma (*Primer Congrés...* 1908: 76).

Para concluir citaremos un párrafo que confirma que a esa altura las dudas sobre la viveza del catalán y sobre su "aptitud" como lengua literaria habían quedado disipadas ("no es ja una arbre amenassat de mort"), aunque se reconociera indirectamente la necesidad de emprender una reforma lingüística ("ab totes ses irregularitats y falsos empelts"):

> S'haurà ben demostrat pels gramàtics y filòlechs de nostre Congrés que no es ja un arbre amenassat de mort y que ja ha complert son fí, sinó que ab totes ses irregularitats y falsos empelts creix encara sense donar senyals de vellesa y ab prou sava per assombrarnos ab les espletades de sos fruyts (Intervención de Josep Franquesa i Gomis con el título "Hem de defensar la nostra llengua y reivindicar tots els seus drets", *Primer Congrés...* 1908: 651).

4.3.2.3. "Restauración" de la lengua catalana: la normativa composicional de Fabra

Los epígrafes anteriores ilustran el creciente interés por cuestiones tan importantes como la necesidad de poseer una obra normativa (ortografía, gramática y diccionario), la relevancia y el deseo de llevar a cabo estudios profundos sobre la estructura interna de la lengua o la defensa de un mayor reconocimiento jurídico. Todos estos debates manifiestan un nivel de concienciación tan elevado que no resulta extraño que la reforma lingüística emprendida por Pompeu Fabra se forjara justo unos años después y que, además, consiguiera un alto grado de aceptación.

La creación de una norma lingüística, de hecho o de derecho, es consustancial a las necesidades de comunicación de toda sociedad de masas (cf. Ferrando/Nicolás 2005: 350) y es parte intrínseca de la normalización social de una lengua (cf. D'Andrés Díaz 2006: 207). Es de sobras conocido que la normativización del catalán, impulsada por el *Institut d'Estudis Catalans*, fue en gran medida el resultado del intenso trabajo de Fabra. No obstante, para la consecución de esta gran obra codificadora Badia i Margarit (2004a: 540) señala cuatro factores que fueron tomados en cuenta a la hora de realizar esta ardua tarea:

1) los eruditos y académicos de la *Acadèmia de Bones Lletres de Barcelona* (expertos en soluciones antiguas);
2) los gramáticos representados por el grupo de *L'Avenç*, es decir, Fabra y su entorno;
3) la vía popular, consciente de la unidad de la lengua y conocedora profunda de las variedades regionales; posición que correspondía a Alcover y al conjunto de sus colaboradores;
4) la vía más vulgar, la del *català que ara es parla*, cuyo máximo representante fue Serafí Pitarra; esta última línea, a pesar de su tono paródico, también contribuyó positivamente a la difusión de la lengua escrita.

Es probable que la codificación fabriana no hubiera conseguido la relevancia que tuvo si no se hubiera propagado a través del tejido cultural del *catalanisme* (cf. Ferrando/Nicolás 2005: 367). Este tejido estaba constituido por la prensa, el mercado editorial, las instituciones educativas y, obviamente, las instituciones creadas por la *Mancomunitat de Catalunya*. Los estudiosos Nadal y Prats (1992: 107)[112] destacan tres factores que, combinados, contribuyeron a la implantación de la norma fabriana: 1) el apoyo institucional; 2) la aceptación casi unánime e inmediata de los escritores; y 3) la actitud del propio Fabra con respecto a la reforma emprendida, que, si bien tomaba como referencia la variedad del habla de Barcelona, incorporaba "la suficiente elasticidad para que los demás dialectos pudiesen incluirse sin dificultades".

---

[112] De manera análoga Badia i Margarit (1973: 117-127) aduce tres factores claves que explican el éxito de la reforma lingüística del catalán: el primero se refiere a la personalidad de Fabra, considerado un "gran romanista"; el segundo, a las instituciones catalanas (IEC) que promovieron la reforma fabriana; y el tercero, al "pueblo", que en cierto modo contribuyó a su creación y posteriormente las aceptó como propias.

La *Mancomunitat*, fundada en 1914, cumplió un papel destacado en el impulso de la cultura catalana[113] y en la codificación del catalán (cf. Neu-Altenheimer: 1992: 68)[114]. Pese a las escasas competencias que le habían sido concedidas y a la falta de recursos económicos (cf. Bernecker 1999: 192; Ferrando/Nicolás 2005: 367), su contribución a la transformación de Cataluña y a la implantación de las bases institucionales para extender el uso social de la lengua durante el periodo de autonomía republicano no debe infravalorarse.

Ferrando y Nicolás (2005: 367-368) distinguen cuatro ámbitos de actuación de la *Mancomunitat* que propulsaron la extensión social del catalán. En primer lugar, el fomento del desarrollo de la alta cultura, concebida para un público erudito, como pilar desde el cual se promovió tanto la codificación de la lengua como otras importantes iniciativas (la conservación e inventario de monumentos, la creación de museos, etc.). En segundo lugar, la promoción cultural y educativa, desarrollada desde la *Direcció General d'Instrucció Pública*, que construyó una extensa red de bibliotecas populares. En tercer lugar, la mejora de la administración catalana, el impulso de la economía y de las infraestructuras con la creación de la *Escola de Funcionaris d'Administració Local*, la *Caixa de Crèdit*, etc. Por último, la *Mancomunitat* favoreció el perfeccionamiento de la formación científico-técnica con la fundación de la *Universitat Industrial* o *Escola Industrial*. Entre 1914 y 1920 Eugeni d'Ors (1881-1954), el formulador teórico del *Noucentisme*, asumió el lideraje ideológico de gran parte de la vida cultural catalana. En 1915 dirigió la *Escola de Bibliotecàries*, participó en la construcción de la red de bibliotecas populares y fue miembro del *Consell de Pedagogia* de la *Mancomunitat*; dos años después se hizo máximo responsable de la *Instrucció Pública*. A lo largo de su trayectoria pública fue acumulando diversos cargos destacados y acabó convirtiéndose en una personalidad polémica. La muerte en 1917 de Prat de la Riba, su principal protector, supuso el inicio del eclipse de esta figura[115].

---

[113] Kremnitz (1995: 114) destaca también la importancia de la creación de esta institución para la normalización del catalán.

[114] Si bien cabe puntualizar que la creación del *Institut d'Estudis Catalans* se creó bajo la *Diputació de Barcelona*.

[115] Desde la muerte de su protector se produjo un distanciamiento progresivo entre el escritor y el programa de la *Lliga Regionalista*. En 1919 se le destituyó del cargo mencionado y tuvo que dimitir de los otros. A partir de 1923 se estableció en Madrid y acabó colaborando activamente con el Franquismo (cf. Blas Guerrero 1997: 114)

Institut d'Estudis Catalans

El análisis de las actas del *Primer Congrés Internacional de la Llengua Catalana* demuestra el enorme interés por las cuestiones normativas y la necesidad de crear una norma unitaria válida para todo el dominio lingüístico catalán. No obstante, la deriva ortográfica y gramatical no concluiría hasta la creación de una institución con capacidad normativa que fuera reconocida por las instancias sociales. Como consecuencia de esta inminente necesidad, que se había venido constatado a lo largo de todo el siglo XIX, se fundó el *Institut d'Estudis Catalans*. Esta institución, como afirman Ferrando y Nicolás (2005: 483), fue reflejo de la "voluntad política" de Enric Prat de la Riba, quien se hizo cargo de la presidencia de la *Diputació de Barcelona* tras la victoria electoral de la *Solidaritat Catalana*.

Es significativo, en cambio, que el *Institut d'Estudis Catalans* no surgiera solo como una simple academia de la lengua sino como un "símbol cultural i instrument reactor de la cultura noucentista", estableciéndose como una corporación académica de alta investigación y de organización cultural (*ibid.*). En 1911, la institución, presidida por el historiador Antoni Rubió i Lluch[116], se dividió en tres secciones: 1) la histórico-arqueológica; 2) la de ciencias; y 3) la de lengua (que pasaría a llamarse filológica). Eugeni d'Ors asumió la secretaría general ese mismo año (cf. Blas Guerrero 1997: 114), mientras que Pompeu Fabra, a petición de Prat de la Riba[117], se incorporó a la *Secció Filològica* presidida por Alcover[118] (cf. Badia i Margarit 2005: 30; Ferrando/Nicolás 2005: 483).

---

[116] Antoni Rubió i Lluch era hijo de Joaquim Rubió i Ors, considerado, este último, el padre de la *Renaixença* en Cataluña.

[117] Badia i Margarit (2005: 30) señala que fue el mismo Prat de la Riba quien decidió que esta sección contara, entre sus miembros, con lingüistas y literatos y quien aprobó la adjudicación de plazas a personas concretas. Los especialistas en lengua se reducían únicamente a dos: Alcover y Fabra, ambos marcados por fuertes discrepancias tanto de contenido como de formas. Joan Martí i Castell (2005: 73-74) también comenta que, a pesar de que ambos compartían una vocación por la cual se sentían comprometidos, sus posiciones partían de conceptos e ideologías completamente distintas; el objetivo principal de Fabra era fijar una normativa para el uso unitario del catalán en los registros formales, es decir, en la escritura; mientras que Alcover se interesaba más por el análisis descriptivo de la lengua sin ser consciente de las necesidades más urgentes (*ibid.*). Es bien sabido que con el paso del tiempo la figura de Fabra se fue imponiendo a la de Alcover.

[118] Si bien cabe destacar el papel de Alcover en la recuperación de la lengua catalana (especialmente en su labor por estudiar y difundir la riqueza dialectal del catalán y proclamar su unidad) y su popularidad entre los círculos catalanistas, también es de señalar su falta de formación en algunos aspectos. Badia i Margarit (1973: 108) comenta sus lagunas como lingüista y dialectólogo y su falta de conocimientos sobre el desarrollo histórico de las lenguas románicas.

El *Institut d'Estudis Catalans* delegó a una comisión la elaboración de una normativa ortográfica que pusiera fin a la anarquía imperante (cf. Ginebra 2006: 47). La comisión reunía diferentes posiciones: una visión tradicionalista, representada por hombres como Rubió i Lluch, reticente a cambiar las rutinas ortográficas que habían cedido ante la lengua hegemónica, esto es, el castellano; la perspectiva de Fabra, que representaba la visión más moderna y abierta a innovaciones; y, por último, una vertiente intermedia representada por figuras como Alcover, quien se encontraba más cercano a los conservadores que a Fabra debido sobre todo al peso que este último atribuía al dialecto barcelonés en detrimento de las demás variedades (cf. Ferrando/Nicolás 2005: 484)[119].

Tras la vuelta a Barcelona de Fabra los trabajos de la ponencia se intensificaron y, después de la elaboración de diversos esbozos, en abril de 1912 se aprobaron las *Normes ortogràfiques* firmadas por la totalidad de los miembros del IEC, y se publicaron al año siguiente (*ibid.*)[120]. Una vez instaurada la *Mancomunitat*, a las *Normes* les siguieron las publicaciones del *Diccionari ortogràfic* en 1917 y de la *Gramàtica Catalana* en 1918. Por último, en 1932 se publicó el *Diccionari general de la llengua catalana* (*DGLC*) que concluía la obra codificadora de Pompeu Fabra.

Obra fabriana (1913-1932)

El análisis detallado de la codificación de Fabra ha sido realizado por reconocidos estudiosos de la lengua catalana (Mila Segarra, Joan Solà, Antoni Badia i Margarit, Josep Miracle, Xavier Lamuela/Josep Murgades, entre otros). Por tanto, no se trata aquí de repetir el trabajo de todos ellos sino de ofrecer una breve panorámica y, sobre todo, de dar cuenta de su relevancia para la evolución de la intrínseca relación entre lengua e identidad.

En los epígrafes anteriores se ha aludido a la situación (interna y externa) del catalán a inicios del siglo XX. Es obvio que, a pesar del estado en que se encontraba la lengua[121] –Badia i Margarit le atribuye los calificativos de "viciada, arcaica, castellanitzant, anàrquica" (1973: 109-110)–, el catalán avanzaba en el terreno sociocultural y desde largo tiempo se venía reivindicando su estatus jurídico (*Bases de Manresa, Primer Congrés Catalanista, Primer Congrés Interna-*

---

[119] Recordemos que Alcover había sido uno de los principales defensores de la diversidad y riqueza dialectal del catalán.

[120] Para un análisis detallado sobre el proceso de gestación de las *Normes* y sobre la divergencia de opiniones dentro de la *Secció Filològica*, véase Miracle 1998: 448-474.

[121] Un breve resumen sobre el estado interno de la lengua antes de la codificación se presenta en Rico/Solà (1995: 43-44).

cional de la Llengua Catalana, etc.). Sin embargo, entrado el nuevo siglo, el catalán carecía todavía de una norma unificadora que hiciera de esta lengua un instrumento plenamente "apto" para cualquier contexto de uso. Como afirman Lamuela y Murgades, tanto el establecimiento de una norma como su completa autonomía cultural eran imprescindibles:

> Ultra establir uns criteris de decisió per a la regulació normativa, calia proporcionar al català una completa autonomia cultural que li permetés la pretensió de ser utilitzat a tots el nivells de l'activitat social i que, al mateix temps, representés una superació de la ideologia diglòssica que atribuïa al català, al costat de l'ús col·loquial i familiar, la sola funció de llengua literària (1984: 26).

El mérito de la obra de Fabra radica precisamente en haber conseguido ambos objetivos. A grandes rasgos, el trabajo codificador fue el resultado de una enorme labor que comprendía el estudio de la lengua antigua y moderna; la selección de los elementos esenciales frente a los que le eran extraños; la observación de otras lenguas románicas[122] que le permitieran encontrar soluciones para el caso catalán; y la interpretación lógica de todos estos datos (cf. Badia i Margarit 1973: 110). En menos de dos décadas Fabra logró confeccionar una gran obra codificadora que puede dividirse en tres momentos básicos y que siguen el orden lógico de toda normativa científica: la ortografía, la gramática (morfología y sintaxis) y el corpus léxico (diccionario normativo) (cf. Badia i Margarit 1973: 113; Ferrando/Nicolás 2005: 486). La ortografía quedaba regulada en sus propuestas de 1913 (*Normes ortogràfiques*) y 1917 (*Diccionari ortogràfic*); la morfología y, en menor medida la sintaxis, se desarrollaba en sus obras de 1912 (*Gramática de la lengua catalana*)[123] y 1918 (*Gramàtica Catalana*)[124]; y finalmente, el corpus léxico se fijaba en 1932 (*Diccionari general de la llengua catalana*).

---

[122] Cabe destacar que Fabra fue también un eminente romanista, comparable a la figura de Milà i Fontanals. A principios del siglo XX gozaba de prestigio entre los grandes romanistas europeos pero al aceptar la tarea de reformar la lengua catalana tuvo que renunciar a la disciplina romanística (cf. Badia i Margarit 2005: 27-28).

[123] En el prólogo a la *Gramática* (1912: V-XXII), escrita en castellano, Pompeu señalaba explícitamente que estaba destinada a castellanohablantes, pero siendo tan pocos los que utilizarían el catalán o tuvieran deseos de estudiarlo, se dirigía también a catalanohablantes haciendo de ella un estudio comparativo entre ambos idiomas. La obra, como el mismo autor destacaba, se dividía en cuatro partes: fonética, morfología, sintaxis y formación de palabras. Igual que sucedería en sus posteriores trabajos, el autor explicitaba que la fonética se basaba en el habla de Barcelona, pero contemplando otras variedades dialectales; lo mismo ocurre con la morfología. En cuanto a la sintaxis, admitía la dificultad en su elaboración al no poder adoptar las construcciones más usadas por los escritores, cuya obra, en su opinión, se encontraba repleta de castellanismos sintácticos.

[124] Ferrando y Nicolás también incluyen dentro de su trabajo gramatical la obra póstuma editada por su discípulo y colaborador Joan Coromines titulada *Gramàtica Catalana* de 1956 (2005: 486).

Sin ánimo de ser redundantes y dejando de lado otras consideraciones también importantes como la personalidad del propio Fabra[125] y la de Prat de la Riba, quisiéramos introducir las significativas reflexiones de Antoni Ferrando y Miquel Nicolás (2005: 485), pues el marco coyuntural puede ayudar a entender en buena medida el éxito de esta obra y la aceptación de la codificación fabriana. En primer lugar, cabe mencionar la existencia de unas élites políticas y culturales que reivindicaban el catalán como lengua de cultura y como lengua nacional de su comunidad; estas reivindicaciones culturales se iniciaron en el periodo de la *Renaixença* y evolucionaron hacia unas demandas político-lingüísticas a partir del último tercio del siglo XIX e inicios del XX. En segundo lugar, debe señalarse la instauración de un organismo codificador como el *Institut d'Estudis Catalans*, amparado políticamente e investido de autoridad pública (algo de lo que carecían las instituciones anteriores que habían intentado regular la cuestión ortográfica y gramatical), que pudiera elaborar, impulsar y difundir la codificación lingüística. Por último, hay que hacer hincapié en la creciente demanda de normativización, derivada del crecimiento de la alfabetización, de la madurez literaria, de la tecnología de las comunicaciones y de la urbanización de Cataluña que se iba convirtiendo en una sociedad moderna de masas. Así pues, la conjunción de estos factores de carácter sociopolítico y cultural posibilitó la codificación normativa que, por motivos coyunturales, solo podía producirse en el Principado de Cataluña.

En los siguientes párrafos se comentarán a grandes rasgos las características más destacadas de las principales obras de Pompeu Fabra[126]:

1) *Normes ortogràfiques* (1913)[127]. A pesar de que las *Normes* fueran promulgadas por el *Institut d'Estudis Catalans* fueron sobre todo el resultado del trabajo de Fabra (cf. Badia i Margarit 1973: 110). No se trataba de proceder a una exposición completa y sistemática de la ortografía catalana sino de discutir veinticuatro cuestiones ortográficas, pues el trabajo sistemático en esta materia se encuentra recogido en "Exposició de l'ortografia catalana" que acompañaba al *Diccionari ortogràfic* (1917) (cf. Ferrando/Nicolás 2005: 489).

El procedimiento y el resultado de esta normativa era una ortografía unitaria, de base histórica, en la que tenían cabida las diversas variedades ortoépicas. No obs-

---

[125] Véase Badia i Margarit (1973: 117-121) para profundizar en la relevancia de la personalidad de Pompeu Fabra.

[126] Tanto Badia i Margarit (1973: 110-112) como Ferrando/Nicolás (2005: 489-491) y Torrent i Alamany-Lenzen (1997: 41 y ss.) presentan análisis breves, pero suficientes, para entender los criterios lingüísticos de las principales obras normativas de Fabra.

[127] Badia i Margarit (1973: 143-145) ofrece un breve pero interesante resumen de la significación de esta obra sesenta años después de su publicación.

tante, la decantación por la morfología y el léxico barceloneses, tomados como referencia para la "llengua comuna", conllevó la adaptación de la pronunciación a esta variedad dialectal (cf. *ibid.*: 489).

2) *Gramàtica Catalana* (1918). El segundo paso de la obra de Fabra fue la elaboración de la gramática normativa, encargada por el *Institut d'Estudis Catalans* y reeditada en diversas ocasiones. La gramática fabriana se basaba en la morfología del catalán central, si bien aceptaba las variedades más típicas de los otros grandes dialectos. Badia i Margarit (1973: 11)[128] comenta que la gramática de Fabra quedaba reducida en gran medida a la morfología, aunque reconoce también la aparición de aspectos sintácticos importantes y bien resueltos. Por su parte, Ferrando y Nicolás destacan la claridad expositiva de esta obra y sus grandes dosis pedagógicas (2005: 490-491). También hay que señalar su carácter composicional o participativo que permite que sea tan correcto escribir *jo estimo*, como *jo estime* o *jo estím*.

3) *Diccionari general de la llengua catalana* (1932)[129]. Con la publicación de este diccionario, a instancias del *Institut d'Estudis Catalans*, Fabra concluía la tercera fase de su tarea codificadora. El carácter provisional que le otorgaba el propio autor no impidió que se convirtiera en una obra modélica en la que se recogían las palabras de uso general, literario, científico y técnico indispensables para la vida moderna. Fabra explicitaba el criterio léxico en el prólogo de la obra donde sostenía que se basaba en el diccionario de Pere Labèrnia y que adoptaba como modelo el *Dictionnaire* de la Academia Francesa (cf. Ferrando/Nicolás 2005: 491).

A pesar de haber sido aceptadas de manera generalizada y de haber recibido el apoyo de las instituciones y de la mayoría de los escritores y editoriales de Cataluña, no faltaron críticas a la norma elaborada por Fabra. Las reticencias iniciales se redujeron, eso sí, a sectores minoritarios como, por ejemplo, la prensa satírica, la *Acadèmia de Bones Lletres* (que no las aceptó hasta 1931), algunos escritores, entre los cuales se hallaba Àngel Guimerà, o filólogos de la *Acadèmia de la Llengua Catalana*, recuperada en 1915 bajo la presidencia de Jaume Collell (cf. Balcells *et al.* 1996: 445; Ferrando/Nicolás 2005: 491-492). Entre los "antinormistas" destacan figuras como Collell, Bonaventura Riera, Carreras

---

[128] Este filólogo (1973: 111) enumera, entre otros, la ausencia de la oración gramatical y el orden sintáctico.

[129] La segunda edición corregida del diccionario, reeditada en 1954 como obra póstuma, incluye un prefacio de Carles Riba y algunas modificaciones introducidas por la *Secció Filològica* del IEC (cf. Ferrando/Nicolás 2005: 491).

Candi, Pin i Soler, Careta i Vidal (cf. Miracle 1998: 479)[130] e incluso el mismo Alcover[131].

Para ilustrar brevemente el antifabrismo se tomará el ejemplo de Jaume Collell, perteneciente al círculo de Vic. Collell ya se había mostrado contrario a las propuestas reformistas iniciadas por la revista de *L'Avenç* a finales de la década de los noventa del siglo XIX pero fue a partir de la publicación de las *Normes* cuando hizo muestra de una verdadera actitud de rechazo hacia la reforma normativa. En 1913 en una carta de protesta conjunta escrita por los adjuntos de Vic, publicada en noviembre en la *Gazeta Montanyesa*, el grupo explicaba su oposición a las *Normes* dictadas por el *Institut d'Estudis Catalans* y que el Consejo Directivo de los *Jocs Florals* había decidido adoptar por votación. Collell y el resto de redactores sancionaban abiertamente estas normas y sostenían que favorecían la arbitrariedad del "caciquisme polític-literari":

> [...] ens fem un dever de protestar-ne amb tota l'ànima adherint-nos amb los qui, fent abans observacions justes i atindades, votaren en contra d'una resolució que, tot i volent afavorir una pretesa *unificació*, no és altra cosa que una nova arbitrarietat del caciquisme polític-literari que trata d'imposar-se per procediments del tot contraris a les bones tradicions de lleialtat i llibertat de Catalunya (Collell 1994: 160).

Unos días más tarde aparecía en la misma publicación un artículo titulado "Nota del día" en el cual Collell hacía nuevamente referencia a las *Normes* y a su supuesta deformación lingüística, basada a su modo de ver en la invención de barbarismos y neologismos:

> Cada dia es va veient més l'esguerro i deformació que li han portat a l'idioma català les Normes i l'espertit innovador dels qui les han fetes i dels qui les han acceptades. Ja no és tan sols la feina pueril de traure la y graga i de mutilar les paraules que es porten

---

[130] En el capítulo "La victòria del gramàtic" Miracle (1998: 464-504) ofrece un detallado estudio sobre las reacciones antinormistas más destacadas. De la batalla ortográfica también se hicieron eco los principales periódicos de Cataluña, incluidas las revistas y publicaciones satíricas como *L'Esquella de la Torratxa* o *En Patufet*, esta última fue una revista de masas que se convirtió en la publicación de más tirada del primer tercio del siglo XX. También cabe destacar la posición de figuras del resto del dominio lingüístico como el valenciano Lluís Fullana (1871-1948), artífice de las *Normes de Castelló* (1932), y Carles Grandó en la Cataluña Norte, que proponía un equilibrio entre el fabrismo y la tradición ortográfica local (cf. Ferrando/Nicolás 2005: 492).

[131] Es muy significativo que Alcover, habiendo sido el primer presidente de la *Secció Filològica* del IEC y firmante de las *Normes ortogràfiques*, acabara siendo antinormista y uno de los principales detractores de Fabra tras su ruptura definitiva con el IEC en 1918. Para una descripción detallada de la ruptura de Alcover con Fabra y la citada institución, véanse Miracle (1998: 517-526); Massot i Muntaner (1985: 140-145 y 151-155); y Balcells *et al.* (1996: 445-446).

h; la deturpació és més fonda, és més substancial, penetra en l'entranya viva del llenguatge inventant de barbarismes i neologismes que són per la fesonomia de l'idioma un atemptat semblant al que comet un pintor posant son pinzell groller sobre les figures d'una taula d'un metge mitgeval (1994: 162).

A estos dos artículos le siguieron muchos otros escritos de protesta[132]. En numerosas ocasiones, Collell calificó las *Normes* de abuso de autoridad, pues afirmaba que su intención era imponerse, y no la de ser provisionales y transitorias como se autodefinían. Por otro lado, criticaba su contribución a la confusión entre los escritores catalanes, además de destacar que eran resultado de la esclavitud de la moda y de censurar algunos cambios gráficos que consideraba inconsistentes. El siguiente pasaje es una muestra ilustrativa de su crítica ortográfica; concretamente Collell hacía referencia al cambio gráfico "b"/"v" en la palabra "cambi":

Ara diuen *canvi* en lloc de *cambi*. Això no és un barbarisme, ni un neologisme, sinó una barbaritat.

La paraula *cambi* ve del llatí *cambium*, que significa permutar una cosa amb altra i també el lloc de contractació comercial, Bolsa o Llotja. D'aqueixa paraula llatina l'italià i el castellà n'han fet *cambio*, i el català, seguint una rigorosa llei de morfologia, n'ha fet *cambi*, i diem també *bescambi*, i tenim el verb *cambiar* i *bescambiar*. [...]

Cregueu que m'agradaria de saber quin cervell o cervells noucentistes, d'eixos que escriuen *amb*, se'ls ha ocorregut inventar això del *canvi*. Los hi regalaria unes beceroles relligades en pell de granota (1994: 167-168).

El último de estos escritos referidos a la normativa fabriana estaba dirigido al *Consistori dels Jocs Florals* e iba firmado por una extensa lista de personalidades premiadas o mantenedoras del certamen literario, entre los cuales destacaban el mismo Collell, Àngel Guimerà, Lluís Domènech i Montaner y Narcís Oller. En esta breve carta, fechada el 1 de marzo de 1915, los firmantes pedían al consistorio de los *Jocs Florals* que concediera libertad a los escritores y no les sometiera a una normativa que ellos consideraban poco espontánea:

Los infrascrits, premiats en los Jocs Florals de Barcelona o mantendors que n'han sigut, demanen a l'honorable Cos d'Adjunts que acordi deixar en llibertat a tots los escriptors perquè contribueixin a les tasques de la venerable institució segons lo saber i entendre de cada u, fins que vinga amb lo temps i amb la major espontaneïtat, porta-

---

[132] "Nota del dia. Pel cap d'any de les *Normes Ortografiques*" (*Gazeta Montanyesa*, núm. 1010, 07.02.1914); "Nota del dia. La moda de les *Normes*" (GM, núm. 1071, 27.06.1914); "Barbaritat normista" (*Gazeta de Vich*, núm. 7, 29.10.1914); "Tornemli'l cambi" (GV, núm. 64, 16.03.1915); "*Lo Referendum* de la llibertat" (GV, núm. 75, 10.04.1915), etc. (cf. prólogo de Requesens i Piqué, en Collell 1994).

da per la maduresa i el concurs de tots, la unificació ortogràfica de la nostra llengua (Collell 1994: 172).

4.3.2.4. CONTRADISCURSO Y AUTOJUSTIFICACIÓN

Durante esta nueva fase el discurso catalanista evolucionó de manera significativa. El castellano dejó de considerarse la lengua nacional y, por primera vez, se le confirió este papel, de manera más o menos generalizada, al catalán. Cataluña era ahora la patria y también la nación de los catalanes; el catalán, por tanto, se asumía como lengua nacional de Cataluña. Este nuevo discurso se alejaba de la afirmación de la doble identidad de los catalanes y afirmaba una identidad catalana exclusiva, como se observará sobre todo con los ejemplos de Prat de la Riba y Rovira i Virgili al analizar el corpus de autores. Es significativo señalar que esta nueva perspectiva no era separatista sino que aceptaba la unión de un Estado catalán con el resto de pueblos hispánicos mediante la confederación.

Si bien en la etapa anterior (fase B) se habían manifestado ya las tensiones entre "centro" y "periferia" (especialmente a través de la polémica entre Núñez de Arce y Almirall, a la que también podría incluirse el intercambio intelectual en forma de epistolario entre Miguel de Unamuno y Joan Maragall), estas se intensificaron en la fase C (1901-1932), siendo su punto álgido los debates sobre el *Estatut d'Autonomia* de Cataluña durante el periodo republicano[133]. Sin embargo, también tuvieron lugar importantes momentos de distensión durante la década de los veinte del siglo XX, entre los cuales destacan el *Manifiesto de los escritores castellanos en defensa de la lengua catalana* (1924), la exposición del libro catalán en Madrid (1927) y la visita a Barcelona de los intelectuales firmantes del citado manifiesto (1930) (cf. Risques *et al.* 1999: 271; Duch Plana 2005: 172). Los tres actos de solidaridad deben enmarcarse en el periodo de la dictadura de Primo de Rivera. El manifiesto en defensa del catalán fue contestado con agradecimiento por algunas instituciones catalanas e incluso mediante iniciativas individuales como la de Rovira i Virgili. En 1927 se celebró en Madrid la exposición del libro catalán que fue seguida de un ciclo de conferencias organizadas por Ernesto Giménez Caballero (cf. Duch Plana 2005: 172-173). Tres años después, el diálogo entre los intelectuales castellanos y catalanes se formalizó a través de la visita de algunos de los promotores del manifiesto, entre los cuales destacan nombres tan relevantes como Manuel Azaña, Pedro Salinas, Ramón Menéndez

---

[133] Ferrer i Gironès (2000: 275-283) presenta una breve introducción sobre las actitudes de los republicanos españoles frente a las demandas catalanistas.

Pidal, Ramón Pérez de Ayala y José Ortega y Gasset[134]. El encuentro finalizó con la transmisión de un telegrama al entonces presidente del Gobierno, Dámaso Berenguer, donde se reclamaba la derogación de todas las medidas adoptadas por la dictadura que reducían la libertad de Cataluña y la libertad de expresión en catalán.

Sin embargo, el diálogo y la distensión de los años veinte se vieron truncados durante el proceso de negociación del *Estatut* catalán (1931) debido a la incompatibilidad de pareceres entre los intelectuales catalanistas y algunos intelectuales españoles como Unamuno u Ortega y Gasset. Esta falta de consenso derivaba de una profunda divergencia en cuanto a la cuestión nacional: por un lado, los españoles partían de la idea de la unidad de España como entidad nacional; y, por otro, los catalanes defendían la personalidad propia de Cataluña y su existencia como nación; un debate aún vigente en la actualidad. Una de las principales dificultades radicaba en la necesidad de hacer compatible la recién establecida Constitución con el texto estatutario propuesto por las fuerzas políticas catalanas. En términos lingüísticos, este desacuerdo se tradujo en el rechazo a la propuesta de oficialidad exclusiva, que proponía el texto original catalán, e incluso en el rechazo (por parte de ciertos intelectuales españoles) a la simple idea de cooficializar la lengua catalana. La tensión y los recelos que provocaba el *Estatut* han sido descritos por Juan-Simeón Vidarte (1976: 400-431), el entonces primer secretario del Congreso de los Diputados:

> Cuando recibimos el Estatuto se repartieron por el Ateneo y los cafés hojas ofensivas para Cataluña y fue detenido Ramiro Ledesma Ramos, quien ya hacía propaganda a favor del fascismo en la revista *La Conquista del Estado*.

> La lucha contra el Estatuto comenzó desde la discusión del proyecto constitucional. Los dieciocho oradores que intervinieron en los turnos de totalidad del proyecto constitucional se ocuparon del Estatuto de Cataluña. En pro y en contra se libró una de las mayores luchas de las Constituyentes (*ibid.*: 402-203).

En términos generales y a excepción del periodo de la dictadura de Primo de Rivera, se puede decir que las tensiones entre "centro" y "periferia" fueron casi constantes durante toda la fase C. Rovira i Virgili, en un artículo para *La Publicitat* del 1 de octubre de 1931, constataba la divergencia entre ambas posturas: "Ells i nosaltres pensem diferentment, sentim d'una altra manera. Passen anys i decennis i segles, moren i neixen generacions, cauen monarquies i s'alcen Repúbliques..., i Catalunya segueix essent Catalunya, i Castella segueix essent Castella" (1988: 467).

---

[134] En la visita se desplazaron unos cuarenta intelectuales (cf. Duch Plana 2005: 172).

Sobrequés i Callicó (2002: 144) indica que la defensa de la lengua, objeto de agresión permanente por el Gobierno del Estado, constituye una de las constantes más reiteradas de la obra periodística de Rovira y, en general, podemos añadir que de todo el *catalanisme* durante las tres primeras décadas del siglo XX. Esto sirve para corroborar que el reavivamiento de la conciencia nacional catalana y la consolidación del *catalanisme* iban unidos a la defensa de la lengua y, por tanto, que la reivindicación política y la lingüística son dos caras de una misma moneda.

La defensa de la lengua fue una constante en la trayectoria política y periodística de Rovira (véase más detalles en el epígrafe 4.5.9). Para ilustrar su ideología lingüística recurriremos a tres artículos publicados entre 1922 y 1932: "El diàleg de les llengües", "La llengua és la sang de l'esperit" y "L'esdevenidor de la llengua catalana". El discurso identitario de Rovira se entiende como un contradiscurso, es decir, como respuesta a un discurso que, por su parte, relativizaba la imposición histórica del castellano en Cataluña o que sostenía que el catalán era una amenaza para el desarrollo del castellano.

"El diàleg de les llengües" (*La Publicitat*, 03.07.1922) fue escrito en réplica a un artículo publicado en el *ABC* por el periodista madrileño Gómez de Baquero donde el autor comentaba las causas históricas del predominio del castellano en Cataluña. Enalteciendo el valor del catalán medieval, Rovira contestaba que la imposición de la lengua castellana en el territorio catalán se debía a razones histórico-políticas y no a razones naturales:

Tanmateix, durant l'Edat Mitjana, quan encara no s'havia produït la gran florida de la literatura castellana, el valor de la literatura nacional de Catalunya, no era en cap manera inferior, ben al contrari, a la literatura de Castella. El segle d'or de la literatura castellana és posterior al començament de la castellanització lingüística de Catalunya. Una de les causes més fortes d'aquest fenòmen fou la influència política d'Espanya sobre Catalunya, influència iniciada amb la dinastia de Ferran d'Antequera i accentuada a partir dels Reis Catòlics. La llengua castellana fou la llengua de la Cort, la llengua del rei; i tant per la imposició oficial com per l'atracció cortesana, aquesta llengua es mostrà superior, als ulls mateixos de molts catalans.

En "La llengua és la sang de l'esperit", publicado solo unas semanas después del golpe de Estado de Primo de Rivera, volvía a enfatizar la relevancia de la lengua catalana en el pasado medieval y el auge de la *Renaixença*, a la vez que realzaba la primacía del catalán para el espíritu del pueblo. Es de suma importancia la última frase del fragmento reproducido donde se destaca la importancia del catalán:

Els catalans hem vist que el nostre idioma, gloriós i alt en temps passats, havia caigut fins a la tristesa d'una parla plebea, foragitada de l'ús literari, científic [fragmento censurado]. L'hem vist reduït a un petit territori i en perill de mort. I ara que ha renascut i

214   Esther Gimeno Ugalde

s'ha ennoblit novament, i de la vella soca han sortit nous rebrots vigorosos, l'estimem amb passió, i concentrem en aquesta amor [fragmento censurado] [...].

No sentiríem tant la supressió de corporacions, de llibertats polítiques i de drets de ciutadans com la minva del llenguatge (*La Publicitat*, 26.10.1923).

En otra ocasión el periodista tarraconense, refiriéndose a un artículo publicado por Luis Bello en *La Nación* de Buenos Aires, criticaba el desconocimiento e imprecisiones históricas del escritor castellano, quien en el citado texto había afirmado que el catalán se cerró en Cataluña, mientras el castellano conquistaba América y el portugués se forjaba en Brasil. El pensador y político catalán, de modo similar al artículo en respuesta a Gómez, replicaba en *L'esdevenidor de la llengua catalana* que el aislamiento de la lengua catalana había sido el resultado de la imposición política y no del desarrollo interno de la lengua:

Permeti'ns el senyor Bello que fem una esmena de consideració a aquestes paraules seves: no es tancà el català ell mateix, ans bé el tancaren. El tancaren Isabel la Catòlica i els reis de la casa d'Àustria en prohibir, sota penes severíssimes, que els ports i els súbdits de la Corona catalano-aragonesa tinguessin comerç amb les terres conquistades al Nou Món, i a la descoberta de les quals havien cooperat els catalans econòmica i personalment (*La Publicitat*, 20.09.1932).

Rovira i Virgili dedicó intensas reflexiones al catalán, tanto desde el punto de vista filológico y estilístico como desde una perspectiva política y social. Pero, sin duda, sus escritos contribuyeron también al debate intelectual entre "centro" y "periferia". Algunos de sus artículos periodísticos son respuestas a intelectuales españoles que reflexionaron sobre la cuestión catalana; de modo explícito Rovira se refirió a Unamuno, a Ortega y Gasset y a Menéndez Pidal. En un artículo titulado "La dèria del senyor Unamuno" (*La Campana de Gràcia*, 25.01.1919), Rovira reprochaba al filósofo vasco el hacer campaña contra la lengua catalana. El periodista catalán puntualizaba que la única ventaja del castellano sobre el catalán era geográfica, es decir, consistía en tener un número mayor de hablantes y afirmaba que "[d]ins la modèstia territorial del nostre idioma, tenim tanta raó per reivindicar la plenitud dels nostres drets com en tindrien els castellans si algú volgués restringir, en el propi territori, els drets de la llengua castellana" (1988: 62). En su escrito daba réplica a los prejuicios de Unamuno, basados en argumentos geográficos y cuantitativos. En respuesta a los argumentos unamunianos, Rovira señalaba que la importancia de un idioma no se calibraba por la extensión geográfica sino por su intensidad cultural. Además sostenía que la relevancia del castellano en su época era bastante reducida si se tenía en cuenta este último aspecto, es decir, el cultural; a lo que añadía que el catalán empezaba a superar al castellano en ese sentido. La actitud de Rovira era defensiva, pues, aunque pretendía legitimar ante todo la importancia del catalán, no prescindía de argumentos negativos contra el castellano.

Otra personalidad que acaparó la atención de Rovira i Virgili fue Ortega y Gasset, a quien dedicó dos artículos seguidos en réplica a las ideas expuestas por el célebre pensador en su obra *España invertebrada*. En el primero, "El senyor Ortega y Gasset" (*La Publicitat*, 03.05.1922), Rovira criticaba las ideas de este al presentar el *catalanisme* como "un de tants casos de particularisme disgregacionista que han aparegut a Espanya i que afecten de la mateixa manera el territori com les classes i els estaments del país" (1988: 238). En el segundo, "Una visió localista", aparecido en *La Publicitat* al día siguiente, insistía en la falta de solidez de las tesis de Ortega, quien afirmaba que las manifestaciones de particularismo disgregacionista surgían en los momentos de decadencia española. Rovira, gran conocedor de los movimientos nacionalistas europeos, argumentaba que "[q]ualsevol espectador atent que examini la història s'adonarà de la generalitat, de la universalitat dels ressorgiments nacionals". Además, afirmaba que la explicación de Ortega al hecho nacional era una explicación ibérica –que a su parecer equivalía a una visión muy localista– y le reprochaba que, a pesar de sus pretensiones de europeísmo y universalismo, solo hubiera tenido en cuenta la historia de Castilla para estudiar el nacionalismo catalán y el problema de España (*ibid.*: 239).

Para concluir este apartado e ilustrar la dicotomía "centro"/"periferia" haremos alusión a las referencias de Rovira al gran filólogo y romanista Ramón Menéndez Pidal. En "Les confusions del senyor Menéndez Pidal" (*La Publicitat*, 01.09.1931), Rovira contestaba a un escrito del intelectual noventayochista publicado en *El Sol* y le reprochaba que, siendo un eminente y prestigioso filólogo, cayera en confusiones filológicas tan graves[135] como la afirmación de que muchos catalanes defendían la filación occitana del catalán, pues esta creencia empezó a disiparse entre los catalanes ya en la década de los sesenta del siglo XIX. Rovira i Virgili señalaba que Menéndez Pidal:

> [...] sap que no són precisament els catalans els que han "inventat" la filiació occitana de l'idioma català; l'han remarcada i sostinguda cèlebres filòlegs estrangers, les obres de les quals són familiars. [...] Els filòlegs catalans, al contrari, han defensat la diferenciació idiomàtica del català respecte del provençal (1988: 467).

Otra de las críticas de Rovira se refería a la afirmación por parte de Menéndez Pidal de que los autores catalanes escribían en castellano incluso antes de la unión política con Castilla. Rovira puntualizaba que, si bien la existencia de esos casos era indiscutible, se trataba más bien de excepciones. Probablemente el artículo

---

[135] "¿Com és possible que un filòleg, per demostrar la tesi de la 'supernació' espanyola, acudi a arguments tan confusionaris i en part tan pueril·s com els que empra el senyor Menéndez Pidal en l'al·ludit article?" (Rovira 1988: 466).

titulado "De Núñez de Arce a Unamuno" (*La Publicitat*, 01.10.1931) es el que
mejor resume la evolución de las tensiones desde la etapa anterior:

> Davant les frases de Núñez de Arce i davant els arguments d'Almirall, oblideu el
> temps que ha passat i us sembla que teniu sota els ulls documents relatius al recent
> debat a les Corts Constituents espanyoles. [...]
>
> Núñez de Arce i Clarín parlaven, decennis enrere, com parlen avui Unamuno, Menén-
> dez Pidal, Sánchez Román, Ortega y Gasset. Les diferències entre aquests i aquells
> són més d'estil i de cultura que de pensament i d'ànima. [...]
>
> Ni el pas dels anys, ni les vicissituds polítiques, ni l'evolució de les doctrines i dels
> partits, ni la creixença del moviment de Catalunya, ni el capgirell del règim a Espanya,
> han canviat substancialment les posicions i les conviccions de les dues parts (Rovira
> 1988: 474-475).

Para ofrecer una visión de contraste a las ideas catalanistas más extendidas de la
fase C, resulta interesante analizar las referencias a la "cuestión catalana" en
Ensayo de Historia Contemporánea de Salvador de Madariaga (1886-1978),
escritor y político nacido en A Coruña. La primera edición en español de la citada
obra, escrita originalmente en inglés en 1929, apareció en 1931, año en que se
proclamó la II República. La explicación de Salvador de Madariaga a los nacionalismos surgidos en España es también muy similar a la de Ortega y Gasset
pues, en su opinión, el nacionalismo vasco y catalán no existirían si España
hubiera seguido siendo "la fuerza incomparable que en la historia del mundo
encarnó durante dos siglos y medio". De Madariaga afirmaba que el "nacionalismo catalán" era un "fenómeno muy español". Pero las tesis de este autor no solamente se basaban en la descripción del *catalanisme* como fenómeno ibérico, sino
en la idea de que el carácter catalán estaba fuertemente marcado por el españolismo, a pesar de que le reconociera ciertas características diferentes a la de los castellanos: por ejemplo, al aseverar que "[e]l catalán, por tanto, [era] más dado a la
actividad mental que el castellano" (1950: 219), que era "sensual" (*ibid.*: 213) y
"laborioso y utilitario" (*ibid.*). Si bien este autor señalaba algunas diferencias,
destacaba sobre todo las similitudes[136] y afirmaba que "no existe diferencia alguna *esencial* entre los demás españoles y el subtipo que ocupa la parte norte de la
costa oriental" (*ibid.*: 221). Así pues, definía al catalán como "un español que
habita en las costas del Mediterráneo [...] constituyendo un subtipo dentro de la
familia hispana. Esta españolidad inherente al catalán es [...] no un factor favorable, sino uno de los obstáculos más serios para la solución del catalanismo" (*ibid.*:
218). Es obvio que esta definición era diametralmente opuesta a la de gran parte

---

[136] "[...] el catalán es típicamente español por su individualismo" (1950: 220).

de los catalanistas de la fase C, quienes rechazaban cualquier filiación a la identidad española.

Si bien este intelectual gallego sostenía la españolidad del carácter catalán, no cuestionaba en modo alguno la categoría de lengua del catalán:

> Las tentativas de algunos castellanos para eludir este problema [se refiere a las pretensiones nacionalistas de Cataluña], considerando al catalán como dialecto del castellano, no merecen siquiera discusión. Para la ciencia filológica, como para el sentido común, el catalán es tan lengua como el castellano (De Madariaga 1950: 208).

Dejando de lado el euskera, De Madariaga distinguía tres lenguas dentro de la Península Ibérica: el castellano, el portugués y el catalán. En sus propias palabras, "[t]ales lenguas (o grupos de lenguas) expresan estas tres modalidades de la raza española". Cabía esperar pues que buena parte de sus reflexiones sobre el idioma catalán partieran del realce de sus similitudes con otras "lenguas españolas", aunque destacaba ciertas semejanzas externas con el francés:

> [...] el catalán comparte con las demás lenguas españolas la posesión de un fuerte acento tónico. Es un lenguaje con un ritmo muy acusado, en contradicción directa con el ritmo suave y sutil que el francés deriva de la igual repartición de sus acentos. Por otra parte, la vocal dominante del catalán difiere típicamente de la del francés y hace del catalán una lengua evidentemente española. [...] Nadie que haya oído hablar el catalán, aun a personas de la selecta minoría que se esfuerza en someterlo a severa disciplina, duda por un momento de que el catalán sea un lenguaje español, directo, espontáneo, vigoroso, plenamente manifestado y popular, esto es, *un lenguaje de hombre de pasión*.

> Confirma esta conclusión el hecho de que el catalán presenta otro rasgo exclusivamente español: la existencia de dos verbos, *ser* y *estar*, que en las demás lenguas no se distinguen. Ahora bien, este hecho lingüístico corresponde a una profunda característica de la nación española, la distinción entre lo que es esencial y lo que es pasajero, entre el *ser*, que es permanente, y las circunstancias, que sólo *están*. La existencia de esta distinción en el lenguaje catalán bastaría para demostrar que es uno de los lenguajes de la familia española, tan español como el castellano, el gallego o el portugués. Otro rasgo que confirma esta solidaridad es que las diferencias cuyo conjunto permite observar la existencia de dos lenguas distintas, catalán y castellano, no aparecen de modo abrupto, sino por una especie de transición gradual del castellano al catalán a través del aragonés (De Madariaga 1950: 216).

Teniendo en cuenta sus ideas sobre el carácter catalán y la lengua catalana, a los que asignaba la característica de españolidad, no debe extrañar que De Madariaga reconociera la existencia de una nación catalana pero que la definiera como española: "A nuestro parecer, Cataluña es una nación, si bien una nación española" (1950: 252).

4.3.2.5. Análisis y conclusiones

A pesar de que la necesidad de establecer una norma codificadora ya se venía constatando a partir de inicios del siglo XIX y con mayor intensidad a partir de las dos últimas décadas de este, la verdadera estandarización de la lengua no se produjo hasta bien entrado el siglo XX. Para llevar a cabo esta tarea se requería un marco político, ideológico e institucional adecuado que no se dio hasta la fase C (cf. Neu-Altenheimer 1992: 68).

La *Lletra de convit* (1901) de A. M. Alcover y la celebración del *Primer Congrés Internacional de la Llengua Catalana* (1906) son dos acontecimientos que se enmarcan en la "época del entusiasmo" acuñada por Badia i Margarit. A nuestro modo de ver, este entusiasmo no afectaba únicamente al ámbito lingüístico sino que se traducía también en un entusiasmo catalanista en el sentido más político del término. Así lo revela el diario *Lo Camp de Tarragona* que a propósito de la valoración del citado congreso aclamaba: "¡Visca Catalunya! ¡Visca la Llengua Catalana!" (20.10.1906).

Si bien en la fase A las reivindicaciones relacionadas con el catalán se limitaban al ámbito cultural y literario (asumiendo de modo generalizado el papel del castellano como lengua nacional y aceptando la situación diglósica), fue en la etapa B cuando empezaron a surgir las primeras reivindicaciones político-lingüísticas, a la vez que se hacían patentes los primeros cuestionamientos acerca del castellano como lengua nacional. Un ejemplo ilustrativo lo encontramos en Valentí Almirall, quien afirmaba que el catalán era también "una lengua nacional española". En la fase C la consolidación del catalán como lengua de cultura era *conditio sine qua non* para convertirse en el idioma nacional de Cataluña. En este contexto se observa un claro desarrollo del discurso metalingüístico que tiene correlación con el proceso de emancipación con respecto al idioma dominante. De la evolución de este discurso nos ocuparemos más adelante cuando analicemos el corpus de autores (cf. cap. 4.5). Con la creciente expansión del uso social del catalán y su valor comunicativo en ámbitos formales, las discusiones acerca de su "aptitud" como lengua literaria (*llengua viva/llengua morta*) o la identificación con la lengua lemosina (fase A) quedaban muy lejos. La glorificación y defensa de la lengua catalana ya no requerían una mención explícita a la lengua castellana (fases A y B), pues ahora el discurso identitario se centraba más en el catalán, percibido como la "nueva" lengua nacional e idioma de prestigio (fase C). En general, si se aludía al castellano era para reivindicar la igualdad lingüística o en ocasiones también para enfatizar que la reivindicación de la lengua vernácula no era un acto de negación sino de afirmación. En este contexto son muy significativas las palabras de Alcover pronunciadas en su discurso como presidente del *Primer Congrés Internacional de la Llengua Catalana*:

Sí, som amadors de la llengua catalana; l'amor a n'aquexa llengua'ns ablama'l cor, y ens fa fer tot lo que feym. No, no es odi ni a res y a negú lo que'ns mou; no som una negació. Es amor el nostre mòvil; som una afirmació. [...] Som l'afirmació de l'eczistència de la nostra llengua y del seu dret inviolable, ilegislable, y imprescriptible a viure com qualsevol de les grans llengues neollatines ses germanes, el dret de viure com cal a les persones lliures, y a les reynes, el dret de reynar pacíficament, sense destorb, trava ni contrast de cap classe, dins tot lo seu territori, ab totes les honors y prerrogatives y preeminències que li pertanyen. [...] La volem honrada dels propis, respectada dels estranys, lliure de tot esclavatge, franca de tota tutoria, neta de tota deturpació y de tot estrangerisme, sia d'ont sia (*Primer Congrés...* 1908: 71).

Es llamativo que Alcover no se refiriera explícitamente a la lengua castellana[137] como era habitual en los primeros discursos de los *Jocs Florals* y, en general, durante los inicios de la *Renaixença*.

De un modo similar se expresó Antoni Rubió i Lluch, hijo de Joaquim Rubió i Ors, como vicepresidente del congreso, reafirmando así las palabras de Alcover: "Com ja us ha dit l'iniciador ilustre d'aquesta festa grandiosa de cultura, no odiem cap altre llengua; les amem y respectem totes: però tant bé com ella no'n sabem parlar cap altre, y sols en ella tenim pensament y imaginació y energíes del esperit" (*Primer Congrés...* 1908: 81).

En resumen, durante esta tercera etapa (fase C), en la que el prestigio interno del catalán era indiscutible, los esfuerzos iban dirigidos a convertir la lengua en un idioma moderno de cultura, en una verdadera lengua nacional, y trataban de refutar el prejuicio de Unamuno según el cual el catalán era "un instrumento inhábil para la modernidad". Convertir un idioma en una lengua moderna de cultura significaba, ante todo, hacerla "apta" para todos los ámbitos formales; en otras palabras, implicaba aumentar su valor comunicativo en todos los dominios. Dentro de este contexto histórico, la figura de Pompeu Fabra, las instituciones político-culturales de la *Mancomunitat* (1914-1923) y posteriormente la restaurada *Generalitat* (1931-1939) contribuyeron enormemente a este desarrollo.

Es obvio que la construcción de una lengua moderna de cultura era un requisito indispensable para hacer del catalán una verdadera lengua nacional; no obstante, la afirmación del catalán como lengua nacional se percibió incluso antes de su consolidación definitiva como lengua moderna, esto es, antes de su codificación. Así lo evidencian las demandas político-lingüísticas del *Primer Congrés Internacional de la Llengua Catalana*, expuestas sobre todo en la sección social y jurídi-

---

[137] Por otro lado, es preciso puntualizar que Alcover hablaba de la "Catalunya espanyola", asumiendo que era una parte integrante de España (1908: 71).

ca, pues allí se manifestaron diversas propuestas significativas: reivindicación de uso plenamente normalizado (Josep Bertràn i Musitu); reivindicación de uso en el Parlamento español (Joan Ventosa); propuesta de oficialidad compartida (Carles Francesc Maymó); e incluso la demanda de oficialidad exclusiva en el marco de un Estado catalán (Francesc Cambó). Estas, claro está, no fueron las únicas voces reivindicativas durante este periodo. En esta etapa también destacaron dos figuras centrales del *catalanisme*: Enric Prat de la Riba y Antoni Rovira i Virgili, ambos defensores de la oficialidad exclusiva del catalán y de cuyas ideologías lingüísticas nos ocuparemos en el capítulo dedicado al corpus de autores (cap. 4.5).

El cuadro sinóptico de la página siguiente ofrece un resumen de todo lo comentado en estos últimos párrafos.

4.4. Balance provisional (estadios de la reivindicación lingüística)

Haciendo balance sobre lo analizado en los últimos dos capítulos (4.2 y 4.3) podemos extraer algunas primeras conclusiones interesantes. La primera es la estrecha relación entre el desarrollo político y el lingüístico en el caso que nos ocupa; en otras palabras, la existencia de una interrelación permanente entre ambos fenómenos a lo largo de todo nuestro marco temporal. La segunda conclusión, y ese es precisamente el aspecto que se desarrollará en este apartado, es la validez del modelo de Miroslav Hroch para nuestro ámbito de investigación. Además de establecer las tres fases en la creación de las naciones modernas (1968; 2005; 2007a), Hroch distingue cinco componentes en la reivindicación lingüística de los movimientos nacionalistas (2005: 178-184; 2007a: 75-81)[138] que se pueden aplicar al catalán con algunas matizaciones:

(1) defensa y glorificación de la lengua;
(2) "planificación" lingüística y codificación;
(3) "intelectualización" de la lengua;
(4) escolarización en la lengua propia;
(5) problemática de la igualdad lingüística.

Estos cinco estadios son necesarios para la asunción de un idioma como "lengua nacional", es decir, para que los propios hablantes la perciban como tal. Hroch

---

[138] Esta teoría fue expuesta brevemente con anterioridad en 1992 (67-68). En 1992 Hroch solo presentaba 4 estadios: 1) defensa y glorificación de la lengua; 2) intentos de codificación; 3) lengua en el sistema escolar; y 4) demandas de igualdad lingüística. En líneas generales, se trata de las mismas etapas, aunque en este primer esbozo no incluía la llamada "intelectualización" de la lengua.

TABLA 1

Fases	Objetivos principales	Debates lingüísticos más destacados en el marco catalán
Fase A (1833-1879)	Dignificación y glorificación de la lengua	◆ *Llemosí/català* ◆ *Llengua viva/llengua morta* ◆ *Català acadèmic/català que ara es parla* ◆ Modelos ortográficos
	Intentos de normalización del catalán fuera del ámbito literario ⇓ **NO**	◆ Discurso sobre el catalán implica discurso sobre el castellano **CASTELLANO = LENGUA NACIONAL DE ESPAÑA Y CATALUÑA**
Fase B (1880-1900)	Lengua de cultura y expansión del uso social	◆ Afirmación de la categoría de lengua (*versus* dialecto) ◆ Intensificación de los debates sobre la codificación ◆ Primeras reivindicaciones político-lingüísticas: doble oficialidad (+) oficialidad exclusiva (–)
	Intentos de normalización del catalán fuera del ámbito literario ⇓ **SÍ**	◆ Discurso sobre el catalán implica discurso sobre el castellano **CASTELLANO = ¿LENGUA NACIONAL? ⇓ CATALÁN = UNA LENGUA NACIONAL DE ESPAÑA**
Fase C (1901-1932)	Camino hacia una lengua nacional	◆ Necesidad de una norma unitaria basada en una ortografía, gramática y diccionario ◆ *Descastellanització* y *Depuració* ◆ Reivindicaciones político-lingüísticas: doble oficialidad (–) oficialidad exclusiva (+)
	Intentos de normalización del catalán fuera del ámbito literario ⇓ **SÍ**	◆ Discurso sobre el catalán no implica necesariamente discurso sobre el castellano **CATALÁN = LENGUA NACIONAL DE CATALUÑA**

(1992: 68) afirma que los dos primeros estadios (1 y 2) se gestan a lo largo de la fase A del movimiento nacionalista o, como mínimo, son característicos de la mentalidad de esta etapa, sin que desaparezcan necesariamente en las fases B y C. Los dos últimos estadios (4 y 5) serían típicos de la fase B, manteniéndose también como elemento constitutivo del programa nacional durante la fase C (*ibid.*). El estadio 3, desarrollado en sus publicaciones más recientes (Hroch 2005; 2007a), se situaría en la fase B[139].

A pesar de seguir cierto orden cronológico es preciso puntualizar que estos estadios pueden coincidir en muchas ocasiones, extendiéndose a otras fases posteriores o desarrollándose de manera paralela. El mismo Hroch señala la necesidad de contextualizar en un marco concreto los estadios mencionados[140]. Asimismo, si bien resulta difícil establecer marcos temporales fijos para la periodización de estos estadios, es posible determinar unas pautas generales siguiendo las reflexiones de Hroch. En la tabla 2 se presenta el cuadro sinóptico que proponemos a partir de las ideas de este investigador.

A continuación se expondrán de modo sucinto los estadios propuestos:

1) *Defensa y glorificación de la lengua*

De acuerdo con Hroch, si bien la afirmación de los valores estéticos de la lengua y la enfatización del pasado podían constatarse en muchos casos en el siglo XVIII, la defensa y glorificación de la lengua coincidieron en la mayoría de los movimientos nacionalistas con las actividades de la fase A (de reivindicación exclusivamente cultural y lingüística). La defensa y glorificación del idioma también pueden observarse en las fases posteriores (especialmente en B), sobre todo en periodos de agitación nacional, con el objetivo de reivindicar su emancipación con respecto a la lengua dominante:

> Während der nationalen Agitation wurde die Verherrlichung der Sprache zum geläufigen Bestandteil der Argumentation der meisten Nationalbewegungen. Sie bekam jedoch eine etwas andere Funktion als in Phase A, in der sie sich besonders an die

---

[139] A nuestro modo de ver, la aparición de una literatura específica y la posibilidad de hacer ciencia en la propia lengua se darían en la fase C.

[140] "The collective phenomena coming under the general heading of linguistic programms cannot simply be analyzed as a homogeneous and unchanging complex of attitudes. In practice, they consisted of five stages, which emerged gradually and cumulatively, that is to say that the intensifying level of demands did not cancel out previous ones, but usually integrated them into the new programme, even if sometimes in a modified form. Unless we differentiate between these various levels and locate them within the concrete historical context of each national movement, any generalization about the linguistic programmes will only cause confusion" (1998a: 74-75).

Gebildeten und die herrschenden Eliten gewandt hatte. Ihr Anliegen war, die Eigen-
ständigkeit der nicht herrschenden Sprache gegenüber denen zu begründen und zu
verteidigen, die über ihren Gebrauch und Anerkennung zu entscheiden hatten (Hroch
2005: 179).

TABLA 2

Estadios de la reivindicación lingüística en los movimientos nacionalistas	Fases principales
Defensa y glorificación de la lengua	A (también se puede dar en B y C aunque con objetivos distintos)
Codificación	A/B (también se pueden dar en C)
"Intelectualización" de la lengua	B/C
Escolarización en la lengua propia	B/C
Problemática de la igualdad lingüística	B/C

2) *Codificación*

La "planificación" lingüística y la codificación deben entenderse como una parte
intrínseca de la estandarización cultural (Hroch 2007a: 76). Hroch comenta que
los debates en torno a las cuestiones ortográficas y gramaticales se iniciaban frecuentemente en la fase A; como resultado de estas primeras discusiones aparecían ya algunos diccionarios y gramáticas. Estas polémicas se intensificaban en B
(2005: 180-184), haciendo que poco a poco el establecimiento de una norma lingüística "correcta" se convirtiera en una labor nacional (*ibid.*: 181). La codificación definitiva deriva de discusiones científicas, frecuentemente envueltas en un
alto componente emocional, que tienen lugar en un marco temporal extenso
(2007a: 77).

Los procesos de codificación de los movimientos nacionalistas se desarrollaron
de manera asincrónica y recorrieron caminos muy distintos como nos demuestran
los ejemplos citados abajo:

> The timing of language standarization varied greatly and reflected the asynchronical
> character of national development in different parts of Europe. The Czech and Magyar

languages were codified during the first decades of the 19th century, whilst the codification of Slovak, Serbo-Croatian and Slovene came around the middle of the century. During the second half of the century, Finnish, Estonian and Latvian were codified, followed after 1900 by the Lithuanian and Ukranian languages (Hroch 2007a: 77).

El peso de este estadio para el desarrollo del movimiento nacionalista es fundamental dado que la codificación escrita de una lengua es casi requisito para conseguir una identificación nacional eficiente. En palabras del mismo Hroch: "We cannot imagine spoken language as an instrument of national identification. Only the written standard identifies the individual speaker with a larger, national community" (1992: 67).

Como punto de partida para la codificación se solían discutir dos modelos alternativos opuestos en torno a los cuales giraban unas discusiones cada vez más controvertidas: uno basado en la tradición antigua; y otro basado en la lengua oral de la época (cf. 2005: 181-182; 2007a: 77). Obviamente el éxito o el fracaso de la codificación, dependientes de múltiples factores, corrió también distintas suertes:

> Aus der Sicht des Adressaten ist für die Kodifikation sprachlicher Aktivitäten kennzeichnend, dass sie sich hauptsächlich an die eigenen Reihen wandten und den Angehörigen der eigenen entstehenden Nation eine einheitliche moderne Literatursprache anboten. Die Effektivität oder Unwirksamkeit dieses Angebots hing allerdings nicht von den "Agitatoren" selbst ab, sondern davon, inwieweit sich ihre Sprachkonstruktion mit den damaligen sprachlichen und sozialen Verhältnissen in Einklang befand (Hroch 2005: 184).

3) *"Intelectualización" de la lengua*

Los intentos de codificar una lengua se encuentran muy relacionados con lo que Hroch denomina "intelectualización". En este estadio el estudioso checo establece una gran diferencia entre los estados nacionales y el resto de movimientos nacionalistas (2005: 184). En los primeros esta labor, como la de codificación, formaba parte de la política cultural del estado, mientras que en los segundos se trataba de iniciativas al margen de la política cultural oficial.

Hroch menciona seis tipologías textuales básicas en el (r)establecimiento de cualquier lengua escrita (*ibid.*: 184-185): (1) una de las primeras formas de "intelectualización" sería la publicación en forma de periódicos y revistas –ya a principios de la fase B, en casi todos los movimientos nacionalistas, se publican periódicos o revistas con un doble objetivo: por un lado, con una función comunicativa y "agitadora", y, por otro, con el objetivo de enriquecer y desarrollar la lengua moderna–; (2) la recopilación y adaptación de la cultura popular es también una forma inicial de "intelectualizar" la lengua; (3) la poesía y otras formas de la literatura culta son tanto un indicio de la madurez del idioma como un medio de difusión patriótico; (4) las narraciones y novelas breves surgen, sobre todo, como instrumento necesario de las revistas patrióticas, formando parte esencial de su contenido –las novelas largas, que requieren un amplio mercado de lectura, aparecen posteriormente–; (5) las obras teatrales forman también parte de las primeras expresiones de la "intelectualización" lingüística, pues las representaciones cumplen una función especial en la extensión de la lengua escrita entre las capas sociales más bajas que no suelen tener acceso a los medios escritos; (6) la literatura específica (incluyendo la terminología científica) está estrechamente relacionada con la lengua de la enseñanza superior y la existencia de instituciones académicas y científicas.

4) *Escolarización en la lengua propia*

Una vez codificado el idioma, el siguiente objetivo del programa nacionalista es introducir la lengua en las escuelas y asegurar que se convierta en lengua vehicular a todos los niveles educativos (Hroch 1992: 68). Se trata de alcanzar la "misión" social de la codificación no solo a través de su aceptación sino también de su "consumo" (Hroch 2007a: 79). Para la consecución de este fin la escolarización es obviamente el medio más eficaz.

La relevancia de introducir un determinado idioma (en función de lengua vehicular) en las escuelas como instrumento de movilización nacional es válida tanto para el caso de los Estados-nación como para el resto de movimientos nacionalistas (Hroch 2005: 186). Anteriormente se ha mencionado que la Revolución Francesa cristalizó una nueva ideología lingüística basada en un proyecto de "lengua nacional" (cf. Kremnitz 1994: 49; Ferrando/Nicolás 2005: 277). En este contexto, la escolarización generalizada y la consiguiente alfabetización en la lengua hegemónica contribuyeron enormemente a esta labor, pero también trajeron consigo graves efectos diglósicos en buena parte de los países europeos, caracterizados por una gran diversidad lingüística.

Las élites de los movimientos nacionalistas no solo reconocieron que la introducción de la lengua en la enseñanza era importante, sino además que era un requisito fundamental para la supervivencia de la propia lengua (Hroch 2005: 186). Teniendo esto en cuenta, las reivindicaciones político-lingüísticas se orientaban en dos sentidos: (a) "hacia fuera", esto es, dirigidas a las instancias estatales o locales para permitir la creación de escuelas en lengua materna; y (b) "hacia dentro", apelando a los miembros de la propia comunidad para que enviaran a sus hijos a las mismas (*ibid.*).

Mientras que en algunos lugares se mostró cierta tolerancia con respecto a modelos bilingües desde mediados del siglo XIX; en otros, la implantación autoritaria de la lengua estatal en la escuela tuvo repercusiones monolingües hasta buena parte del siglo XX, tal y como ilustran los ejemplos de Francia y España. En general, las demandas de introducir la lengua vernácula en las escuelas fueron prácticamente una constante de la fase B y tuvieron una relevancia central, pues la introducción de una lengua en la escolarización no satisfacía solamente una simple necesidad de comunicación sino que se convertía en un instrumento eficaz para crear una conciencia comunitaria. Como comenta Hroch:

> [...] Introducing the new language of instruction into school education was the only way of strengthening the ties which bound together the members of the nation-to-be. The importance of these schools thus exceeded that of supplying the needs of communication: through linguistic education, the school created a 'communauté de conscience' (2007a: 79).

5) *Problemática de la igualdad lingüística*

El punto álgido del desarrollo nacionalista fue la demanda de igualdad lingüística reivindicada por el grupo (lingüístico) tradicionalmente dominado. En este sentido, la reivindicación lingüística se convirtió en objeto de disputa política. La simetría se percibía como la única alternativa para un creciente número de personas cualificadas cuya lengua materna no coincidía con la lengua del Estado y que veían en la igualdad lingüística la única vía para conseguir las mismas oportunidades en todos los ámbitos (cf. Hroch 2005: 189).

En la Europa del siglo XVIII y parte del XIX la aceptación de dos lenguas en el ámbito oficial entraba en plena contradicción con los principios del estado centralista. En cambio, en los Imperios o Estados multiétnicos la situación era algo distinta dado que dependía del grado de federalismo o autonomía en el que estos se basaban. Por ejemplo, la igualdad lingüística del húngaro en el Imperio austriaco se aceptó en 1867; y en la parte flamenca de Bélgica se introdujo el neerlandés (de manera parcial) en la administración estatal en la década de los setenta del siglo XIX (cf. *ibid.*: 188-189).

En términos generales, se puede decir que las reivindicaciones de igualdad político-lingüística se iniciaron en la fase B y evolucionaron de distinto modo. Según Hroch, la consecución de estas demandas (en caso de que se vieran satisfechas) tuvo lugar durante la fase C. Asimismo, el citado investigador señala que estas reivindicaciones fueron muy dispares tanto en lo que se refiere a la complejidad y a la virulencia de las demandas como a su extensión temporal y resultados. En algunos casos la igualdad lingüística se consiguió durante las últimas décadas del siglo XIX; en otros, especialmente donde el modelo centralista francés había calado con mayor intensidad, estas reivindicaciones no se verían cumplidas hasta mucho más tarde. Resumiendo, se puede decir que las demandas de igualdad se iniciaron en la fase B y se prolongaron a lo largo de la C, mientras que su consecución (en caso de que se diera) tuvo lugar en esta última etapa.

Hroch (2007a: 81) menciona también que se pueden observar dos modelos de reivindicación correspondientes a dos modos distintos de interpretar la igualdad lingüística. El primero se centra en la igualdad de uso entre la lengua estatal y la lengua minoritaria en el territorio de la minoría étnica; a este modelo lo llamaremos A. El segundo reivindica el uso exclusivo de la lengua minoritaria en el territorio de esta minoría, limitando el uso de la lengua estatal a los contactos entre la administración provincial y la central; a este segundo modelo lo llamaremos B.

Es evidente que las demandas lingüísticas de este estadio se enmarcan en el ámbito de la política; la lengua se convierte de este modo en un instrumento político y pone de manifiesto un conflicto de intereses:

> Sooner or later, the call for full linguistic equality turned into a struggle for positions in the administration. […] the call for linguistic equality expressed much more than just national prestige or a symbolic value: it contributed to the emergence of a nationally significant conflict of interests (Hroch 2007a: 81).

Antes de desarrollar estos cinco estadios habíamos hecho referencia a la dificultad que supone establecer esquemas temporales fijos o periodizaciones rígidas. En el caso catalán, se puede decir que esto se corrobora, pues resulta casi imposible delimitar temporalmente cada uno de los estadios: en unas ocasiones se alargan a fases posteriores y en otras se superponen. No obstante, en términos generales el modelo de estadios expuesto por Hroch es perfectamente aplicable al proceso de reivindicación del catalán como "lengua nacional". La tabla 3 esquematiza la propuesta de Hroch que hemos adaptado a la lengua catalana.

1) *Defensa y glorificación del catalán*

La defensa y glorificación de la lengua catalana se inició durante la fase A. El movimiento de la *Renaixença* supuso un punto de inflexión en este sentido, ya que a partir de ese momento se constatan numerosos ejemplos de apología del catalán y de glorificación de su pasado literario medieval. Sin embargo, se puede señalar también que la afirmación de los valores estéticos y la enfatización de su pasado empezaron a hacerse patentes incluso antes del movimiento *renaixentista*; los ejemplos de algunas figuras de la Ilustración, como Capmany, Maians o Bastero y posteriormente Ballot i Torres, son significativos al respecto.

Coincidiendo con lo expuesto por Hroch, se observa que la defensa y glorificación del catalán se extiende a etapas posteriores, siendo un elemento discursivo

TABLA 3

Estadios de la reivindicación lingüística en el *catalanisme*	*Fases principales*	*¿Se da en otras fases?*
Defensa y glorificación del catalán	A (1833-1879)	recurrente también en B y C
Intentos de codificación del catalán	A (1833-1879)	generalización en B; culminación en C
"Intelectualización" del catalán	B (1880-1900)	se inicia en poesía (*Jocs Florals*) y en teatro dentro de la fase A y se consolida en C[141]
Escolarización en catalán	B (1880-1900)	demandas aisladas en A (enseñanza como materia); se generalizan en B y en C (lengua vehicular)
Problemática de la igualdad lingüística	B-C (1880-1932)	–

recurrente en las dos fases siguientes. En las fases B y C la defensa y glorificación de la lengua tienen ahora por objetivo la movilización nacional o la consecución de objetivos nacionales. Nos limitaremos a poner un ejemplo ilustrativo para cada una de estas dos fases: por un lado, en B podría mencionarse el primer discurso en catalán del *Ateneu Barcelonès* (1895). En su ponencia titulada "La llengua catalana" Guimerà reivindicaba un uso social más extenso del catalán estableciendo una ruptura con el monolingüismo castellano que imperaba en la citada institución hasta aquel momento. En la primera parte del discurso (1896: 9-33) ofrecía un resumen de la historia de la lengua catalana desde sus orígenes hasta los *Jocs Florals*, enfatizando el pasado glorioso de este idioma y de su literatura; en la segunda hacía apología de su normalización en todas las esferas. Por otro lado, en la fase C podría señalarse el prólogo a la *Gramática de la lengua catalana* (1912) de Pompeu Fabra redactado por el mismo autor.

2) *Intentos de codificación*

Los intentos de codificación de los movimientos nacionalistas comenzaron en la fase A y se intensificaron durante la fase B. En el caso catalán se constata un

---

[141] Especialmente en lo que se refiere a la ciencia.

planteamiento sistemático de la dificultad de carecer de unidad lingüística hacia la mitad de la fase A, esto es, especialmente a partir de 1860.

A lo largo de los capítulos anteriores se han venido comentando las numerosas tentativas codificadoras procedentes tanto de voces intelectuales aisladas (Petit i Aguilar 1823; Labèrnia 1839-1840; Estorch i Siqués 1857, etc.) como de reconocidas instituciones culturales y literarias (*Consistori* de los *Jocs Florals*, *Reial Acadèmia de Bones Lletres*, etc.). Asimismo, también se ha mencionado la relevancia de los *Jocs Florals* en este proceso de toma de conciencia. Es preciso puntualizar que la concienciación de esa necesidad se generalizó a lo largo de la fase B convirtiéndose cada vez más en una cuestión nacional, hecho que confirma lo desarrollado por Hroch (cf. 2005: 181). En este contexto cabe recordar la publicación de diversas cartas y artículos individuales o colectivos, publicados en distintos medios (revistas, periódicos, etc.), en los cuales se expresaba la necesidad de codificar el catalán[142]; también puede mencionarse la creación de la *Acadèmia de la Llengua Catalana* (1881), cuyo principal cometido debía ser la edición de una gramática y un diccionario normativos. La variedad de concepciones lingüísticas (*català que ara es parla/català acadèmic de tradició moderna/català acadèmic de tradició antiga*), la falta de una institución normativizadora ampliamente reconocida y las rivalidades entre los literatos, filólogos e intelectuales que podían haber llevado a cabo esa labor, fueron algunas de las causas que ralentizaron enormemente el proceso codificador.

Según la teoría de Hroch (cf. 1992: 68), las discusiones en torno a la codificación se daban generalmente en las fases A y B sin que necesariamente desaparecieran en la última etapa. Esta afirmación puede aplicarse al catalán: los debates sobre la normativización lingüística se extendieron hasta principios de la fase C (*Primer Congrés Internacional de la Llengua Catalana* en 1906, etc.) y finalizaron con la posterior instauración de la norma fabriana, concluida en 1932. No deja de sorprender que la codificación definitiva (1913-1932) tuviera lugar tan tardíamente (fase C) dado que la conciencia de esa necesidad apareció relativamente pronto (fase A). Por último, la dicotomía que expone Hroch (2007a: 77) entre los modelos de codificación –que optaban o bien por una referencia basada en el canon antiguo o bien por un modelo de lengua cercano al que se hablaba en la época– se cumple perfectamente en el contexto catalán (discusiones en torno al *català acadèmic* vs. *català que ara es parla*).

---

[142] Un ejemplo sería la carta publicada el 23.10.1879 en el *Diari Català* sobre "la necessitat de unificar lo sistema gramatical de nostra enérgica llengua" [*sic*].

3) *"Intelectualización" del catalán*

La aparición de las diferentes tipologías textuales señaladas por Hroch se puede constatar, en el caso de la lengua catalana, especialmente durante la fase B aunque deben resaltarse algunas peculiaridades. El proceso de restauración de la lengua se inició sobre todo con el concurso literario de los *Jocs Florals* en 1859 (esto es, todavía en la fase A), si bien la "intelectualización" fue prácticamente un *leitmotiv* durante toda la etapa B. En este contexto la aparición de la prensa formal en lengua catalana tuvo una gran relevancia, aunque la prensa satírica en catalán había surgido ya a principios de la fase A. Entre las primeras publicaciones satíricas puede mencionarse *Lo Pare Arcangel* en 1841[143] y entre las periódicas de contenido cultural *Lo Vertader Catalá* (1843), *Lo Gay Saber* (1868-1869) o la revista *La Renaixensa* (1871), dirigida por Guimerà[144].

Un gran salto en la llamada "intelectualización" de la lengua lo supuso la publicación del primer diario en catalán, el *Diari Català* (1879), cuya función coincide plenamente con las ideas expuestas por Hroch: el *Diari Català*, además de un papel comunicativo, cumplía también una función agitadora y actuaba al mismo tiempo de dinamizador de la lengua moderna. Resulta curioso que el equipo redactor, encabezado por Almirall como fundador y director, fuera consciente de la importancia de la incorporación del catalán en los medios de comunicación catalanes, tal y como se puede observar en este fragmento publicado en la primera edición del diario:

> Lo DIARI CATALÁ, donchs, vé á omplir aquet vuit que's notaba en lo nostre renaixement.

> D'avuy en avant, lo primer amich que'ns parlará cada dia, nos parlará en la nostra llengua; d'avuy en avant sabrém en catalá las noticias que'ns interessan, y en catalá'ns posarmé [*sic*] en comunicació ab lo mon; d'avuy en avant comensarem lo dia baix la impressió de ideas purament catalanas.

> [...] Aixó vol dir que habem de seguir en la ja comensada empresa de reconstruir lo idioma, y un idioma sols per l'us se reconstrueix. Escribim, donchs, en català, y en catalá tratém assumptos sérios y moderns, y sens adonárnosen s'anirá formant la llengua própia dels catalans d'avuy.

---

[143] La prensa humorística en catalán cumplió un papel muy destacado en la extensión del uso social del idioma: permitió acostumbrar a la gente sencilla a leer en lengua vernácula. Asimismo, pueden señalarse los semanarios satíricos *La Campana de Gràcia* (1870-1934) y *L'Esquella de la Torratxa* (1872, 1874, 1879-1938), publicados hasta la II República (cf. Ferrando/Nicolás 2005: 333).

[144] Con el *Modernisme* se incrementó el número de publicaciones de contenido artístico y cultural; la más destacada fue *L'Avenç* (1881-1884 y 1889-1893), revista en la que se inició Fabra (cf. Ferrando/Nicolás 2005: 333).

Otro aspecto que debe mencionarse es la aparición del teatro en catalán (fase A), vinculado a la figura de Frederic Soler (Serafí Pitarra), fundador del teatro catalán y máximo defensor de la corriente del *català que ara es parla*. Sus representaciones teatrales de carácter popular de la década de los sesenta del siglo XIX, conocidas con el nombre de "gatadas", alcanzaron un éxito sin precedentes. La publicación inmediata de estas obras tuvo efectos muy positivos en la normalización del catalán y contribuyó a acercar la lengua escrita a amplios sectores de la población. Superando el modelo lingüístico de Pitarra, Guimerà ofreció una conjunción entre la tradición culta y el habla popular elaborada (cf. Ferrando/Nicolás 2005: 332) y creó un teatro catalán culto comparable al resto de literaturas europeas.

En cuanto a la aparición de la novela popular y las narraciones breves, se observa una generalización sobre todo a partir de la década de los setenta del mencionado siglo, es decir, a partir de finales de la fase A y durante buena parte de B. Los folletines en catalán empezaron a darse a conocer gracias a la creación de editoriales como la *Biblioteca Catalana Il·lustrada* o publicaciones como *Lo Gay Saber* y *La Renaixensa*; las obras publicadas oscilaban entre las adaptaciones costumbristas y las narraciones de carácter más histórico[145]. Mención especial merecería la llamada "literatura de canya i cordill", nombre que sirve para designar a un conjunto de textos paraliterarios populares (como noticias de actualidad, hechos sensacionales, relatos históricos, cuentos, poesía festival y satírica, coloquios, epigramas, vidas de santos, milagros, etc.) que se difundían en los puestos de los mercados. Este género, escrito sobre todo en lengua catalana, se empleaba para la difusión oral a través de la lectura en grupo, para el adoctrinamiento político, religioso o moral, para la difusión de noticias de actualidad o para el simple entretenimiento de las clases bajas. Se trataba de una literatura "menor" que, si bien reflejaba la viveza del habla popular de la época, mostraba la diglosia a través de un catalán repleto de interferencias castellanas (cf. Ferrando/Nicolás 2005: 335).

A pesar de dar algunas muestras en las fases anteriores, la aparición de una literatura específica y de una terminología científica catalana tuvo que esperar hasta la fase C. En este ámbito la fundación del *Institut d'Estudis Catalans*, como institución académica de alta investigación, por un lado, y la introducción generalizada del catalán en la universidad durante la etapa republicana, por el otro, fueron hitos de un valor incalculable.

---

[145] Algunos ejemplos destacados fueron *L'Orfeneta de Menargues*, *Catalunya Desenganyada*, *Vigatans i botiguers*, *Cor i sang* o *Lo Coronel d'Anjou*. Antes de esta época (en la fase A) el folletín solía publicarse en castellano; entre los autores catalanes que cultivaron este género en castellano podríamos mencionar a Ferran Patxot, Enrich Pérez i Escrich, Manuel Angelon o Vicent Boix (cf. Ferrando/Nicolás 2005: 334-335).

4) *Escolarización en catalán*

La Monarquía borbónica impulsó una política "lingüicida" que, como cabía esperar, tuvo también graves repercusiones en el sistema escolar. En 1716 la promulgación del Decreto de Nueva Planta excluyó al catalán de la enseñanza; más
tarde, bajo el reinado de Carlos III, la Cédula Real de 1768 (*Real Cédula de Aranjuez*) obligaba al uso exclusivo del castellano en la vida pública e imponía esta
lengua en las escuelas como único idioma (cf. Moran i Ocerinjauregui 1994: 172;
Ferrando/Nicolás 2005: 282). A pesar de estas medidas el catalán continuaba
siendo de manera informal lengua habitual de la enseñanza (cf. Anguera 1997:
31-36), hecho que demuestra que permanecía una lengua de gran valor comunicativo para la mayoría de la población.

Posteriormente el Estado liberal también se concibió de manera monolingüe, lo
que también tuvo repercusión en la enseñanza. En España el primer intento serio
de instaurar la escolarización universal obligatoria surgió con la llamada *Ley de
Instrucción Pública* (1857), impulsada por Claudio Moyano, ministro de Fomento
(cf. Anguera 1997: 48). Como indican Ferrando y Nicolás (2005: 324 y 371)[146], a
partir de esta fecha proliferaron las noticias sobre la coerción ejercida desde la
escuela en contra del catalán. Asimismo, desde ese momento el Estado no solo
proporcionaba textos jurídicos y funcionales (como informes de inspección,
libros de actas, inventarios, etc.) para el ámbito educativo, sino que también
imponía materiales escolares (como libros de textos, cartillas para el aprendizaje
de la lectoescritura, etc.) destinados a la plena castellanización del sistema educativo a todos los niveles (*ibid.*).

En cuanto al catalán, las reivindicaciones en favor de su reconocimiento en la
escuela cuentan con una larga historia[147]. Como ejemplo de la fase A podríamos
señalar a Joan Illas i Vidal, quien en su discurso como presidente de los *Jocs Florals* de 1862 reivindicaba la enseñanza del catalán y defendía su integración
como materia (no como lengua vehicular). Sin embargo, se podría decir que fue
en la fase B cuando estas demandas se convirtieron en *topoi* recurrente del discurso catalanista; en este periodo y durante toda la fase C se reivindicó su uso
como lengua vehicular, paralelamente a las primeras demandas del estatus de ofi-

---

[146] Las medidas de penalización del catalán se extendían tanto al aula como al recreo (cf.
Ferrando/Nicolás 2005: 371).

[147] Baldiri Reixach, como figura precursora, había reivindicado el uso del catalán como lengua
vehicular de la enseñanza no universitaria ya en 1749 en su obra *Instruccions per l'ensenyança dels minyons* (cf. Arenas 1986: 19; Ferrando/Nicolás 2005: 285). Para profundizar en
este ámbito se recomienda el capítulo 1.1 ("L'escola catalana") de la monografía *Catalunya, escola i llengua* de Joaquim Arenas i Sampera (1986: 13-21).

cialidad. Como bien destacan Ferrando y Nicolás, el *catalanisme* político comprendió muy pronto que la escuela y la universidad eran dos ejes claves para la "transformació cultural i el redreçament idiomàtic" (2005: 372), si bien no fue hasta el estallido de la Guerra Civil (1936) cuando se elaboró una "teoría integral" de la escuela catalana[148]. Como ejemplo reivindicativo de la etapa B podría señalarse a Valentí Almirall, quien exigía la introducción del catalán en el sistema escolar y su uso como lengua vehicular (modelo bilingüe de enseñanza). El modelo que propugnaba debía basarse en la enseñanza inicial de la lengua materna y posteriormente en la de la segunda, esto es, el castellano. Mañé i Flaquer, contemporáneo de Almirall, mostraba una postura menos comprometida, puesto que matizaba que la introducción del catalán como lengua vehicular de la enseñanza tendría efectos muy positivos en el aprendizaje del castellano. Dado que la función que atribuía al catalán en la enseñanza era eminentemente instrumental, la propuesta de Mañé no debe considerarse de reivindicación plena. Por otro lado, tal y como demuestra la ideología lingüística de Almirall, existe cierto paralelismo entre los estadios 4 y 5, es decir, entre las demandas de escolarización en lengua vernácula y las demandas de igualdad lingüística.

En 1887 el *Centre Escolar Catalanista* impulsó el *Patronat de l'Ensenyança Catalana* con el objetivo de crear escuelas en las que el catalán fuera la lengua vehicular (cf. Anguera 1997: 211-212)[149]. Sin embargo, no fue hasta 1898 cuando se inició un verdadero proceso de recuperación de la "escola catalana", tanto en lo que se refería a la lengua como a los contenidos, con la creación de la *Agrupació Protectora de l'Ensenyança Catalana*[150] (cf. Arenas i Sampera 1986: 19). Esta organización privada experimentó un fuerte auge a partir de 1914, gracias a su dirigente Manuel Folguera i Duran, responsable de las principales iniciativas a favor de la catalanización escolar (cf. Balcells *et al.* 1996: 459). En la fase C, deben mencionarse las reflexiones de Rovira i Virgili, quien reclamaba un sistema educativo monolingüe en catalán; así como los esfuerzos de la *Mancomunitat* por llevar a cabo una política de educación catalana que abarcara desde la enseñanza primaria hasta la superior[151].

---

[148] Estos filólogos afirman también que la reivindicación lingüística fue una de las características básicas de la renovación pedagógica. En este contexto, mencionan los nombres de relevantes pedagogos como Joan Bardina (1877-1950), Alexandre Galí (1886-1969) o Rosa Sensat (1873-1961).

[149] Anguera (1997: 209-210) menciona también la *Associació Catalanista de Reus* que en 1886 había reivindicado el uso del catalán en la enseñanza primaria.

[150] En 1902 se transformó en la *Associació Protectora de l'Ensenyança Catalana* (APEC).

[151] Como señalan Balcells *et al.* (1996: 458), la educación oficial nunca llegó a depender de esta institución. En realidad no se convirtió en competencia autonómica hasta 1979 con la aprobación del *Estatut d'Autonomia*.

El 18 de septiembre de 1923 Primo de Rivera estableció un Real Decreto que prohibía el uso del catalán en los actos oficiales de carácter nacional e internacional (cf. Ginebra 2006: 287). A lo largo la dictadura se fueron publicando diferentes decretos y leyes que prohibían el uso del catalán tanto en la escuela pública como en la privada (cf. Risques *et al.* 1999: 268). Asimismo, en esta época hay que mencionar la clausura de la *Associació Protectora de l'Ensenyança Catalana* (*ibid.*). Obviamente, todas estas medidas trataban de establecer el castellano como única lengua nacional. Las escuelas en proceso de catalanización fueron reprimidas a pesar de que algunas mostraron resistencia a la castellanización. Tras la caída de la dictadura, los intentos de recuperación del catalán en la escuela fueron inmediatos: pronto se iniciaron campañas a favor de la enseñanza del catalán unidas a la voluntad de recuperar la autonomía de Cataluña (cf. Ginebra 2006: 293). Pero no fue hasta la proclamación de la II República (finales de la fase C), cuando se estableció el *Decreto de Bilingüismo* (1931), conocido también como el decreto de Marcelino Domingo. Este derogaba las normas que prohibían el uso del catalán en la escuela, decretaba que el idioma de enseñanza debía ser la lengua materna del alumno y determinaba que el alumnado catalán debía aprender el castellano a partir de los ocho años (cf. *ibid.*: 299).

La aprobación del *Estatut de Núria* de 1932 instauraba un régimen lingüístico de cooficialidad. En el ámbito educativo, el *Estatut* se traducía en la enseñanza obligatoria del castellano y en el uso de esta como lengua vehicular en la educación primaria y secundaria de acuerdo con el artículo 50 de la Constitución de 1931 (cf. Gimeno Ugalde 2007). La posibilidad de establecer un modelo escolar bilingüe se vio truncada por la dictadura franquista. Finalmente, la democracia hizo posible la cooficialización del catalán a través del *Estatut* de 1979 y abrió la puerta a la futura ley de política lingüística en 1983 (Ley 7/1983) que proclamaba el catalán como lengua propia de la enseñanza de Cataluña (art. 20) y establecía un modelo de inmersión lingüística en el ámbito educativo[152]. La sustitución de la anterior ley por otra en 1998 (Ley 1/1998) introdujo el catalán como lengua vehicular y de aprendizaje de la enseñanza no universitaria (art. 21.1).

En la enseñanza superior también se puede constatar un incremento evolutivo en relación con el grado de conciencia lingüística (cf. Ferrando/Nicolás 2005: 373). Desde su restablecimiento, la universidad pública arrastraba un considerable lastre científico y su desprestigio era notorio entre los círculos intelectuales y catala-

---

[152] Para una descripción de este modelo, véase Arenas i Sampera (1986: 34-38). Es sabido que el modelo de inmersión lingüística ha dado resultados eficaces en diferentes contextos: en España existe en el País Vasco y en Cataluña; también se ha implantado para fomentar el bretón en Francia, el galés en Gran Bretaña, el francés en Canadá o el finés en Suecia.

nistas (*ibid.*). La celebración de los dos primeros congresos universitarios, que tuvieron lugar en 1903 y 1918, contribuyó a la toma de conciencia para crear un modelo alternativo[153]. Sin embargo, el cambio decisivo no se produjo hasta la etapa republicana, pues fue a partir de 1931 cuando se hizo posible el uso del catalán en algunas cátedras de la *Universitat de Barcelona*. En 1933 se estableció la *Universitat Autònoma de Barcelona* bajo un patronato mixto que introducía el modelo bilingüe.

5) *Problemática de la igualdad lingüística*

El punto álgido del desarrollo nacionalista es la demanda de igualdad lingüística reivindicada por el grupo tradicionalmente dominado. Las reivindicaciones de igualdad lingüística dentro del contexto catalán son motivo recurrente a lo largo de las fases B y C, mientras que la fase A quedaba reducida a la reivindicación literaria y cultural. Las demandas catalanas de igualdad lingüística se dan en las dos formas que prevé Hroch: por un lado, la igualdad entre la lengua estatal y la lengua minoritaria dentro del territorio nacional (modelo A) y, por otro, la demanda de establecer la lengua minoritaria como única lengua oficial y limitar el uso del idioma estatal a las relaciones entre la administración provincial y la central (modelo B).

En la etapa B se hallan las primeras reivindicaciones sistemáticas, que siguen generalmente el modelo A: el *Centre Català* (1882), por ejemplo, se convirtió en una plataforma que fomentaba tanto una política lingüística activa como el bilingüismo; en *Lo Catalanisme* (1886) Almirall propugnaba la doble oficialidad. Asimismo, podrían mencionarse los distintos intentos de "catalanización" de instituciones antes dominadas por prácticas monolingües (a favor del castellano) como el *Ateneu Barcelonès* o la *Reial Acadèmia de Bones Lletres*. Un caso más extremo de reivindicación sería el de las *Bases de Manresa* (1892) que, ya dentro de la fase B, exigían la oficialidad exclusiva del catalán (modelo B).

En la etapa C se pueden citar las propuestas comentadas en la sección social y jurídica del *Primer Congrés Internacional de la Llengua Catalana* que abogaban

---

[153] Durante el periodo republicano hubo grandes debates respecto al modelo lingüístico de las universidades catalanas. En Cataluña existían dos modelos opuestos: por una parte, unas voces se mostraban a favor de la existencia de una única universidad bilingüe, como el historiador Ferran Soldevila; por otra, algunas voces propugnaban la creación de una universidad catalana monolingüe como Antoni Rovira i Virgili. Ante la imposibilidad de establecer un único sistema monolingüe, Rovira se decantó por la creación de dos universidades independientes: una estatal y una de la *Generalitat*. Esta última idea también fue apoyada por Folguera i Duran, presidente de la *Associació Protectora de l'Ensenyança Catalana* (cf. Ginebra 2006: 307-312).

por dos tipos de modelos: el de doble oficialidad y el de oficialidad exclusiva. También podemos hacer mención del anteproyecto estatutario de 1931, que promovía la oficialidad exclusiva (modelo B) y luego la cooficialidad en 1932 (modelo A).

En el contexto de la problemática de igualdad lingüística es interesante destacar que a medida que avanzaban los intentos de oficializar el catalán, mayores eran las muestras de oposición a su uso público y oficial. Valgan como ejemplos, por una parte, la actitud reaccionaria de algunos intelectuales españoles acerca de la cooficialización del catalán en los debates parlamentarios sobre el *Estatut* republicano (fase C) y, por otro, la actitud anticatalanista de Núñez de Arce en su discurso pronunciado en 1886 en el *Ateneo Científico y Literario* de Madrid (fase B).

Aunque las reivindicaciones de la igualdad lingüística tuvieran lugar ya desde inicios de la fase B (desarrollándose a lo largo de la fase C), el hecho de que España fuera un Estado fuertemente influenciado por el modelo jacobino hizo que la consecución de esta demanda fuera bastante tardía. La cooficialidad se instauró mediante la aprobación del *Estatut d'Autonomia* (1932) durante la II República y tuvo una duración muy breve. Para concluir, debe insistirse en que el estadio de igualdad lingüística coincidió con la reivindicación de introducir el catalán en las escuelas, lo cual evidencia que en el caso de las lenguas "dominadas" el deseo de introducir la lengua vernácula en las escuelas solía ir acompañado de una reivindicación general del estatus de igualdad.

4.5. ¿La lengua ante todo?: Ideologías lingüísticas en el *catalanisme*

En los apartados anteriores se ha observado la evolución de la lengua como principal elemento de la identidad catalana durante el siglo XIX y principios del XX desde una perspectiva general más bien cultural, literaria, filológica y periodística. Se trataba de estudiar la evolución del *catalanisme* y del discurso identitario en torno a la lengua desde un ángulo más amplio. En el presente apartado se mostrará también este desarrollo, ahora desde una perspectiva de autor, teniendo en cuenta distintas personalidades que destacaron en el ámbito político, intelectual, literario, periodístico o religioso, y que se pueden considerar representativas de su época. El análisis de este pequeño corpus permitirá exponer la validez del modelo trifásico de Hroch y la evolución del discurso catalanista acerca del catalán de una manera clara y objetiva. Con tal propósito, se examinarán tanto los conceptos políticos y nacionales de los autores, es decir, su concepción política, como sus ideologías lingüísticas, esto es, las reflexiones o reivindicaciones lingüísticas y su posicionamiento con respecto a las lenguas catalana y castellana.

Atendiendo a la diversidad de autores, cabe esperar que en algunos casos las reivindicaciones sean más nítidas y directas y, en otros, más tímidas e indirectas.

El análisis se centrará fundamentalmente en algunas conocidas personalidades y
obras significativas del *catalanisme* que pertenecen al periodo objeto de nuestro
análisis (1833-1932), siguiendo unos criterios que pasaremos a comentar en los
siguientes párrafos. Esta selección de nueve autores nos permitirá crear un corpus
representativo y medianamente extenso del periodo indicado. Una parte importante del corpus la conforman políticos y pensadores del movimiento propiamente catalanista (como Valentí Almirall, Enric Prat de la Riba o Antoni Rovira i Virgili) o federalista (Francesc Pi i Margall). Sin embargo, no hemos querido excluir
a periodistas, literatos, filólogos e historiadores como Joan Cortada, Manuel Milà
i Fontanals, Víctor Balaguer, Pompeu Fabra, ni tampoco a personalidades del
ámbito religioso como Josep Torras i Bages, también muy influyentes en el pensamiento catalanista. Conviene recordar que muchos de los políticos y pensadores citados llevaron a cabo una extensa labor periodística y que, a su vez, muchos
de los literatos, historiadores, periodistas, etc. hicieron lo mismo en el terreno
político como, por ejemplo, Víctor Balaguer. Así pues, por diferentes razones,
estos autores deben considerarse intelectuales y/o figuras eminentes de su época.
Con respecto a nuestro objeto de estudio, debe señalarse que todos ellos han contribuido, de un modo u otro, al pensamiento catalanista y que son, además, representativos de este. Asimismo, es preciso puntualizar que en sus obras incluyeron
reflexiones sobre Cataluña y la identidad catalana y abordaron, en mayor o menor
medida, la cuestión nacional y lingüística.

Este apartado permitirá ver cómo la defensa del catalán ha sido –y sigue siendo–
una de las bases discursivas del *catalanisme* político, ya desde sus albores, y
cómo ha tenido lugar esta evolución discursiva que va desde una asunción general del castellano como lengua nacional (fase A) hasta la transformación ideológica que hace del catalán la "nueva" lengua nacional (fase C). A partir del análisis
de las ideologías lingüísticas de los autores seleccionados se demostrará algo que
venimos afirmando desde las primeras líneas de este libro: la centralidad de la
lengua para la construcción de la identidad catalana.

La selección de estos autores responde a diferentes criterios. En primer lugar, la
mayoría corresponde a épocas distintas, hecho que permitirá abarcar todo el
periodo escogido (1833-1932) y dividirlo según el modelo trifásico de Miroslav
Hroch. En segundo lugar, constituyen, en buena medida, una muestra representativa del pensamiento del tiempo en el que vivieron. Para cada una de las fases del
modelo de Hroch se han intentado incluir figuras cuyo pensamiento tuviera cierta
difusión y relevancia dentro de su época; se trata de personajes emblemáticos

dentro del panorama catalán (bien sea desde el punto de vista político, cultural, religioso, literario o periodístico). En tercer lugar, y como consecuencia de lo anterior, esta selección permitirá ver, a grandes rasgos, la evolución discursiva del *catalanisme*, fijando la atención especialmente en el pilar discursivo de la lengua. Por último, hay que indicar que, como premisa para la selección de los autores, se ha tenido en cuenta que el corpus debía representar, dentro del *catalanisme*, un amplio abanico de tendencias políticas que incluyera tanto posturas conservadoras como progresistas, pasando por posicionamientos moderados.

Asimismo, se ha tratado de que todas estas tendencias estuvieran representadas, en mayor o menor medida, en todas y cada una de las fases, de modo que el contraste ideológico se halle presente en cada etapa. Así pues, en la primera etapa (fase A) encontramos al liberal Joan Cortada, que se enmarcaría dentro de la corriente romántica, y al republicano federalista Pi i Margall[154]. Dentro de esta etapa se ha seleccionado también a Víctor Balaguer, figura progresista, y al conservador Milà i Fontanals, maestro, entre otros, de Josep Torras i Bages.

En la fase B tenemos a dos figuras diametralmente opuestas: por una parte, se estudiará al eclesiástico Torras i Bages, de ideología conservadora y tradicionalista, y por otra, a Valentí Almirall, hombre de izquierdas y figura decisiva para la politización del *catalanisme*. Desde perspectivas y con intereses completamente distintos, tanto Torras como Almirall coincidieron en la reivindicación y expansión del uso social del catalán.

Los tres últimos autores, que se incluyen en la fase C[155], representan también ideologías diferentes, si bien coincidirán en algunos aspectos significativos. Mientras que Fabra y Rovira i Virgili deben inscribirse dentro de la tendencia progresista, Prat de la Riba debe situarse en el ángulo opuesto. El pensamiento de Prat de la Riba no solo sobresale por su talante conservador sino también por su convicción religiosa. Sin embargo, como expondremos más adelante, las concepciones en torno a la nación y las ideologías lingüísticas de Prat y de Rovira se asemejan en muchos aspectos a pesar de que sus posicionamientos políticos divergen en gran medida. La figura de Fabra, hombre de izquierdas, es muy significativa; por un lado, entabló amistad con Rovira i Virgili y coincidió con él en muchas ideas acerca de la lengua, pero, por otro, colaboró con el conservador Prat de la Riba, quien le confió la tarea de codificación. La colaboración entre personalidades tan distintas no hace más que corroborar la importancia de la lengua para el

---

[154] Sobre el pensamiento de cada una de las figuras se hablará con más detalle en los epígrafes correspondientes.
[155] Fabra se sitúa a caballo entre la fase B y C (véase tabla 4).

catalanisme –independientemente de su orientación–, que va más allá de la ideología política, las convicciones y las afiliaciones partidistas. Este hecho vuelve a corroborar nuestro punto de partida y justifica el título en forma de pregunta que hemos querido dar a este epígrafe: *¿La lengua ante todo?*

Es preciso insistir en el hecho de que, dentro de la historiografía catalanista, prácticamente todos los autores de nuestro corpus se consideran figuras destacadas del *catalanisme*. Prueba fehaciente de ello es que la mayoría de estos nombres se encuentran, con detalles y rigor distinto, en cualquier estudio fundamentado sobre el nacionalismo catalán[156]. Mención a parte merecen los nombres de Manuel Milà i Fontanals y Pompeu Fabra que, si bien no siempre aparecen en las obras dedicadas al *catalanisme*, son de aparición obligatoria en la bibliografía referente a la evolución de la lengua catalana o en cualquier obra general sobre la historia de la lengua. Rovira i Virgili, por su parte, no figura siempre en los estudios del *catalanisme* (por ejemplo, McRoberts no menciona su nombre) pero su labor ideológica dentro del *catalanisme* progresista y su extensa obra periodística, así como sus innumerables reflexiones sobre el nacionalismo y la cuestión lingüística, justifican su presencia en el presente corpus.

Entre otros muchos aspectos, la figura de Joan Cortada (1805-1868) ha pasado a la historia del *catalanisme* por haber escrito la primera obra (*Cataluña y los catalanes*) en la que la actuación histórica de los catalanes se presenta como un valor político. Además, su contribución al *catalanisme* se justifica a través de buena parte de su legado, centrado en temáticas catalanas aunque escrito en lengua castellana, característica que también compartirá con buena parte de los primeros representantes de la *Renaixença*[157]. Asimismo, es preciso resaltar que Cortada participó de manera indirecta pero activa en el movimiento cultural catalán de su época.

La figura de Manuel Milà i Fontanals (1818-1884), en tanto que contribuyó definitivamente a la individualidad del catalán con respecto al lemosín, se considera de aparición obligada en un apartado donde se hace referencia a las concepciones sobre la lengua. Aunque Milà no pueda considerarse un catalanista en el sentido estricto de la palabra, su aportación a la lengua catalana es incuestionable: no solo en lo que se refiere a la ruptura con el *felibritge* sino también en cuanto al

---

[156] Véanse, por ejemplo, *La España de los nacionalismos y las autonomías* (Anguera/Beramendi/De la Granja 2003) o la historia del nacionalismo catalán de Balcells (2004), en los que aparecen los nombres de Cortada, Pi i Margall, Balaguer, Almirall, Torras i Bages y Prat de la Riba.

[157] Ya se ha aludido en varias ocasiones al hecho de que muchos hombres de la *Renaixença* usaran el castellano en la lengua escrita, asumiendo en cierto modo la situación diglósica de la época y el prestigio del español como lengua de la alta cultura.

estudio de la lengua oral, que le permitió distinguir entre la variedad occidental y la oriental. No es preciso hacer hincapié en que ambos aspectos han influido enormemente en el estudio de la lengua catalana hasta nuestros días.

A diferencia de los dos autores citados, Francesc Pi i Margall (1924-1901) sobresale por su activismo político, si bien no desde una vertiente que pueda considerarse plenamente catalanista. Su programa reformista de España preconizaba la reconstrucción de las regiones históricas como estados autónomos, formando una república federal. En lo que concierne a la cuestión lingüística, el posicionamiento de Pi i Margall iba mucho más allá que el de los dos autores mencionados y fue un precedente de lo que sería el *catalanisme* en su vertiente política y su reivindicación lingüística. A finales del siglo XIX Pi i Margall llegó a formular, aunque solo de modo marginal, la necesidad de oficializar las "lenguas regionales" y la conveniencia de ser conocidas por el personal de la administración y la justicia.

El historiador Víctor Balaguer (1824-1901) se convirtió muy pronto en figura mítica del *catalanisme* gracias a su divulgación del pasado histórico de Cataluña desde una vertiente romántica. Su adhesión al *felibritge* se halla en consonancia con la idea de que el catalán y el occitano pertenecían al mismo continuo lingüístico. Esta visión, junto con el sueño de una patria lemosina, le diferencia de otros autores de su misma época adscritos también a la *Renaixença*, pero que pronto abandonaron las ideas *felibres* de la primera juventud.

Como figura que personifica el paso del *catalanisme* cultural al *catalanisme* político, la presencia de Valentí Almirall (1841-1904) en este corpus era una cuestión ineludible. Además de esta gran aportación, su contribución a la expansión social del catalán, a través de la fundación del *Diari Català*, no hace más que reafirmar su papel dentro del movimiento catalanista. Al mismo tiempo, esta figura ha pasado a la historia catalanista por ser uno de los primeros en reivindicar de manera coherente la cooficialización de la lengua y en exigir la enseñanza del catalán pero en catalán, es decir, como materia y lengua vehicular. Sus ideas acerca de la lengua diferían completamente del resto de intelectuales que acabamos de citar a excepción de Pi i Margall, quien también abogó, aunque no de forma sistemática, por la oficialización de las "lenguas regionales".

Dentro de la misma generación que Almirall, hemos seleccionado a Josep Torras i Bages (1846-1916), figura antagónica al primero en muchos aspectos. Torras i Bages, conocido como el apóstol de la lengua catalana, realizó una intensa labor intelectual y pastoral vinculada al *catalanisme* conservador y católico. Su obra principal, *La tradició catalana* (1892), apareció como réplica a *Lo Catalanisme* (1886) de Almirall, dos obras en las cuales se explicitan las divergencias ideológicas de estas dos figuras. El lema "Catalunya, serà cristiana o no serà" –que en realidad no aparece en ninguno de los escritos de Torras– es la frase que mejor resumiría un pensamiento católico que ha impregnado la tendencia catalanista conservadora hasta nuestros días.

Pompeu Fabra (1868-1948), conocido como "el ordenador de la lengua catalana moderna", realizó una labor insuperable en cuanto a la codificación del catalán, tarea que le fue encomendada desde el *Institut d'Estudis Catalans*.

Enric Prat de la Riba (1870-1917), como presidente e impulsor de la *Mancomunitat de Catalunya*, tiene una gran importancia en el *catalanisme*. Su contribución fue tanto a nivel ideológico, a través de la redacción de diversos escritos de carácter teórico y doctrinarios y, sobre todo, de *La nacionalitat catalana* (1906), como a nivel práctico, mediante su participación activa en las *Bases de Manresa*, que establecían el catalán como única lengua oficial de Cataluña, o a través de su cargo como presidente de la *Mancomunitat*. Con respecto a la lengua catalana, Prat no es de menor importancia: en primer lugar, como secretario del *Ateneu Barcelonès*, promovió un cambio de estatutos para normalizar el uso del catalán en esa institución; posteriormente, desde su puesto como gobernante, impulsó la creación del *Institut d'Estudis Catalans* y, procurando dejar de lado su filiación de partido, solicitó la colaboración de Fabra, de orientación izquierdista, para que llevara a cabo la tarea de codificación lingüística desde la sección filológica del *Institut*.

Finalmente, el corpus incluye a Antoni Rovira i Virgili (1882-1949), periodista e historiador erudito. Su profuso estudio acerca de los nacionalismos, del federalismo y del *catalanisme* sería más que suficiente para justificar dicha inclusión. Sin embargo, su personalidad sobresale también por sus reivindicaciones lingüísticas y, desde su profundo conocimiento del *catalanisme*, por presentarse como una "síntesis" evolutiva del pensamiento de varios de los autores que hemos mencionado. Con todo, su significación va más allá de la mera síntesis, pues también aportó importantes innovaciones al pensamiento catalanista desde una vertiente marcadamente progresista.

Como se acaba de mencionar, de los nueve representantes seleccionados, algunos pertenecen a la misma generación. Este es el caso de Pi i Margall y Balaguer, nacidos ambos en 1824. Almirall y Torras i Bages también pertenecen a una misma generación, ambos habiendo nacido en la década de los cuarenta del siglo xix. Asimismo, Fabra y Prat de la Riba, forman parte de dos generaciones distintas separadas por tan solo dos años. En cuanto al resto de los autores, sin bien pertenecen a generaciones anteriores o posteriores, sus trayectorias coincidieron con algunos de los autores citados. Así pues, es posible inducir que entre todos ellos existirán elementos intertextuales ya sea asumiendo, desarrollando o rechazando, en algún sentido, los postulados más importantes de otros intelectuales; a veces lo harán de manera explícita y otras de manera más implícita. Por otro lado, una parte ineludible de este estudio debe ser la referencia a esas posibles interreferencias con el fin de dilucidar, a grandes rasgos, la evolución discursiva del *catalanisme* en lo referente a la cuestión de la lengua. Teniendo esto en cuenta, en el análisis individual de las distintas figuras, que será necesariamente de extensión diferente, se hará alusión a los elementos de interconexión que se vayan estableciendo, aunque este aspecto se tratará más detalladamente en el último epígrafe (4.5.10) dedicado a relacionar todas las ideas desarrolladas por los nueve autores que conforman el corpus. Para concluir, los autores se clasificarán en las fases de creación de los movimientos nacionalistas, según el modelo propuesto por Miroslav Hroch, y se establecerá una tipología discursiva (con respecto a la lengua) que permita describir la evolución del discurso catalanista entre 1833 y 1932.

Siguiendo el orden cronológico y tomando como referencia la fecha de nacimiento de los autores, la primera figura a la que se hará referencia es Joan Cortada, novelista, periodista, historiador y representante del pensamiento ochocentista catalán. Nos centraremos en dos textos publicados en su madurez que son característicos de su pensamiento político y concepción lingüística y que, al mismo tiempo, permiten ilustrar los aspectos mencionados. Se trata, por un lado, de *Cataluña y los catalanes*[158], un volumen publicado en 1859 compuesto por una serie de artículos que escribió en el diario *Telégrafo,* y, por otro, del discurso pronunciado en los *Jocs Florals* con motivo de su presidencia en 1864.

El segundo de los autores es Manuel Milà i Fontanals, filólogo y escritor y figura puente entre el grupo inicial de la *Renaixença* y la joven generación que se adhirió al citado movimiento. Para abordar su pensamiento, nos centraremos especialmente en la *Resenya histórica y crítica dels antichs poetas catalans*, obra premiada con la medalla de oro del *Ateneu Català* en los *Jocs Florals* de 1865, así como en sus dos discursos presidenciales del mencionado certamen, correspondientes a los años 1859 y 1883. También tendremos en cuenta las aportaciones de Hina (1978), Jorba (1983; 1984), Moran i Ocerinjauregui (1994), Rico y Solà (1995), Bernat i Baltrons (2004) y Ferrando y Nicolás (2005).

El tercer autor es Francesc Pi i Margall, político y periodista federalista afincado en Madrid. El pensamiento político e ideología lingüística de esta figura se analizarán a partir de su obra más conocida, *Las Nacionalidades*, publicada en 1876 durante la Restauración, y *La qüestió de Catalunya*, un compendio de sus escritos y discursos que vio la luz por primera vez en 1913. También se estudiará el libro monográfico que le dedicaron Casassas i Ymbert y Ghanime (2001).

---

[158] Nos basaremos en la edición de Joaquim Molas de 1965.

La cuarta figura es Víctor Balaguer, político, historiador, dramaturgo y poeta catalán. Se hará referencia tanto al *Epistolario: memorial de cosas que pasaron por D. Víctor Balaguer*, publicado por primera vez en 1893, como a sus dos obras historiográficas: *Bellezas de la historia de Cataluña* (1853) e *Historia de Cataluña y de la Corona de Aragón* (1860-1863). El análisis se basará también en las informaciones que ofrecen Horst Hina (1978) y Pere Anguera (2006) y en dos estudios críticos sobre el autor: *Víctor Balaguer i el seu temps* (VV.AA. 2004) y *Víctor Balaguer. Renaixença, Revolució i Progrés* (Palomas i Moncholí 2004). Con respecto a su pertenencia al *felibritge*[159], nos basaremos fundamentalmente en las aportaciones de August Rafanell publicadas en su trabajo *La il·lusió occitana* (2006).

Valentí Almirall es una de las figuras claves de este apartado. Fue un político y publicista muy influyente de su época. De su actividad destaca especialmente su compromiso por la lengua catalana, habiendo contribuido a su difusión y normalización a través de la creación del *Diari Català* y reivindicado un estatus de cooficialidad. Para analizar su pensamiento político y sus reflexiones teóricas sobre la cuestión de la lengua, se tomará como referencia su principal obra –*Lo Catalanisme* (1886)–, la contestación al discurso de Núñez de Arce (1832-1903), el discurso pronunciado en 1896 en el *Ateneu Barcelonès*, algunos artículos literarios publicados en *L'Avenç*, y las aportaciones sobre el autor que se hallan en la tesis doctoral de Josep Grau Mateu (2004).

Josep Torras i Bages es también una figura esencial del *catalanisme*, sobre todo porque estableció una estrategia cristiana dentro del movimiento y concibió el "regionalismo" como un concepto moral. Su pensamiento e ideología lingüística se estudiarán a partir de su obra principal, *La tradición catalana* (1892), y de su discurso como presidente de los *Jocs Florals* en la edición de 1899. Además nos serviremos del detallado estudio de Pérez Francesch (2005) y de algunas observaciones que se recogen en la obra editada por Blas Guerrero (1997).

Como codificador de la lengua catalana, Pompeu Fabra es, sin duda, la persona que más decididamente ha contribuido al desarrollo de este idioma. Destacó tanto por su obra normativizadora como por su papel ideológico en tanto que fue defensor de un pensamiento que unía indisociablemente la lengua con la nación. Para estudiar detenidamente sus reflexiones sobre el catalán nos basaremos en varias de sus obras lexicográficas y gramaticales y en las *Converses filològiques*. Asi-

---

[159] Este movimiento, cuyo representante principal fue Frederic Mistral, fue creado en 1854 y mantuvo lazos con Cataluña hasta la ruptura definitiva en 1893. Para más detalles sobre el *felibritge*, también conocido como *felibratge*, véase Rafanell 2006: I, 68.

mismo, se prestará especial atención a los estudios de Lamuela y Murgades (1984), Miracle (1989; 1998), Solà (1987; 1999), Rico/Solà (1995), Torrent (1997) y a los estudios incluidos en sus *Obres completes*, editadas a cargo de Jordi Mir y Joan Solà (2005).

Enric Prat de la Riba destacó sobre todo por haber sido presidente de la *Mancomunitat de Catalunya* y por haber llevado a cabo, en calidad de tal, una extensa labor de fomento de la cultura y la lengua catalanas. Para el estudio de su pensamiento político e ideología lingüística se tomará como referencia su principal obra doctrinaria, *La nacionalitat catalana* (1906). También se analizarán algunos textos, escritos y discursos publicados en 1918 en el volumen *Nacionalisme*, con edición a cargo de Antoni Rovira i Virgili, y en 1987 en *La Nació i l'Estat*, una selección de escritos de juventud recopilados por Enric Jardí. Asimismo, se estudiará su ponencia presentada en el *Primer Congrés Internacional de la Llengua Catalana* (1906), titulada "Importancia de la llengua dins el concepte de la nacionalitat".

Antoni Rovira i Virgili fue un prestigioso periodista, historiador y político. A través de su actividad periodística y de sus obras difundió su pensamiento, que podríamos definir como un *catalanisme* de izquierdas basado en la idea de Cataluña como nación. Después de Fabra es, de todos los autores seleccionados, la figura que más páginas dedicó a la reflexión sobre la lengua catalana. Para comprender su pensamiento se observarán algunas de sus obras teóricas como *Nacionalisme i federalisme* (1917) y *Resum d'història del catalanisme* (1936), así como algunos de sus artículos periodísticos. Una referencia fundamental será el estudio de Ginebra, titulado *Llengua i política en el pensament d'Antoni Rovira i Virgili* (2006), así como la monografía *Antoni Rovira i Virgili. Història i pensament polític* de Jaume Sobrequés i Callicó (2002).

El análisis de las ideologías lingüísticas de estos autores referentes al catalán, incluyen, en mayor o menor medida, reflexiones acerca del castellano y, por tanto, estas también serán objeto de nuestro estudio aunque no de manera central. Al mismo tiempo y a pesar de que parezca una obviedad, es conveniente anticipar que la extensión del estudio de cada uno de los autores variará lógicamente en función de la intensidad de sus reflexiones con respecto a la lengua catalana y a la cuestión nacional.

4.5.1. *Joan Cortada (1805-1868)*

El escritor e historiador Joan Cortada i Sala nació en 1805 en Barcelona. Entre 1828 y 1849 ejerció su profesión jurídica en la capital catalana, alternándola con sus primeros intentos literarios (Molas, en Cortada 1965: 7)[160]. A partir de 1840 se dedicó de pleno a la enseñanza y a las letras, obteniendo en 1850 la cátedra de Geografía e Historia en un instituto de secundaria, del cual fue nombrado director diez años más tarde.

Tal y como indica Joaquim Molas, de acuerdo con los cánones hispánicos de su siglo, Cortada fue un verdadero "homme de lettres" (*ibid.*: 8): fue traductor de novelas, libros de historia, escritor y colaborador habitual de la prensa. En cuanto al ámbito historiográfico destacan sus obras *Historia de España* (1841) e *Historia de Portugal* (1844). La actividad periodística de Cortada, iniciada en 1839 en el *Diario de Barcelona* y luego en el *Telégrafo* y *La Imprenta*, fue más regular que su producción novelística. Cortada también fue historiador pero, a diferencia de Manuel Milà i Fontanals o Antoni de Bofarull, no fue un investigador sino más bien un divulgador (*ibid.*: 9). De hecho, como señala Molas, su único trabajo erudito fue el extracto del *Proceso instruido contra Juan Sala y Serrallonga* de 1868, año en que murió. Asimismo, contribuyó a la restauración de los *Jocs Florals* y fue presidente en la edición de 1864. *Cataluña y los catalanes* (1860) ha sido considerada su principal obra.

Joan Cortada se sentía "catalá de naixensa y de cor [*sic*]", como afirmó en el discurso presidencial de los *Jocs Florals* de 1864 (JF 1864: 11). Sin embargo, la época en la que le tocó vivir le llevó a hacerlo en un contexto lleno de contradicciones. Por un lado, como se acaba de mencionar, se sentía catalán tanto por su origen como por la afectividad a su tierra natal, pero, por otro, al igual que gran parte de los escritores burgueses de su tiempo, escribía en una lengua que no era su idioma nativo. Cortada redactó la mayor parte de su producción en castellano –por ejemplo, *Cataluña y los catalanes* y su colaboración en periódicos catalanes de expresión castellana como *Diario de Barcelona* o *Telégrafo*– y solo en algunas ocasiones se atrevió a escribir en catalán, no sin antes disculparse por su falta de formación o sin expresar pena por no saber escribir bien en su lengua materna (cf. Molas, en Cortada 1965: 12-13). Un buen ejemplo es el elogio a Francesc P. Briz por la publicación de *La masia dels amors*, que reseñó desde las páginas del *Telégrafo*. Cortada escribió el artículo en catalán excusándose por su escritura e hizo acompañar el escrito con una carta en castellano en la que pedía disculpas por los resultados: "me pareció que había de escribir en catalán, lo cual para mí es un gran esfuerzo, pues lo conozco sino como el vulgo. Bien lo echará V. de ver en mi artículo. Estime V. en ello un buen deseo" (*ibid.*: 13).

---

[160] Prólogo a *Catalunya i els catalans*, editado en 1965 en Edicions 62, escrito originalmente en castellano y traducido al catalán por Carme Vilaginés.

El ensayo *Cataluña y los catalanes*, aparecido en volumen en 1860, era originalmente una serie de veinte artículos publicados en el *Telégrafo*. La obra se puede dividir en tres partes fundamentales que pretendían dar respuesta a tres preguntas formuladas por el propio autor: la primera, qué era Cataluña; la segunda, quiénes eran los catalanes; y la tercera, cuál era el papel de estos dentro de España[161]. No se trata de presentar un análisis pormenorizado de estas tres partes, sino de destacar –junto con el discurso presidencial de los *Jocs* de 1864– los aspectos más relevantes que permitan describir, por una parte, el pensamiento político de Cortada y, por otra, dilucidar sus ideas glotológicas y enmarcarlas, al mismo tiempo, en el contexto político-social de su época.

La figura de Joan Cortada está vinculada a la *Renaixença* y, en términos generales, es representativa del pensamiento ochocentista burgués catalán. Para este periodista, novelista e historiador, al igual que para muchos de sus coetáneos y figuras representativas de la *Renaixença* catalana como Milà, Balaguer o Bofarull, España era el Estado ("patria común") y la nación de los catalanes, mientras que Cataluña se consideraba la "pàtria" ("Santo es el amor á la patria, y la patria nuestra es Cataluña" [*sic*], decía Cortada). En realidad, el hecho de que se preguntara qué papel representaban los catalanes dentro de la "familia española" evidencia que asumía que Cataluña formaba parte de España[162]. Podría decirse que esta concepción es representativa de su época, pues, como se ha visto en apartados anteriores, al inicio de la *Renaixença* no se partía de una idea de identidad opuesta o enfrentada a la española, sino todo lo contrario: en aquel momento España se asumía como la nación y Cataluña como la patria. En su discurso presidencial de los *Jocs Florals* Cortada afirmaba "encara som catalans: formam un sol poble ab Castella" (JF 1864: 12). En otras palabras, la idea política propugnada por este autor se enmarcaba dentro del "provincialismo"[163], perfectamente compatible con la identidad española, puesto que el "amor" a Cataluña no suponía el "odio" a otros pueblos.

Cataluña y los catalanes recoge y desarrolla extensamente la dualidad identitaria de Cortada, que viene explicitada con gran claridad en el prólogo a la obra:

---

[161] Joaquim Molas (en Cortada 1965: 15) habla del papel de los catalanes en el Estado español. No obstante, no solo deberíamos referirnos al Estado sino también a la nación española, pues ya se ha señalado que España, siguiendo el pensamiento ochocentista, era también la nación de los catalanes.

[162] "¿Qué es Cataluña? ¿Qué somos los catalanes? ¿Qué papel representamos en la familia española?" (Cortada 1860: 5).

[163] Hina (1978: 132-135) señala que "provincialismo" era el término más empleado en la época; su uso se extendió en la década de los treinta del siglo XIX y se encontraba plenamente expandido en los sesenta.

Somos catalanes y nos gloriamos de ello; de la misma manera que un frances tiene orgullo en ser frances, y un ingles no dejaria de serlo por todo lo del mundo; esto al fin es amor á la patria, virtud que muchos quilates y fuerza motriz para grandes hechos. Mas este amor á la patria no supone odio ni enemistad hácia tierras que no son patria nuestra [...]

[...] El amor á la patria no ha de suscitar contra nosotros ni un adversario, ni dar ocasión á una queja, y sí por mal de la flaqueza humana llegaramos á faltar al mas esquisito condimento, de ignorancia podremos haber pecado, de malicia nunca (Cortada 1860: 6).

Para Cortada, la solidaridad hacia los demás pueblos "hermanos" y la lealtad a España era fundamental: "Entre tanto los catalanes, como subditos de la corona de España, consideran á los demás españoles como á hermanos, y su único anhelo es ver grande y poderosa la patria común, para lo cual nunca dejarán de contribuir con todo el esfuerzo de que son capaces" (1860: 61-62).

Otra de sus obras destacadas, *Historia de España*, termina con unas palabras que se muestran reveladoras de su pensamiento respecto a la relación entre Cataluña y España. Al referirse al futuro reinado de Isabel II, expresaba su profundo amor por Cataluña ("mi patria"), pero al mismo tiempo veía en España ("madre común") la única solución posible ("dicha"): "Amo sinceramente á mi patria, deploro los extravíos de sus hijos, y no sé ver para ninguno mientras no sea dichosa la madre comun de todos ellos" (Cortada 1869: 278).

Dada la situación diglósica de su época, es bastante comprensible que Cortada redactara su obra en castellano, que según la ideología dominante de su tiempo era la lengua nacional de España y de Cataluña. Incluso su famoso ensayo, *Cataluña y los catalanes*, en el que reflexiona sobre Cataluña y los catalanes, está escrito en castellano. Sin embargo, no puede negarse su compromiso con la lengua catalana y la defensa de su uso, aunque solo reducido al ámbito literario. Asimismo, contribuyó a la restauración de los *Jocs Florals*, aunque, como citan algunas fuentes, tanto él como Balaguer hubieran propuesto inicialmente que el certamen también aceptara trabajos en castellano (cf. Palomas i Moncholí 2004: 214)[164].

En calidad de presidente de la edición de 1864 de los *Jocs Florals*, Cortada pronunció un discurso en el que enfatizaba el pasado glorioso de la lengua catalana y señalaba su decadencia y la importancia de la restauración del certamen para la lengua literaria. Vale la pena hacer hincapié en que de ningún modo planteaba su posible relevancia en otros ámbitos fuera del literario. Para Cortada, la restaura-

---

[164] Lamentablemente no se ha podido encontrar ninguna fuente primaria que constate esta afirmación.

ción de los *Jocs Florals* y la concurrencia de poetas era una muestra clara de que el catalán no era solo la lengua materna de los catalanes sino también una lengua "apta" para la creación literaria: "la llengua mare ab la qual pensam, resam y cantam, sino que inspira á nostres poetes y los presenta á eixa arena poética ahont justan ab lo afany de donar mes preu á nostra llengua mateixa" (JF 1864: 17). Por tanto, haciéndose eco de las ideas románticas, consideraba que era una lengua "viva" y que seguiría viva mientras viviera Cataluña:

> Feu lloch, obriu pas als que diuhen que es morta, deixaulos entrar pera que conegan y oygan á nostres [tro]badors, fassan cortesía á nostre[s] mestres del Gay saber, y després iscan á espargir la noticia de que la llengua catalana es viva, y la profecía de que viurá mentres Catalunya visca (JF 1864: 17-18).

La actitud lingüística de Cortada hacia el catalán era muy positiva; a pesar de reclamar su valor como lengua literaria, no ponía en tela de juicio el mayor prestigio el castellano. Como se puede observar en este pasaje, Cortada se mostraba consciente de la situación diglósica de su época: "Nuestra lengua nativa es la catalana, es la primera que aprendemos, es la única de que hacemos uso hasta que nos mandan á la escuela, y desde ese punto, si en algunas horas del dia hablamos, leemos y escribimos en castellano, en las restantes hacemos todo eso en catalán" (1860: 56).

Se podría decir que, como muchos de sus coetáneos, no parecía cuestionar el *status quo* que desfavorecía claramente a su lengua materna. Al contrario, sus palabras deben entenderse como la mera constatación de una realidad y no una reivindicación. Después de afirmar la solidaridad de los catalanes con España (la "patria común"), pedía comprensión en cuanto a su uso literario, por ser la lengua materna de los catalanes, y en cuanto a la glorificación de su pasado:

> Perdóneseles que tal cual vez en verso y prosa escriban la lengua de sus padres, la que les enseñó en la cuna el cariño de la madre, la que usan para alabar á Dios y para postrarse á los pies del sacerdote. [...]
>
> Dejadles [...] que ensalcen su patria y lloren las desdichas que ha sufrido, y le consagren sus cantos, y por ella exhalen sus suspiros (Cortada 1860: 62).

Asimismo, exigía más comprensión con respecto a los escritores catalanes que escribían en castellano y que a veces eran acusados de falta de purismo, recordando que el castellano era un idioma extranjero para los catalanes:

> De suerte que nosotros hemos de aprender la lengua castellana como una lengua extrangera, y despues de aprendida no hacemos uso de ella sino cuando hablamos en público, ó escribimos. Con tales antecedentes dígase de buena fe si no es excusable nuestra falta de purismo (Cortada 1860: 57).

En resumen, este autor ochocentista veía en Cataluña la patria y en España la nación de los catalanes. Si bien su aportación a la recuperación del catalán como lengua literaria y su conciencia de la diglosia son indiscutibles, no podemos constatar una reivindicación de su uso más allá de este ámbito. En este sentido, su posición es muy cercana a la de Milà i Fontanals, quien incluso dudaba de la capacidad del catalán como lengua de cultura, pero muy distinta a la de Pi i Margall, que preconizaba la oficialización de las "lenguas regionales" o de Almirall (fase B), defensor de la cooficialización del catalán. Es evidente que la posición de Cortada (fase A) se encuentra aún más lejos de los posicionamientos de Fabra, Prat de la Riba y Rovira i Virgili (fase C), quienes abogaban abiertamente por la oficialización exclusiva de la lengua catalana.

4.5.2. *Manuel Milà i Fontanals (1818-1884)*

Manuel Milà i Fontanals, filólogo y escritor nacido en Vilafranca del Penedès, ha sido considerado el primer romanista hispánico (cf. Bernat i Baltrons 2004: 88)[165]. Su erudición en el campo de la filología románica es un hecho indiscutible. En relación a esto, Rico y Solà afirman que su conocimiento profundo en este terreno le situaba por encima de sus contemporáneos catalanes, a excepción de Josep Balari (1844-1904).

Se licenció en derecho y letras en Barcelona y en 1846 obtuvo la cátedra de literatura en la *Universitat de Barcelona*. Fue maestro de Marcelino Menéndez Pelayo y de Antoni Rubió i Lluch. Milà i Fontanals se dedicó al estudio de la literatura y a la historia, pero también dio algunos pasos en poesía donde destaca *La cançó d'en Pros Bernat* (1867)[166]. Entre sus principales obras pueden mencionarse *Observacions sobre poesia popular* (1853), *Romancerillo catalán* (1853, edición ampliada en 1882), *Principios de estética* (1857), *De los trovadores en España* (1861), *De la poesía heroico-popular castellana* (1874). En 1865 ganó los *Jocs Florals* con su *Resenya histórica y crítica dels antichs poetas catalans*, considerada como el primer ejemplo moderno de prosa científica escrita en catalán (cf. Bernat i Baltrons 2004: 89).

---

[165] El crítico citado recuerda el prestigio del que gozaba Milà en el ámbito de la filología románica europea (Bernat i Baltrons 2004: 90). De hecho, colaboró en diferentes revistas europeas especializadas y mantuvo intercambio epistolar con los principales romanistas de la época. August Rafanell (2006: 78) señala también la centralidad de la figura de Milà al destacar que fue el gran romanista hispánico de la época.

[166] *La Gran Enciclopèdia en català* (2004: XIII, 10264-10265).

Una vez abandonadas las ideas románticas de la década de los treinta, Milà i Fontanals comenzó a relacionarse con todas las instituciones culturales que apoyaron el movimiento *renaixentista* catalán: la Universidad, la *Acadèmia de Bones Lletres*, el *Ateneu Barcelonès*, etc. Milà i Fontanals asumió el papel de puente entre la joven generación que se incorporó al movimiento de la *Renaixença* de 1843 a 1858 –integrado, entre otros, por Aguiló, Bofarull y Balaguer– y el grupo inicial formado por figuras como Rubió i Ors, Cortada y Piferrer, condición que probablemente propició su nominación como presidente en la primera edición de la restauración de los *Jocs Florals* (1859).

Como la mayoría de sus coetáneos, el pensamiento político de Milà i Fontanals se caracteriza por la asunción de que Cataluña era parte integrante de España. Para Milà, Cataluña era la patria y España la nación, la patria común. En su discurso como presidente de la primera edición de la restauración de los *Jocs Florals*, Milà desarrollaba esta idea recordando a Antoni Capmany como modelo de que las identidades catalana y española no eran excluyentes:

> [...] y si en aquest sentiment algú hi volgués veurer perills y discordias ó una disminució del amor á la patria comuna, podriam respondrer que eran ben be catalans molts dels que ensangrentaren las ayguas de Lepant y dels que cassaren las águilas francesas; y podriam repetir un aforisme ja usat al tractar de un dels millors catalans y mes ardents espanyols [en la nota se añade el nombre de Capmany] que may hi ha hagut: "No pot estimar sa nació, qui no estima sa provincia" (JF 1859: 25).

Milà i Fontanals no era el único en partir de una concepción identitaria dual, pues era asumida por gran parte de los intelectuales que participaron en el movimiento de la *Renaixença* catalana y por otros autores como Cortada, Pi i Margall o Balaguer. Por ejemplo, Cortada afirmaba sentirse "catalá de naixensa y de cor", al tiempo que asumía su pertenencia a la "familia española", a la "patria común" ("formam un sol poble ab Castella"). Sin embargo, la evolución del discurso catalanista haría que figuras de la fase C como Prat de la Riba o Rovira i Virgili dejaran de asumir esta doble identidad, criticándola y rechazándola abiertamente.

Las aportaciones de Milà i Fontanals a la lengua catalana son incuestionables: en primer lugar, como presidente de la primera edición de los *Jocs Florals* y de la de 1883; en segundo lugar, por su posición con respecto al modelo de codificación lingüística. No hay duda que una de sus mayores contribuciones en este sentido fue su intento de síntesis entre la vertiente popular y la culta. En su tentativa conciliadora reconocía la validez de la lengua oral o vulgar para el teatro, la novela o la poesía popular (cf. Ferrando/Nicolás 2005: 337). En este contexto, cabe recordar, como indica Bernat i Baltrons (2004: 89), que su interés por el estudio de la literatura popular catalana le llevó a convertirse en un gran conocedor de la lengua hablada. Su aportación a la clasificación dialectal del catalán, mediante la aplicación de la metodología de la dialectología románica, es un hecho indiscutible. Según el autor citado, Milà realizó la primera descripción general de las variedades del catalán en la obra *Estudios de lengua catalana* (1875), dedicados a la variedad del dialecto barcelonés y que debían ir seguidos de otros centrados en el resto de dialectos catalanes (cf. Rico/Solà 1995: 35; Bernat i Baltrons 2004: 94). En 1861 había ofrecido una primera propuesta clasificatoria dentro de la obra *De los trovadores en España: estudios de lengua y poesía provenzal*, en la que dividía el catalán en dos grandes variedades, la oriental y la occidental-meridional (cf. Bernat i Baltrons 2004: 95); división que ha prevalecido dentro de los estudios de filología catalana hasta la actualidad. Bernat i Baltrons (*ibid.*) señala que en su obra de 1875 Milà sustituyó su división binaria original por una tripartida, que incluía el dialecto balear. No obstante, Milà no mencionaba los argumentos que le habían inducido a cambiar de parecer ni justificaba su decisión; probablemente por esta misma razón la primera clasificación ha sido la que ha prevalecido en el campo de la filología catalana[167].

A pesar de que el estudio del catalán no constituyera una de sus principales actividades[168], Milà i Fontanals realizó importantes aportaciones en gramática catalana (cf. Rico/Solà 1995: 35). Su único trabajo propiamente gramatical llevaba por título *Estudios de lengua catalana* (1875) y, según Rico y Solà (también Bernat i Baltrons 2004: 94), se trataba de una obra breve de 16 páginas en las que por primera vez se presentaba una descripción científica de esta lengua. El fascículo se centraba únicamente en la fonética y en la morfología.

A este gran estudioso se le atribuye también el mérito de haber contribuido a desmontar el lemosinismo onomástico y de haber sido "el primer romanista català que, amb criteri filològic, va denunciar el 1858 la impropietat de la denominació *llengua llemosina*" (Ferrando/Nicolás 2005: 338). Bernat i Baltrons[169] afirma incluso que, entre otras razones:

> [...] un dels motius pels quals Milà ha passat a la història de la filologia catalana és el fet d'haver estat la persona que aconseguí tallar de soca-rel les vel·leitats panoccitanistes de la gran majoria dels primers intel·lectuals de la Renaixença catalana, ja que el seu prestigi intel·lectual fou decisiu per resoldre la polèmica esmentada (2004: 92).

---

[167] En su artículo Francesc Bernat i Baltrons comenta un documento inédito, que data también de 1875, en el que Milà aportaba una justificación escueta sobre esta nueva división.

[168] La actividad de Milà i Fontanals como filólogo se desarrolló sobre todo en el estudio del provenzal y, en segundo término, en el ámbito de la hispanística. No obstante, sus relevantes aportaciones con respecto al catalán han hecho que fuera considerado como uno de los grandes filólogos catalanes, precedido por Bastero (cf. Hina 1978: 49).

[169] Sobre el *felibritge* y su relación con los autores *renaixentistas* catalanes, véase Rafanell (2006: I, Introducción).

Por otro lado, debe señalarse que la emancipación onomástica, de la cual Milà
fue el mayor representante, estaba relacionada con la propia evolución del movimiento catalanista, pues había adquirido tal fuerza que ya no resultaba necesaria
la identificación con la lengua provenzal. Recordemos que, por el contrario, en
los años treinta del siglo XIX gran parte de los autores catalanes, como el mismo
Aribau o Antoni Puigblanch, identificaban el catalán con la lengua lemosina. Por
ejemplo, en la "Oda a la pàtria", Aribau se refería a la lengua lemosina para aludir al catalán. Esta identificación fue un fenómeno común hasta la década de los
sesenta del citado siglo.

En relación a este asunto, en la *Resenya histórica y crítica dels antichs poetas
catalans* publicada en 1865, Milà incluía una "advertencia ó explicació de perqué
dins del nom de poetas catalans també s'inclouen los valencians y mallorquins y
de perqué 's diu catalans y no llemosins". En esta breve nota de algo más de dos
páginas, Milà explicaba la impropiedad de la denominación "llemosí" –a pesar
de que esa designación hubiera arraigado durante la *Renaixença*– y al mismo
tiempo enfatizaba la unidad de la lengua catalana[170].

En cuanto a la relación entre el catalán y el occitano, según Bernat i Baltrons
(2004: 90), para Milà había dos cuestiones fundamentales: en primer lugar, como
provenzalista, le interesaba delimitar la posición del occitano con respecto a la
familia románica y, en segundo lugar, precisar las relaciones entre el catalán y el
occitano y estudiar sus afinidades históricas. Ambas cuestiones eran temas fuertemente polémicos entre los intelectuales de la época. En este contexto, hay que
mencionar la relevancia de la publicación *De los trovadores en España*, una de
sus principales obras a la que se ha hecho referencia anteriormente[171]. En ella
describía las características distintivas de ambos romances a partir del contraste
de los elementos diferenciales y sostenía que ambas variedades habían formado
una unidad lingüística catalano-occitana durante la época trovadoresca. Sin
embargo, también señalaba que esta unidad se había disuelto como consecuencia
de procesos históricos divergentes, especialmente tras la derrota de Muret en
1213 (cf. Bernat i Baltrons 2004: 91-93), formando una nueva lengua que desem-
bocaría en el catalán:

---

[170] Con respecto a esto último, citamos sus palabras: "La branca del mitjorn dels Pirineus, á
      mes del nom de *romans* que era comú á totas las fillas del llatí, rebé aquell que li pertocava
      que era'l de *catalá* o *catalanesch*. Aquest parlar ab las conquestas y novas publicacions
      passá a las Illas y á Valencia, y fins molt cap ensá sols se conegué en los tres regnes una
      llengua lliteraria, per mes qu'e en l'us vulgar hi hagués diferencias: las quals diferencias
      han sigut aprés reconegudas com á dialectes separats" (Milà i Fontanals 1865: 4).
[171] Para un análisis más detallado, véase Neu-Altenheimer 1992: 188-190.

Las estrechas relaciones entre este país [Cataluña] y el mediodía de Francia produjeron la unidad general de la lengua, pero esta unidad que no se oponía en los paises
transpirinaicos á ciertas modificaciones secundarias, no obstó tampoco para que en
Cataluña se formase una variedad muy marcada, que por la vida propia que alcanzó
mas tarde, ha podido considerarse como una nueva lengua (Milà i Fontanals 1861:
453-454).

Siguiendo las teorías de Milà, el catalán y el occitano pertenecieron al mismo
continuo lingüístico hasta aproximadamente el siglo XIII, momento en que el
catalán empezó a constituirse como lengua propia, aunque guardando similitudes
con el occitano. La unidad lingüística a la que este erudito hacía referencia era la
antigua "lengua de oc", que habría estado formada por una variedad "galo-meridional"/"transpirenaica", por un lado, y una "catalana"/"española", por otro (cf.
Bernat i Baltrons 2004: 92):

Tal era Cataluña donde se hablaba una variedad de la lengua de oc.

Esta lengua [...] tuvo diferentes dialectos, y como los paises que la hablaron no llegaron á constituir un solo estado, y como ninguna de sus modificaciones fue tenida por
modelo de todo género de escritos, ni es posible en ella un tipo único, ni se halla una
denominación universalmente aceptada que la designe. Cabe reducir sin embargo sus
numerosas variedades á dos tipos principales: el galo-meridional, que según el uso
común, aunque poco fundado suele llamarse y llamamos provenzal, fijado y depurado
en el habla de los trovadores, y el catalán comunicado desde nuestra provincia á otros
puntos de dentro y fuera de España, y que en medio de sus modificaciones de tiempo y
de lugar conserva una fisomía asaz constante (Milà i Fontanals 1861: 51-52).

Es obvio que la diferenciación que establecía Milà (variedad galo-meridional
versus catalán) pretendía despejar toda duda y demostrar que la identificación
entre provenzal y catalán era, pues, errónea[172]. Neu-Altenheimer enfatiza el uso
del término "variedad" en Milà, pues omitía conscientemente la denominación
connotada de "dialecto" que en esa época solía darse al catalán para subordinar
su posición con respecto al castellano. En palabras de la misma autora:

Es ist offensichtlich, daß er den ideologiebelasteten Begriff des *Dialekts* in bezug auf
das Katalanische vermeiden will, um damit (auch wenn es um die Klassifikation in
historischer Dimension geht), den Argumentationen zentralspanisch orientierter Auto-

---

[172] Según Neu-Altenheimer (1992: 192-193), a finales del siglo XIX y principios del XX se dieron intentos más precisos de clasificar el catalán y delimitar su relación con el occitano y el
castellano procedentes tanto de la filología catalana como de la europea. Así surgió la clasificación del catalán como "llengua pont/lengua puente" entre el ámbito galorománico y el
iberorománico. Esta autora considera a Milà i Fontanals como el precursor en establecer la
noción de "llengua pont", si bien la clasificación del catalán que hacía Milà se centraba solo
en relación con el occitano.

ren, die das Katalanische zu einem *Dialekt des Spanischen* erklären, keinen Vorschub zu leisten (1992: 191-192).

Como sostienen Ferrando y Nicolás, en el rechazo por el uso onomástico de "llemosí", Milà se vio reforzado por el mallorquín Marià Aguiló, quien difundió la denominación de "català" entre los escritores de su territorio al mismo tiempo que familiarizó a los escritores cultos valencianos con el código literario común[173]. Además de estos defensores de la individualidad del catalán debemos señalar otros nombres como Rubió i Ors, conocido *antifelibre*, y Antoni de Bofarull. Anteriormente había destacado la figura de Ballot, quien en 1814 había sostenido ya la diferenciación entre el catalán y el lemosín/provenzal a pesar de enfatizar sus similitudes. Como buena parte de la *intelligentsia* catalana de la primera mitad del siglo XIX, Milà había sido *llemosinista*, si bien a partir de 1857 se puede constatar un nítido cambio de posicionamiento[174] que tuvo gran influencia entre sus coetáneos. Sus ideas con respecto a la relación catalán-occitano distaban enormemente del pensamiento de Balaguer, pues este último defendió la unidad de las lenguas catalana y lemosina hasta más tardíamente.

Así pues, Milà i Fontanals contribuyó de diferentes maneras al desarrollo del catalán (recuperación literaria, desmontaje del lemosinismo onomástico, estudio dialectal y gramatical, etc.), pero, al igual que muchos de sus coetáneos, no creía posible y por tanto no pretendía que el catalán recuperase la antigua categoría de lengua de cultura (cf. Rico/Solà 1995: 35)[175]. Esta creencia pone de manifiesto una cierta actitud lingüística negativa hacia la propia lengua basándose en un prejuicio infundado y, al mismo tiempo, revela que la única lengua de prestigio real para Milà era el castellano. No debe sorprender entonces que considerara el catalán como una "lengua provincial" y que reservara la categoría de "lengua nacional" al castellano, formulando así un pensamiento que adjudicaba al catalán solo las relaciones afectivas y los ámbitos de uso privados. Esta actitud, que hoy podría calificarse de diglósica, debe contextualizarse en el marco del liberalismo español, donde el castellano era la lengua dominante asociada al prestigio social.

---

[173] La cuestión onomástica y la delimitación del catalán con respecto al provenzal ya ha sido tratada en el epígrafe 4.2.4.2 sobre la *Renaixença* y los debates relacionados con la lengua.

[174] Bernat i Baltrons (2004: 92) señala que el cambio de posicionamiento de Milà podría deberse a la lectura del *Essai sur l'histoire de la littérature catalane* (1857) de Francesc Camboliu, un romanista nordoccitano bastante desconocido. En este ensayo el autor explicaba que el afianzamiento del gentilicio "llemosí" para hacer referencia al catalán habría sido consecuencia de la admiración que los trovadores catalanes sentían por algunos poetas de la región de *Llemotges*.

[175] Eso mismo sostiene también Bernat i Baltrons (2004: 89) al afirmar que Milà siempre había dudado de la viabilidad del catalán como lengua culta más allá de los usos puramente literarios.

El discurso presidencial de la primera edición de los *Jocs Florals* desvela que, al igual que Cortada y otros autores coetáneos, Milà era consciente de la diglosia en detrimento del catalán y que, en parte, la asumía, pues no llegó a cuestionar el *status quo*. Para Milà, el catalán no era una lengua de la que había que avergonzarse, no obstante, solo le reservaba un valor afectivo, excluyéndola de cualquier otro tipo de uso funcional:

> [...] llengua, finalment, que de cap manera nos devem avergonyir que sia la dels nostres avis, la de nostras mares, la de nostra infantesa. Ab un entusiasme barrejat de un poch de tristesa, li donam aquí á aquesta llengua una festa, li dedicam un filial recort, li guardam al menys un refuji.

> Als qui nos fassen memoria de las ventatjas que porta lo olvidarla, direm que á estas ventatjas preferim retenir un sentiment en un recó de nostres pits (JF 1859: 25).

Tanto en el caso de Milà i Fontanals como en el de Cortada, parece imposible hacer una lectura reivindicativa en el sentido que podría sostenerse de autores como, por ejemplo, Almirall, Prat o Rovira e incluso Pi i Margall, que exigían un estatus jurídico (de doble oficialidad o oficialidad exclusiva) para el catalán. Como señala Moran i Ocerinjauregui (1994: 182), es significativo que Milà nunca protestara por la progresiva generalización del castellano en la vida pública, a excepción de su denuncia contra la ley de notariados de 1862 que disponía que todos los instrumentos públicos fueran escritos en castellano. De modo sucinto, se puede afirmar que Milà i Fontanals no pretendía hacer del catalán una verdadera lengua de cultura y mucho menos una lengua nacional. Como ya se ha dicho, diversos estudiosos han comentado que Milà dudaba de las capacidades del catalán como lengua de cultura, aspecto que le distancia de figuras como Almirall, Fabra, Prat de la Riba o Rovira i Virgili. Esto último, desvela cierta actitud de prejuicio hacia su lengua materna.

Por otro lado, en su discurso como presidente de los *Jocs Florals* de 1883 rompía con la vía catalanista más ambiciosa representada por Almirall en *Lo Catalanisme* (1886) al apuntar que:

> [...] encara podem demanar, si no tant com alguns belgues, desitjosos de que's done *en neerlandés* la segona ensenyansa, mes de lo que volen los felibres per sos dialectes provensal ó llenguadociá, so es, que les families ciutadanes, que ja no'ls usen comunment, se convinguen per parlarlos en certes diades! (JF 1883: 37).

Bajo la perspectiva de Milà i Fontanals, la reivindicación política quedaba fuera de juego, si bien no se conformaba con emplear el catalán únicamente en fechas señaladas. Se trataba de reclamar un uso más general de la lengua defendiéndolo en la literatura y en ciertos ámbitos culturales, sin pretender hacer de él una verdadera lengua de cultura. En términos sociolingüísticos, lo que Milà reivindicaba era un mayor valor comunicativo del catalán pero no necesariamente un mayor prestigio y mucho menos algún tipo de reconocimiento jurídico.

En otra ocasión Milà sostenía que los catalanes eran españoles y que, en consecuencia, no aborrecían el cultivo del español, la lengua nacional:

> El buen catalán llora amargamente los quebrantos de la lengua y de las costumbres de su tierra y quisiera además que no quedasen olvidados los ingenios catalanes, que, al fin [...] son también ingenios españoles; pero no aborrece el cultivo de la lengua nacional, ni mira con malos ojos los primores literarios que se ha [sic] alcanzado valiéndose de tan bello instrumento (*Obras completas* 1893: V, 459, citado en Jorba 1983: 142).

Así pues, desde la perspectiva de Milà, el uso común de la lengua catalana no significaba el olvido o empleo marginal del castellano, al que consideraba la lengua "general del reino": "La continuació del us comú de la llengua! Aquest us, que no vol pas dir oblit ó apartament de la general del regne, segueix y seguirá per mes que haja rebut fortes ferides" (JF 1883: 36).

Esta ideología derivaba de su entorno político-cultural y de su formación en un contexto de asimilación cultural castellana. El catalán era el "habla provincial", el "habla materna", "el lenguaje de nuestra patria", "lo nostre llenguatge o "la llengua materna" en contraposición al castellano, que era la "lengua nacional" (o "habla nacional"), "nuestra lengua nacional", "una de las lenguas neolatinas más bellas", la "llengua general del regne". Milà se refería al castellano como la lengua de "un hermano que se ha sentado en nuestro hogar y cuyos ensueños hemos mezclado con los nuestros" (citado en Jorba 1983: 142). Es bien significativo que Milà no viera en el afianzamiento del español en Cataluña el fruto de la imposición, aspecto que sí criticarán autores como Almirall, Prat o Rovira para quienes la presencia del castellano no era un fenómeno natural, sino el resultado de una imposición política. Por otro lado, este autor asumía, al igual que muchos de sus coetáneos, la dicotomía entre la lengua materna (catalán) y la lengua nacional (castellano), distinción que se encontraba en plena sintonía con la idea generalizada de que Cataluña era la patria y España la nación de los catalanes.

Para concluir, cabe decir que la obra de Milà i Fontanals era bilingüe, hecho que, a nuestro modo de ver, guarda absoluta coherencia con su dualidad identitaria y con sus postulados acerca de la lengua. Como destaca Hina (1978: 129), a pesar de no haberse dedicado de manera especial al estudio de la lengua catalana, a Milà debe reconocérsele el gran mérito de haber elevado la filología catalana al nivel europeo. No obstante, también es preciso señalar que si bien contribuyó a desmontar el lemosinismo onomástico y a dignificar el catalán en el terreno literario, como la mayoría de intelectuales catalanes de su época, aceptaba la situación diglósica y no reivindicaba el uso del catalán más allá del ámbito literario-cultural. Su actitud lingüística frente al catalán presentaba ciertas contradicciones: por un lado, mostraba una actitud positiva, acompañada de un sentimiento de identidad y afecto, pero, por otro, evidenciaba también una actitud negativa basada en prejuicios como el de su "ineptitud" como lengua de alta cultura.

4.5.3. *Francesc Pi i Margall (1824-1901)*

Francesc Pi i Margall, político, escritor y pensador, nació en el seno de una familia modesta y estudió Derecho. En 1847 se instaló en Madrid, donde concluyó sus estudios. Al año siguiente, con la muerte de Pau Piferrer, volvió a Barcelona para proseguir la obra *Recuerdos y Bellezas de España* y se encargó, entre otros, del segundo tomo titulado "Cataluña". Asimismo, fue colaborador de diversas obras de legislación, literatura e historia.

Casassas i Ymbert y Ghanime (2001: 17) lo definen como un perfecto romántico, pues su formación se basaba tanto en el estudio de los clásicos como en el historicismo. En sus años de universidad se adhirió a la *Societat Filomàtica* de Barcelona, fundada en 1839, donde entró en contacto con otros jóvenes intelectuales de la época como Pau Piferrer y Pau Milà i Fontanals, hermano de Manuel Milà i Fontanals.

Su actividad política comenzó en 1850 y, años después, en 1864, tuvo que exiliarse a París por haber participado en la conspiración civil contra la Monarquía de Isabel II. Allí siguió luchando de manera activa hasta que finalmente regresó a España en 1869 gracias al triunfo de la Revolución. A su vuelta se instaló nuevamente en Madrid donde residió durante décadas. Entre el 11 de junio y el 18 de julio de 1873 fue presidente de la I República Española y propuso la Constitución nonata de 1873. En 1886 fue diputado en las Cortes, habiendo sido anteriormente representante parlamentario en Barcelona, Madrid y Sabadell. En 1901, justo el año de su muerte, presidió los *Jocs Florals* de la ciudad condal.

La ideología pimargalliana se fundamenta en dos ejes centrales: el federalismo y el republicanismo (cf. Casassas i Ymbert/Ghanime 2001: 9). Las ideas federalistas de Pi i Margall se plasman rigurosamente en su publicación más conocida *Las Nacionalidades* (1876), pero también destacan sus artículos en el semanario *El Nuevo Régimen*, en los que hacía alusión a temas de actualidad política, y la obra *La Reacción y la Revolución* (1854), publicada durante el Bienio Progresista (1854-1856).

Su concepto de federación –forma que, en su opinión, estaba más próxima a la propia naturaleza del hombre[176]– aparece bien definido en *Las Nacionalidades* (capítulo primero). En este libro afirmaba que la federación "es un sistema por el cual los diversos grupos humanos, sin perder su autonomía en lo que les es peculiar y propio, se asocian y subordinan al conjunto de los de su especie para todos los fines que les son comunes" (1986: 107), subrayando su característica de unidad respetando la diversidad.

Por otro lado, como republicano, no se limitó a defender la República, sino que se mostró enemigo acérrimo de la Monarquía; su aversión puede observarse en este párrafo extraído de un discurso presentado ante la *Juventud Republicana federal de Barcelona* en 1890[177]: "La Monarquía emplea la pompa y el halago para seducir a las muchedumbres y la corrupción para vencer la virtud y atraerse el mérito. La ignorancia, la miseria y la centralización alimentan y perpetúan la servidumbre" (Pi i Margall 1917: 22).

También fue acérrimo oponente de un Estado centralizador, a su juicio, incapaz de dirigir el país y de dotar de una estructura flexible a las distintas "regiones", a las que también llamaba "provincias" (por ejemplo, en *Las Nacionalidades*). Pi i Margall reivindicaba una república compuesta por "futuros Estados federales", que en ningún caso debían entenderse como un peligro para la "unidad nacional", sino como un sistema flexible que garantizara la continuidad de España como nación. Para Pi, las "regiones" de España eran distintas; en algunos casos, incluso diferían en sus lenguas y, por tanto, no debían estar sujetas a las mismas leyes:

> Siguen todavía los municipios y las regiones bajo la férula del Estado, de un Estado que ser erige en tutor cuando necesita tutela, de un Estado que castiga aún en los hijos las faltas de los padres, vive derrochando el capital de generaciones que pasaron y descontando el de las futuras, viola con frecuencia sus más solemnes compromisos y no acierta a nivelar nunca sus obligaciones y rentas. Difieren aquí las regiones todas en carácter, en costumbres, en medios de vida, en tendencias, en fines, algunas hasta en idioma: y se las quiere, con todo, sujetas a unas mismas leyes y un mismo fuero (Pi i Margall 1917: 22).

Pi i Margall veía en la República federal, bajo un modelo flexible, la solución a las crisis españolas del siglo XIX y, al mismo tiempo, una alternativa a que las

---

[176] Según Pi, "la federación, *el pacto*, es el sistema que más se acomoda a la razón y la naturaleza" (1986: 108).

[177] En "La Monarquía en el siglo XIX" de 1890 trata de hacer repaso de la mala gestión monárquica durante el siglo XIX y al mismo tiempo de plantear la necesidad de buscar alternativas al sistema monárquico: "¿No sería hora de que la nación pensara en cambiar el sistema de gobierno?" (1917: 25).

regiones y los municipios sufrieran la tiranía estatal: "Estamos por la República federal; porque sustrae las regiones y los municipios a la tiranía del Estado" (1917: 31).

Otro aspecto central del pensamiento pimargalliano era la idea del pacto. El pacto se fundamentaba en el principio de solidaridad humana, que animaba la tendencia del individuo a vivir en sociedad, y en el hecho de que su inclusión social suponía la base de un "contrato social" (cf. Casassas i Ymbert/Ghanime 2001: 28-29). En consonancia con estas ideas, Pi i Margall rechazaba el separatismo, aseverando que esta tendencia jamás había predominado en ninguna de las "provincias" españolas. Como podrá observarse más adelante, la idea de pacto propugnada por Pi i Margall ha tenido gran resonancia dentro del pensamiento catalanista[178]. En realidad, los autores del corpus –incluso los que proponen soluciones más exclusivistas– se oponían a cualquier tipo de separatismo, asumiendo la solidaridad con el resto de pueblos que conforman España. Esto es válido incluso para las posturas catalanistas de índole más exclusivista como Prat de la Riba o Rovira i Virgili.

La etapa moderada de Pi i Margall se inició durante el Sexenio Democrático (1868-1874). Mientras los grupos federales barceloneses se mostraban contrarios a la Constitución monárquica de 1869, Pi i Margall optaba por una postura más conciliadora. Esta divergencia hizo que en 1869 los federales catalanes, con Almirall al frente, convocaran en Tortosa una reunión de parlamentarios federales representantes de los territorios de la antigua Corona Catalano-Aragonesa, ejemplo que fue seguido por otros grupos federales del resto de España, estableciéndose así el Pacto de Córdoba, que abarcaba Andalucía y Extremadura, el Pacto de Castilla con León, Castilla y Albacete, y el Pacto de las Provincias Vascongadas y Navarra (cf. Casassas i Ymbert/Ghanime 2001: 37-38). Pi i Margall se mostró crítico con la iniciativa catalana y calificó el proceso de separatista a pesar de que más adelante él mismo rechazaría ese calificativo para referirse a los catalanistas. Las tensiones entre Pi i Margall y el incipiente federalismo catalán se mantuvieron a lo largo de todo el Sexenio Democrático.

Tras la traumática experiencia del Sexenio, la época la Restauración fue especialmente represiva. En este contexto, Pi i Margall publicó una de sus obras más destacadas, *Las Nacionalidades* (1876), que Jordi Solé Tura define en la introducción de la edición de 1986 como un libro político y un instrumento de

---

[178] Risques *et al.* (1999: 149) sostienen incluso que tanto el republicanismo español como el *catalanisme* de izquierdas (Rovira i Virgili) y el anarquismo recibieron la influencia pimargalliana.

propaganda, cuyo objetivo era intentar erigirse en punto de referencia después del fracaso de la I República española (1873-1874). La obra del federalista, un libro eminentemente político, aunque con reflexiones sociales y económicas, se gestó a los pocos meses de que el rey Alfonso XII hubiera sancionado la nueva Constitución monárquica que daba cierre al Sexenio. El libro trataba de establecer un nuevo marco teórico y de acción para el republicanismo.

En esta obra Pi i Margall reflexionaba sobre el concepto de "nación", exclusivamente reservado a España ("Nación española"), integrada por diferentes provincias. En cuanto a las provincias, distinguía entre lo que eran los antiguos reinos y las nuevas provincias. Así pues, designaba a las "provincias" como "naciones de segundo grado", considerando la "Nación española" como una auténtica "Nación de naciones". Como señalaba Solé Tura (en Pi y Margall 1986: XX), el concepto pimargalliano dista enormemente de la noción estipulada en el artículo 2 de la actual Constitución española[179], aunque bien puede decirse que existe un cierto paralelismo entre la distinción de Pi i Margall y la que recoge la Constitución de 1978 entre "nacionalidades" y "regiones", siendo las primeras lo que Pi consideraba "antiguos reinos" y las segundas las llamadas "nuevas provincias". Obsérvese que sus ideas no diferían tanto de las de los autores hasta ahora comentados. Cortada reflejaba una idea similar al considerar a Cataluña la patria y a España la nación ("madre común"). La diferencia reside en que, para Pi i Margall, España no constituía una sola nación sino una suerte de "nación de naciones". Sin embargo, la relevancia de sus postulados radica, sobre todo, en el hecho de que introducía la idea de pacto federal, que tanto arraigaría en el mapa ideológico catalanista tanto de vertientes progresistas como conservadoras. La noción de pacto aparecerá en los proyectos catalanistas del conservador Prat de la Riba o de figuras progresistas como Rovira i Virgili o el mismo Almirall. El federalismo fue incluso postulado por Balaguer.

Con respecto a la lengua, Pi i Margall opinaba que en la creación de naciones este factor no podía considerarse el elemento primordial, puesto que, en su opinión, induciría a "contrasentidos". Siguiendo el criterio lingüístico, la nación catalana debería estar formada por todas las tierras de habla catalana, incluyendo "Cataluña, Valencia, las Islas Baleares", aspecto que no parecía convencer al federalista:

> ¡La identidad de la lengua! ¿Podrá nunca ser ésta un principio para determinar la formación ni la organización de los pueblos? ¡A qué contrasentidos no nos conduciría!

---

[179] "La Constitución se fundamenta en la indisoluble unidad de la nación española, patria común e indivisible de todos los españoles, y reconoce y garantiza el derecho a la autonomía de las nacionalidades y regiones que la integran y la solidaridad entre todas ellas", <http://noticias.juridicas.com/base_datos/Admin/constitucion.tp.html> (30 diciembre 2009).

Portugal estaría justamente separado de España; Cataluña, Valencia, las Islas Baleares deberían constituir una nación independiente. Entre las lenguas de estas provincias y las de Castilla no hay de seguro menos distancia que entre la alemana y la holandesa, por ejemplo, o entre la castellana y la de Francia. Habrían de vivir aparte sobre todo los vascos, cuya lengua no tiene afinidad alguna ni con las de la Península ni con las del resto de Europa. [...] Rusia, Austria, Turquía, descomponerse en multitud de pueblos. ¡Qué de perturbaciones para el mundo! ¡Qué semillero de guerras! (Pi i Margall 1986: 20).

En relación a esto último, su pensamiento se aleja de otras figuras catalanas como Prat de la Riba o Balaguer que, bajo concepciones distintas, consideraban que los territorios de habla catalana formaban una unidad política y cultural. En cierto modo, la visión de Pi era heredera de la concepción nacionalista francesa y mostraba distanciamiento con respecto a los postulados románticos. Sus ideas contrastaban con el pensamiento romántico de Herder o Fichte –para quienes la lengua era de gran centralidad en la creación de naciones– e incluso con el pensamiento de Mancini, quien también otorgaba a las lenguas un valor primordial en la creación de vínculos comunitarios.

A pesar del considerable éxito de *Las Nacionalidades*, obra que fue traducida al alemán y al francés, Pi i Margall no consiguió superar las crisis y escisiones internas de los federales españoles y evitar el distanciamiento de los catalanes. Tras el Sexenio la ruptura con Almirall, quien se mostraba opuesto a su postura moderada, se hizo inevitable. Almirall logró articular una posición claramente regionalista, apostando por lo que él denominaba "particularismo" y asentando las bases del *catalanisme* como movimiento nacionalista (véase epígrafe 4.5.5).

En sus últimos años, Pi i Margall viajó a la ciudad condal en diversas ocasiones: en 1888 con motivo de la Exposición Universal y en 1901 para pronunciar el discurso inaugural de los *Jocs Florals*. Entre estas dos fechas, en Cataluña se celebraron las *Bases de Manresa* (1892), que Pi criticó por su tradicionalismo y por no mantener la idea del pacto federal que él postulaba. Sin embargo, a pesar de su fuerte convicción federalista, debe señalarse que Pi i Margall mostró siempre una cierta comprensión hacia las tendencias catalanistas.

El discurso pronunciado en los *Jocs Florals* fue traducido al catalán y leído por Josep Maria Vallès i Robot (cf. Casassas i Ymbert/Ghanime 2001: 51). Sus palabras se centraban en Cataluña, en la lengua catalana, en el federalismo y en el *catalanisme*. Curiosamente, Pi i Margall reflexionaba sobre las diferencias y similitudes entre las dos tendencias mencionadas, subrayando que los catalanistas no eran exclusivistas aunque años atrás, a raíz del Pacto de Tortosa (1869), hubiera tildado a los federales catalanes de separatistas:

> Per aquell temps ja hi havía á Espanya un partit, que separant á dins de les regions la vida purament interior y la de relació, declarava autónomes per la vida interior á totes les de les la Península y dexava no més la vida exterior al poder central. Los nous partits catalans que van eixir d'aquest mohiment, lo catalanista, lo regionalista, fentse seu lo mateix criteri, van separar pel mateix istil les funcions propies del poder central y les que son de les regions. Al poder central no més li van dexar les relacions internacionals. [...] No son, com se fa correr, esclusivistes. Demanen l'autonomía per totes les regions y per totes també un poder central elegit lliurement que regimente'ls interessos comuns. No tots són demócrates ni republicans, com los federals; però com los federals se proposen tots reorganisar l'Estat (citado en Casassas i Ymbert/Ghanime 2001: 235-236).

En este discurso Pi i Margall articulaba una idea que no había desarrollado en *Las Nacionalidades*: la singularidad de Cataluña y su necesidad de autonomía casi por encima del resto de regiones, alegando su particularidad en cuanto a la lengua, la literatura, la legislación y las costumbres:

> Sería bo per totes les regions rompre la centralisació tiránica y sense solta que avuy les lliga y oprimeix. [...] Totes son dignes de ser autónomes; peró no'm cega la passió si arribo á dir que poques necesiten serho més que Catalunya.

> Fins á dintre del régimen actual Catalunya té una fesomía propia, que la fa diferenta de les altres regions. Llengua, literatura, lleys, industria, costums, tot li dona un ayre característich (*ibid.*: 236).

Sin embargo, seguía rechazando el separatismo tanto por motivos prácticos como ideológicos al asumir que España era la nación de los catalanes y al establecer una diferenciación entre la patria/nación, España, y la patria/región, Cataluña:

> No'n treuríam res més de la independencia si algun dia la conseguíam. ¿Podríam estarnos de les relacions ab l'altra part d'Espanya que es lo nostre primer mercat? ¿Podríam no fernos ab ella per ajuntar los nostres camins y'ls postres telégrafos y correus? ¿Podríam abandonar les relacions ab ella per servirnos dels rius que baxen d'altres regions? [...]

> Hi ha una patria que'ns han fet segles de les matexes glories y fatigues: la nació. Hi ha una patria que formen la matexa llengua, les matexes lleys y'ls matexos usos y costums: la regió; la regió hon vam nexer, hon nos vam educar y on tením los sepulcros dels nostres pares. Siám catalans, espanyols, humans (*ibid.*: 238-239).

Con respecto a la lengua, Pi i Margall mostraba una clara conciencia de la situación diglósica. De hecho, como gran parte de los intelectuales catalanes de su época, escribía en castellano e incluso en el discurso de 1901, refiriéndose a los inicios de la *Renaixença*, afirmaba que:

> Aleshores tots escrivíam en castellá; llevat d'en Rubió y Ors qui en los seus *Cants del Llobregat* nos va descobrir com lo nostre idioma catalá s'hi deya ab lo vers y la poesía.

> Per molts anys se va quedar tot sol: moltes vegades se dolía de que no'l seguissen los seus amich's. Per axó no van ser balders los seus esforços: la grana que va sembrar ha donat tardans peró abundosos fruyts.
>
> Ha renascut la llengua catalana (*ibid.*: 235).

Su defensa de las "lenguas regionales" no solo se reducía al amor por el idioma propio sino que en alguna ocasión llegó a abogar por su uso oficial. En un artículo titulado "La lengua catalana", publicado en el semanario madrileño *El Nuevo Régimen* que había fundado Pi en el año 1890, afirmaba rotundamente la necesidad de oficializar las "lenguas regionales" y la conveniencia de conocerlas por parte del personal de la administración y de la justicia, al mismo tiempo que aseveraba que el catalán no era un mal dialecto sino una lengua, realzando su "aptitud" para la poesía y para expresar los más difíciles conceptos (Pi i Margall 1978: 86-88). Con respecto al uso oficial del catalán, es preciso destacar que su posicionamiento no distaba de lo que reivindicaba gran parte de los catalanistas que participaron en la redacción de las *Bases de Manresa* o de lo que postulaba Almirall a los que había criticado en diversas ocasiones. No obstante, es significativo señalar que Pi i Margall marcó un punto de inflexión con respecto a Cortada y a Milà i Fontanals y, como se expondrá en el siguiente epígrafe, también con respecto a Balaguer, que solo reivindicaban el uso del catalán en el terreno literario-cultural. Así pues, Pi i Margall personificaba un cambio de actitud lingüística dentro del *catalanisme* que se manifestaba no solo a través de un sentimiento de afecto, sino también a través de la afirmación como lengua de prestigio, válida para cualquier situación comunicativa formal, y a través de la reivindicación de su estatus jurídico.

A pesar de las crisis políticas que caracterizaron su época, Pi i Margall mostró una gran coherencia ideológica durante toda su trayectoria, defendiendo tanto el federalismo como el republicanismo. Su idea federal se basaba en el pacto entre las diferentes "regiones"/"provincias" de España y, a lo largo de su vida, postuló ese modelo rechazando contundentemente el centralismo estatal. A partir de la lectura de algunos de los escritos y discursos de Pi i Margall, se puede concluir que no solo defendía el concepto de España como nación sino que también asumía que en ella existían otros pueblos con unas características propias, lo que hacía de ella una nación de naciones. De acuerdo con esas ideas, no resulta extraño que la identidad catalana y la española no fueran para este federalista ni contradictorias ni excluyentes sino más bien complementarias. Recordemos sus propias palabras: "Siám catalans, espanyols, humans". Otros autores como Milà i Fontanals o Balaguer también asumían explícitamente la doble identidad, resaltando que no eran identidades excluyentes. Este es un aspecto que no compartían ni Prat de la Riba ni Rovira i Virgili, para quienes la definición de la identidad nacional se basaba en el exclusivismo.

4.5.4. *Víctor Balaguer (1824-1901)*[180]

El trabajo de Balaguer como historiador de Cataluña, escritor e impulsor de la *Renaixença*[181] y su actividad política[182] le convirtieron en un personaje popular y, a veces, controvertido, que merece la pena incluir entre las figuras de este capítulo. Víctor Balaguer i Cirera fue poeta, dramaturgo e historiador, aunque también participó muy activamente en la vida política del país llegando a ser ministro de Fomento y de Ultramar de Amadeo I (1870-1873) y del liberal Práxedes Mateo Sagasta[183]. Su entrada definitiva en política se remonta a 1854, año de inicio del llamado Bienio Progresista (cf. Palomas i Moncholí 2004: 147)[184].

Balaguer fundó diversos diarios y revistas (*El Catalán*, *La Violeta de Oro*, *La Corona de Aragón*, *El Conseller*), participó activamente en la restauración de los *Jocs Florals* de Barcelona y presidió varios certámenes *floralescos* en el ámbito lingüístico catalán (en Valencia, Vilanova i la Geltrú, Granollers, etc.). También fue miembro de la *Real Academia Española* y de la *Real Academia de la Historia* y socio de la *Acadèmia de Bones Lletres*, donde conoció a personalidades como Joan Cortada, Antoni de Bofarull[185] y Manuel Milà i Fontanals (cf. Palomas i Moncholí 2004: 54). Como historiador publicó *Bellezas de la Historia de Cataluña* (1953), *Historia de Cataluña y de la Corona de Aragón* (1860-1863), su obra más conocida[186], *Las calles de Barcelona* (1865-1866) e *Instituciones y reyes de Aragón* (1896).

Como han señalado algunos estudiosos, el papel de Víctor Balaguer en la recuperación de la conciencia catalana es indiscutible (cf. Anguera 2006: 137). Se trata sobre todo de la creación de una conciencia catalana en el sentido histórico, puesto que, como sostiene Hina (1978: 95), la imagen histórica de Balaguer –a pesar de requerir correcciones en algunos aspectos– es creadora de una conciencia

---

[180] Para un estudio pormenorizado se recomienda la monografía dedicada a la vida, obra y pensamiento de Víctor Balaguer de Palomas i Moncholí (2004).

[181] Fue también fundador del diario progresista *La Corona* (cf. Termes 2000: 55).

[182] Horst Hina (1978: 90) distingue dos fases en la actividad política de este autor: la primera, antes de 1868, en la que luchaba desde Barcelona contra Madrid; y la segunda, tras la Revolución de 1868, en la que comenzó a introducirse en la política de Madrid, a la que llegó a integrarse plenamente a principios de la Restauración).

[183] *La Gran Enciclopèdia en català* (2004: II, 1528-1529).

[184] Este bienio (1854-1856) supuso un periodo de apertura política que llevó a cabo diversas reformas políticas y económicas liberalizadoras (cf. Palomas i Moncholí 2004: 151).

[185] Para profundizar en la rivalidad con Antoni de Bofarull, véase Palomas i Moncholí 2004: 66-67.

[186] Esta obra, de más de cuatro mil páginas, ha sido considerada la primera historia general (completa) de Cataluña de la Edad Contemporánea (cf. Palomas i Moncholí 2004: 259).

catalana histórica. En este contexto, conviene resaltar, como lo hace el citado autor alemán, que la obra histórica de Balaguer no es meramente una apología sino también una glorificación de Cataluña: "Balaguers Geschichtswerk ist nicht nur eine Apologie Kataloniens, es ist dessen Glorifizierung" (*ibid.*: 91).

En 1860 Balaguer publicó el primer volumen de la *Historia de Cataluña y de la Corona de Aragón* (1860-1863), una obra con ecos románticos, de la cual Anguera (2006: 124 y 139) enfatiza dos elementos: el primero es que, a diferencia de la tendencia de su época, Balaguer narraba la historia de un territorio sin Estado y el segundo que escribía una obra histórica reivindicativa en una lengua que no era la suya. Si bien el segundo aspecto al que hace referencia este historiador reusense era común en sus tiempos, en cuanto al primero, Balaguer marcó un punto de inflexión al no presentar la historia de Cataluña como una mera "historia local", sino como una verdadera "historia nacional". Para él, la historia de Cataluña no era la de una simple provincia, sino la de una nación:

> […] es preciso comprender, […] que no es la historia de Cataluña la de una sola comarca, la de una sola provincia, la de un solo pueblo, sino la de todo un pais, la de toda una nacion, la de toda una monarquía, monarquía tan influyente como respetada, tan respetada como poderosa, tan poderosa como grande (Balaguer 1853: 3).

Desde sus primeras obras, presentaba el modelo político de la Corona Catalana-Aragonesa como un ejemplo a seguir en el que era posible una unidad política superior que garantizara las instituciones y la lengua de cada uno de sus componentes.

Esta nueva perspectiva histórica, sin embargo, no implicaba una visión rupturista dado que Cataluña quedaba enmarcada dentro de la historia de España. Conviene no perder de vista que en la época a la que se hace alusión no existía un proyecto político que cuestionara la pertenencia de Cataluña a España; basta recordar las posturas de Cortada, Milà i Fontanals o Pi i Margall, quienes también asumían el papel de España como nación. Volviendo a Balaguer, este pensamiento se refleja muy claramente en una carta de 1893 dirigida al pintor Modesto Urgell (1839-1919) y titulada "La literatura catalana":

> Soy español como pueda ser el que más, y más quizá que el que más sea. Considerando á España como mi patria, y en ella á Cataluña como mi hogar, tengo para España el amor patricio y para Cataluña el del hijo; que yo sé bien que en este mundo hay dos hogares, el de la patria y el de la familia (Balaguer 1893: II, 112).

Esta misma idea la había expresado años antes en su discurso presidencial de los *Jocs Florals*: "Aquells que aixís nos atacan creuhen que nosaltres no som espanyols. Ho som de cor; ho som de veras. Pus qué, sols en llengua castellana se pot cridar: *Viva Espanya*? (1868: 34).

Como desvela este pasaje, desde la perspectiva de Balaguer, la identidad catalana
y la española eran perfectamente compatibles, así como también lo eran para
otros hombres de su época como, por ejemplo, Milà i Fontanals. Un posicionamiento similar lo hallamos en Pi i Margall y sus conciliadoras palabras: "Siám
catalans, espanyols, humans".

En lo que concierne a la relación España-Cataluña, Anguera (2006: 139) afirma
que a pesar de que Balaguer haya sido calificado frecuentemente de precursor de
la historiografía nacionalista catalana, si caía en algún "-ismo" era precisamente
en el de españolismo. En nuestra opinión, ambas ideas pueden conciliarse si se
asume lo siguiente: por una parte, es cierto que, de algún modo, podría decirse
que Balaguer fue uno de los precursores de la historiografía nacionalista pero,
por otra, igualmente podríamos aseverar que era "españolista"[187]. La afirmación
que hace Anguera debe entenderse como el resultado de un marco histórico-político determinado. En otras palabras, Víctor Balaguer representa, como muchos
de sus coetáneos, las contradicciones de la historia catalana dentro del Estado
español. En este sentido, su postura guarda paralelismos con otras figuras ya citadas: Cortada, Milà i Fontanals y Pi i Margall. Por un lado, Balaguer defendía
Cataluña y glorificaba su pasado olvidado y desconocido pero, por otro, no cuestionaba el marco político español y su pertenencia a España:

> La historia de Cataluña es tambien la de Aragon, la de Valencia, la de Mallorca [...], y
> es tambien, no hay que dudarlo, la historia de la libertad de España [...]. La historia de
> Cataluña; desgraciadamente no es hoy olvidada sino desconocida del todo, criminal-
> mente desconocida (Balaguer 1853: 3).

Retomando el análisis de su pensamiento político, insistimos en la idea que el
mismo Balaguer expresaba en el primer volumen de su *Historia de Cataluña y la
Corona de Aragón*: "España, por su posición geográfica señalada y por sus límites patentes, parece incontestablemente destinada á contener un pueblo único,
reunido en cuerpo de nacion" (1860: I, 12). Como bien apunta Anguera, Balaguer
incluía una salvedad democrática al reconocer su pluralidad: "la diversidad de
orígen [*sic*], de constitución, de idioma, de usos y costumbres de las que hoy son
provincias del Estado y hace poco tiempo formaban reinados independientes"
(*ibid.*). Así pues, afirmaba que "debe existir un pueblo único, sí, unido, pero confederado", pues la centralización equivaldría a la "muerte política de España".
De hecho, pocos años después sostenía que España era "una nació composta de
varias nacionalitats" (JF 1868: 34). Esta última declaración evidencia su visión
de España como nación, si bien la entendía como una entidad plurinacional en la
cual estaría integrada Cataluña.

---

[187] Seguimos aquí la terminología de Anguera (2006).

En cuanto a la cuestión identitaria, el mismo Balaguer reconocía una cierta ambigüedad en su comportamiento. No solo afirmaba su doble identidad (española y catalana), sino que justificaba su alejamiento y acercamiento a posturas regionalistas según las circunstancias: "Esto [se refiere al hecho de considerarse español y catalán al mismo tiempo] hace que en determinadas circunstancias, y según ellas sean, me encuentre con que á veces soy el más entusiasta de los regionalistas, como otras soy el más indiferente a ellos" (1893: II, 112).

Salvando las diferencias y enfatizando ciertas ambigüedades en el caso de Balaguer, en líneas generales, su postulado político referente a Cataluña y a la relación de esta con España ("patria común") se encuentra en consonancia con los anteriores autores (Cortada, Milà i Fontanals y Pi i Margall). Es decir: un posicionamiento en la línea regionalista, que todavía no había llegado a planteamientos puramente catalanistas. Por ejemplo, la concepción de Cortada y de Milà i Fontanals, según la cual la identidad española no era incompatible con la catalana, se puede constatar también en el caso de Balaguer, quien se consideraba español y catalán al mismo tiempo, y en el de otros de sus coetáneos como Antoni de Bofarull, Francesc Permanyer o Lluís Gonzaga. Este último, en su discurso pronunciado en los *Jocs Florals* de 1861, afirmaba: "Som espanyols, sí, som espanyols: ho som ab orgull, ho som de bon cor, y de bon cor y ab orgull serém fins al darrer suspir, fins al últim sacrifici. Mès també som catalans, volem serho, nos gloriám de serho, no podem deixar de serho" (JF 1861: 25-26). Se puede concluir que la mayoría de los *renaixentistas* catalanes y los autores hasta aquí analizados mostraban una doble identidad que les permitía definirse a la vez como españoles y catalanes.

La contribución de Balaguer a la creación de una conciencia catalana histórica, al reivindicar la historia de Cataluña como la historia de una nación y no de una región o provincia española, es incuestionable. Sin embargo, debe hacerse una distinción entre su reivindicación histórica (en la que glorifica el pasado de Cataluña como nación) y su reivindicación propiamente política (que se enmarcaría dentro de la línea regionalista). Palomas i Moncholí (2004: 178-181) sugiere que el *catalanisme* de Balaguer no era solo literario, sino también político, hecho a nuestro entender difícil de afirmar sin realizar matizaciones. La reivindicación de Balaguer era principalmente histórica si bien en ella aparecían algunos elementos políticos. Lo que sí se puede decir es que Balaguer, como muchos de los intelectuales y políticos de su época, apostaba por la descentralización de España. Así lo demuestra el caso de Pi i Margall, quien no solo criticaba la existencia de un Estado centralista deficiente, sino que además afirmaba que la centralización alimentaba y perpetuaba la "servidumbre" de los pueblos. Para Balaguer, la centralización equivalía a la muerte política de España dado que partía de la aceptación

de su pluralidad nacional. Una posición similar se halla en el pensamiento pimargalliano, si bien este último partía de la pluralidad regional, pues su federalismo
no era nacional sino regional.

Como Manuel Milà i Fontanals, la figura de Víctor Balaguer está estrechamente
relacionada con la *Renaixença*. Con otros *renaixentistas*, Balaguer comparte
muchas características aunque también le diferencian algunos aspectos. Una de
las principales divergencias entre Balaguer y otros intelectuales de la época,
como Marià Aguiló, Antoni de Bofarull o Manuel Milà i Fontanals, fue, como
veremos, su filiación al *felibritge*. Al igual que Marià Aguiló o Antoni de Bofarull[188], Víctor Balaguer se introdujo en el movimiento de la *Renaixença* entre
1843 y 1858, llegando a ser mantenedor de la primera edición del certamen de los
Jocs Florals, junto con Rubió i Ors, Pons i Gallarza, Cortada y Bofarull (cf. Termes 2000: 54), y presidente en la edición de 1868. Dentro de la celebración de
este certamen pronunció tres discursos sobre la lengua catalana: el primero en
1859, como miembro del *Consistori*; el segundo en 1862, como secretario; y el
tercero en 1868, como presidente. En su faceta como hombre público, su reconocimiento no solo se reducía al ámbito catalán sino también se extendía al español:
en 1875 fue nombrado miembro de la *Real Academia de la Historia* y ocho años
después de la *Real Academia Española* (cf. Hina 1978: 163)[189].

Como se acaba de mencionar, la figura de Balaguer está muy ligada al *felibritge*,
un movimiento fundado en 1854 e inspirado por siete escritores provenzales que
defendían que las variedades de la lengua de los *felibres* tenían que ser siete,
entre las cuales el componente catalán era indispensable. Entre los *felibres* destacó Frederic Mistral (1830-1914), que pronto se convirtió en el líder del grupo (cf.
Rafanell 2006: 70). A mediados del siglo XIX, Balaguer, como muchos autores
renaixentistas, identificaba la lengua lemosina con la catalana y, al mismo tiempo, creía que Cataluña pertenecía a la patria lemosina. Esto se evidencia en su

---

[188] A diferencia de Balaguer, Bofarull no se planteó en ningún momento una reivindicación
política, puesto que "le bastaba la manifestación del deseo cultural" (Anguera 2006: 142).
No obstante, debe señalarse su labor como historiador, su papel activo en la recuperación
cultural y sus intentos por contribuir a la codificación de la lengua. Uno de sus principales
trabajos fue la *Historia crítica (civil y eclesiástica) de Cataluña* (1876), obra con la que
pretendía superar el romanticismo de Balaguer mediante una erudición positivista y en la
que "por primera vez Cataluña es la protagonista exclusiva de la narración" (*ibid.*: 144).

[189] Para Hina (1978: 189), ambos nombramientos son una prueba de que la cultura oficial
madrileña tomaba en consideración el movimiento catalanista, aunque a nuestro entender
también evidencian la voluntad de los catalanes de la época de integrarse en el ámbito cultural español. En este sentido se produce también una evolución, pues como se verá en el
epígrafe dedicado a Pompeu Fabra, este renunció a convertirse en miembro de la *Real Academia de la Lengua* en 1926.

discurso pronunciado en 1859 con motivo del premio que se le concedió en los *Jocs Florals*, organizados en Valencia. En él, Balaguer hacía alusión a la patria lemosina, que comprendía todas las provincias "que parlavan lo catalá" y que, a su entender, algún día estarían unidas por lazos federales. Lo curioso de este discurso es que no solo incluía los territorios de Cataluña, Valencia y Mallorca, pertenecientes a España, sino también los territorios franceses de Rosellón y Provenza, pues para Balaguer, desde el punto de vista literario, formaban una unidad a la que llamaba "pàtria llemosina" (cf. *ibid.*: 70-76). En realidad, como apunta Rafanell, el pensamiento de Balaguer no era más que una prolongación de la tradición provenzal que los *Jocs Florals* se habían limitado a continuar[190]. Cabe recordar que el certamen literario aceptaba composiciones tanto en lengua catalana, antigua como moderna, o en los dialectos del Mediodía francés en una forma cercana al provenzal o al catalán literario (*ibid.*: 76). Sin embargo, mientras algunos intelectuales de la *Renaixença*, encabezados por la figura de Milà[191], empezaron a postular muy tempranamente la diferenciación entre ambas lenguas (ya a principios de la década de los sesenta), Balaguer siguió defendiendo la identificación lingüística y la pertenencia a la patria común lemosina hasta mucho más tarde.

En 1865, a consecuencia del golpe de Estado fallido en el que Balaguer se había visto envuelto, tuvo que exiliarse en la Provenza, donde estrechó sus relaciones con literatos e intelectuales *felibres* (cf. Rafanell 2006: 84-85). Desde ese momento, empezaron a estecharse las relaciones entre ambos lados de los Pirineos. A principios de 1868, esperando la caída de la Monarquía isabelina en España, Balaguer regresó a Barcelona donde fue nombrado presidente de los *Jocs Florals*. En acto simbólico Balaguer invitó a sus compañeros *felibres* a Cataluña, donde fueron recibidos en medio de ovaciones (cf. *ibid.*: 85-86). En su discurso como presidente, el anfitrión catalán no quiso renunciar a dedicar unas palabras a sus compañeros provenzales y a destacar la figura de Mistral:

> Salut y fraternitat á vosaltres los de Provensa que en vostre honros blasó de provincia porteu encara y portareu sempre, si plau á Deu també, las roijas barras catalanas que en temps de ben volguts recorts vos donaren en penyora d'amor los nostres avis: á vosaltres que 'us agrupeu en torn del apóstol que lo nom literari apella lo *Virgili de Maillano*, de Frederich Mistral, la personificació encaranda de Provensa (JF 1868: 40).

---

[190] Como indica Rafanell (2006: 84), hasta aquel momento, y si bien es cierto que Ballot había establecido una diferencia entre estos dos idiomas a principios del siglo XIX, Bofarull era el único en haber planteado la separación catalano-occitana.

[191] En 1861 Milà defiende, a partir de sus fundados conocimientos romanistas, la individualidad del catalán. Ya en 1854 en un artículo publicado en el *Diario de Barcelona* afirmaba que el catalán se confundía con el provenzal por su similitud (cf. Rafanell 2006: 75).

La ruptura ideológica entre Balaguer y los *felibres* se produjo en 1874 (cf. Rafanell 2006: 98), una fecha tardía si consideramos que muchos otros catalanes afines al *felibritge* se habían alejado de este movimiento ya en la década de los sesenta. Si tenemos en cuenta esta ruptura, no parece casual que en 1875, en una conferencia pronunciada ante la *Real Academia de la Historia* (titulada "De la literatura catalana"), Balaguer matizara su rotunda afirmación de 1859. Así pues, ahora aseveraba que:

> La misma lengua que antiguamente se hablaba en Catalunya se usaba en Provenza toda, salvo las diferencias y modalidades de localidad [...]. Hoy la lengua ya es distinta y solo se conserva el catalán en el Rosellón, a cuyos habitantes los franceses llaman *catalanes de Francia*; pero aun habiendo variado la lengua en aquellas comarcas, cualquier catalán puede ir todavía desde Elche a Marsella por la costa, sin abandonar la cuenca mediterránea, hablando siempre en su lengua y haciéndose entender perfectamente (citado en Rafanell 2006: 100-101).

Este pasaje testimonia que Balaguer había abandonado la creencia de que el catalán y el provenzal eran una misma lengua, pues el catalán había evolucionado convirtiéndose en una lengua propia, si bien seguía manteniendo similitudes con el provenzal.

La actitud lingüística de Balaguer encierra ciertas contradicciones que deben contextualizarse en el marco histórico-político de su época. Como mantenedor de la primera edición de los *Jocs Florals* contribuyó activamente a promover la recuperación del catalán como lengua de cultura literaria. En la primera celebración del certamen, defendió la vitalidad del catalán –en oposición a aquellos que la consideraban una lengua "muerta"– como lengua literaria y de cultura (cf. JF 1859: 179). Años después, en el discurso como presidente de los *Jocs Florals* de 1868[192] afirmaba que: "Se'ns acusa primerament de no escriurerho tot, y sempre, en castellá, qu' es, diuhen, la llengua nacional. La llengua oficial deurian dir, que no hi ha perqué desbatejar la catalana" (JF 1868: 34). Balaguer constataba la diglosia en el ámbito escrito y asumía la oficialidad del castellano (sin cuestionarla), pero rechazaba que este último fuera considerado única lengua nacional ("no hi ha perqué desbatejar la catalana").

A pesar de la preeminencia del castellano en los ámbitos formales, Balaguer destacaba que el catalán era la lengua materna de los catalanes y, por tanto, la afectiva ("del cor"), mostrando así una actitud lingüística positiva: "May lo castellá

---

[192] En la edición de ese año no solo fueron invitados poetas provenzales sino también españoles. Entre los autores provenzales destacó, por ejemplo, la figura de Frederic Mistral y entre los españoles Núñez de Arce y José Zorrilla (cf. Palomas i Moncholí 2004: 215).

será pera nosaltres de tant franca naturalesa com es lo catalá, que la castellana es sols la llengua dels llavis mentres que la catalana es la del cor" (JF 1868: 34). También señalaba que los *Jocs Florals* habían servido de impulso para la recuperación del catalán como lengua escrita tanto de la literatura como de la prensa[193], constatando su contribución a la expansión del valor comunicativo de la lengua:

> Avuy hi ha premsa periódica catalana, poetas catalans, prosistas catalans. Avuy s'escrihuen en nostra llengua historias, y poesias, y novelas, y dramas, y comedias, y articles, y periodichs. Avuy hi ha teatro catalá, un teatro complert, que ha nascut despres de l'institució dels JOCHS FLORALS, un teatro que atrau un públich escullit y numerós (JF 1868: 36).

Las palabras de Balaguer deben entenderse como respuesta a la intervención del gobernador civil, Romualdo Méndez de San Julián, que en su discurso oficial en castellano del año 1868 lamentaba que la celebración fuera exclusivamente en catalán, reclamando de este modo la presencia del español en el certamen[194]:

> [...] el pueblo catalan usa hoy en sus tratos, en sus escritos, en sus relaciones comerciales, en sus periódicos, en sus teatros, en sus escritos, en las múltiples y variadas necesidades de su existencia social, de dos idiomas distintos, el español propiamente dicho y el catalan, el idioma nacional y el antiguo idioma de la provincia.

> [...] séame permitido dirigir desde este sitio, como el mas propio para hacerla, una observación á los consistorios de los Juegos Florales venideros. ¿No se llenarian mejor los fines literarios, únicos que pueden tener estas fiestas, admitiendo y premiando en ellas las composiciones escritas en los dos idiomas patrios? (JF 1868: 24-25).

De una lectura detallada de este fragmento se puede observar que las ideas de Balaguer y las de Méndez de San Julián sobre la lengua nacional eran diametralmente opuestas. Mientras que, para el primero, la lengua nacional de Cataluña podría ser también la catalana, para el segundo lo era sin duda el castellano. Por otro lado, hay que añadir que el gobernador civil de Barcelona presuponía una

---

[193] Con todo, no debe olvidarse que Balaguer, junto con Cortada, había sido una de las figuras a favor de la aceptación de trabajos en castellano cuando se instauraron los *Jocs Florals* en 1859 (cf. Palomas i Moncholí 2004: 214).

[194] Las declaraciones de Romualdo Méndez de San Julián guardan una sorprendente similitud con las ideas que propugnaban los defensores de que la literatura catalana de expresión castellana estuviera presente en el certamen del 2007 de la *Frankfurter Buchmesse*, si bien en la actualidad los argumentos no se basan en que el castellano es el idioma nacional sino en el hecho de que la cultura y la literatura de Cataluña se fundamentan en una tradición bilingüe. Entre los favorables a esta idea no solo destacaron personalidades españolas sino, curiosamente, también una parte de la crítica alemana, empecinada en relacionar la definición de la literatura catalana con la cuestión nacionalista.

situación de bilingüismo en Cataluña, hecho que no se correspondía con la realidad diglósica de la época. Méndez de San Julián reivindicaba un certamen bilingüe no solo valiéndose de la asunción del bilingüismo en Cataluña y del hecho de considerar el castellano la lengua nacional, sino aduciendo argumentos cuantitativos:

> [...] ved si conviene cerrar tan vasto teatro al genio y al talento nacionales, negando acceso en este recinto y premio en estos certámenes á las producciones escritas en una lengua que, sobre ser tambien la vuestra, es la que hablan en el globo sesenta millones de habitantes, oriundos en su gran mayoria, de este mismo suelo (JF 1868: 25-26).

Aunque Balaguer contribuyó a la recuperación del catalán como lengua literaria, su reivindicación lingüística quedaba reducida al ámbito cultural y periodístico. No obstante, al igual que otros hombres de su época, se pronunció abiertamente sobre la cuestión de la lengua y su uso en la literatura:

> Deixéunos cultivar nostra llengua, qu'es una obra patriótica; deixeunos cultivar nostra literatura qu'es una obra regeneradora, y tot será pera mes be y mes gloria de l'Espanya, que aixís com es mes rica una familia que te dos patrimonis, aixís ha d'esser mes rica una nació que te dos literaturas (JF 1868: 35).

A pesar de mostrarse a favor de la literatura de expresión catalana en Cataluña, Balaguer sostenía que Cataluña era parte de España y en consecuencia parte de la cultura castellana. Por tanto, defendía que la literatura española estaba formada por la literatura castellana, vasca, gallega y catalana (cf. Balaguer 1893: II, 111) y consideraba hermanas a la literatura castellana y a la catalana: "¿Cuant s'es vist may que no sian germanas dos poncellas d'un mateix rosal?" (JF 1868: 35).

Recapitulando, no resulta extraño que su ideología lingüística estuviera basada en el bilingüismo literario, aspecto que a su vez le diferenciaba radicalmente de otros autores como Àngel Guimerà (1854-1924), quien defendía una literatura catalana monolingüe[195]. Balaguer justificaba el uso del castellano apoyándose en la afirmación de que para ser catalanista no solo bastaba escribir en catalán y en el hecho de que la *Renaixença* hubiera sido impulsada por catalanes que escribían en castellano[196]. Balaguer lo ilustraba con el ejemplo de Aribau, sin mencio-

---

[195] Guimerà no criticaba que los autores catalanes escribieran en castellano, pero afirmaba rotundamente, tratando de ilustrarlo con innumerables ejemplos, que la lengua propia, en este caso el catalán, era la mejor forma de expresión. En este sentido, refiriéndose al uso literario del castellano, explicaba que el escritor catalán "servintse tant sols de paraulas que hagi anat trayent ab paciencia del diccionari de la llengua, no conseguirá may donar prou sinceritat y prou ayre de real naturalesa als seus períodes; perquè la careta may tindrá'ls moviments espontanis y la vida tota de la veritable cara" (1896: 35).

[196] De hecho, así lo demuestran también las figuras de Milà i Fontanals o Bofarull y muchos otros hombres vinculados al movimiento de la *Renaixença*.

nar su nombre explícitamente, a quien no consideraba representativo de la *Renaixença* (véase el último párrafo):

> Anunciáronme que esta carta que á usted escribo está destinada á ver la luz en el volumen de poesías de Tomás y Estruch, apareciendo en él como prólogo.

> Quiero por lo mismo anticiparme á la crítica que de seguro no dejará de hacérseme por escribir un prólogo en castellano para libro escrito en catalán. [...]

> Es un error de los modernos catalanistas, que así se titulan, creer que sólo se puede ser catalanista escribiendo en catalán.

> No basta escribir en catalán para serlo. Una frase, una poesía, un artículo, un discurso, un libro en catalán, no dan personalidad catalana al autor. Tanto valdría entonces traducir cualquier obra del castellano. No; se necesita algo más que todo esto.

> Dicen y sostienen que los que escriben en castellano no hacen catalanismo.

> ¡Ah! ¿No *hacen* catalanismo?

> Pues he aquí una cosa que se ha olvidado, de que nadie habla, y que voy á recordar.

> El renacimiento catalán se hizo por catalanes que escribieron en castellano. No existiría de seguro si no hubiesen escrito en castellano sus obras Capmany, Piferrer, Cortada, Próspero Bofarull, Jaime Tió, Antonio Ribot Fontseré, Luis Cutchet, Pers y Ramona, Torres Amat, Pedro Mata y muchos otros. No existiría si no se hubiesen escrito en castellano la *Historia de Cataluña*, las *Leyendas del Montserrat* y los *Cuentos de mi tierra*.

> Desconocer esto, y dar como origen al renacimiento catalán el de unas poesías catalanas, cuyo alto mérito no niego, y á cuyo autor admiro, pero que no ejercieron influencia alguna en el renacimiento, es desconocer el origen, el génesis, la índole, el carácter, la vida y hasta la savia de nuestra literatura (1893: II, 134-137).

Para Balaguer, la literatura catalana no era catalana por el mero hecho de estar escrita en este idioma. Sin embargo, como puede observarse en este párrafo, tampoco delimitaba cuál era su concepción literaria: "que no es catalana sólo por estar escrita en esta lengua, sino por otras razones que debieran saber los críticos y los autores de historias literarias de Cataluña, y que, por lo mismo que no lo saben ó no lo quieren decir, yo le diré otro día" (*ibid.*). Resulta curioso que la cuestión que plantea Balaguer sea todavía hoy tan controvertida, tal y como ha demostrado la polémica en torno a la definición de la literatura catalana que, a nuestro juicio, deriva de un debate más complejo, es decir, un debate político[197].

---

[197] El motivo de la reciente polémica fue la celebración de la Feria de Frankfurt en octubre del 2007 donde la cultura catalana era invitada de honor. La cuestión de si los autores catalanes

Volviendo al bilingüismo, tanto Víctor Balaguer como Joan Cortada habían propuesto en el primer consistorio de los *Jocs Florals* que se admitieran también trabajos en castellano. El primero no solo defendía el uso de ambas lenguas sino que, además, criticaba a los autores monolingües con cuya actitud, a su entender, se autoexcluían de los lectores castellanos, contribuyendo a un mayor desconocimiento de la literatura catalana fuera de Cataluña[198]. El siguiente párrafo evidencia su idea de rechazo al monolingüismo catalán y al mismo tiempo respecto a las posiciones que se encaminaban hacia lo que sería la futura "depuración" en el sentido fabriano:

> Todo lo que sea dar carácter de exclusivismo al catalán es desnaturalizarlo; todo lo que sea querer hacer de él una lengua de muertos es perderlo; todo lo que sea apartarle de la madre común ibérica es matarlo.
>
> Mal hacen los que llevarle quieren por esos caminos y derroteros. Los que predican el exclusivismo, y lo practican, ¿cómo no comprenden que el exclusivismo es el aislamiento, la soledad, el vacío? Los que se esmeran en hacer del catalán un compuesto de arcaísmos y frases territoriales ó desusadas ¿cómo no conciben que se hacen ininteligibles y que todo lo que no se comprende se rechaza? (Balaguer 1893: 10-11).

De su crítica al "exclusivismo" –que a pesar de referirse sobre todo a la lengua, bien podría extrapolarse al ámbito político–, se puede destacar una cierta similitud con respecto a autores castellanos como el mismo Núñez de Arce. Recordemos que, en su discurso en el *Ateneo de Madrid* de 1886, este último alababa la calidad literaria de autores como Aguiló, Verdaguer, Collell e incluso Balaguer, al tiempo que criticaba su postura exclusivista y odio por lo castellano (cf. N.A. 1886: 14). Resulta curioso que Núñez de Arce mencionara a Balaguer, pues este mostraba gran aceptación por el uso del castellano e incluso abogaba por el bilingüismo literario.

La extensa obra de Balaguer sigue coherentemente su ideología lingüística y es, por tanto, bilingüe. Sin embargo, sus ideas sobre el bilingüismo se restringían al ámbito literario y cultural, pues en ninguna ocasión expresó una voluntad de uso en otros terrenos (sistema escolar, cooficialización, etc.). El discurso presidencial de los *Jocs Florals* de 1868, en el que se puede hablar de una reivindicación del

---

cuya obra está escrita en castellano debían acudir a la celebración y representar la literatura catalana fue uno de los aspectos más mediáticos y discutidos de la citada edición. Estos hechos confirman que la controversia que planteaba Balaguer a finales del siglo XIX, como muchas de las que se van planteando a lo largo de nuestro periodo de análisis, sigue sin estar resuelta a principios del siglo XXI.

[198] Para Balaguer, un ejemplo literario modélico lo representaba el portugués Camões, quien había producido una amplia literatura en portugués y en castellano (cf. Hina 1978: 184-185).

catalán como lengua nacional, constituye casi una excepción en su trayectoria. En cierta medida, este último aspecto le sitúa en una posición precursora, ya que de hecho ningún autor de su etapa (fase A) concebía el catalán dentro de esta categoría. Incluso el federalista Pi i Margall hablaba de "lenguas regionales", pero nunca empleaba el adjetivo "nacional" para referirse a otra lengua que no fuera el castellano. Pi i Margall, no obstante, también fue una figura precursora de su fase, dado que en alguna ocasión había mencionado la necesidad de oficializar las "lenguas regionales" y la conveniencia de que el personal de la administración y de la justicia las conocieran. A pesar de la relevancia de las palabras de Balaguer, el alcance de lo que él entendía por lengua nacional no puede compararse con lo que postularían, una vez entrado el siglo XX, algunos catalanistas de la fase C como Prat de la Riba o Rovira i Virgili.

Balaguer, al igual que Milà i Fontanals e incluso Rubió i Ors, es representativo de los liberales catalanes que, como señala Moran i Ocerinjauregui, presentaban cierta actitud contradictoria: "Per un cantó estimaven Catalunya, la seva llengua i les seves particularitats en general, revalorades pel Romanticisme, i fins i tot van iniciar la Renaixença literària; però no van formular cap programa coherent de normalització del català" (1994: 180). En otras palabras, todos ellos mostraban una cierta actitud ambivalente hacia la lengua propia que debe contextualizarse en una época donde el castellano se imponía, de modo indiscutible, como única lengua de prestigio.

4.5.5. *Valentí Almirall (1841-1904)*

Valentí Almirall, nacido en una acomodada familia, estudió Filosofía, Letras y Derecho. Esta posición privilegiada le permitió dedicarse a la política y al periodismo (cf. Blas Guerrero 1997: 30). Tras la Revolución de 1868 se inició en la vida política dentro del Partido Republicano. Almirall estuvo estrechamente relacionado con la actividad periodística, participando en 1869 en la fundación de *El Estado Catalán* del que también fue director. Asimismo, fundó y dirigió el *Diari Català* (1879-1881), primera publicación periódica en lengua catalana[199], desde donde intentó difundir sus ideas políticas.

En 1880 convocó el *Primer Congrés Catalanista*, a partir del cual nació el *Centre Català*[200], una entidad dedicada a la defensa de la normalización lingüística y

---

[199] La importancia de esta publicación para la expansión social del catalán se ha desarrollado en el epígrafe 4.3.1.1.

[200] Sobre el *Congrés*, el *Centre Català* y el *Diari Català* también se ha hablado extensamente en el citado epígrafe.

protección del derecho catalán. En 1883 el *Segon Congrés Catalanista* reivindicaba la oficialidad del catalán y el proteccionismo arancelario. Según indica
Anguera (1997: 237), la primera sesión del congreso se inició debatiendo el problema de la lengua y su igualdad con la castellana.

En 1881 rompió con Pi i Margall y se centró en el potencial catalán ("particularisme") como alternativa al centralismo y a la naturaleza antidemocrática de la
Restauración. Almirall basaba la crítica a Pi i Margall en los siguientes puntos: su
formalismo abstracto, su radicalismo social y su falta de atención a la realidad de
las diferentes regiones de España (cf. Solé Tura 1986: XXII). Sin embargo, no
puede negarse que su pensamiento es, en buena parte, deudor de las ideas pimargallianas; el federalismo de Pi y el *catalanisme* incipiente coincidían en algunos
aspectos como, por ejemplo, en la necesidad de reorganizar y descentralizar el
Estado y de ofrecer más autonomía a las regiones. Asimismo, es preciso recordar
que tanto Pi i Margall como Almirall abogaban por el uso oficial de las lenguas
vernáculas; aspecto que, a su vez, diferencia a estos dos autores de Cortada, Milà
i Fontanals o Balaguer, quienes nunca llegaron a formular el deseo o la necesidad
de oficializar la lengua catalana, pues asumían la situación diglósica favorable al
castellano. Según los postulados de Almirall, Cataluña poseía un grado de diferenciación incuestionable que debía reivindicarse y defenderse. Almirall ejerció
una función primordial en la politización del movimiento cultural de la *Renaixença* y uno de sus grandes logros fue la movilización de las fuerzas económicas,
intelectuales y políticas de Cataluña en el llamado *Memorial de Greuges* (1885),
Memòria en defensa dels interessos morals i materials de Catalunya, del cual fue
promotor y redactor.

Además de su actividad periodística en diversos medios y, sobre todo, como fundador y director del *Diari Català*, Almirall destaca por la publicación de *Lo Catalanisme* (1886)[201], obra doctrinal en la que expuso sus principales ideas y con la
que pretendía esclarecer los "motivos que [...] legitiman" el *catalanisme*, establecer sus "fundamentos científicos" y proporcionar "soluciones prácticas"[202].
Este libro se basaba en una fuerte crítica a la situación española, cuyo origen
remontaba al siglo XV con la unión de las Coronas de Castilla y Aragón que tuvo
fatales consecuencias para ambas. Una de las ideas más recurrentes en esta obra

---

[201] En sus trabajos empleaba reiteradamente el término *catalanisme*, contribuyendo a su popu-
larización. Por el contrario, Torras i Bages, coetáneo de Almirall empleaba más comúnmente el término *regionalisme*.

[202] Uno de sus principales objetivos era transformar el régimen de la Restauración, movilizar a
la opinión catalana y conseguir que la burguesía catalana rompiese con los partidos políticos españoles.

era la diferencia entre el "carácter catalán" y el "carácter castellano"[203], fuertemente opuestos e imposibles de fusionar. Otro aspecto interesante de este trabajo
es la visión organizativa del Estado, influenciada por Hamilton, Tocqueville,
Spencer y las experiencias estadounidense y suiza. Almirall proponía la unión
federal de Estados constituidos sobre particularismos para una mejor organización y defensa de la libertad. En este sentido, es significativo enfatizar que para
este autor la "nación" estaba reservada para la entidad que poseía soberanía y
reconocimiento externo, es decir, España. Su proyecto político se centraba, pues,
en una nación federada compuesta por Estados autónomos. El federalismo y la
idea de pacto tan presentes en Almirall son, sin duda alguna, herencia directa del
pensamiento pimargalliano.

Su declive se inició en 1887 cuando los conservadores abandonaron el *Centre
Català*, llevándose a los jóvenes del *Centre Escolar Catalanista*, para fundar la
Lliga de Catalunya. Por un lado, Almirall era considerado demasiado izquierdista por buena parte de la burguesía y, por otro, la Iglesia recelaba de su liberalismo. La reacción "antialmiralliana" más relevante se observa en la publicación
ese mismo año de un conjunto de artículos bajo el título genérico *L'Església i el
Regionalisme* y, dos años más tarde, en la publicación de *La tradición catalana*,
ambos escritos por Josep Torras i Bages. A esta tendencia "antialmiralliana" se
adhirieron también las figuras de Jaume Collell, quien en 1882 a raíz de la creación del *Centre Català* ya había criticado a Almirall, y de Mañé i Flaquer, que en
1887 publicó *El Regionalismo* en el que tachaba a Almirall de peligro para el
catalanisme. A partir de este momento el *catalanisme* quedó dividido en dos seg-
mentos y Almirall fue perdiendo posición frente a la vertiente conservadora. Dos
hechos evidencian su declive: la polémica sobre la Exposición Universal de Barcelona en 1887 y la polémica en torno a la elección de los miembros del *Consistori* de los *Jocs Florals* del año siguiente. La disolución del *Centre Català* en
1894 supuso el declive definitivo de esta emblemática figura catalanista.

La figura de Almirall estuvo muy relacionada con la reivindicación lingüística
del movimiento catalanista, concretamente durante las décadas de los ochenta y
noventa del siglo XIX. Además de fomentar la difusión del catalán en la prensa
diaria, con la fundación y participación activa en el *Diari Català*, Almirall se
comprometió de manera coherente con la lengua catalana y fue además, según
Grau Mateu, "qui realitzà les aportacions més sistemàtiques sobre les relacions
entre les llengües catalana i castellana" (2004: 37).

---

[203] Al primero lo definía como analítico, reflexivo, positivista, materialista, de pensamiento
abierto, particularista, y al segundo como generalizador, imaginativo, formalista, idealista,
autoritario y centralista (cf. Almirall 1978).

En su doctrina política, *Lo Catalanisme*, Almirall señalaba que el idioma no era el elemento más destacado de la personalidad de un pueblo, aunque sí reconocía que era el más visible: "Verdaderament la llengua no es pas lo més important element de la personalitat d'un poble, puig que té sens dupte major importancia la comunitat d'interessos morals y materials [...]; pero sens ser lo mes important, es lo mes visible" (1978: 89).

Constataba la importancia de la lengua al considerarla la prueba definitiva de un carácter diferente. A su juicio, la lengua catalana era la evidencia más clara de la existencia de un carácter catalán diferenciado del castellano:

> La varietat de llenguatje te importancia extraordinaria no per lo que es realment, sino per lo que suposa. Una llengua distinta suposa un distint caràcter. [...]

> Si, donchs, los catalans tenim distint idioma que 'ls castellans; si, encara que sortidas las duas llenguas d'un tronch comú, tenen génit diferent y condicions variadas, no hi ha necessitat de demostrar que ells y nosaltres no formen un sol poble (Almirall 1978: 89-90).

En su época, las alusiones a la presencia del castellano en Cataluña eran prácticamente de referencia obligada. No es de extrañar, entonces, que Almirall también se refiriera en sus escritos al castellano, al que describía como "estigma de la nostra degeneració". Sin embargo, a pesar de esta afirmación, la relación de Almirall con respecto al castellano no era de animadversión, pues aludiendo a esta lengua decía que "es una de las que més nos encantan y captivan" (*ibid.*: 97). Lo que este autor cuestionaba no era el valor del castellano, sino la situación del catalán, para el que reclamaba una simetría tanto en relación al prestigio como al valor comunicativo y al estatus. El problema, para Almirall, radicaba en el hecho de que los catalanes se veían obligados a emplear el castellano en los ámbitos oficiales, reduciendo así la libertad de uso del catalán; el problema, pues, no era la lengua sino su imposición.

Según este político, como plasmaba en *Lo Catalanisme*, la imposición del castellano en detrimento del catalán no era más que un símbolo de la subordinación política de Cataluña:

> Lo signe del esclau era tenir que parlar la llengua del amo, y nosaltres portem aquest estigma al damunt. La nostra llengua may s'ha mort [...]. Aixó no obstant, en tot lo oficial hem d'emplearne un' altra. En la llengua dels vencedors se'ns mana, se'ns judica, se'ns ensenya. Fins quan la autoritat, lo jutje ó 'l mestre son fills de la terra, no poden exercir llurs funcions sino empleant lo castellá. *La imposició del llenguatje es un recort constant de la nostra subjecció. Ell es lo que marca més durament la distancia que hi ha desde 'ls que manan als que obeheixen* (1978: 97; énfasis nuestro).

Y precisamente esa imposición provocaba, a su entender, el rechazo a la lengua castellana:

[…] si no fós qüestió de dignitat, la usariam molt mes sovint, y sobre tot, ab molt més carinyo que no la fem servir avuy. Mes, al punt que agafem la pluma y posem en ella las primeras paraulas, no podem deixar de recordar que es la marca de la esclavitut y l'estigma de la nostra degeneració, y si no es per pura necessitat, fem cent bossins lo paper, com si volguessim que no 'n quedés ni rastre (1978: 98).

En cuanto a la presencia del castellano en Cataluña, la visión almiralliana difería enormemente de la de Balaguer o Milà i Fontanals, quienes mostraban una actitud más conciliadora y, por ello, tal vez menos comprometida. Recordemos que Milà no veía en esa situación el fruto de la imposición, pues al referirse al castellano hablaba de "un hermano que se ha sentado en nuestro hogar y cuyos ensueños hemos mezclado con los nuestros". Y, a diferencia de Almirall, sostenía que los catalanes cultivaban con agrado el castellano, la lengua nacional: "El buen catalán […] no aborrece el cultivo de la lengua nacional".

En la *Contestación al discurso de Núñez de Arce*, Almirall hacía otra vez alusión a esa imposición, considerada "injusta y arbitraria" (1886: 11), que precisamente fomentaba la "repugnancia" de los catalanes a expresarse en castellano (*ibid.*: 9).

Almirall proponía un uso activo de la lengua como respuesta a la subordinación política. Desde su visión, tal y como se observa en las siguientes líneas extraídas de *Lo Catalanisme*, la lengua adquiría un sentido claramente político, aspecto que le distingue de las personalidades anteriormente analizadas:

Parlem y escribim en català, y no deixarem d'usarlo fins y tant que haguem obtingut las grans reparacions que se'ns deuhen. L'ús de la nostra llengua es la manifestació mes eloqüent de la nostra personalitat y un argument incontestable en pro de la justicia de la nostra causa. Mentres visqui la llengua catalana, tot acte d'unificació, portat á efecte en qualsevol terreno, será un acte de veritable tiranía (Almirall 1978: 90).

El sentido político que Almirall confería al catalán suponía un punto de inflexión con respecto a sus antecesores que no veían en el uso lingüístico una reivindicación política. En este contexto es importante señalar que el empleo del catalán en la obra almiralliana constituía una constante con escasas excepciones, como la contestación al discurso de Núñez de Arce.

Las reivindicaciones lingüísticas de Almirall, como las de la mayoría de catalanistas de su época, se referían también al ámbito escolar. En realidad, la defensa de la escolarización en la lengua propia era una constante en muchos nacionalismos; incluso el mismo Herder, durante el Romanticismo, había abogado por la necesidad de escolarizar en lengua alemana, si bien este último no confería a la lengua un sentido político que, en cambio, sí observamos en Almirall:

El catalanisme ha arribat a un punt de vida que li permet exhibir-la en manifestacions de tota mena, per lo qual creiem que ha arribat ja l'hora de plantejar una de les qüestions més trascendentals per al pervindre de la nostra terra: hem de parlar ja d'introduir el catalanisme en les escoles (1904: 6).

Los catalanistas de esta etapa no solo exigían la enseñanza del catalán, sino también en catalán. En otras palabras, pretendían que el catalán se convirtiera en lengua vehicular de enseñanza[204]. Para el forjador del *catalanisme* político, la introducción del catalán en las escuelas era necesaria por razones pedagógicas dado que la escolarización en castellano era doblemente ineficaz: por un lado, no se aprendía a leer ni a escribir en la lengua materna y, por otro, el aprendizaje del castellano resultaba incompleto (cf. Grau Mateu 2004: 42). En uno de los artículos publicados en *L'Avens* en 1882 abordaba así la cuestión:

> Sens ensenya a llegir en castellà, i sols podem aprofitar-nos en part de la lectura perquè en general no coneixem prou la llengua, i en cambi no podem llegir en l'unica que entenem bé, perquè no sens ensenya a llegir en català (Almirall 1904: 9).

Almirall mencionaba dos posibles vías para la solución de esta problemática: o bien adoptar la castellanización desde el nacimiento o introducir el catalán en las escuelas. Obviamente, la primera propuesta sería inaceptable para los catalanes:

> Al nostre entendre, dels dos camins sols un es acceptable, perquè ja hem dit que som refractaris al castellà, i, encara que no ho fossim, no deuriem renegar del català, perquè mai ha renegat de sa propria llengua cap poble que s'estimi (Almirall 1904: 9).

Cuatro años más tarde, volvía a abordar este asunto en *Lo Catalanisme*:

> Lo mestre te d'explicar en castellá encara que 'ls deixebles no l'entenguin, y 'ls nostres fills han de perdre los anys de la vida millors pera lo desenrotllo de las potencias intelectuals. No hi fa res que 'l mestre sigui catalá, puig la lley del que mana l'obliga á tenir que fer l'esfors de parlar una llengua que no li es natural, al sol efecte de ferse ininteligible: quan si no se 'l obligués á ferlo, lo que ell explicaria ab facilitat, seria clarament entés per sos oyents, ab grans ventatjas pera un y altres (Almirall 1978: 102).

En su respuesta a Núñez de Arce, volvió a insistir y defender la necesidad de introducir el uso del catalán como lengua vehicular de la enseñanza[205]:

---

[204] Es preciso recordar que en muchas ocasiones, sobre todo en el ámbito rural, el catalán seguía siendo la lengua vehicular, no tanto con voluntad catalanizadora, sino por la simple "necessitat de fer-se entendre davant un auditori virtualment monolingüe" (Grau Mateu 2004: 41). El uso del catalán como instrumento de enseñanza hizo que a finales de los años sesenta del siglo XIX aparecieran diversos manuales de docencia dirigidos a los profesores catalanes, como el *Auxiliar del maestro catalán* (1869) de Salvador Genís, o la *Guía del instructor catalán* (1872) de Marià Brossa (cf. Grau Mateu 2004: 42).

[205] Almirall (1886: 33) añadía que en Cataluña no se reprobaba el fomento de la enseñanza del castellano, sino la prohibición del uso del catalán.

> Lo natural, lo lógico, lo justo es, que las dos lenguas, como co-nacionales y co-oficiales, sean enseñadas con igual cariño, empezándose en cada Región por la nativa de los alumnos, que aprenderían luego la segunda bajo la base de la primera (Almirall 1886: 33).

La reivindicación de Almirall sintonizaba con las demandas lingüísticas de la época, centradas sobre todo en el ámbito escolar y político. Así pues, como dice Grau Mateu, "[e]ls catalanistes exigiren no només l'ensenyament del català, sino també l'ensenyament en català, és a dir, l'ús habitual i majoritari del català com a llengua vehicular de l'ensenyament" (2004: 41). Debemos puntualizar que la propuesta de Almirall no se basaba meramente en criterios didácticos o instrumentales sino también en la importancia de introducir la lengua como elemento catalanizador, es decir, con fines patriótico-nacionalistas.

En términos más generales, el fundador del *Diari Català* propugnaba un régimen de cooficialidad de lenguas, que a su entender contribuiría muy positivamente a la actitud de los catalanes frente al castellano (cf. 1886: 10). Asimismo, veía en la doble oficialidad "la única solución liberal al problema, que se presenta en todas las naciones que tienen lenguas variadas, y por medio de la cooficialidad lo han resuelto todos los pueblos libres" (*ibid.*: 36). Esto demuestra que Almirall se inclinaba por el primer modelo reivindicativo que comentaba Hroch (modelo A, véase cap. 4.4).

A sus preocupaciones por el uso de la lengua, también dedicó gran parte de su discurso como presidente del *Ateneu Barcelonès* en 1896. De hecho, la mitad del discurso se centraba en la lengua catalana y la otra mitad en el "regionalismo". Dejando a un lado el asunto del "regionalismo", a continuación se pormenorizarán las consideraciones de este texto relacionadas con el catalán. Este discurso tiene gran relevancia por ser prácticamente una de las últimas intervenciones de Almirall en materia lingüística antes de su fallecimiento en 1904.

El discurso inaugural de Àngel Guimerà "La llengua catalana", pronunciado en 1895 en el *Ateneu Barcelonès*, fue uno de los grandes avances en la expansión del uso social del catalán conseguidos en la década de los noventa del siglo XIX. Por primera vez en la historia, se realizaba en catalán; lo que confirma que hasta finales del siglo XIX la situación diglósica seguía muy asentada y que, en cierto modo, la lengua de prestigio seguía siendo el castellano. Si bien la iniciativa de Guimerà provocó algunas reacciones hostiles que costaron la baja de algunos socios, sirvió de precedente. En efecto, un año después, siguiendo los consejos de la Junta y el deseo de gran parte de los socios, Valentí Almirall también decidió pronunciar su discurso en catalán: "seguint los consells unànims de mos companys de Junta, y, segons indicacions, los desitjos de la majoria de mos consocis, he elegit la llengua catalana pera obrir lo curs d'aquest any" (1896: 22).

Para Almirall (*ibid.*), el uso del catalán en su discurso del *Ateneu* no tenía únicamente la función de "acte possessori" o simbólico, sino también de "reivindicació implícita de dret". Almirall aprovechó el discurso para reivindicar el uso de la
lengua catalana en esa institución, no visto solo como un derecho, sino prácticamente como un deber (*ibid.*: 23). Después de resumir sucintamente algunas de las
últimas acciones en contra del uso social del catalán, como la polémica orden del
director de *Correos y Telégrafos* de ese mismo año, proclamó la libertad e incluso el deber de hablar en catalán en reuniones como la del *Ateneu*, enfatizando el
valor de dicha entidad como centro de la "vida moral y material de Catalunya":

> [...] ens queda encara la llibertat de parlar com volguem en las reunions con la que
> estem celebrant, y seriam indignes fins de queixarnos si de tal llibertat no fessim ús.
> Pera l'Ateneu, calificat per tothom com lo primer centre de la vida moral y material de
> Catalunya, més que un dret és un dever, y al parlar avuy en català prescindeixo com-
> pletament mas aficions y preferencias particulars y sols me recordo de que, ocupant la
> presidencia, represento a l'Associació, y en nom d'ella faig acte possessori del ús de la
> llengua catalana (1896: 23).

En este discurso mencionaba implícitamente una de sus reivindicaciones lingüísticas básicas: la cooficialidad. Es significativo que Almirall postulara este régimen
jurídico, pues en la última década del siglo XIX ya se habían formulado demandas
más extremas, como las *Bases de Manresa* (1892), que pretendían establecer la
oficialidad exclusiva del catalán. En otras palabras, en ese momento dentro del
catalanisme concurrían dos modelos de oficialidad distintos, que coinciden con
los modelos señalados por Hroch: el de oficialidad compartida (modelo A) y el de
oficialidad exclusiva (modelo B). Almirall, sin embargo, rechazaba abiertamente
la oficialidad exclusiva de la lengua catalana: "No pretenem cap exclusivisme, y sí
sols que cessi l'impossició a que se'ns té subjectes" (1896: 24).

Almirall basaba la reclamación de la oficialidad en el hecho de que el catalán era
una lengua "viva" a la que debía aplicarse el principio de libertad: "Pera la recla-
mació'ns basta acreditar un fet: lo de que està viva y ben viva, y aplicar an aqueix
fet un principi de lo més fecundo: lo principi de llibertat" (*ibid.*).

Pero insistía, al mismo tiempo, en que la reivindicación del estatus de doble oficialidad no tenía por objetivo perjudicar a ninguna otra lengua ni rebajar los derechos ni el peso del castellano. Este párrafo puede entenderse como una autojustificación en el sentido aplicado en los capítulos anteriores:

> [...] la co-oficialitat de la nostra llengua no hà de perjudicar los drets de cap altra [...].
> No's tracta de rebaixar en lo més mínim los drets ni l'importancia de la llengua caste-
> llana, que seguiria essent tant oficial com és avuy, si bé que compartint l'oficialitat ab
> sas germanas (Almirall 1896: 24).

Para Almirall, la cooficialidad supondría grandes ventajas para Cataluña y sería una mejora general puesto que, en su opinión, "la galanteria nos portaria a emplear lo castellà quan a gent d'altres regions dirigissim" (1896: 29). En la contestación a Núñez de Arce ya había hecho alusión a la aversión a hablar castellano por tratarse de una lengua impuesta y reconocía que, si no existiera tal imposición, la actitud de los catalanes en lo referente al castellano cambiaría por completo. Asimismo, en el discurso del *Ateneu* explicaba que el reconocimiento de la cooficialidad sería la "reparació d'una gran injustícia" y al respecto puntualizaba que la imposición de un idioma no era solo una injusticia, "sinó un pecat contra la naturalesa" (*ibid.*: 25).

Otro punto significativo del discurso era su concepción de la lengua como un elemento vivo y, por tanto, dinámico: "Una llengua, com tot lo que viu, no pot arribar jamay a fixarse y quedar estacionaria" (*ibid.*). La lengua era la expresión del pueblo ("grupos") y el reflejo más cercano de su modo de ser: "No parlan castellà los castellans ni català nosaltres per mer capritxo, sinó perquè una y altra llengua són respectivament las més adequadas al modo de ser de cada un dels grupos que las tenen com nativas" (*ibid.*).

La última cita evidencia que para nuestro autor había una estrecha relación entre pueblo y lengua que recuerda, en cierto modo, a las ideas románticas herderianas, que sostenían la unión indisociable entre estos dos elementos.

En este discurso presidencial Almirall volvía a retomar otro aspecto que había tratado en su réplica a Núñez de Arce, concretamente la defensa de que todas las lenguas de España eran lenguas "nacionales". Núñez de Arce, en cambio, discernía entre los conceptos de lengua "nativa" y lengua "nacional". El primer concepto lo aplicaba a todas las lenguas peninsulares diferentes de la castellana y el segundo únicamente al castellano por haber alcanzado este un grado de perfección incomparable con el resto de lenguas de la Península. Sin embargo, muy contrario a este punto de vista, Almirall reivindicaba que todas las lenguas "vivas" de España debían ser consideradas "nacionales": "Que se'ns reconegui'l dret; que's declari, com és just, que totas las llenguas vivas de la part espanyola de la Península són igualment nacionals" (1896: 29). Una idea similar en la que también se reivindicaba el adjetivo "nacional" para la lengua catalana la había expresado Víctor Balaguer (fase B) casi tres décadas antes, concretamente en 1868.

La ideología almiralliana en lo relativo a la lengua se puede resumir en los siguientes puntos: en primer lugar, para Almirall, la lengua no era el principal elemento de la personalidad de un pueblo, pero era, sin duda, el más visible. En segundo lugar, la lengua, como elemento vivo y dinámico, era relevante en tanto que se convertía en prueba definitiva del carácter diferenciado de los pueblos. En tercer lugar, la imposición del castellano, símbolo de la subordinación política de Cataluña, era la causa de que los catalanes rechazaran el castellano. Desaparecida esa imposición, según Almirall, los catalanes cambiarían radicalmente su actitud con respecto a la lengua castellana. Otro aspecto significativo dentro de su ideología lingüística era la reivindicación de la cooficialidad. A pesar de que ya en su época las fuerzas catalanistas habían intentado establecer un sistema exclusivo de oficialidad en favor del catalán (*Bases de Manresa*), a lo largo de toda su obra, Almirall defendió la doble oficialidad como "la única solución liberal" al problema que se presentaba en todas las naciones plurilingües (cf. 1886: 36). La propuesta de Almirall, no obstante, no pretendía disminuir el prestigio ni el estatus del castellano, pues la cooficialidad, decía, tendría efectos positivos tanto para los españoles como para los catalanes. En el caso de los últimos, las ventajas eran obvias y en el caso de los primeros, constatarían un cambio de actitud de los catalanes, quienes se dirigirían a ellos en castellano como un acto de "galantería". Almirall consideraba además que todas las lenguas habladas en España eran lenguas "nacionales", atribuyéndoles así el mismo rango y estatus que al castellano. Por último, en lo que concierne a la enseñanza, propugnaba la introducción del *catalanisme* en las escuelas con el catalán como lengua vehicular de la enseñanza.

Como conclusión se puede afirmar que Almirall tuvo un papel fundamental en la politización del movimiento cultural de la *Renaixença*. De los autores escogidos para el corpus, Almirall fue el primero en hacer del catalán un "instrumento" activo para llevar a cabo su programa político y el precursor en la reivindicación coherente del estatus de igualdad lingüística (cooficialidad). No obstante, es preciso recordar que con anterioridad Pi i Margall había reclamado la oficialidad de las "lenguas regionales", si bien no de un modo tan persistente y coherente como Almirall[206]. En este contexto, también es conveniente enfatizar el uso del adjetivo "regional" en Pi i Margall y el de "nacional" en Almirall, lo cual refleja una evolución discursiva entre ambos planteamientos. En el sentido práctico, la reivindicación de Almirall se reflejaba, por una parte, en un fomento activo del catalán orientado a la expansión de su uso social (por ejemplo, a través del *Diari Català*) y, por otra, en el uso claramente predominante de este idioma en sus publicaciones. Con respecto a esto último, la figura de Almirall establece un punto de inflexión respecto a los anteriores autores, quienes o bien usaban preferente o exclusivamente el castellano en sus publicaciones (Cortada y Pi i Mar-

---

[206] Anguera (1997: 233) señala que el pionero en reivindicar la oficialidad del catalán fue Gonçal Serraclara en el discurso de la edición de 1879 de los *Jocs Florals* al exclamar que a pesar de ser una lengua viva con todas las condiciones necesarias para serlo "encara no és oficial". No obstante, fue Almirall el primero en realizar una reivindicación de modo persistente como parte del programa político catalanista.

gall) o bien se inclinaban por el bilingüismo (Milà i Fontanals y Víctor Balaguer). La importancia de Almirall frente a buena parte de la generación *floralesca*
y a los intelectuales de la *Renaixença* como Milà i Fontanals y Balaguer se explica por el hecho de que fue el primer autor en reivindicar el reconocimiento legal
del catalán, traducido en la demanda del estatus de doble oficialidad.

Desde una perspectiva actual, Almirall ha sido considerado el forjador del *catalanisme* político (cf. Bernecker 2007b: 93) y el punto de referencia para entender el
catalanisme en su vertiente política. Según Llobera (2003: 76), representa la
transición del regionalismo al nacionalismo. No cabe duda de que Almirall perso-
nificó el salto del *catalanisme* de carácter más cultural a un *catalanisme* político
con una sólida base doctrinal y que estableció los cimientos del *catalanisme* de
izquierdas que pronto sería desbancado por la corriente conservadora, hegemónica desde finales del siglo XIX hasta bien entrado el siglo XX.

4.5.6. *Josep Torras i Bages (1846-1916)*

Josep Torras i Bages fue eclesiástico, escritor y obispo. A diferencia de Valentí
Almirall o Enric Prat de la Riba, Torras i Bages no fue un ideólogo en el sentido
estricto de la palabra, aunque es innegable que realizó una importante tarea de
definición ideológica que asentaría las bases del *catalanisme* católico. La novedad del pensamiento torrasiano radica en el establecimiento de una estrategia de
la Iglesia cristiana dentro del movimiento catalanista y en concebir el regionalismo como un concepto moral.

Su relación con el *catalanisme* se considera tan estrecha que no por casualidad ha
sido calificado como el "apóstol del catalanismo" (Blas Guerrero 1997: 507). En
general, su pensamiento político estuvo influenciado por sus maestros, grandes
intelectuales catalanes de la época como Manuel Duran i Bas, Xavier Llorens i
Barba o el mismo Manuel Milà i Fontanals (*ibid.*)[207]. Se ordenó en 1871 y una
vez instalado en la capital catalana ejerció una intensa labor intelectual y pastoral
ligada al *catalanisme* conservador.

En cuanto a su actividad intelectual colaboró en el semanario *La Veu del Montserrat*, donde publicó sus primeros artículos sobre el "regionalismo", término que
acuñaría el mismo Torras[208]. *La tradició catalana* (1892), su obra principal, se pre-

---

[207] También por el hermano de este, Pau Milà i Fontanals (cf. Pérez Francesch 2005: 2).
[208] En *La Tradició catalana* emplea frecuentemente los términos "vida regional" (1988: 66),
"esperit regional" (*ibid.*: 80) así como el término explícito "regionalismo" ("Liberalisme i
regionalisme"; "Purificació de la política per mitjà del regionalisme", etc.).

sentaba como una respuesta a la visión positivista y laica de Valentí Almirall publicada en *Lo Catalanisme*. En relación con su actividad política, destaca su participación en la redacción de las *Bases de Manresa* (1892) en las que formuló la relación entre la Iglesia y el Estado en una línea conciliadora con la Restauración.

Pérez Francesch (2005) establece tres etapas en la trayectoria torrasiana que desarrollaremos muy brevemente[209]. La primera (etapa de formación universitaria y sacerdotal) iría hasta 1886 con la publicación de su primer artículo catalanista en *La Veu del Montserrat*[210]; la segunda, abarcaría desde 1886 hasta 1899, años en los que estableció su concepción regionalista y publicó su obra más conocida; y la tercera y última etapa, desde su promoción a la silla episcopal en 1899 hasta el fin de sus días. Como afirma Pérez Francesch (2005: 1), esta última fase (1899-1916) es de escasa relevancia en cuanto a su construcción regionalista, pues no presenta ya ideas innovadoras[211]. El análisis se centrará, por tanto, únicamente en las dos primeras fases, que nos permitirán conocer sus principales ideas sobre el "regionalismo".

En la fase de formación Torras recibió la influencia de sus grandes maestros: en el ámbito de la filosofía estuvo fuertemente influenciado por Xavier Llorens i Barba y los hermanos Milà i Fontanals, y en el terreno jurídico la figura que más le influenció fue la de Manuel Duran i Bas. Durante su época seminarista entró en contacto con jóvenes como Jaume Collell, de quien se hizo amigo íntimo. Posteriormente, el ambiente anticlerical propiciado por la proclamación de la I República, de la cual Pi i Margall fue presidente, le empujó al exilio y permaneció unos meses en la localidad de Vinçà, cerca de Perpiñán. Allí coincidió con otros religiosos catalanes como Collell, a quien ya conocía, Gaietà Barraquer y Jacint Verdaguer (cf. Pérez Francesch 2005: 3-4). Tras la Restauración borbónica en 1875, instaurada por Antonio Cánovas del Castillo, Torras se vio impulsado a que su "tradicionalismo" se conciliara de algún modo con el sistema canovista. En palabras de Pérez Francesch:

> [...] la construcció mental de Torras es mou entre aquestes coordenades: donar una resposta des de l'Església a la històricament refractària àrea catalana (i per aquesta via oferir també solucions a la resta de l'Estat espanyol), resposta en conjunt que, d'una banda, superés el carlisme i que, de l'altra, instaurés un *modus vivendi* acceptable amb l'Estat de la Restauració i les seves manifestacions considerades "liberals" (2005: 5).

En la segunda fase, Torras destacó tanto por su actividad en *La Veu del Montserrat* como por la publicación de *L'Església i el Regionalisme* (1887), *El clero en la vida*

---

[209] Para una profundización, véase Pérez Francesch 2005.
[210] A partir de 1880 colaboró regularmente en esta revista con artículos sobre el tomismo.
[211] Véase también el prólogo de Carmen Arnau a *La tradició catalana* (1988: 9-10).

social moderna (1888) y *La tradició catalana* (1892). Con esta última, Torras concluyó la formulación de una "estratègia de reconducció del catalanisme vers el catolicisme, juntament amb la desqualificació definitiva del carlisme com a vehicle d'operativitat política dels catòlics catalans" (Pérez Francesch 2005: 11)[212], asentando el cuerpo doctrinal del *catalanisme* católico. Durante este periodo (1886-1899) debe mencionarse también que participó en las *Bases de Manresa* (1892) en calidad de delegado de las entidades de Barcelona de la *Unió Catalanista* y que fue, supuestamente, el redactor de la disposición transitoria de la Base 1ª, referida a las relaciones entre la Iglesia y el Estado (*ibid.*). La tercera etapa se inició en 1899 con su entrada en la diócesis de Vic, donde combinó sus funciones pastorales con una intensa actividad periodística dando apoyo a la estrategia del conservador Prat de la Riba. La trayectoria de Torras guarda una estrecha relación con las tendencias catalanistas conservadoras y con algunos de los autores del corpus pertenecientes a la línea conservadora: con Milà i Fontanals, uno de sus maestros, su relación fue ya muy temprana, y con Prat de la Riba, cuyo pensamiento estuvo influenciado por las ideas torrasianas, le unía el apoyo a la estrategia conservadora[213].

El ideario de Torras i Bages defendía una visión "pairalista" y "tradicionalista" de Cataluña, que se correspondía tanto con los intereses de la burguesía catalana conservadora como con buena parte de la población rural del interior de Cataluña, de antigua tradición carlista (cf. Blas Guerrero 1997: 507). Torras empleaba más comúnmente el término "región" que el de "nación" catalana[214]; esta última entendida en sentido de nación histórica. Este pensamiento, que Pérez Francesch encuadra dentro del "regionalismo", se correspondía con las coordenadas generales del movimiento catalanista de la época –en este sentido Almirall era casi una figura precursora– que todavía no había recibido el impulso pratiano. Su ideología se fundamentaba en dos elementos claves: en primer lugar, la asunción del "regiona-

---

[212] Especialmente durante la década de 1880 a 1890 existían, dentro del *catalanisme*, tres posturas católicas claramente diferenciadas. En primer lugar, la postura mayoritaria, encabezada por Fèlix Sardà i Salvany, se mostraba fuertemente integrista y se articulaba a través del carlismo. Los principales órganos de difusión de esta corriente fueron *El Correo Catalán* y *La Revista Popular*. En segundo lugar, existía otra postura que aceptaba el régimen de Cánovas, la Constitución de 1876 y la dinastía monárquica. El principal portavoz de esta tendencia fue el *Diario de Barcelona* y, en menor medida, *El Criterio Católico*. La posición conciliadora estaba representada por *La Veu del Montserrat* que pretendía superar los fundamentos de las anteriores y presentar a la Iglesia como parte esencial de la "patria".

[213] El alcance del pensamiento catalanista de Torras no se limita a su época, sino que se extiende al *catalanisme* conservador posterior: algunos herederos de su pensamiento fueron destacadas figuras catalanistas de la primera mitad del siglo XX como Frederic Clascar, Ignasi Casanomas, Miquel d'Esplugues, Carles Cardó, etc.

[214] En sus referencias a Cataluña aludía tanto al término "región" como "nación", si bien predomina la primera denominación.

lismo" como ética, es decir, la idea de que el "regionalismo" era ante todo un programa esencialmente moral; y en segundo lugar, la contraposición entre región, como ente natural, y Estado, como entidad artificial. En relación a esto último, determinaba un sistema de relaciones entre la Iglesia y el Estado basado en la protección de los derechos tradicionales de la primera, la institución natural por excelencia (cf. Pérez Francesch 2005). Por otro lado, criticaba el liberalismo y el mundo moderno y veía en el "regionalismo" la vía del "Regeneracionismo", asumiendo siempre la pertenencia de Cataluña a España. En esto último, su posición no difería de las figuras predecesoras: ni Cortada, ni Milà i Fontanals, ni Pi i Margall, ni Balaguer ni el propio Almirall cuestionaban la pertenencia de Cataluña a España, si bien casi todos reivindicaban una estructura estatal confederada (por ejemplo, Pi i Margall, Almirall o el mismo Balaguer). En lo que concierne a su oposición al centralismo, al que Torras i Bages tachaba de "uniformisme", tampoco se diferenciaba de los autores anteriormente mencionados. De hecho, la descentralización había sido ya un elemento importante dentro del pensamiento de Pi i Margall, Balaguer y Almirall. Torras (1988: 21) sostenía que el "uniformismo", nacido en Francia, tenía un valor únicamente negativo, aspecto que justificaba ya la necesidad de su desaparición y de que se diera paso a la "forma regional", considerada la expresión de la vida normal de una sociedad civilizada.

Como afirma Pérez Francesch (2005: 22), la expresión que mejor define el pensamiento torrasiano es "Catalunya, serà cristiana o no serà". Si bien esta frase no aparece en ninguna de sus obras (cf. Masnou 1986: 124; Pérez Francesch 2005: 22-23), resume muy claramente las bases de su ideario. Torras formuló explícitamente la indisociabilidad del binomio Cataluña/Iglesia en repetidas ocasiones: "Catalunya i Església són dues coses en el passat de la nostra terra que és impossible destriar; són dos ingredients que lligaren tan bé fins a formar la pàtria; i si algú volgués renegar de l'Església no dubti que al mateix temps hauria de renegar de la pàtria" (1988: 22). Es precisamente en este punto donde el pensamiento torrasiano difiere de otras figuras del corpus, pues ni siquiera el catolicismo pratiano se muestra tan radical. A pesar de su profunda creencia religiosa, Prat no planteaba la unión indisociable entre Cataluña y la Iglesia. En lo que se refiere a la relación Cataluña/Iglesia, la postura torrasiana sintonizaba con el *vigantanisme*, una línea "pairalista" que consideraba que el *catalanisme* debía ser católico y tradicionalista.

Otro elemento interesante de la doctrina de Torras era la afirmación de la existencia de un espíritu nacional[215]. Para él, el pueblo catalán poseía un alma, un espíritu, siguiendo la visión herderiana del *Volksgeist*, cristianizada y adaptada a Cata-

---

[215] Este aspecto también se encuentra presente en la concepción de Prat de la Riba; en este sentido, el pensamiento pratiano se puede considerar heredero de Torras.

luña por Llorens i Barba. En su opinión, el pueblo catalán era un ser orgánico, cuya vida se manifestaba en una lengua, en una cultura, un derecho y en el cristianismo.

Torras i Bages fue un hombre público y su figura estuvo muy vinculada al mundo cultural de la época, especialmente al barcelonés. Fue nombrado adjunto numerario de la *Junta* de los *Jocs Florals* de 1896 e ingresó en la *Acadèmia de Bones Lletres de Barcelona* en el año 1898 (cf. Pérez Francesch 2005: 14). Su compromiso con la lengua catalana fue constante pero se demuestra, sobre todo, en el hecho de que en 1899 fuera el primero en pronunciar un discurso en catalán en la *Acadèmia de Bones Lletres*, contribuyendo a la catalanización de una de las instituciones culturales más destacadas de la época[216].

Ese mismo año Torras i Bages fue presidente del *Consistori* de los *Jocs Florals*, en cuyo discurso consideraba la celebración del certamen como un símbolo poético que surgía del amor y no del odio:

> [...] aquesta festa, especie de festa nacional de Catalunya, no es un simulacre de guerra, sinó un símbol poètic que demostra que si l'odi recrema y destrueix, l'amor engendra y edifica. L'amor á tot lo llinatge humá, l'amor particular al poble catalá, l'amor especial á tota la gent espanyola (JF 1899: 51-52).

En general, la actitud de la Iglesia en lo referente a la lengua catalana se mostró ambigua a lo largo del siglo XIX, siendo a veces un instrumento de la castellanización impulsada por el Estado (cf. Ferrando/Nicolás 2005: 323). Sin embargo, también cabe mencionar la existencia de eclesiásticos que hicieron importantes aportaciones teóricas a la génesis ideológica o a la continuidad de la *Renaixença*. Entre estos destacó la figura de Jaume Balmes (1810-1848), que "va publicar en castellà una extensa obra apologètica on suggereix la conciliació entre el liberalisme moderat i la conservació de la religió, les tradicions i la llengua del país" (*ibid.*). Otra figura relevante fue Jaume Collell, quien intervino en muchas iniciativas del *catalanisme* conservador y se pronunció sobre la lengua catalana en numerosas ocasiones. También se debe citar a Josep Morgades (1826-1901), quien desarrolló una intensa labor en favor del catecismo y de la predicación en lengua catalana, hecho que le enfrentó con los políticos centralistas y la prensa madrileña (*ibid.*). Pero se puede afirmar que fue Torras i Bages quien realizó la mayor contribución teórica al ideario catalanista, especialmente a través de las páginas de *La tradició catalana*.

---

[216] Desde la década de los ochenta del siglo XIX se habían catalanizado varias instituciones culturales: recordemos, por ejemplo, que Àngel Guimerà había contribuido a la catalanización del *Ateneu Barcelonès* (1885), otra prestigiosa entidad cultural catalana.

En la citada obra Torras i Bages retomaba, desde una perspectiva eclesiástica, elementos románticos en lo que se refiere a la lengua[217]: "D'entre tots els vincles socials, treta la Religió, la llengua és el que estreny més fort" (1988: 42). En este contexto, su idea respecto a la relación lengua/nación recuerda a los postulados de Herder y Fichte o del mismo Mancini, quienes sostenían la superioridad de la lengua a la hora de crear vínculos; una idea que estará presente también en Prat de la Riba (fase C), quien coincidía con Torras al afirmar la centralidad de la lengua. Para Torras, la lengua era el alma del pueblo y, por tanto, este solo podía expresarse en su propia lengua. En la concepción torrasiana el origen de las lenguas era divino y su respeto debía ser sagrado. En consecuencia, el deber de la Iglesia era preservar todas las lenguas. Torras defendía el uso de las lenguas populares y, obviamente del catalán, pero, por otro lado, reservaba el monopolio del latín para los ministerios primarios y oficiales de la Iglesia:

> Dins d'aquests grans membres de l'Església Universal que abraça tot el món, trobem membres secundaris, regions, que també l'Església respecta i ama. És clar que no ha de servir cada llengua per als ministeris primaris i oficials de l'Església i per a allò que afecta el que en podríem dir la vida internacional eclesiàstica; mes per tot el que sia la vida espiritual dels individus de la regió, mentre no toqui allò que és més antic que les mateixes llengües, i de què l'expressió adequada ha estat segellada pel decurs de moltes centúries, en tot el restant, dic, la llengua regional és l'amada de l'Església (1988: 45).

Según este eclesiástico, la lengua propia debía emplearse en la vida cotidiana: en la enseñanza del catecismo, la predicación y la oración. De ahí que, como señala Anguera, no podamos hablar de un postulado reivindicativo, pues "la seva argumentació obeeix més al pragmatisme que no pas a la reivindicació conscient" (1997: 78).

Torras defendía el uso de la lengua vulgar en la enseñanza de la doctrina por motivos funcionales: "Comencen els nois per apendre la doctrina cristiana sense devoció, perquè en llengua castellana no l'entenen; la diuen després estrafent les paraules i xampurrejant, i al cap d'alguns anys que no van a estudi ja no se'n recorden" (1988: 48). Destacaba que: "des que s'ensenya en castellà la doctrina cristiana, la gent no la sap, o la sap molt malament" (ibid.: 49). Por tanto, criticaba la moda de impartir doctrina en castellano que podía hacer peligrar la fe: "l'ensenyar el coneixement de Déu, això és, el Catecisme, als infants en llengua castellana, és un costum destestable, perniciosíssim i destructiu de la fe" (ibid.: 48).

---

[217] Sin duda, Torras no era precursor de esta visión romántica. La relación entre la lengua y la patria había sido topos recurrente en la generación de la Renaixença. En 1878 Antoni de Bofarull, por ejemplo, había afirmado que la lengua era un elemento clave para definir una nación, una patria (cf. Anguera 1997: 194).

También la predicación, entendida como un "arma espiritual", debía hacerse en catalán a fin de obtener los resultados adecuados, incidiendo nuevamente en el aspecto práctico. Su máximo deseo era, pues, que se restableciera "l'antic costum i la llei eclesiàstica, encara no derogada, d'ensenyar als petits la ciència del Pare celestial en la llengua en què amorosament parlen amb els seus pares de la terra" (*ibid.*: 49). Con respecto a la oración, atribuía un valor afectivo a la lengua materna indiscutible y afirmaba que "la llengua pròpia i adequada per a *orar* es la natural de l'*orador*" (*sic*; *ibid.*: 54), pues "[l']oració en llengua estranya [...] sempre serà freda" (*ibid.*: 55). De hecho, para él, "[l]a prova més forta del descastament d'un home és que digui les oracions en llengua estranya" (*ibid.*: 56). Extrapolando sus palabras a la relación castellano y catalán, su postura, si bien tenía una clara motivación práctica, parece mucho más comprometida que la de Milà i Fontanals o Balaguer. Recordemos que el primero veía en el castellano un hermano que se había sentado en el propio hogar y el segundo abogaba por el bilingüismo activo.

La defensa de las lenguas propias que reivindica Torras i Bages en el ámbito religioso se puede observar con nitidez en el siguiente párrafo:

> Parli a Deú cada poble en la llengua que li és natural i pròpia, i aleshores no sols expressarà millor sos pensaments i afectes, sinó que els comprendrà i sentirà millor ell mateix, ja que la paraula material contribueix tant a la il·luminació intel·lectual de l'home. Sia el cristià dòcil als exemples i ensenyances de Déu, i si Ell ha volgut parlar a cada poble en la llengua que li era natural i pròpia, no vulgui el poble apartar-se d'aquesta divina ensenyança parlant al Senyor en llengua forastera (1988: 57).

Hina señala que Torras i Bages fue uno de los primeros en defender el monolingüismo literario (1978: 187), afirmación que requiere una matización, puesto que –tal y como constata Anguera– su defensa del catalán obedecía más a criterios pragmáticos que reivindicativos. Con todo, debe destacarse su enorme contribución al desarrollo de la normalización del catalán en los ámbitos de uso religiosos y su compromiso al poner en tela de juicio la diglosia favorable al castellano.

En términos generales, la ideología lingüística torrasiana se debería situar a caballo entre las concepciones de dos de sus contemporáneos: Balaguer y Almirall. Balaguer, recordemos, propugnaba abiertamente un bilingüismo literario y Almirall no solo el bilingüismo sino también la cooficialidad. Torras i Bages, por su parte, defendía el monolingüismo literario pero no podría afirmarse que hiciera una reivindicación política de la lengua; este hecho le diferenciaba de Almirall, primer autor del corpus que exigía el reconocimiento legal del catalán basado en un estatus de doble oficialidad. En resumen, como dice Anguera (1997: 79), la defensa del catalán que hacía Torras no era tanto por convicción sino por utilidad. Sin duda, su reivindicación tenía una función utilitarista pero mostraba, al fin y al cabo, una actitud lingüística positiva que pretendía recuperar un ámbito de uso concreto, la esfera religiosa. Esta actitud, por tanto, le distingue de los autores de la fase A.

4.5.7. *Pompeu Fabra (1868-1948)*[218]

La figura de Fabra había destacado en la fase B con su participación activa en la campaña lingüística de *L'Avenç* (1890-1892), la revista modernista fundada por Massó Torrents en 1882. Sin embargo, su papel más relevante tuvo lugar en la fase C a partir de la creación del *Institut d'Estudis Catalans*, desde el cual impulsó la reforma lingüística del catalán. Tras la desaparición definitiva de *L'Avenç*, en 1902 Fabra se mudó a Bilbao para impartir clases de Química a futuros ingenieros y volvió a la capital catalana en 1906 para participar en el *Primer Congrés Internacional de la Llengua Catalana* (cf. Miracle 1989: 130; 1998: 386-396; Ginebra 2006: 38), donde no solo contribuyó activamente en las discusiones sino que también presentó una comunicación titulada "Qüestions d'Ortografia Catalana"[219]. Después de la celebración del congreso regresó a la capital vasca desde donde seguía colaborando como redactor en el diario *El Poble Català*. Volvió a Cataluña en 1911 gracias a la creación de la *Secció Filològica* del IEC, del cual fue nombrado miembro, para preparar su vuelta definitiva en 1912[220], año en que estaba a punto de publicar la *Gramática de la lengua catalana*. Desde ese momento pudo dedicarse de manera exclusiva a las tareas lingüísticas. Gracias a los esfuerzos de Prat de la Riba y de sus colaboradores, en 1912 se fundó, a través de la *Diputació*, la primera Cátedra universitaria de gramática catalana en la *Universitat de Barcelona*, de la cual fue docente[221]. En este contexto, cabe puntualizar que, a pesar de las diferencias ideológicas entre Prat de la Riba y Fabra[222], el primero supo renunciar a posibles reservas políticas haciendo preva-

---

[218] Para una biografía extensa del autor remitimos a la obra de Josep Miracle, discípulo y biógrafo de Fabra (1998). También se recomiendan las *Obres completes* a cargo de Jordi Mir y Joan Solà.

[219] Badia i Margarit (2005: 29) comenta que, debido a sus discrepancias, Alcover no encargó a Fabra ninguna ponencia. Sin embargo, Fabra se inscribió como congresista, condición que le daba derecho a participar en las sesiones y a presentar comunicaciones como la mencionada.

[220] Miracle (1998: 465) señala que su vuelta definitiva fue alrededor del 12 de septiembre de 1912.

[221] Entre los asistentes se encontraban antiguos compañeros del profesor como Casas-Carbó, Massó Torrents y otros colaboradores de *El Poble Català*, etc. (cf. Miracle 1998: 466-467).

[222] Prat de la Riba era conservador, mientras que Fabra era catalanista de izquierdas. Cabe recordar que este último se había adherido a la proclamación de Lluís Companys del *Estat Català* dentro de la República Federal Española del 6 de octubre de 1934 (cf. Martí i Castell 2005: 60-61).

lecer el valor de Fabra como conocedor de la lengua, tal y como demuestra su nombramiento como miembro de la *Secció Filològica*, la creación de su Cátedra en la universidad[223] y el encomendamiento de la tarea codificadora, cargos que Prat concedió a Fabra.

Además de su actividad lingüística, Fabra ostentó diversos cargos políticos o de gestión como la presidencia del *Centre Català* de Bilbao (1909), del *Ateneu Barcelonès* (1924) y del *Patronat Universitari* de la *Universitat de Barcelona* (1933) (cf. Martí i Castell 2005: 60-61). También fue vocal y vicepresidente del Consejo de Cultura de la *Generalitat* para la ponencia sobre la enseñanza secundaria y colaboró con el *Comitè de la Llengua* de esta institución que organizaba cursos para la extensión del conocimiento y del uso del catalán (*ibid.*). Entre sus principales obras destacan: *Ensayo de gramática de catalán moderno* (1891), su primera obra gramatical; *Contribució a la gramàtica de la llengua catalana* (1898); *Qüestions de gramàtica catalana* (1911), un conjunto de artículos en los que predominaba la sintaxis; *Gramática de la lengua catalana* (1912); *Diccionari ortogràfic* (1917); *Gramàtica catalana* (1918); *El català literari* (1932), una serie artículos teóricos; *Converses filològiques* (publicados originalmente en forma de artículos entre 1919-1928); y su obra póstuma *Gramàtica catalana* (1956) (cf. Rico/Solà 1995: 44-45).

El pensamiento político y la ideología lingüística fabrianas son indisociables. Fabra no solo pretendía "ordenar" la lengua catalana basándose en sus características internas (fonéticas, morfológicas, sintácticas, léxicas, etc.), sino que su principal cometido era devolverle el carácter simbólico que tenía para la identidad nacional catalana y convertirla en una lengua nacional. Así pues, Fabra fue el primer lingüista que entendió la necesidad de estudiar y normalizar la lengua catalana partiendo desde una concepción nacional (cf. Martí i Castell 2005: 56). Esto implicaba, como apuntan Ferrando y Nicolás, "reforçar la consciència d'identitat lingüística dels catalanoparlants i fomentar la delimitació formal de la llengua catalana respecte del castellà, a la qual havia estat sotmesa des de el segle XVI" (2005: 487). Hacer del catalán una lengua nacional significaba transformarlo en un idioma moderno y útil para todos los ámbitos, cuyos cimientos se basaran en

---

[223] Durante la dictadura de Primo de Rivera, Fabra fue destituido de la cátedra con motivo del llamado asunto Dwelshauvers. El gramático, junto con otras veinte personalidades, firmó una carta de apoyo al profesor belga George Dwelshauvers, director del laboratorio de Psicología experimental de Barcelona, injuriado públicamente por los adeptos a la dictadura que regentaban la *Mancomunitat*. Con este pretexto, se acabó destituyendo a 150 profesores de instituciones docentes e investigadoras relacionadas con la *Mancomunitat* y el *Institut d'Estudis Catalans*, entre los que se encontraba Fabra (cf. Ginebra 2006: 88). En 1932 Fabra recuperó la cátedra que había perdido en 1924.

la codificación de la ortografía, la gramática y el léxico. Precisamente, como ya se ha señalado, este fue el orden en el que procedió Fabra. Sin embargo, el cumplimiento de ese propósito no hubiera sido posible sin el marco coyuntural en el que se llevó a cabo y sin la existencia previa de unas instituciones que lo respaldaran (por ejemplo, *Diputació*, *Institut d'Estudis Catalans*, *Mancomunitat*); hecho que, a nuestro modo de ver, corrobora una vez más la estrecha relación entre los acontecimientos políticos y los lingüísticos en el caso que nos ocupa.

A partir de 1900, tras la gran crisis de España, el *catalanisme* político adquirió un nuevo rumbo que vio en Prat de la Riba a su principal fundador teórico. La incipiente emancipación nacional también debía traducirse en una emancipación lingüística respecto al castellano, de ahí que sea imposible pensar en el éxito de la obra fabriana sin considerar el giro que se produjo en el *catalanisme*, que había llegado a su punto álgido: la emancipación. Así pues, el éxito de la obra fabriana se debe, en gran parte, al avanzado estadio del movimiento catalanista en el que Prat desempeñó un papel fundamental.

Desde posiciones distantes, Enric Prat de la Riba y Pompeu Fabra compartían una misma visión de la lengua y de su centralidad para la nación catalana[224] y, como señala Martí i Castell, ambos coincidían plenamente en dos principios: la necesidad de la codificación y la necesidad de extender su uso social o, en otras palabras, "entenien que la normalització i la normativització de la llengua eren dues cares de la mateixa tasca que calia emprendre" (2005: 71). Pero también convenían en otro aspecto fundamental: la convicción de que la lengua y la nación/patria eran una misma cosa; o sea, en la visión de la lengua nacional y en que la nación catalana estaba formada por todos los territorios de habla catalana. La indisociabilidad entre lengua y nación en la concepción fabriana es indiscutible y fue observada ya por sus coetáneos. Por ejemplo, en 1924 Rovira i Virgili publicó en *La Publicitat* un artículo de alabanza al trabajo y a la figura del gramático, ensalzando su "catalanitat":

> És un home que sent per la gramàtica –no per la gramàtica en general, sinó per la gramàtica catalana– una passió alhora reposada i ardent, com una flama en la calma de l'aire. El sentiment ètnic ha pres en l'ànima de Fabra la forma de vocació gramatical. Tot estant basada en solidíssims fonaments científics, la gramàtica del nostre amic és una activa manifestació d'amor. Qui toca la gramàtica de Fabra no toca solament uns llibres, unes lliçons, unes converses; toca la substància viva que, en els fills de la nostra terra, constitueix la catalanitat (*La Publicitat*, 17.11.1924; citado en Ginebra 2006: 87).

---

[224] De hecho, en Prat de la Riba, esta centralidad se evidencia de manera explícita en el mismo título de la ponencia presentada en el *Primer Congrés Internacional...*: "Importància de la llengua dins el concepte de nacionalitat".

Años más tarde, en el exilio, Rovira i Virgili volvía a elogiar la labor de Fabra no solo como codificador del catalán sino como "reconstructor" de la nación catalana. Este pasaje pone de manifiesto el gran peso de la normativización y de la ideología lingüística de Fabra para la construcción nacional catalana:

> La gramàtica de Fabra no és una ciència freda, ni una estricta tècnica professional; és un esforç per restituir a Catalunya la noble parla autèntica que els segles decadents havien enlletgit i desfigurat. La seva tasca no és solament la d'un gramàtic; és la d'un català nacional. [...] Lingüísticament, Catalunya no ha tornat a ésser nacional fins que, pel geni d'alguns escriptors i pel guiatge gramatical de Pompeu Fabra, la nostra parla ha reprès el curs normal de la seva evolució. [...] Pompeu Fabra és, per a nosaltres catalans, molt més que un gramàtic. És un dels reconstructors de la nostra nació, és un dels restauradors de la nostra pàtria (*La Humanitat*, 19.02.1948; citado en Ginebra 2006: 152).

Por otro lado, Rico y Solà (1995: 46-49) establecen nueve principios y objetivos en torno a los cuales giraba la actividad codificadora de Fabra: 1) devolver al catalán las funciones de lengua de cultura y de lengua nacional; 2) construir una lengua referencial/estándar (en sus propias palabras, "literària"); 3) crear una lengua referencial supradialectal; 4) establecer una lengua referencial continuadora de la lengua hablada; 5) formar una lengua escrita lógica y clara; 6) establecer la autonomía del catalán con respecto a idiomas vecinos; 7) evitar discrepancias con respecto al resto de lenguas románicas; 8) intervención del gramático en la lengua como un derecho y una necesidad; y 9) colaborar con los escritores. Sin ánimo de subestimar la relevancia de todos estos aspectos, nos limitaremos a los puntos 1, 3 y 6, que tienen especial relevancia para este estudio y que, en cierto modo, están vinculados.

Para conseguir el propósito de convertir el catalán en una auténtica "llengua nacional", Fabra se esforzó por conciliar el respeto a las peculiaridades de todo el dominio lingüístico con la reconstrucción nacional unitaria. Partiendo de esta idea, tomó como referente territorial para la elaboración y aplicación de su codificación unitaria el conjunto del dominio lingüístico catalán[225]. Por tanto, como señalan Ferrando y Nicolás (2005: 487-488), no es de extrañar que en sus primeros escritos se refiera al apelativo *Catalònia* (con el valor de *Catalunya Gran*), término que también empleaba Prat de la Riba y que anteriormente habían utilizado ya algunas personalidades destacadas del *catalanisme*[226]. Posteriormente,

---

[225] Asimismo, creía que las intransigencias con la unidad lingüística podrían tener fatales consecuencias.
[226] Por ejemplo, Casas-Carbó empleaba este apelativo en su publicación *Catalonia. Assaigs nacionalistes* (1908).

Fabra adoptó la expresión *països de llengua catalana* (en el sentido actual de
Països Catalans), en su opinión, más respetuosa con los sentimientos identitarios
de cada territorio (*ibid.*). La aspiración de convertir el catalán en lengua nacional
le sitúa en un posicionamiento muy distinto al de los intelectuales y literatos de la
Renaixença catalana (fase A). No debe olvidarse, por ejemplo, que Milà i Fontanals, mostrando una actitud de prejuicio, dudaba de las capacidades del catalán
como lengua de la alta cultura más allá del ámbito literario. Para Milà, en realidad, el apelativo "lengua nacional" era una categoría reservada exclusivamente al
castellano. Lo mismo se puede decir de Balaguer, si bien este había puntualizado
la impropiedad de reservar el calificativo "nacional" de manera exclusiva al castellano. En opinión de Balaguer, el catalán también podía considerarse lengua
nacional de Cataluña; él mismo utilizaba con frecuencia el término "nación" para
referirse a Cataluña a pesar de que el significado que le confería se correspondía
más al de "patria" o "nación pequeña" (frente a España, la gran nación). Sin
embargo, en el propósito de convertir la lengua en idioma nacional, Fabra coincidía plenamente con Prat de la Riba y con Rovira i Virgili. Este último aspecto
está vinculado al de la "aptitud universal" de la lengua, término acuñado por
Badia i Margarit (2005: 52-53). Tal y como afirma este estudioso, aunque no se
ocupó explícitamente de este asunto en ninguno de sus textos, la "aptitud universal" del catalán se halla presente en todas las publicaciones de Fabra desde 1911,
año de su ingreso en el *Institut d'Estudis Catalans*. La gran obsesión de Fabra era
que el catalán fuera válido para todos los ámbitos de uso, que fuera "indefinidamente apta", como tan gráficamente lo expresó el escritor Carles Riba.

Fabra veía en Cataluña, y especialmente en su capital, la impulsora de una conciencia identitaria que hiciera posible la construcción de una verdadera lengua
nacional. Su pensamiento nacionalista coincidía con el modelo de lengua que
aspiraba a codificar. Así pues, no debe resultar extraño que tomara como modelo
lingüístico el dialecto central, concretamente el barcelonés. Fabra aspiraba a
combinar armónicamente la homogeneización, que de manera implícita comporta toda construcción de una lengua nacional, con la diversidad geolectal del catalán de su época (cf. Ferrando/Nicolás 2005: 488). El resultado se observa en una
norma polimorfa (diasistemática) que conservaba los rasgos compartidos por los
grandes dialectos en la ortografía y en la sintaxis, pero cuya morfología y léxico
se basaban en el habla de la ciudad de Barcelona (*ibid.*). En otras palabras, el
resultado fue la creación de una lengua referencial supradialectal con una clara
preeminencia del catalán central.

Ya se ha señalado que uno de los principales objetivos de Fabra era convertir el
catalán en una verdadera lengua nacional, posicionamiento que le distanciaba de
sus predecesores: de hecho, un elemento común en Cortada, Milà i Fontanals y Pi

i Margall, pero diferente en Fabra, era que todos asumían el castellano como lengua nacional. Precisamente en este contexto es donde se debe situar la intensa actividad teórica de Fabra, que aparecía de manera paralela a su producción como lingüista y gramático. El incremento teórico en la obra fabriana respondía, sin duda, a la necesidad de dotar al idioma y a la nación, junto a las prácticas lingüísticas formales y funcionales, de una correspondiente ideología de la lengua nacional que identificara a toda la comunidad. Como describen Lamuela y Murgades:

> [...] la raó històrica de fons d'aquest increment teòric dins de l'obra fabriana no és altra que la derivada de la necessitat de bastir, simultàniament a la constitució de les pràctiques lingüístiques formals i funcionals pròpies de la formació social burgesa, una corresponent ideologia de la llengua nacional; és a dir, el procés de nacionalització de la llengua passa tant per l'eix de la seva configuració operativa com per l'eix coordenat de la seva afirmació ideològica en tant que entitat identificadora de tota la comunitat (1984: 33).

En otras palabras, la ideología fabriana tenía como objetivo conferir a la lengua la misma autonomía que a Cataluña, entendida como nación, y al mismo tiempo mostrar que para la plena realización nacional era "imprescindible" conseguir una autonomía lingüística:

> L'ideari fabrià apunta inequívocament vers l'objectiu d'aconseguir per la llengua la mateixa categoria que la revestida a un nivell global per una Catalunya progressivament entesa i sentida com a nació, i a evidenciar com per a la plena realització d'aquesta és alhora imprescindible la de la llengua (Lamuela/Murgades 1984: 33).

En general, se puede afirmar que en la ideología de Fabra se observa una identificación entre lengua y nación; no en el sentido romántico de la mayoría de los hombres de la *Renaixença* ni en el sentido idealista de Ors o Bofill, sino –como indican Lamuela y Murgades– "partint única i exclusiva de l'observació empírica d'aquesta i rementent-hi explicativament i programàtica a la llum de l'evolució que hi constata, de la que hi preveu i de com creu convenient d'endegar-la" (1984: 34)[227].

---

[227] Los estudiosos citados comentan que en la teoría de Fabra se observa de manera inevitable la deuda contraída con respecto a algunos elementos básicos de la ideología nacional. En el plano superficial, señalan que su deuda se expresa en forma de críticas esporádicas en las que calificaba de "mals escriptors" y de "mals patriotes" a quienes no colaboraban con la reforma lingüística o también al usar el término "nacionalització" para hacer referencia a la norma supradialectal. En el plano profundo, aseveran que esta deuda se evidencia en tanto que los principios rectores como lingüista se correspondían perfectamente a los de todo nacionalista, es decir, al propósito de fomentar, por un lado, la máxima cohesión interna y, por otro, la máxima diferenciación externa (Lamuela/Murgades 1984: 33-34).

Otro elemento importante en la obra de Fabra fue la "depuración", basada en la máxima diferenciación lingüística y en estrecha relación con la emancipación nacional[228]. Se trataba de eliminar las interferencias que habían ido penetrando en el sistema lingüístico catalán, como consecuencia de la diglosia y del contacto secular con la lengua dominante. Así pues, Fabra se esforzó en estudiar los aspectos más peculiares y característicos del catalán con respecto a otras lenguas, especialmente, con respecto al castellano (cf. Rico/Solà 1995: 47). En este contexto, la "obra de depuració" o "descastellanització" del catalán debe entenderse no exclusivamente como un trabajo filológico sino como una verdadera empresa nacional. La centralidad de este aspecto explica, siguiendo a Hina, gran parte de la aceptación de la norma fabriana. En este sentido, también es interesante lo que señala el estudioso alemán: "Fabras Absicht war daher im eigentlichen Sinne, eine katalanische Nationalsprache zu schaffen, eine *llengua nacional de Catalunya*, die wirklich autonom war und das heibt vor allem: die nicht mehr von kastilischen Sprachmustern abhängig war" (1978: 327).

Sin embargo, como puntualizan Rico y Solà (1995: 48), la labor de depuración no debe inducir a pensar que en la obra de Fabra reinara un anticastellanismo impropio de un científico, pues dos de las características más destacadas de toda su actividad fueron la exhaustividad y el rigor científico. Lo que pretendía Fabra era impedir que la influencia castellana hiciera fracasar la recuperación lingüístico-nacional y la convirtiera en una lengua híbrida (cf. Martí i Castell 2005: 63).

En la introducción a las *Converses filològiques*, Fabra aludía a la necesidad de emprender una obra de descastellanización que permitiera depurar el catalán del alto grado de "corrupción" en que se hallaba. En su primera gramática de 1912 hacía referencia a esta problemática no solo con relación al léxico y a la morfología, sino también a la sintaxis. Las *Converses filològiques* eran una colección de artículos, originalmente publicados en *La Publicitat*, entre 1919 y 1928, con largas interrupciones[229], en las que Fabra trataba de "conversar" acerca de cuestio-

---

[228] Por "depuración lingüística" se entiende la selección de palabras o estructuras consideradas correctas y las consideradas incorrectas de acuerdo con determinados criterios (cf. *Diccionari de Sociolingüística* 2001: 87); hoy día este término está siendo reemplazado por el de "discriminación positiva". En el caso del catalán, la corta distancia interlingüística con respecto a la lengua dominante, el castellano, hizo que en la tarea de depuración se buscara la máxima diferenciación respecto a esta última.

[229] Las primeras *Converses* se publicaron el 18 y el 19 de noviembre de 1919. Estos artículos siguieron apareciendo el resto del año 1919 y durante todo 1920. Tras una larga interrupción, se reanudaron el 22 de octubre de 1922; entre 1923 y 1924 se publicaron con cierta regularidad y entre 1925 y 1928, de manera más esporádica (véase la introducción de Joaquim Rafel i Fontanals en las *Converses Filològiques* [1983: III-IV]).

nes lingüísticas, especialmente acerca de aspectos problemáticos del proceso de depuración y normalización (cf. Torrent i Alamany-Lenzen 1997: 46-48). Asimismo, como afirma Torrent, uno de los aspectos más relevantes de este trabajo era la divulgación del proceso de descastellanización a fin de que fuera asumido por los propios hablantes. Para conseguir el éxito de las reformas emprendidas, Fabra consideraba necesaria la toma de conciencia del grado de castellanización del catalán.

La idea principal de estas conversaciones se resume en el concepto de "redreçament del català literari" –expresado en el primer artículo de esta serie, el 18 de noviembre de 1919 bajo el título "Per la puresa de la llengua. Els castellanismes"– entendido sobre todo como una "obra de descastellanització". En este primer artículo, Fabra llamaba la atención sobre el gran número de "castellanismos" que se hallaban en el catalán moderno y que, sin duda, se debían a la supeditación secular con respecto a la lengua dominante. Para Fabra, convertir el catalán en un idioma nacional consistía, en el ámbito lingüístico, en una labor de descastellanización, en otras palabras, requería acabar con la supeditación a la que estaba sometido desde hacía siglos. La influencia del castellano, que Fabra a veces calificaba de "pertorbadora" y "humiliant", se perfila en esta serie de artículos casi como una obsesión. De hecho, gran parte de ellos estaban dedicados a cuestiones lingüísticas que ofrecían soluciones distintas para subsanar esta influencia.

Algunas voces como la de Menéndez Pidal han criticado posteriormente la artificialidad de la obra de descastellanización de los "idiomas nativos" (si bien no se refería explícitamente al catalán ni a la obra fabriana). Este breve pasaje, perteneciente a la obra *España y su historia*, ilustra muy bien la crítica de Menéndez Pidal hacia lo que él describía como una tendencia a "abultar artificialmente los *hechos diferenciales*" que, a su juicio, a veces resultaba en nefastas soluciones como la selección de otros castellanismos menos usuales o de neologismos "indigestos":

> [...] el nacionalista pretende sacudir el peso de la Historia y someter su idioma nativo a una violenta acción descastellanizante, queriendo suprimir el natural y universal fenómeno lingüístico de los préstamos entre dos idiomas tangentes, préstamos mutuos, aunque siempre recibiendo más la lengua menos vigorosa. Unas veces los nacionalistas, por huir de un castellanismo cotidiano, escogen una expresión inusitada que resulta en ocasiones ser también castellanismo, salvo que embozado; otras veces inventan a granel neologismos indigestos. Todo es abultar artificialmente los "hechos diferenciales", violentar la naturaleza, tomar el idioma como instrumento de odios políticos (1957: 181).

Volviendo a Fabra, la importancia de las *Converses* en su obra y, en términos generales, en la lingüística catalana ha sido señalada en numerosas ocasiones por distintos estudiosos. Por ejemplo, Rico y Solà opinan que "constitueixen un dels documents més importants de tota la lingüística catalana i fins de la lingüística universal" (1995: 45).

Si bien algunos de los autores anteriores defendían el bilingüismo literario (por ejemplo, Balaguer en la fase A) e incluso en el terreno político la doble oficialidad junto con el castellano (como Almirall en la fase B), Fabra perteneció a una generación que, en gran medida, superaba la posición de sus antecesores. Muchos escritores de su época se manifestaban a favor de una literatura conscientemente monolingüe que debía entenderse como parte de la cultura nacional catalana. No obstante, como apunta Hina (1978: 325), el paso a una literatura monolingüe solo podría darse si se demostraba la "aptitud" del catalán como "lengua nacional" para lo que se consideraba necesaria una emancipación de esta con respecto al castellano. Es precisamente ahí donde entra en juego el papel de Fabra no únicamente como codificador del catalán moderno sino como artífice de la "autonomía" de la lengua catalana: la "autonomía" de la lengua se veía como la base necesaria para conseguir una autonomía política definitiva. En este contexto, Fabra manifestó con insistencia la precaución que debía mantenerse ante la ideología bilingüista que, de forma aparente, pretendía mantener dos lenguas en plena igualdad, pero que favorecía, en cambio, el dominio del castellano (cf. Martí i Castell 2005: 63). En este sentido, como bien dice Martí i Castell, Fabra se anticipó a la concepción del bilingüismo desequilibrado, a la imposibilidad de mantener un estatus idéntico y de simetría en una misma sociedad.

Siguiendo los postulados y el propósito de Fabra de hacer del catalán una verdadera "lengua nacional" y una lengua de prestigio con un elevado valor comunicativo (en todas las esferas), no resulta extraño que la obra fabriana fuera escrita predominantemente en catalán[230]. En relación a esto, es significativo mencionar la evolución que se constata en los autores hasta ahora analizados. La obra de Cortada y de Pi i Margall estaba escrita en castellano. Milà i Fontanals y Balaguer tenían una obra bilingüe, mientras que Almirall y Torras i Bages escribían principalmente en catalán. Por último, como se acaba de mencionar, la obra de Fabra, salvo algunas excepciones, estaba redactada en catalán, como también lo estaba la de Prat de la Riba y Rovira i Virgili. En esa última fase (C), si se quería demostrar que el catalán era la lengua propia de Cataluña, la lengua nacional, había que empezar por hacer un uso consciente, "ideologizado" si se prefiere, de la misma.

---

[230] A excepción de algunas obras iniciales como *Ensayo de gramática de catalán moderno* (1891) o *Gramática de la lengua catalana* (1912).

La aportación de Fabra a la reconstrucción de la lengua catalana es indudable. Joan Martí i Castell, en un artículo dedicado a este lingüista incluido en las *Obres Completes*, no duda en afirmar que "Fabra és la referència de la llengua catalana, de la nació catalana". Convencido de la importancia que revestía su labor y del alto concepto social del que gozaba, trató de no decepcionar las esperanzas depositadas en él. Esta fue la razón por la cual rechazó formar parte de la *Real Academia Española* en 1926, cuando dicha institución decidió nombrar académicos que representaran el resto de lenguas españolas, pues Fabra partía de la convicción de que la reconstrucción de la lengua catalana era una tarea que tenía que llevarse a cabo exclusivamente por los propios catalanes (cf. Martí i Castell 2005: 90). Pompeu Fabra no solo fue el gran reconstructor de la lengua nacional, un lingüista competente y erudito, sino que también reflejó una ideología lingüística inédita digna de mención:

> Pompeu Fabra va ésser el primer lingüista que va entendre que la llengua catalana havia d'estudiar-se i de normalitzar-se a partir justament d'una concepció nacional, és a dir, de la comprensió de què significaven els Països Catalans; de què havien estat en el passat, de què eren en el seu temps i de com calia que es projectessin en el futur. Mai ningú abans que ell no s'havia ocupat del català des d'aquest convicció; podríem esmentar precedents que són indici que cal vincular llengua i societat, però cap estudiós no havia estat tan coherent amb aquesta perspectiva com ho fou Fabra. La seva obra és el reflex d'una ideologia lingüística inèdita, que era l'única amb què podia planificar-se la normativització del català amb garanties d'èxit. Fabra és, en aquest sentit, un referent (Martí i Castell 2005: 56).

4.5.8. *Enric Prat de la Riba (1870-1917)*

Enric Prat de la Riba nació en Castellterçol en 1870. Estudió Derecho en Barcelona y se doctoró en Madrid en el año 1894. Desde 1895 participó en la *Acadèmia de Jurisprudència i Legislació de Barcelona*[231]. Su activismo político comenzó bien pronto. En 1887 ingresó en el *Centre Escolar Catalanista*: fue secretario de la sección de derecho y filosofía y letras entre 1888 y 1889 y presidente de la misma un año después. En 1891 actuó como secretario de la *Junta de la Unió Catalanista* y colaboró en la preparación y en las discusiones de la asamblea de Manresa en las que se aprobaron las conocidas *Bases*, de las cuales fue redactor en calidad de secretario. También fue promotor y director del diario *La Veu de Catalunya* de 1899 a 1902, año en que fue detenido por la publicación de un escrito traducido de un diario francés. Después de este incidente prosiguió la labor de director del periódico de manera extraoficial.

---

[231] Véase el prólogo de Jardí a la obra *La Nació i l'Estat. Escrits de juventut* (1987: V).

En 1907 fue votado presidente de la *Diputació Provincial de Barcelona*, cargo que desempeñó también en la recién instaurada *Mancomunitat de Catalunya* y que en ambos casos mantuvo por reelección hasta el año de su muerte en 1917 (cf. Jardí, en Prat de la Riba 1987: VII). Jardí señala que, a pesar de las limitadas facultades que le concedían estos cargos, llevó a cabo una excelente labor tanto en el ámbito material como cultural. En este último campo podemos resaltar la creación del *Institut d'Estudis Catalans*, del *Consell d'Investigació Pedagògica*, de la *Biblioteca de Catalunya*, la instalación de una red de bibliotecas públicas comarcales y la fundación de diversas escuelas especializadas (por ejemplo, la *Escuela Superior de Agricultura*, la de *Funcionarios de la Administración Local*, la de *Arte Dramático*, la de *Bibliotecarias*, etc.).

Prat de la Riba fue un hombre religioso y de ideología conservadora, influenciada en algunos aspectos por el pensamiento torrasiano. Los rasgos básicos de su pensamiento se dejaban entrever ya en *Compendi de la Doctrina Catalanista*, escrito junto con Pere Muntanyola en 1894, pero su pensamiento político alcanzó mayor esplendor en *La nacionalitat catalana* (1906) que es, según Hina (1978: 254), la suma de los logros ideológicos de los teóricos más destacados del *catalanisme*, especialmente de Almirall, Mañé i Flaquer y Torras i Bages. Sin embargo, es preciso enfatizar que en la visión pratiana el concepto de nación/nacionalidad, utilizado anteriormente por otros autores como Pi i Margall o Balaguer, adquiría un nuevo significado ideológico.

Como señaló Rovira i Virgili en el prólogo al volumen *Nacionalisme*, la obra doctrinal de Prat no fue muy copiosa, pues poco después de iniciarla se abocó completamente a la actividad política. No obstante, fue suficiente para marcar un punto de inflexión en la ideología catalanista; de hecho, no debe parecer exagerado que el mismo Rovira i Virgili le bautizara como "el re-creador de la Nació catalana", "el filòsof del nacionalisme català" y "l'arquitecte i l'obrer de la gran obra de reconstrucció catalana".

Desde sus primeros escritos, Prat planteaba una clara distinción entre la nación y el Estado[232] que le permitía formular su doctrina catalanista, cuestionar la organización del modelo estatal establecido y proponer una reorganización profunda. En parte, esta dicotomía era heredera del pensamiento torrasiano, aunque la distinción básica que establecía Torras se situaba entre los conceptos de región y

---

[232] En el discurso como presidente del *Centre Escolar Catalanista de Barcelona*, leído en la sesión inaugural de 1890-1891, establecía una clara distinción entre nación y Estado que sería constante en su trayectoria. También encontramos esta diferenciación en el *Compendi de la doctrina catalanista* (1894); en este caso hablaba de "patria" (Cataluña) en lugar de "nación".

Estado (y no de nación y Estado). Con respecto a la reorganización del Estado, el ideario pratiano sigue en cierto modo la línea de otros autores pero supondrá, a la vez, una nueva vía. La urgencia de la regeneración de España, aunque basada en proyectos distintos, aparece en muchos otros autores como Pi i Margall, Almirall o Torras i Bages. La principal diferencia radica en que, como se ilustrará en las próximas páginas, bajo la perspectiva de Prat, la única nación de los catalanes es Cataluña, mientras gran parte de las otras figuras (fases A y B) seguían viendo en España la nación de los catalanes, entendiéndola como una "nación de naciones". Un elemento común básico entre Fabra, Prat y Rovira es la asunción de Cataluña como la única nación de los catalanes.

Respecto a los modelos anteriores de regeneración y de crítica al centralismo, se puede mencionar como ejemplo paradigmático al federalista Pi i Margall; recordemos que este atribuía al centralismo gran parte de los males que achacaban a la nación española y proponía un modelo que dotara de mayor flexibilidad a las "regiones", que debían convertirse en "futuros Estados federales" para potenciar la "unidad nacional" de España. Cabe enfatizar la importancia de este último término que permite ver precisamente que Pi, a diferencia de Prat, consideraba a España como una "unidad nacional", como una nación en la que se incluían los catalanes.

En Prat, la nación era un hecho natural contrapuesto al Estado, que era una organización política fruto de la construcción humana[233]. La "nacionalidad" (entendida como nación) era una unidad orgánica, un "principi espiritual", que se expresaba a través de la lengua, la literatura, el arte, el derecho y las costumbres. Según este autor, Cataluña no era una región sino una nación; era a la vez patria y nación[234]. Esto, junto a la dicotomía nación-Estado, le diferencia sustancialmente de sus predecesores. Balaguer, por ejemplo, consideraba a España la nación de todos los españoles y, por tanto, también de los catalanes; Almirall también asumía el papel de España como nación de los catalanes; y Torras i Bages, aunque establecía una dicotomía entre región (entidad natural), Cataluña, y Estado (entidad artificial), representada por España, otorgaba a la región únicamente el sentido de nación histórica y no propugnaba la creación de un Estado catalán como lo hacía Prat de la Riba. Precisamente en este último punto radica uno de los elementos diferenciales básicos entre Torras y Prat, cuyas posiciones mostraban ciertas convergencias.

---

[233] Esta idea aparecía ya en el *Compendi*.

[234] "I el sentiment de pàtria, viu en tots el catalans, ens feia sentir que patria i nació eren una mateixa cosa, i que Catalunya era la nostra nació, igual que la nostra pàtria" (Prat de la Riba 1977: 55-56).

En *La nacionalitat catalana*, después de describir todos los elementos constitutivos de la nacionalidad, Prat argumentaba que Cataluña poseía indudablemente
todos los elementos necesarios para ser considerada una nación: "si existeix un
esperit col·lectiu, una ànima social catalana que ha sabut crear una llengua, un
Dret, un art catalans, he dit el que volia dir, he demostrat el que volia demostrar:
això és, que *existeix una nacionalitat catalana*" (1977: 111).

Entre todos estos componentes la lengua tenía un papel primordial: "és la manifestació més perfecta de l'esperit nacional i l'instrument més poderós de la nacionalització i, per tant, de la conservació i la vida de la nacionalitat" (*ibid.*: 98). Como
puede observarse, en lo que concierne a la lengua, sus ideas son verdaderamente
cercanas a las de Torras i Bages. Para el eclesiástico (cf. 1988: 42), a excepción de
la religión, la lengua era el vínculo social más fuerte. Debe recordarse aquí que la
indisociabilidad entre lengua y pueblo o espíritu nacional es una herencia del pensamiento de Herder y de Fichte. El primero no otorgaba a la lengua un sentido
político, aspecto que le acercaría más a la postura de Torras i Bages; el segundo,
en cambio, sí le añadía un valor político al postular que la unidad cultural (unidad
lingüística) y la unidad política debían corresponderse. Esta segunda idea se
encuentra en consonancia con el pensamiento pratiano, si bien este último confie-
re, al mismo tiempo, un valor importante a la voluntad de los pueblos.

En la visión pratiana, mucho más que la lengua, el espíritu, el alma del pueblo,
era el elemento fundamental[235] pues solo la destrucción del pueblo podía acabar
con él:

> [...] només la destrucció del poble pot anihilar-lo: caurà el Dret, emmudirà la llengua,
> s'esborrarà fins el record de la seva existència, però per dessota de les ruïnes seguirà
> bategant l'esperit del poble, presoner del Dret i la llengua i el poder d'un altre poble,
> però lluitant sempre i espiant l'hora de fer sortir altre cop a la llum del dia la seva per-
> sonalitat característica (Prat de la Riba 1977: 99).

La idea de Prat, influenciada por los postulados románticos y la visión herderiana
del *Volksgeist*, tenía también ecos del pensamiento de Torras i Bages, quien afirmaba que el alma del pueblo catalán se manifestaba en una lengua, una cultura,
un derecho y en el cristianismo. Sin embargo, la dependencia religiosa torrasiana
quedaba relativizada por Prat al afirmar que:

> Una Catalunya lliure podria ésser uniformista, centralitzadora, democràtica, absolutis-
> ta, catòlica, lliurepensadora, unitària, federal, individualista, estatista, autonomista,

---

[235] "L'ésser i l'essència d'un poble estan, no en les races ni en les llengües, sinó en les ànimes.
La nacionalitat és, doncs, un *Volksgeist*, un esperit social o públic" (1977: 95).

imperialista, sense deixar d'ésser catalana. Són problemes interiors que es resolen en la consciència i en la voluntat del poble (1977: 51).

La cita anterior pone de manifiesto que Prat se distanciaba en cierto modo del pensamiento de Torras al sostener que Cataluña no debía ser necesariamente católica, condición *sine qua non* para el último[236].

Según Prat, a pesar de que Cataluña no tenía estado, constituía una nación: "la nació és nació encara que per llei no ho sigui" (1977: 56). Estas palabras demuestran la supremacía de lo natural (nación) frente a lo artificial (ley) en el pensamiento pratiano. De acuerdo con este autor, la propia naturaleza de nación le confería una superioridad con respecto al Estado[237]. Pero, por otro lado, también consideraba al Estado como una parte viva de la nacionalidad, como un organismo vivo; en virtud de esta idea, en la concepción pratiana cada nacionalidad debía tener su propio Estado:

> L'Estat, doncs, ve a ésser com un organisme, com una part vivent de la nacionalitat; per això no pot pertànyer a dues nacionalitats diferents, com un mateix cor no pot batre en dos pits a la vegada, com un mateix cervell no pot servir d'instrument de la vida anímica de dos homes diferents (1977: 115-116).

En consonancia con esto, Prat propugnaba la proclamación de un "Estat català" como expresión de la voluntad de la nación catalana[238]. Sin embargo, esto no debe hacer pensar que su visión nacionalista fuera separatista, como tampoco lo es la del resto de autores que componen el corpus. De hecho, él mismo afirmaba que el nacionalismo catalán "mai no ha estat separatista" (1977: 125) y que siempre había sentido una unión con los demás pueblos ibéricos. Bajo la perspectiva de Prat, la Península Ibérica, tanto históricamente como en tiempos del autor, estaba dividida en cuatro grandes grupos de población, bien distinguidos por su lengua, carácter y tradiciones: el catalán, el castellano, el gallego-portugués y el vasco[239]. La convivencia pacífica de estos pueblos era posible siguiendo el "principio de las nacionalidades", de acuerdo con el cual cada nacionalidad (pueblo)

---

[236] De cualquier modo, Prat reconocía abiertamente la influencia del pensamiento torrasiano al referirse a su contribución al *catalanisme* sin mencionar directamente su nombre: "I ve aleshores un gran pensador [se refiere a la publicación de *La Tradició Catalana* de Torras] i ens ensenya que Catalunya no solament té una llengua, un Dret, un esperit i un caràcter nacional, sinó que té també un pensament nacional" (1977: 54).

[237] "[...] la nacionalitat és societat integral, natural, espontània, superior a la voluntat dels homes, superior a la voluntat dels poders públics" (1977: 119).

[238] "Del fet de la nacionalitat catalana neix el dret a la constitució d'un Estat propi, d'un *Estat Català*" (1977: 124-125).

[239] Véase "La qüestió catalana", publicada en *La Nació i l'Estat. Escrits de joventut* (1987: 38-43). Este folleto se publicó en París con el título "La question catalane".

debía tener su propio Estado y asociarse voluntariamente en una "unió federativa amb els Estats de les altres nacionalitats d'Espanya" (*ibid.*: 124). De esta unión federal surgiría un Estado compuesto que sería fruto de la convivencia secular de los diferentes pueblos de España. La teoría de Prat pretendía demostrar que el nacionalismo y el "mundialismo" no eran tendencias contradictorias ni incompatibles, sino que podían ser complementarias en el seno de los Estados compuestos o de la federación de Estados nacionales (cf. *ibid.*: 121-123). Así pues, el carácter catalán y el castellano –a su parecer, diametralmente opuestos[240]– podían coexistir en el marco de una confederación ibérica. El iberismo ya había sido expuesto en cierto modo por Pi i Margall y Almirall, entre otros; y al igual que los representantes del "iberismo"[241], Prat de la Riba no descartaba *a priori* la inclusión de Portugal en esta confederación estatal[242].

El pensamiento de Prat de la Riba constituía un punto de inflexión con respecto a sus antecesores, a excepción de Fabra y de Torras i Bages, con quien compartía algunos elementos comunes (por ejemplo, su idea romántica de la lengua, el *catalanisme* católico, su creencia en el *Volksgeist*, etc.). Cortada, Pi i Margall, Milà i Fontanals, Balaguer y Almirall, a pesar de que en ocasiones también habían empleado el término nación para aludir a Cataluña, todavía la consideraban como una parte integrante de la nación española y en consecuencia se sentían tan catalanes como españoles. Por el contrario, Prat afirmaba la necesidad de acabar con esa doble identidad a la que se refería como "monstruosa bifurcació" del alma catalana (1977: 48), señalando, al mismo tiempo, que la unidad española era un mito (1987: 38).

Si bien la siguiente descripción de Rovira i Virgili es un poco exagerada, sirve para ilustrar el cambio radical que supone el pensamiento de Prat con respecto a los anteriores autores. Tanto con Prat de la Riba como con Fabra, Cataluña dejaba de considerarse parte de la nación española y se convertía en una entidad nacional autónoma:

---

[240] En "La qüestió catalana" Prat ofrece una descripción detallada de la oposición del carácter castellano y del catalán que recuerda fuertemente a la oposición que establecía Almirall en *Lo Catalanisme*. Según Prat, "[d]e totes les qüestions, siguin les que siguin, hi ha sempre cara a cara dues maneres de veure-hi diametralment oposades: el parer català i el parer castellà o espanyol; l'un positiu i realista, l'altre fantasista i xarlatà; l'un ple de previsió, l'altre curull d'imprevisió; l'un lligat al corrent industrial dels pobles moderns, l'altre nodrit dels perjudicis de l'hidalgo carregat de deutes i inflat d'orgull" (1987: 34).

[241] Otros famosos iberistas fueron Joan Maragall, Casas-Carbó y Rivera i Rovira. También el portugués Fernando Pessoa dedicó muchos escritos inéditos a la tradición iberista. Se recomienda la lectura de *Escrits sobre Catalunya i Ibèria* de Fernando Pessoa.

[242] En "L'Estat federal i la confederació d'Estats", sostiene que esta opción sería más bien improbable pero que, de cualquier modo, la soberanía y la decisión residiría en Portugal (cf. 1987: 94).

En tots els homes del catalanisme anterior a En Prat hi trobarem, en grau més o menys accentuat, aqueixa bifurcació monstruosa. Hi trobarem l'esperit català empeltat de castellanisme. I d'això, que era una contradicció fonamental, ells volien fer-ne una artificial harmonia. Per a explicar la natura de la pretesa nació espanyola, hom recorria a la metàfora de la varietat dins la unitat, o a la del tronc i les branques, o a aquella alta, usada per N'Almirall, de la casa amb diversos estadants. D'aquí venia la concepció de Catalunya com a una part de l'Espanya-nació. D'aquí ha vingut el *regionalisme*, en son ver sentit, o sigui la teoria que fa de Catalunya una regió de la nació espanyola (prólogo de Rovira, en Prat de la Riba 1918: 9).

Prat no negaba la importancia de los intelectuales y literatos de la *Renaixença*, pero sí les reprochaba su actitud hacia la lengua, es decir, su aceptación de la diglosia; su asunción del Estado como una "realitat social o ètnica"; y lo que él denominaba la "bifurcación del alma". En otras palabras, rechazaba la postura de autores como Milà i Fontanals, Balaguer o Cortada, quienes mantenían un sentimiento identitario dual. A modo de ejemplo recordemos que en 1893 Balaguer había afirmado sentirse tan español "como pueda ser el que más", a la vez que se consideraba catalán y reservaba a Cataluña el amor "del hijo".

En opinión de Prat, era necesario "acabar d'una vegada aquesta monstruosa bifurcació de la nostra ànima; calia saber que érem catalans i que només érem catalans" (1977: 48). La concepción identitaria propugnada por Prat, y en general en toda la fase C, era excluyente: la identidad catalana y la española eran incompatibles. Precisamente en este punto también existe una ruptura con respecto a sus antecesores que, por otro lado, le acercará a Rovira i Virgili.

Al igual que su obra doctrinaria, sus reflexiones teóricas sobre la lengua no son extremadamente extensas, si se las comparan, por ejemplo, con las de Rovira i Virgili. Sin embargo, debe señalarse que son más que suficientes para hacernos una idea de su ideología lingüística y del peso de su contribución a la normalización del catalán. En 1892 había sido secretario de la asamblea que redactó las *Bases de Manresa*, que reivindicaban la oficialidad exclusiva del catalán en Cataluña y delimitaban las relaciones de esta con el poder central (art. 3). Cuatro años después, en 1896, fue el redactor del texto de la *Academia de Jurisprudencia y Legislación*, dirigido al ministro de Justicia, en el que se solicitaba el uso de las lenguas no castellanas en la Administración de la Justicia, petición que fue finalmente rechazada (cf. Grau Mateu 2004: 57). Entre 1896 y 1897, en su función de secretario del *Ateneu Barcelonès* en la junta presidida por Almirall, promovió un cambio de estatutos para normalizar el uso de la lengua catalana (cf. Jardí, en Prat de la Riba 1987: V-VI)[243]. También redactó el mensaje al conde de Romano-

---

[243] Es importante señalar que a Almirall y a Prat, pese al abismo ideológico entre ambos, les unía una misma causa: la normalización del catalán.

nes en protesta por las declaraciones vejatorias hacia el catalán pronunciadas por el presidente de la *Real Academia Española*. Asimismo, en 1916, como representante del consejo permanente de la *Mancomunitat*, de la que era presidente, envió un mensaje dirigido al Consejo de Ministros de España para reivindicar el derecho a la oficialidad de la lengua catalana. Sus tentativas se vieron frustradas, pero evidenciaban una profunda convicción fundada en la importancia de la lengua para la nacionalidad o, en otras palabras, en la relevancia del catalán para la "nació catalana". Sin embargo, su contribución más eficaz y pragmática fue a través del establecimiento del *Institut d'Estudis Catalans* y de su *Secció Filològica*, ambos fruto de su voluntad política (cf. Ferrando/Nicolás 2005: 483).

A diferencia de algunos de sus antecesores como Cortada, Milà i Fontanals o Balaguer, su fomento de la lengua iba más allá de la mera reivindicación del uso literario o cultural. Prat consideraba que el catalán era un idioma "apto" para todas las esferas:

> Lo plasticisme de la llengua catalana, sa constant onomatopeia, son contacte amb el poble [...], la fan apta per a la precisió pictòrica i el relleu de les imatges, l'evocació inmediata de la realitat i l'energia de la forma, que exigeix imperiosament avui la crítica literària; per sa gran concisió i sa carència de fórmules convencionals és pròpia per a encarnar la ciència positiva, despullada de vanes fraseologies (1987: 21)[244].

En este sentido su postura es diametralmente opuesta a la de muchos *renaixentistas*, como el propio Milà i Fontanals quien, basándose en una actitud de prejuicio, no creía en las posibilidades del catalán como lengua de la alta cultura.

Prat de la Riba hacía una reivindicación coherente del uso social y del estatus jurídico del catalán, al tiempo que se adhería al proceso de codificación de Fabra. De hecho, debe recordarse que este último se incorporó a la *Secció Filològica* del IEC a petición de Prat de la Riba (cf. Ferrando/Nicolás 2005: 483; Badia i Margarit 2005: 30). No obstante, Prat no vería completa la obra de Fabra debido a su fallecimiento prematuro en 1917, tan solo cuatro años después de haberse iniciado la labor codificadora. Anteriormente se ha enfatizado la importancia que revestía el hecho de que Prat hubiera solicitado la colaboración de profesionales tan lejanos a su ideología política como Fabra y Rovira i Virgili. Recordemos que también coincidió con Almirall en los esfuerzos por normalizar el catalán dentro del *Ateneu Barcelonès* (1896-1897). Si algo unía a Fabra y a Prat de la Riba era su creencia en la centralidad de la lengua para la nación catalana; de ahí su empeño común en convertirla en una verdadera lengua nacional, esto es, en una lengua

---

[244] Fragmento de su discurso como presidente del *Centre Escolar Catalanista* de Barcelona en la sesión inaugural del año 1890-1891.

unificada con un valor comunicativo en todas las esferas y con un estatus jurídico reconocido. Este propósito debía comenzar por la labor de codificación que el mismo Prat encomendó a Fabra.

De acuerdo con los postulados románticos, la lengua era uno de los principales elementos naturales de la nacionalidad: "la llengua és l'essència mateixa de la nacionalitat, l'ànima mateixa de la pàtria" (Prat 1987: 50)[245]. La ideología lingüística de Prat también coincidía en este aspecto con el pensamiento del progresista Almirall para quien la lengua no era el elemento más destacado de la nación pero sí el más visible (cf. *Lo Catalanisme* 1978: 89). En la ponencia presentada en la sección social y jurídica del *Primer Congrés Internacional de la Llengua Catalana* en 1906, titulada "Importancia de la llengua dins del concepte de la nacionalitat", Prat desarrollaba algunas de las ideas expuestas en *La nacionalitat catalana*, publicada el mismo año. Para Prat, la división natural de la humanidad era la lengua. A su juicio, cada sociedad, cada pueblo, tendía a constituir una lengua, y era consciente de que las lenguas unían creando vínculos y separaban al mismo tiempo y que eran, por tanto, un instrumento de nacionalización eficaz:

> Les societats polítiques o Estats han comprès també el valor incomparable de posehir una llengua que dongui unió y cohessió [*sic*] a sos membres, separant-los dels demés, y d'aquí prové, que, quan naturalment no assoleixen aquest resultat per no coincidir les fronteres de l'Estat ab els límits d'una sola unitat llingüística, fassin esforços desesperats a fi d'obtenir per la violencia aqueixa desitjada unitat de parla, y així afavoreixen l'espansió [*sic*] d'una llengua, d'aquella que adopten per oficial, y combaten durament les altres fins a corrompre-les y fer-les desaparèixer (*Primer Congrés...* 1908: 667).

Según Prat de la Riba[246], la nación o nacionalidad era el conjunto de pueblos que hablaban la misma lengua: "la Nació, això és, una societat de gent que parlen una llengua pròpia i tenen un mateix esperit que es manifesta nu i caractreístic [*sic*] per sota de la varietat de tota la vida col·lectiva" (1977: 54). De ahí que no solo considerara que la nacionalidad catalana estuviera formada por todos los pueblos de lengua catalana, sino que en 1897 también afirmara que Creta era parte integrante de la nación griega[247]. Esta posición dista enormemente de la de Pi i Margall (fase A),

---

[245] Fragmento de su discurso como presidente de los *Jocs Florals* de Sant Martí de Provençals en 1907, que finalmente no llegó a pronunciarse (cf. Jardí, en Prat de la Riba 1987: XI).

[246] En 1894 definía la "pàtria" como una comunidad lingüística con una historia común: "La comunidad de gentes que hablan una misma lengua, tienen una historia común y viven hermanados por un mismo espíritu que marca con un sello original y característico todas las manifestaciones de su vida". La versión castellana del *Compendi de la doctrina catalanista* (1894) de Enric Prat de la Riba y Pere Muntanyola se encuentra en De la Cierva 1997: 147-152.

[247] En el discurso del *Centre Català* de Sabadell que finalmente no llegó a pronunciarse (cf. Jardí, en Prat de la Riba 1987: XI) afirmaba: "tots los grecs parlen una mateixa llengua, for-

quien rechazaba abiertamente el criterio lingüístico para definir la nación. Así pues, en opinión de este último, la "nación catalana" no podía comprender los territorios de Cataluña, Valencia y Baleares. Recordemos que, desde su punto de vista, la división de los mapas políticos siguiendo criterios lingüísticos originaría "perturbaciones" y sería un "semillero de guerras". Las ideas de Prat y Pi i Margall son diametralmente opuestas en lo que concierne a la lengua: si bien el primero mostraba una visión muy cercana a la idea de nación de Herder e incluso de Fichte, Mancini o Mazzini, quienes sostenían la centralidad de la lengua para la nación, Pi i Margall se alejaba de esta postura relativizando el papel primordial del aspecto lingüístico en la cuestión nacional. En otras palabras, la ideología nacionalista de Prat se halla más en consonancia con los postulados románticos, mientras que la concepción federalista de Pi se acerca más al ideario nacionalista francés.

Prat, al igual que Fabra, asumía la unidad lingüística del catalán[248] y era consciente de la necesidad de "restaurar" (codificar) el idioma[249] para hacerlo equiparable a otras lenguas, aunque también era consciente de que el catalán partía de una situación mucho más desfavorable:

> Així s'ha trobat la llengua dels catalans en la situació d'haver de formular la seva gramàtica, depurar i completar el seu lèxic, fixar la seva ortografia, quan ja totes les altres llengües tenien acomplida aquesta tasca; i en circumstàncies tan desfavorables com l'actual situació política de la raça, que deixa a la nostra llengua desarmada, entre dues gran [sic] influències invasores, sense escoles, sense Universitats, sense dinastia i aristocràcia pròpies, sense Estat, i tenint en front vehicles de l'acció destructora d'una llengua, l'escola i l'Universitat i la premsa i l'Estat amb tota la complexa xarxa de canalització per a influir i penetrar un poble.
>
> La tasca que les altres llengües podien acomplir reposadament, sense apressar-se, és, doncs, per a nosaltres, de la més extremada urgència. Hem d'aixecar la nostra llengua

---

men un sol poble, una sola nacionalitat [...]; desitgem que visquen en llibertat totes les gents que parlen la llengua grega, com voldríem que tingués feliç acabament la nostra ardentíssima aspiració de què disfrutin de plena autonomia totes les gents que pensen i parlen en la llengua catalana" (*ibid.*: 91).

[248] Esto se evidencia especialmente en el artículo "La unitat de la llengua catalana", publicado originalmente en *La Veu de Catalunya* en 1913 con motivo de la promulgación de las *Normes* del IEC (cf. Prat de la Riba 1918: 103-105).

[249] En el *Compendi* (1894) Muntaner y Prat afirman que el catalán es un idioma (*versus* dialecto) y explicitan su carácter opuesto al castellano: "Es un idioma. Lo motejarán de dialecto, algunos por ignorancia, otros por mala fe, considerándolo como una corrupción de la lengua oficial, que es la castellana. [...] la lengua catalana es más antigua que la castellana y había conseguido ya cierto esplendor cuando el castellano comenzaba a dar señales de vida. Esto, además de que poseen una manera de ser diferente e incluso opuesta" (la versión castellana del *Compendi de la doctrina catalanista* de Enric Prat de la Riba y Pere Muntanyola se encuentra en De la Cierva 1997: 147-152).

al nivell de les altres, hem de donar-li totes les perfeccions que necessita per a lliutar i vèncer (Prat de la Riba 1918: 105).

Desde la perspectiva pratiana, la codificación era un requisito indispensable para poder elevar el catalán a lengua nacional. Pero al mismo tiempo, este proceso debía realizarse creando una norma supradialectal. Su ideal coincidía, pues, con el de Fabra:

> Hem de donar a la nostra llengua una unitat forta, intensa, viva, que triomfi de la trituració dialectal accentuada en els segles de la nostra decadència, que triomfi de l'absència d'un poder representatiu de tota la raça, que triomfi de les deficiències d'utillatge, d'ensenyament, de patrimoni intel·lectual de la nostra llengua, i de totes les forces de dominació acumulades per la fatalitat històrica en la llengua invasora (*ibid.*).

En el caso catalán, la fragmentación dialectal y la falta de unidad resultaban de la conjunción de varios factores: la diglosia favorable al castellano, la falta de cultivo literario durante varios siglos hasta la *Renaixença* y su ausencia en la escolarización ("perquè està desterrada de l'escola", Prat de la Riba 1918: 105). La creación de una lengua nacional pasaba por la creación de una unidad, de una norma supradialectal. Así pues, el artículo "La unitat de la llengua catalana", publicado en enero de 1913 con motivo de la promulgación de las *Normes ortogràfiques* del *Institut d'Estudis Catalans*, debe entenderse como una justificación y adhesión incondicional al primer cimiento de la codificación lingüística.

En relación al estatus jurídico, Prat de la Riba propugnaba el derecho a la oficialidad exclusiva; reivindicación que explicitó claramente en el mensaje del Consejo Permanente de la *Mancomunitat* dirigido al Consejo de Ministros de España el 22 de marzo de 1916. De acuerdo con Prat, el derecho a la oficialidad del catalán se fundamentaba en cinco aspectos que pasaremos a analizar de manera individual: 1) argumento geográfico; 2) argumento histórico; 3) argumento psicológico; 4) argumento político; y 5) argumento internacional. La demanda de oficialidad de la *Mancomunitat* recuerda, en cierto modo, a las *Bases de Manresa* (1892) que reivindicaban la oficialidad exclusiva del catalán en Cataluña, incluyendo las relaciones con el Gobierno. Sin embargo, a diferencia de las *Bases*, el mensaje de la *Mancomunitat* no definía cuál debía ser la lengua de uso en las relaciones con el poder central.

En cuanto al primer aspecto, Prat retomaba algunas ideas que ya había publicado en "La qüestió catalana" con motivo de la crisis española de 1898. En este artículo hacía referencia a los cuatro grandes pueblos ibéricos, que ahora traducía en grupos lingüísticos y que, en su opinión, estaban avalados por los mapas geográficos más importantes de Europa y el estudio desinteresado de científicos de distintas naciones: el galaico-portugués, el castellano, el vasco y el catalán.

Con respecto al fundamento histórico, hacía referencia al pasado medieval del catalán cuando era lengua oficial de una gran Corona –que comprendía Aragón, Cataluña, Mallorca, Sicilia, etc.– y lengua de la alta cultura y de las ciencias, incluso mucho antes que otras lenguas románicas: "La filosofia, la poesia, la història, les humanitats, les ciències naturals, floriren en aquesta llengua anys abans que en cap altra de les llengües romàniques" (1918: 108).

La tercera argumentación era de tipo psicológico. Según Prat, la desnacionalización lingüística producía esterilidad literaria y científica; esta esterilidad se contraponía a la fecundidad intelectual que emergía al recobrar la lengua propia como bien demostraba el caso catalán: "I, en canvi, ha bastat que els homes d'aquesta terra recobressin en cada un dels ordres de l'activitat cultural l'ús de la llengua pròpia, perquè sorgís un renaixement, una nova primavera, fecunda ja en glorioses realitats, i més fecunda encara en òptimes promeses" (*ibid.*: 109).

En lo que al fundamento político se refiere, Prat introducía un elemento que también fue muy importante en el pensamiento de Rovira i Virgili. Este argumento se basaba en la voluntad consciente de que el catalán fuera una lengua de uso oficial. Para Prat, la voluntad ciudadana en el derecho público moderno era la ley suprema y, por tanto, reivindicaba el derecho a la oficialidad del catalán en toda la vida pública de Cataluña como única garantía del pleno derecho de los ciudadanos en cuanto al uso de su lengua propia. Es interesante enfatizar que el texto se refería al Principado de Cataluña y no al resto del dominio lingüístico:

> […] s'ha manifestat també conscient i reflexiva la voluntat catalana reivindicant per a la nostra llengua la plenitud dels seus drets, la igualtat de condició amb les altres llengües espanyoles i, de una manera especial, l'oficialitat en tota la vida pública interior de Catalunya, així en els organismes locals populars, com en tots el centres i dependències de l'Estat situats en territori de Catalunya (1918: 110).

A modo de inciso, conviene recordar que la idea de voluntad que aparece en Prat (no solo referida a la lengua) es deudora de la tradición liberal de federalistas como Pi i Margall o del propio Almirall. De modo que sería erróneo pensar, como se ha pretendido en muchas ocasiones, que el pensamiento pratiano es únicamente heredero del *catalanisme* conservador, si bien su influencia es lógicamente predominante.

El último argumento, el internacional, concierne más concretamente a la libertad lingüística de los Estados contemporáneos. Tomando como referencia el ámbito internacional, Prat afirmaba que este derecho fundamental, el derecho a la soberanía lingüística, formaba parte del derecho público moderno, especialmente en Europa:

A tots els regnes on hi ha pluralitat de llengües es lliuta vivament, ardentment, per la llengua pròpia: els ciutadans no jutgen assolida la plenitud de llibertat política ni d'igualtat civil mentre als drets i llibertats proclamats en la primera etapa dels moviments democràtics no s'uneix també la llibertat i la igualtat de condició de les diferents llengües nacionals, mentre hi ha una llengua privlegiada [sic] i altres llengües preterides, mentre no obtenen totes les llengües nacionals exactament els mateixos drets (1918: 110-111).

Las reflexiones contenidas en este fragmento resultan muy significativas a fin de entender la ideología lingüística de este autor. En efecto, de estas líneas no solo se desprende la necesidad del derecho a la soberanía lingüística para adquirir la plenitud de la libertad de los pueblos democráticos, sino también que para este político el catalán tenía el rango de lengua nacional y, por tanto, el derecho a ser proclamado lengua oficial.

En definitiva, la ideología lingüística de Prat se podría resumir en una cadena lógica: 1) el catalán es la lengua propia de la patria catalana; 2) Cataluña es la patria y nación de los catalanes; por tanto, el catalán es la lengua nacional de Cataluña; 3) cada nación debe tener su propio Estado; en consecuencia, si Cataluña es una nación debe existir un Estado catalán con una soberanía lingüística que se traduzca en la oficialidad de la propia lengua en el territorio catalán. Patria, nación y Estado concuerdan del mismo modo que concuerdan lengua propia, lengua nacional y lengua oficial.

4.5.9. *Antoni Rovira i Virgili (1882-1949)*[250]

Antoni Rovira i Virgili, nacido en el seno de una familia menestral en Tarragona, fue un prestigioso político, periodista e historiador. En 1906 se trasladó definitivamente a la capital catalana para colaborar con el diario *El Poble Català*. Desde ese momento hasta su exilio en Francia en 1939 fue una de las personalidades más destacadas del "moderno periodismo político catalán" (cf. Blas Guerrero 1997: 473-474). Asimismo, fue colaborador y, en algunos casos, también fundador y director de las publicaciones más relevantes de su época: *L'Esquella de la Torratxa*; *La Campana de Gràcia*; *La Publicidad* (convertida en *La Publicitat* en 1922)[251]; *La Veu de Catalunya*; *La Nació*; *La Revista de Catalunya*; *La Nau*; *La*

---

[250] Sobrequés i Callicó (2002: 11-38) propone una biografía exhaustiva de este pensador.
[251] Como explica Ginebra (2006: 69-70), a pesar de escribirse todavía en castellano, se convirtió en el diario de los intelectuales catalanistas de izquierdas aproximadamente desde mediados de la primera década del siglo XX, siendo durante largo tiempo la plataforma de difusión de las ideas de Rovira con respecto a la codificación de la lengua. Además, a partir de noviembre de 1919, Fabra publicó aquí las famosas *Converses filològiques*. Por obra de *Acció Catalana* se catalanizó el nombre y el texto del diario en 1922.

Humanitat (cf. *ibid.*: 474). En 1914 fundó el semanario *La Nació* y, a petición de Prat de la Riba, ocupó un cargo en la sección de prensa de la *Mancomunitat*. Una vez más debemos señalar la profesionalidad de Prat de la Riba que –por encima de su pertenencia partidista– supo actuar como un verdadero gobernante, solicitando la colaboración de personas tan distantes a él desde el punto de vista ideológico[252] en favor del proyecto nacional catalán.

La actividad intelectual de Rovira no se centró únicamente en el periodismo; también se dedicó intensamente al estudio de los nacionalismos europeos y las minorías nacionales, el liberalismo, el federalismo, la historia de Cataluña e incluso al estudio de la gramática y lengua catalana contribuyendo con algunas obras y numerosos artículos. Entre sus principales obras destacan: *Història dels moviments nacionalistes* (1912-1914, 3 vols.), *Debats sobr'l catalanisme* (1915), *El nacionalisme* (1916, reeditado en 1932 como *El principi de les nacionalitats*), *Nacionalisme i federalisme* (1917), *Història Nacional de Catalunya* (1922-1934, 7 vols.), *Resum d'història del catalanisme* (1936) y *Els corrents ideològics de la Renaixença* (1966).

Gran parte de sus reflexiones giran, de manera directa o indirecta, en torno a Cataluña. No es de extrañar, pues, que buena parte de su actividad periodística y política se centrara en la defensa de Cataluña como nación. Su obra en este ámbito es muy profusa, aunque como señala Isidre Molas[253], nunca llegara a formular en un solo cuerpo todo su esquema doctrinal.

En el ámbito político, participó activamente en la vertebración de un *catalanisme* de izquierdas que se constituía como tercera vía situada entre la vertiente conservadora de la *Lliga Regionalista* y el reformismo demagógico del *Partido Republicano Radical* de Alejandro Lerroux. Rovira militó en diferentes organizaciones como el *Centre Nacionalista Republicà*, la *Unió Federal Nacionalista Republicana*, la *Esquerra Catalanista*, la *Unió Catalanista* y la *Conferència Nacional Catalana*, de la que derivó *Acció Catalana*. En 1923 fue elegido diputado a las Cortes pese a que no llegó a ocupar el escaño debido a una maniobra fraudulenta de radicales y regionalistas (cf. Blas Guerrero 1997: 474). Tras el golpe de Estado de Primo de Rivera se alejó de la política y de *Acció Catalana*. En 1930 fundó *Acció Republicana*, que en 1931 pasó a fusionarse con *Acció Catalana* constituyendo el *Partit Catalanista Republicà*. Después del fracaso electoral del último ingresó en *Esquerra Republicana de Catalunya*, se convirtió en diputado por Tarragona en 1932 y en vicepresidente del *Parlament de Cata-*

---

[252] Como también hizo con Fabra.
[253] En el prólogo de *Nacionalisme i federalisme* de Antoni Rovira i Virgili (1982: 12).

lunya en 1938. Al año siguiente se exilió en Francia, donde residió hasta su muerte y desde donde ocupó los cargos de presidente del *Parlament* en 1941 y consejero de la *Generalitat* de 1945 a 1948.

En general, puede decirse que las concepciones sobre el nacionalismo de Rovira i Virgili estaban parcialmente influenciadas por otros ideólogos del *catalanisme*. Rovira i Virgili se dedicó de manera profusa al estudio del nacionalismo a lo largo de su trayectoria profesional y personal. Su *catalanisme* democrático y federal o, en otras palabras, su republicanismo federal, era heredero directo tanto del federalismo de Pi i Margall como del *catalanisme* de Almirall (cf. Blas Guerrero 1997: 474), siendo la doctrina de Pi i Margall uno de los principales pilares de su pensamiento político[254]. Otros puntos de referencia doctrinales de su pensamiento fueron Mancini y Cimbali[255].

El pensamiento de Pi i Margall arraigó fuertemente en el ideario de Rovira. En el artículo "Les doctrines de Pi i Margall", Rovira (1982: 60-61) reflexionaba sobre la evolución del pensamiento catalán y afirmaba que tanto en la ideología política de Pi i Margall como en la de Almirall, Torras i Bages y Prat de la Riba existían elementos caducos, pero en la doctrina del primero la caducidad era parcial y no afectaba a la esencia de sus principios. La idea fundamental de Pi i Margall, recordemos, partía de la concepción federalista basada en el principio de libertad. Para Rovira, la actualidad del pensamiento pimargalliano residía precisamente en el hecho de cimentar todas sus ideas en el principio de la voluntad de los hombres y de los pueblos; un aspecto que era esencial en su propio pensamiento político, pero que también estaba presente en Almirall e incluso en Prat de la Riba. Según Rovira, lo más "caduc en el federalisme pimargallià és tot just el regionalisme" (1982: 61), algo que hacía extensible a Almirall y Torras i Bages. Una característica relevante del federalismo pimargalliano era la teoría del pacto; federalismo y pacto eran para Almirall también indisociables, así como lo serán para Rovira i Virgili. "La veritat és que federació i pacte són una mateixa cosa. Sense pacte no hi ha federació, i les Constitucions dels Estats federals no són altra cosa sinó un pacte", dirá Rovira (*ibid.*: 62)[256]. La idea del pacto, afirmaba Rovira, estaba presente en Almirall, puesto que este no concebía la federación sin la voluntad de las regiones que la componían.

---

[254] En este contexto es muy significativo que en su juventud Rovira i Virgili leyera el periódico madrileño *El Nuevo Régimen*, escrito por Pi i Margall (cf. Sobrequés 2002: 11).

[255] Véase el prólogo de Molas a *Nacionalisme i federalisme* de Rovira i Virgili (1982: 17).

[256] Rovira i Virgili partía de la base de que el federalismo era una doctrina perfectamente compatible con los derechos nacionales de Cataluña y con el nacionalismo.

Entre Pi i Margall y Rovira i Virgili se establece una gran diferencia. En la concepción roviriana, Cataluña podía realizarse como nación y Estado en el seno de un sistema federal español con unas sólidas estructuras democráticas[257]; y, a diferencia de Pi i Margall, quien propugnaba un federalismo regional, Rovira se basaba en la idea del federalismo nacional: Cataluña no solo necesitaba una simple descentralización administrativa sino una verdadera autonomía federal como primer paso para el establecimiento de una confederación en el Estado español. En su opinión, toda nacionalidad tenía derecho a constituir un estado independiente o autónomo (cf. Sobrequés i Callicó 2002: 77).

El sistema federalista[258] que proponía Rovira debía entenderse como un "sistema elástico", diferenciado de un federalismo puramente nominal que ponía al Estado central por encima de los Estados particulares y controlaba su autonomía (cf. Rovira i Virgili 1982: 190-191). Rovira abogaba por una federación en la que los diferentes Estados independientes tuvieran sus propias atribuciones y el Estado central únicamente las que le fueran otorgadas en la Constitución. Toda modificación constitucional debería realizarse con el consentimiento de los Estados particulares y, a diferencia de Pi i Margall, proponía un sistema federal bajo una fórmula potestativa y progresiva.

Como señala Ginebra (2006: 361), una de las principales diferencias entre Rovira y sus antecesores es que el primero no concebía el sistema federal como un mecanismo de organización social abstracto, sino como un sistema que podía satisfacer las exigencias de los derechos individuales y las del principio de las nacionalidades. Dentro de los sistemas federales Rovira distinguía entre la federación de tipo regional, compuesta por Estados que no son naciones, y la de tipo nacional, formada por Estados que sí lo son. Huelga decir que este último tipo de federación nacional es el modelo que propugnaba para España (*ibid.*; Molas, en Rovira i Virgili 1982: 19).

Aunque en Rovira también se hallan algunas ideas recurrentes en Prat, se puede decir que la visión de Rovira distaba en gran medida de la del catalanista conservador. Rovira intentaba superar el pensamiento de Prat al rechazar el concepto iusnaturalista de nación, heredero de Herder y presente también en el regionalismo de Torras i Bages. Desde la perspectiva de Rovira, la nación no era únicamente el resultado pasivo de la unión de elementos como la lengua, la historia, el territorio,

---

[257] Debe enfatizarse que el nacionalismo de Rovira no tenía un carácter separatista (cf. Sobrequés i Callicó 2002: 17-18 y 152). De hecho, creía en el federalismo como la salida al centralismo, al unitarismo y al separatismo. Por otro lado, rechazaba el separatismo, si bien lo veía como una opción lícita (cf. *ibid.*: 146-147).

[258] Para más detalles sobre el federalismo de Rovira, véase Sobrequés i Callicó 2002: 9-102.

el derecho y la cultura sino también el resultado de la lucha de un pueblo por sus derechos (cf. Blas Guerrero 1997: 474; Molas, en Rovira i Virgili 1982: 16). En el ideario roviriano el pueblo se convertía en nación cuando tenía conciencia nacional y voluntad de serlo (cf. Rovira i Virigili 1982: 100-101), de modo que para él la voluntad y la conciencia pasaban a ser indispensables para la nación.

Rovira empleaba indistintamente los términos "nacionalitat" y "nació" en la acepción de "poble amb caràcter nacional", independientemente de si estaba constituido en un estado y de si tenía personalidad plenamente reconocida o no (*ibid.*: 92). El historiador y político tarraconense[259] asumía la definición de Mancini según la cual una "nacionalitat és una comunitat natural d'homes, aplegats en vida comuna per unitat de territori, d'origen, de costums i de llengua, i tenint consciència d'aquesta comunitat" (*ibid.*: 93). De acuerdo con esta definición, Rovira destacaba diferentes elementos constitutivos de la nación: territorio, historia, raza, lengua, comunidad de derecho y costumbres, cultura, conciencia de la propia personalidad y voluntad de mantenerla y desplegarla.

La insistencia de Rovira i Virgili por la lengua catalana es un hecho incuestionable, como también lo fue para Almirall, Fabra o Prat de la Riba, si bien no se puede decir lo mismo de otros autores como, por ejemplo, Balaguer, Milà i Fontanals o Pi i Margall, para quienes la lengua no era un pilar central de la identidad catalana[260]. A excepción de Fabra, versado sobre todo en las cuestiones gramaticales y de codificación, ninguno de los autores estudiados en el presente capítulo ha dedicado tantas líneas a la reflexión sobre la lengua como Rovira. Su estudio de la lengua se vertebra en diferentes ejes que van desde el análisis de la gramática, la lexicografía y el estilo literario hasta su defensa política como lengua nacional, basada en profundas reflexiones teóricas[261].

Al igual que Fabra y Prat de la Riba, Rovira pretendía hacer del catalán una lengua nacional. Era consciente además de la necesidad de llevar a cabo una tarea de codificación que permitiera convertir este idioma en una lengua moderna de cultura y sabía que Fabra era la persona indicada para llevar a cabo esa labor. En palabras de Ginebra:

---

[259] En un artículo titulado "Què és la nació?".

[260] Sin embargo, esto no significa que debamos menospreciar el interés de estos tres últimos por la lengua.

[261] En *Llengua i política en el pensament d'Antoni Rovira i Virgili*, Jordi Ginebra (2006: 5-6) destaca que las reflexiones de Rovira acerca de la lengua tienen un interés notable por varios motivos de los cuales quisiéramos destacar dos: en primer lugar, porque ayudan a comprender el movimiento social y político que se produce en Cataluña para convertir el catalán en lengua nacional; y, en segundo lugar, porque invitan a plantearnos conflictos y problemas de tipo lingüístico y sociolingüístico todavía vigentes en la actualidad.

[...] Rovira i Virgili va fer palès públicament [se refiere a un artículo del autor publicado en 1911] que era conscient de la dimensió política de la codificació lingüística, que sabia fins a quin punt un projecte de fixació gramatical i ortogràfica pot anar lligat a un projecte de modernització social, i que s'adonava que la persona que tenia les qualitats per conduir aquest projecte de reforma lingüística –aquest projecte que encaixava amb el projecte de modernització i nacionalització de la societat catalana del moment– era Pompeu Fabra (2006: 27).

En cuanto a sus reflexiones desde un punto de vista filológico, cabe destacar primero que la trayectoria de Rovira se caracteriza por una adhesión incondicional a la obra codificadora de Fabra[262], y luego que dicha adhesión iba más allá de la codificación al compartir con este un proyecto más amplio que pasaba por la modernización y la nacionalización de Cataluña. Rovira y Fabra se conocían personalmente[263]: de hecho, en 1919 Fabra se incorporó a *La Publicitat*, diario para el que trabajaba Rovira desde 1916. Las alusiones y referencias a Fabra, así como a su adhesión pública al *fabrisme*, fueron prácticamente una constante en la trayectoria de Rovira. Además, ambos mantuvieron un diálogo periodístico primero indirecto y luego directo a través de las páginas de *La Publicitat* en los años 1924 y 1925. En 1925 el mismo Fabra invitó a Rovira a trabajar conjuntamente para combatir los errores gramaticales[264], tarea que Rovira bautizó como la "ofensiva combinada" (cf. Ginebra 2006: 97). Si bien estos artículos demuestran que las ideas de Rovira y de Fabra en gramática y léxico no siempre coincidían, no es menos cierto que Rovira siempre mostró una adhesión a la obra fabriana, compartió con el gramático la idea de que la codificación debía ir unida a una labor de nacionalización coherente, y enfatizó en numerosas ocasiones, incluso desde el exilio[265], la importancia de la labor fabriana.

Rovira i Virgili publicó numerosos artículos dedicados a la lengua catalana. Su actividad periodística centrada en este asunto apareció fundamentalmente en *La Publicitat* y a partir de 1927 en *La Nau*, un diario fundado y dirigido por él mismo. Ginebra distingue dos etapas: la primera de 1916 a 1920[266] y la segunda de 1924 a 1932. Entre 1921 y 1924 los textos sobre lengua que publicó trataban de aspectos políticos y sociales. La dictadura de Primo de Rivera (1923-1930) y

---

[262] Ginebra (2006: 23-157) analiza en detalle este aspecto en su libro bajo el epígrafe "Una trajectòria lligada a l'obra codificadora de Pompeu Fabra".

[263] Sobre la fecha exacta de su primer encuentro Ginebra no tiene pistas concretas pero estima que debió producirse entre 1906 y 1911 (2006: 33-41). También señala que la incorporación de Fabra en la tribuna de *La Publicitat* fue del agrado de Rovira (*ibid.*: 73).

[264] En *Converses filològiques* de *La Publicitat*, 12 septiembre de 1925.

[265] En realidad, fue durante el exilio cuando surgió entre ambos una relación de amistad profunda (cf. Ginebra 2006: 147-148).

[266] Se trata de un total de diez artículos. Para un estudio detallado, véase Ginebra 2006: 69-80.

la consiguiente censura imposibilitó que Rovira pudiera abordar cuestiones de actualidad política y que se centrara en temas menos comprometidos ideológicamente como la literatura o la gramática (cf. Ginebra 2006: 81).

En 1913 Rovira publicó el *Diccionari català-castellà & castellà-català* (cf. Rico/Solà 1995: 186; Ginebra 2006: 61). Este diccionario[267] contribuyó a difundir e implantar las *Normes* del *Institut* y los criterios de Fabra (cf. Ginebra 2006: 62); de hecho, en la introducción Rovira valoraba positivamente la labor de este. Tres años más tarde publicó una *Gramática elemental de la lengua catalana* y el *Llibre de lectura escolar* (1916). Como señala Ginebra (*ibid.*: 66)[268], la citada gramática es una de las primeras obras dedicadas a divulgar el *fabrisme*. La segunda obra[269] es especialmente relevante y destaca no solo desde un punto de vista lingüístico sino ideológico. En la introducción a este epígrafe se ha enfatizado la importancia que Rovira otorgaba a la codificación lingüística para llevar a cabo el proyecto nacional catalán. En relación a esto, la redacción de esta gramática era de especial relevancia para su autor, pues representaba un instrumento de nacionalización lingüística para la sociedad catalana. Tal y como se expondrá más adelante, Rovira era plenamente consciente de la centralidad de la enseñanza en el proceso de nacionalización.

Si bien la contribución de Rovira i Virgili en materia gramatical y ortográfica no debe menospreciarse, hay que señalar que su verdadera aportación con respecto al catalán la realizó en el ámbito de su defensa política. De manera análoga a Torras i Bages o Prat de la Riba, el pensamiento de Rovira unía de manera indisociable el binomio lengua/nación y era, en cierto modo, heredero del Romanticismo que había arraigado en Cataluña desde el periodo de la *Renaixença*. Para Rovira, la lengua cobraba una importancia fundamental, al ser considerada la "madre de la nacionalidad" (1982: 97). Esta centralidad la resumía afirmando que, de todos los elementos que conforman la "nacionalidad", "la llengua és el

---

[267] Ginebra (2006: 197-205) presenta un análisis de este diccionario que, curiosamente, no ha suscitado demasiado interés entre los historiadores de la lexicografía catalana.

[268] Ginebra también afirma que es una gramática fabriana *avant la lettre* puesto que la gramática normativa se publicó en 1918 (2006: 66) y ofrece un estudio detallado de esta obra (*ibid.*: 159-172). Curiosamente no se volvió a editar pues, como dice Ginebra (*ibid.*: 159), con la aparición de la gramática normativa oficial Rovira debió pensar que no era necesario volver a editar la suya.

[269] Redactada a encargo de Antoni López Benturas. Este volumen de antologías de 270 páginas estaba dividido en tres partes: la primera dedicada a los autores de la *Renaixença*, la segunda a los autores modernos y la tercera a los antiguos. También debe señalarse que por primera vez en la historia aparecía un texto de Fabra en una antología de literatura catalana (cf. Ginebra 2006: 67-69).

més potent, el més influent, el més decisiu" (*ibid.*). Coincidiendo con Prat, quien asumía los postulados de Leibniz acerca de la lengua como elemento definidor de las naciones, Rovira i Virgili afirmaba que "[e]l mapa lingüístic d'Europa és, en les seves grans línies, i tret d'unes poques excepcions, el mapa de les nacionalitats" (*ibid.*)[270]. En este sentido, su pensamiento difiere de las ideas del federalista Pi i Margall (fase A), quien sostenía que el criterio lingüístico no podía servir para establecer fronteras nacionales, pues, a su entender, esto generaría fuertes convulsiones políticas. Esta diferencia es muy significativa, especialmente porque Rovira se reconocía deudor del pensamiento pimargalliano.

Rovira hacía referencia a los grandes pensadores del idealismo nacionalista como Herder, Richte y Gervinus que alzaron el amor a la lengua como una "senyera de combat i de reconquesta de l'ànima pròpia" (*ibid.*: 98). También se apoyaba en los versos del poeta alemán Ernst Moritz Arndt y del italiano Antonio Gazzoletti, e incluso en el siguiente verso de Miguel de Unamuno en el que el pensador vasco afirmaba: "La sangre de mi espíritu es mi lengua, y mi patria es allí donde resuene" (*ibid.*).

Al remitir a Unamuno, Rovira afirmaba que la lengua era la sangre del espíritu catalán. En su opinión, hablar o escribir en catalán era también sentirse catalán. En este contexto, la opción lingüística debe entenderse como un posicionamiento político fuertemente catalanista. Precisamente esta postura le acerca a autores como Almirall o Prat de la Riba (fase B y C), quienes también entendían el uso del catalán como una opción política, si bien de manera más indirecta, y le diferencia, por otro lado, de posicionamientos como el de Balaguer para quien era erróneo "creer que sólo se puede ser catalanista escribiendo en catalán".

Al asumir el papel primordial de la lengua para el hecho nacional es lógico que en la ideología lingüística roviriana (al igual que en la de Prat) la nación catalana estuviera constituida por todos los territorios del dominio catalán. En su opinión, el *catalanisme* era por definición pannacionalista: "Catalunya, la Catalunya-nació, la que comprèn totes les terres on és parlada la llengua única del catalans" (1983: 7).

Con frecuencia se refería a Cataluña en el sentido de "la Catalunya gran", es decir, haciendo alusión a todas las tierras de "parla catalanesca" (Sobrequés i Callicó 2002: 112). Sin embargo, en virtud de la importancia que confería a la voluntad política, entendía que Mallorca y Valencia no se sintieran parte de la

---

[270] Cabe señalar, pues, que Rovira reconocía la existencia de nacionalidades sin unidad de lengua, pero consideraba estos casos como excepcionales (cf. 1982: 97).

unidad pancatalanista (cf. Ginebra 2006: 376)[271], resolviendo de manera coherente las diferencias entre los sentimientos nacionalistas del resto de territorios de
habla catalana.

En cuanto a la relación lengua/nación, como ya se ha mencionado, el pensamiento de Rovira i Virgili y de Prat de la Riba coincidían: ambos partían de la existencia de una serie de elementos constitutivos de la nación, entre los cuales se hallaba la lengua. Sin embargo, como apunta Ginebra (2006: 348), una de las grandes
diferencias era que para Rovira la teoría de los elementos naturales constitutivos
de la nación (ideal teórico) presentaba enormes problemas al pormenorizar una
realidad histórico-política concreta. Así pues, siguiendo la concepción roviriana,
los elementos naturales no eran suficientes para constituir una nacionalidad/
nación. A estos, era necesario añadirles dos elementos políticos: la conciencia y
la voluntad, a los que Rovira atribuía un mayor peso. Ginebra (*ibid.*: 349) afirma
que el pensamiento de Rovira supera al de Prat al añadir a los elementos naturales de la nación la conciencia histórico-cultural y la voluntad política y conferir-
les una supremacía. No obstante, debemos matizar que, a pesar de que en Rovira
estos elementos políticos cobran una relevancia que sin duda no se encuentra en
Prat de la Riba, este último no negaba su peso. Recordemos que en 1913, en el
mensaje dirigido al Consejo de Ministros para defender el derecho a la oficialidad del catalán en Cataluña, uno de los argumentos de Prat era el argumento político; es decir, la voluntad catalana de reivindicación de los derechos lingüísticos.
Prat afirmaba incluso que en el derecho público la voluntad de los ciudadanos era
una ley suprema (1918: 109).

Jordi Ginebra (2006: 349-350) hace una reflexión significativa al cuestionarse
cómo se conciliaba, desde la perspectiva roviriana, el hecho de que los elementos
naturales (entre ellos la lengua) no eran suficientes a la hora de determinar las
nacionalidades con la idea de que la lengua fuera el factor más decisivo e influyente de la nación. Su explicación al respecto nos parece muy aclaratoria, pues
defiende que para Rovira la lengua era expresión de la conciencia y la voluntad y
al mismo tiempo su productora: "Afirmar que la llengua esdevé *un llaç espiritual
fortíssim* per a una comunitat vol dir que compartir idioma contribueix a generar
consciència i voluntat col·lectives. L'idioma és expressió de la consciència i la
voluntat i alhora n'és productora" (*ibid.*: 353)

---

[271] En el caso del Vall d'Aran, si bien la lengua propia era la gascona, Rovira afirmaba que pertenecía a la nación catalana por historia y voluntad; L'Alguer (Alghero), por el contrario, a
pesar de tener la misma lengua común, no formaba parte de la nacionalidad catalana (cf.
Ginebra 2006: 377).

Así pues, en el ideario de Rovira, los elementos naturales, la conciencia y la voluntad se encontraban estrechamente unidos formando un todo. La lengua no es *per se* un elemento determinante para la nación:

> El principal element constitutiu d'una nacionalitat es troba en la *consciència* que un hom té de pertànyer a aquesta nacionalitat, en la *voluntat* dels qui la constitueixen. I la importància dominant d'aquest element de la consciència nacional és tal, que l'absència d'un o més dels altres elements no impedeix l'existència d'una nacionalitat quan hi ha aquell element (Rovira i Virgili 1982: 101).

Del pensamiento de Rovira se deduce la necesidad de "politizar" el idioma para que un dialecto se convierta en lengua (cf. Ginebra 2006: 354-355)[272] y aún más para que se convierta en un idioma nacional. Si bien otros autores anteriores ya habían hecho del catalán un "instrumento" de catalanización y un uso politizado o ideologizado de la lengua, es Rovira i Virgili, junto con Pompeu Fabra, quien más claramente vio en esta un enorme potencial para la catalanización y quien mejor supo teorizar sobre este asunto. En palabras de Ginebra: "[Rovira] es desvincula del nacionalisme naturalista, de l'essencialisme ahistòric i de la complaença romàntica en la simple exaltació del passat, i dóna prioritat a l'adhesió conscient i voluntària de l'individu i dels grups socials al projecte de catalanització lingüística" (2006: 409).

Según la teoría de Rovira, la acción concreta era completamente necesaria, aspecto que le alejaba del romanticismo idealista. Esto explica que en su trayectoria haya dedicado tantas reflexiones a la cuestión de derechos lingüísticos, políticas lingüísticas e igualdad de lenguas. Anteriormente se ha mencionado la adscripción del pensamiento de Rovira al republicanismo federal. Como es lógico, esta visión también se reflejaba en el aspecto lingüístico: siguiendo los postulados de la soberanía de los Estados nacionales, toda nacionalidad tenía derecho a ejercer libremente la soberanía lingüística (cf. *ibid*.: 361). En este sentido existía un cierto paralelismo con el pensamiento de Prat, ya que en 1913 este también utilizó el argumento de la soberanía lingüística como expresión definitiva de la soberanía de los pueblos. Por otra parte, el derecho a ejercer la soberanía lingüística afectaba, desde el punto de vista de Rovira i Virgili, tanto al ámbito privado como al público, incluyendo la enseñanza y los órganos oficiales y culturales.

A su entender, los diferentes estados nacionales que conforman una federación tenían el derecho de elevar el idioma propio a lengua oficial. En palabras de Ginebra (*ibid*.: 362), la expresión jurídica de la soberanía nacional era para Rovi-

---

[272] Para profundizar en la cuestión de la delimitación entre lenguas y dialectos, véase Kremnitz 2008: 11-20.

ra la oficialidad. Así pues, en el caso concreto de Cataluña, exigía la oficialidad del catalán en el propio Estado nacional derivado de la composición federal de España. Para fundamentar la defensa de la soberanía lingüística como expresión de la soberanía nacional, Rovira recurría a la autoridad de Pi i Margall, estableciendo una intertextualidad explícita. Ginebra señala que, pese a que a primera vista no hubiera elementos visibles en Pi que hicieran referencia a la idea de la oficialidad, Rovira encontró algunas alusiones en las que el autor ochocentista se declaraba a favor del uso oficial del catalán (*ibid.*: 363)[273]. De hecho, en el epígrafe dedicado a Pi i Margall (4.5.3) se había comentado que, en alguna ocasión, este autor había reivindicado la oficialidad de las "lenguas regionales" españolas.

Si bien otras figuras como Almirall (fase B) e incluso el mismo Pi i Margall (fase A) habían señalado la conveniencia o necesidad de oficializar el catalán, ninguno de ellos cuestionaba el estatus jurídico del castellano. Aquí se halla una primera diferencia entre los citados autores y Rovira i Virgili, quien además fue el primero en argumentar, de manera lógica y con fundamentos sólidos, el principio de oficialidad exclusiva que propugnaba[274]. En su defensa por la lengua, Rovira criticaba la imposición del castellano en Cataluña que consideraba como un acto de despotismo; en este sentido, expresaba una opinión muy similar a la de Almirall o Guimerà. El periodista tarraconense no se limitaba a la defensa del catalán sino que creía necesaria una "gran ofensiva" para poder recuperar la oficialidad perdida bajo Felipe V (cf. Sobrequés i Callicó 2002: 144).

Siguiendo la teoría de que cada nación tenía su propio *Volksgeist* y, por tanto, su propia lengua nacional, para Rovira i Virgili la oficialidad debía ser exclusiva. Es de sobras conocido que combatió el régimen del bilingüismo a lo largo de su trayectoria y de manera más persistente durante los debates surgidos a raíz del proceso de aprobación del *Estatut* republicano y el consiguiente establecimiento de la doble oficialidad en Cataluña. Ejemplo de ello fue su propuesta a favor del sistema universitario monolingüe: Rovira reivindicaba la existencia de una universidad de lengua catalana que acogiera también otras lenguas como la castellana pero se mostraba contrario a la universidad bilingüe. Su insistencia por el primer modelo le llevaba a preferir la coexistencia de dos universidades monolingües distintas en lugar de una sola bilingüe. A su entender, esta última sería una fuente

---

[273] Como indica Ginebra (2006: 362-363), fue precisamente la autoridad de Pi i Margall la que le sirvió para rebatir los argumentos a favor del monolingüismo de los federales españoles y también de los radicales catalanes encabezados por Lerroux, a los que acusaba de no ser verdaderamente federales.

[274] Es preciso mencionar que Prat de la Riba y Fabra se inclinaban también por este mismo modelo.

constante de conflictos y la imagen cultural de lo que Prat había denominado la monstruosa bifurcación del alma catalana (cf. Ginebra 2006: 308). Tras los debates en las Cortes y contrariamente al ideal de Rovira, en 1933 se acordó la instauración de la *Universitat Autònoma de Barcelona* dirigida por un patronato mixto del Gobierno republicano y de la *Generalitat* (cf. *ibid.*: 312).

Fiel a los postulados de un monolingüismo oficial a favor del catalán, Rovira opinaba que los funcionarios del Gobierno central que trabajaran en Cataluña debían conocer el catalán (cf. *ibid.*: 384) para poder garantizar a todos los catalanohablantes el derecho de uso de su propia lengua. Sin embargo, en las relaciones con el poder central de la federación y con el resto de Estados integrantes de habla no catalana, así como en el parlamento de la federación, preveía que la lengua vehicular fuera el castellano. En su opinión, esta concesión no violaba el derecho más importante que era el derecho de plenitud de uso en Cataluña y sería visto además como una muestra de voluntad de convivencia política (cf. *ibid.*: 385). En este último aspecto, los postulados de Rovira eran más flexibles que las reivindicaciones lingüísticas de las *Bases de Manresa* (1892), que establecían que el catalán fuera oficial también en las relaciones con el poder central. Por otro lado, cabe señalar que las ideas de Rovira referentes a la oficialidad del catalán y su uso en el ámbito administrativo eran algo similares a las de Pi i Margall, quien en alguna ocasión se había mostrado favorable al hecho de que el personal de la Administración y de la Justicia conociera las lenguas regionales que, a su entender, debían oficializarse.

Al inicio de este epígrafe se ha enfatizado la importancia que Rovira i Virgili atribuía al sistema escolar como instrumento de nacionalización. De hecho, Rovira contribuyó de manera activa a este intento de nacionalización a través de la escuela tanto en sus escritos teóricos como en su obra de carácter más práctico. Asimismo, durante la dictadura de Primo de Rivera, protestó contra el intento de imponer el castellano en las escuelas –tal y como se prescribía en el *Boletín Oficial de la Provincia de Gerona* el 23 de octubre de 1923–, denunciando que era una interpretación errónea de las directrices establecidas (cf. Ginebra 2006: 288). Consciente de la centralidad de la enseñanza como uno de los mayores instrumentos de nacionalización, Rovira dedicó numerosas reflexiones a la defensa del uso del catalán como lengua vehicular en el ámbito escolar. Siguiendo esta línea argumentativa, consideraba que el castellano en la escolarización era el principal medio de descatalanización. Es preciso recordar que, en lo que concierne a la introducción de la lengua en la escuela, Almirall había sido una figura precursora al exigir no solo su estudio como materia sino también como lengua vehicular, si bien cabe decir que nunca llegó a mostrarse partidario del monolingüismo escolar como lo hizo Rovira.

En los años anteriores a la dictadura de Primo de Rivera, Rovira había denunciado que Cataluña no tenía un amplio sistema docente en lengua propia (cf. Ginebra 2006: 251); y también había rechazado abiertamente el bilingüismo en la enseñanza. No obstante, fue especialmente durante el periodo republicano cuando sus reivindicaciones con respecto al régimen lingüístico escolar se hicieron más persistentes. En líneas generales y siguiendo el principio de las minorías nacionales y el derecho a la soberanía lingüística, Rovira proponía el sistema monolingüe catalán en la docencia a todos los niveles: Cataluña era la nación y la población no catalana la minoría (cf. *ibid.*: 297). Conviene puntualizar que para establecer esta diferenciación Rovira partía de la base de que la sociedad catalana de principios del siglo pasado era una sociedad monolingüe[275], hecho que ya no podría afirmarse a partir de las décadas de los cincuenta y sesenta del mismo siglo.

En la educación primaria no excluía la enseñanza del castellano y de otros idiomas, pero no como lengua vehicular sino en la categoría de segundas lenguas. Al mismo tiempo, en virtud de su pensamiento liberal, pretendía garantizar la enseñanza en español a los alumnos de lengua materna castellana (cf. *ibid.*: 395-396). Como consecuencia del principio liberal, para Rovira, las minorías debían tener garantizada la enseñanza en lengua materna; por tanto, las escuelas para hijos de padres no catalanes deberían tener el castellano como lengua vehicular. Precisamente ahí es donde, en nuestra opinión, la concepción roviriana presenta cierta inconsistencia: Rovira señalaba que los castellanohablantes en Cataluña no formaban una minoría en el sentido tradicional de la palabra, sino un grupo inmigratorio al que no necesariamente debía aplicarse el principio de las minorías; por tanto, si se les concedía el trato de minoría debía considerarse un gesto liberal y generoso por parte de Cataluña. En este sentido, la posición de Rovira muestra cierta falta de consistencia, especialmente si se tiene en cuenta que no llegó a establecer en detalle las consecuencias prácticas de su propuesta en el sistema docente y que, como apunta Ginebra, el planteamiento de Rovira con respecto a la concesión de la docencia en castellano parecía tener un carácter transitorio. Por otro lado, en sus escritos tampoco planteó de manera concreta el modelo lingüístico en la educación secundaria y superior (cf. *ibid.*: 396), si bien había rechazado abierta y repetidamente la implantación del bilingüismo.

---

[275] Según Ginebra (2006: 394) esta idea se encuentra presente en la obra de Rovira hasta los años treinta. De hecho, consideraba que el catalán era capaz de absorber lingüísticamente a los inmigrantes de habla no catalana, la mayoría de los cuales, en su opinión, estaban completamente catalanizados en la tercera generación. Solo fue desde el exilio, en la década de los cuarenta, cuando empezó a cuestionarse el futuro de la lengua catalana.

Aunque quizás para algunos desde una perspectiva bastante radical, Rovira i Virgili planteó de manera sistemática aspectos que todavía hoy no han sido resueltos en el marco de la España plurinacional y, a pesar de presentar alguna laguna explicativa, intentó proponer soluciones tanto teóricas como prácticas a distintas cuestiones de gran relevancia a día de hoy.

4.5.10. *Análisis y conclusiones*

Del análisis de los autores estudiados y a pesar de la variedad de posicionamientos políticos y de sus planteamientos descentralizadores, se puede concluir que prácticamente durante todo el siglo XIX ninguno de ellos ponía en tela de juicio la unidad española. Ni siquiera en los trabajos de Almirall o Torras i Bages –por citar los nombres que indica Termes (a los que también podríamos añadir otros como Joan Cortada, Milà i Fontanals, Pi i Margall, Víctor Balaguer)– se cuestionaba la pertenencia de Cataluña al marco político español:

> Ni *Lo Catalanisme* d'Almirall ni *La tradició catalana* de Torras i Bages [...], tot i defensar, cadascú a la seva manera, la descentralizació i raonar-ho amb arguments historicistes, no posaven en dubte l'aposta generalitzada de les elits culturals catalanes per una Espanya unida però descentralitzada (Termes 2000: 61).

Si bien es cierto que Almirall y Torras i Bages proponían una regeneración de España –el primero a través del federalismo y el segundo a través del regionalismo– en la que Cataluña tuviera una función destacada, no fue hasta entrado el siglo XX, con la eclosión de un movimiento exclusivamente catalanista en 1901 y el triunfo generalizado de los catalanistas en las elecciones[276], motivado en parte por la crisis que vivía España desde el Gran Desastre de 1898, cuando se propuso un modelo alternativo en el que Cataluña debía adquirir un nuevo papel. Cataluña, pues, dejaba de ser entendida como una parte integrante de España, una región[277], y pasaba a ser considerada una "nación"/"nacionalidad" autónoma. Basándose en el principio de solidaridad, Cataluña debía formar parte de una confederación ibérica, tal y como propugnaban Prat de la Riba y Rovira i Virgili, pero con una estructura estatal propia.

---

[276] De las que surgirá la *Lliga Regionalista*.

[277] Es preciso recordar que, aunque autores como Balaguer hubieran usado a veces el término nación para referirse a Cataluña, consideraban que España era la "gran nación", aceptándola también como la nación de los catalanes. Asimismo, Almirall entendía España como nación, aunque señalara que se trataba de una nación compuesta. De los autores que forman el corpus, Prat de la Riba se convierte en un punto de inflexión al rechazar el papel de España como nación y considerar únicamente a Cataluña la nación de los catalanes; un posicionamiento que en este aspecto se asemeja al de Rovira.

Antes de comparar las concepciones lingüísticas de los autores escogidos, es preciso recordar cuáles eran las líneas básicas de su pensamiento político con respecto a Cataluña y su relación con España. Para Cortada, Cataluña era la patria de los catalanes; España era tanto el Estado como la nación, patria común de los españoles. Este autor hablaba de la "familia española" y de la solidaridad de los catalanes con respecto al resto de "hermanos" españoles. Milà i Fontanals veía también en Cataluña la patria y en España la nación de todos los españoles, incluyendo a los catalanes. Al igual que las figuras anteriores, Pi i Margall reservaba, por un lado, la categoría de nación para España y, por otro, consideraba a Cataluña su patria; al mismo tiempo, este autor reivindicaba la creación de una república compuesta por Estados federales. A diferencia de Prat de la Riba o Rovira i Virgili, cuyo federalismo era de tipo nacional, el federalismo pimargalliano podría calificarse de regional. Balaguer, por su parte, empleaba una terminología un tanto confusa, al señalar en algunas ocasiones que Cataluña era la nación, valor que le atribuía otras veces a España. Sin embargo, el sentido que confería Balaguer a Cataluña era el de patria o nación pequeña, en contraposición a la nación grande, representada por España. Asimismo, en su *Historia de Cataluña y de la Corona de Aragón* (1860-1863), afirmaba que España debía formar un pueblo único pero confederado. Almirall contribuyó de manera decisiva a la politización del movimiento cultural de la *Renaixença*. Para este político, España seguía siendo la nación pero su visión partía de la necesidad de una profunda renovación política basada en una nación federada formada por Estados autónomos; idea que en cierto modo recuerda a la propuesta por Balaguer, si bien este último nunca formuló un proyecto político claramente definido. Torras i Bages establecía una clara diferenciación entre la "región", entendida como un ente natural, y el Estado, como un ente artificial; la asunción del Estado como una entidad artificial es también un elemento que aparecerá en el pensamiento pratiano, así como el origen divino de la región que en Prat se ve ya convertida en "nación". Para Torras i Bages, Cataluña era la región y España el Estado y, a pesar de referirse en ocasiones a la nación catalana, solo le confería a esta el sentido de nación histórica. Este eclesiástico proponía la regeneración de España a través del regionalismo y de un acercamiento de las entidades naturales con las artificiales. Por su parte, Prat supuso un punto de inflexión en el *catalanisme* al establecer una clara distinción entre la nación y el Estado, heredera en cierto modo de la dicotomía región/Estado que postulaba Torras i Bages; y se distinguió de los demás autores al enfatizar que Cataluña era la patria y la única nación de los catalanes. Cataluña, como nación ("nacionalitat"), debía formar su propio Estado, el Estado catalán. No obstante, no proponía un modelo separatista sino que propugnaba la creación de un Estado confederado compuesto por diferentes Estados autónomos. De la ideología lingüística de Fabra, se puede deducir que, como Prat, también consideraba a Cataluña como la única nación de los catalanes. Fabra pretendía hacer del catalán una lengua nacional y plenamente autónoma desde el punto de vista lingüístico y entendía bajo nación catalana el conjunto de territorios de habla catalana. Finalmente, Rovira i Virgili postulaba que Cataluña era una nación y que, como tal, debía poseer un Estado propio y formar una confederación con el resto de Estados nacionales de España. La diferencia entre el federalismo de Prat de la Riba y de Rovira i Virgili con respecto a Pi i Margall es que este último se basaba en un federalismo regional, mientras que los primeros postulaban un *catalanisme* basado en la idea del federalismo nacional. Por otro lado, la diferencia entre Prat de la Riba y Rovira i Virgili reside en que el primero partía del conservadurismo católico; mientras el *catalanisme* federalista del segundo era más bien progresista.

Teniendo en cuenta las diferencias de planteamientos, debe destacarse que la idea de la solidaridad con los diferentes pueblos de España –sean considerados regiones o naciones– es prácticamente una constante desde Joan Cortada hasta Antoni Rovira i Virgili, al igual que la idea de la (con)federación, presente por ejemplo en Balaguer, Almirall, Prat e incluso Rovira. Se puede decir, de hecho, que el federalismo y la idea de pacto con los otros pueblos ibéricos es un fenómeno fuertemente arraigado al *catalanisme* desde sus orígenes y que ha tenido seguidores hasta la actualidad. Desde Pi i Margall, considerado el gran ideólogo del federalismo y que proponía el pacto federal como único medio de conseguir la unidad de las regiones españolas, hasta Francesc Macià, quien tras diversos intentos separatistas en 1931 había proclamado el Estado catalán dentro una Federación de Repúblicas Ibéricas, pasando por Almirall, Prat de la Riba o Rovira i Virgili, el federalismo, basado en la solidaridad con España, ha desempeñado un papel muy importante en la configuración de la ideología catalanista. Por tanto, se puede concluir de manera rotunda que ninguna de las concepciones políticas de los autores estudiados en el corpus, incluidas las posiciones más radicales de Prat o de Rovira, es separatista o independentista. No obstante, debe establecerse una clara diferencia, por un lado, entre autores como Milà o Balaguer, que afirmaban una doble identidad no excluyente, castellana y catalana al mismo tiempo, e incluso Almirall que, a pesar de haber insistido en distinguir el carácter catalán del el catalán, se distanciaba de cualquier exclusivismo (político pero también traducido al ámbito lingüístico) y, por otro, entre autores como Prat de la Riba y Rovira, que rechazaban la idea de la doble identidad y propugnaban abiertamente una identidad catalana exclusiva.

Esta evolución dentro del *catalanisme*, que se plasma a través del pensamiento político de los autores mencionados, ocurre de manera paralela a las reflexiones sobre el papel de la lengua para la identidad nacional como se tratará de resumir a continuación. Si bien se puede decir que las figuras de Cortada, Milà i Fontanals,

Pi i Margall y Balaguer desempeñaron un papel importante en la recuperación del catalán y, sobre todo, en el despertar de una conciencia lingüística catalana, contribuyendo a la dignificación y glorificación de la lengua, no es menos cierto que ninguno de ellos llegó a cuestionarse la posición del castellano como lengua nacional de España y, por tanto, de Cataluña. Aquí debe citarse la excepción de Balaguer, que en su discurso de los *Jocs Florals* de 1868 (JF 1868: 34), puso en duda que la denominación de "llengua nacional" se reservara únicamente al castellano. A pesar de ello, el historiador y político nunca reivindicó un estatus jurídico para el catalán, aspecto que, por otra parte, le vuelve a acercar a los autores mencionados. Aun salvando esta excepción y teniendo en cuenta la asunción generalizada del castellano como lengua nacional durante casi todo el siglo XIX, no debe extrañar la ausencia de elementos que permitan hablar de una reivindicación político-lingüística en todas las figuras mencionadas. Al asumir que el castellano era la lengua nacional de España, aceptaban en cierto modo la situación diglósica existente desde el siglo XVIII y, en consecuencia, no reivindicaban un mayor uso social del catalán ni su transformación en una verdadera lengua de cultura. Recordemos, por ejemplo, que en alguna ocasión Milà había cuestionado la "aptitud" de los "dialectos locales" como vehículo de comunicación de la alta cultura, poniendo en tela de juicio la viabilidad de estas lenguas en los ámbitos formales. En este contexto, es significativa la descripción de la situación diglósica que hace Cortada en *Cataluña y los catalanes* (1860). Cortada destacaba las dificultades que esta situación provocaba a los catalanes pero, por otra parte, parecía no cuestionar el *status quo*:

> En catalan hablamos en familia, en catalan en las diversiones, en catalan ventilamos todas nuestras cuestiones, en catalan tratamos todos nuestros negocios, rezamos en catalan, y sobre todo en catalan pensamos, y al hablar ó escribir en castellano ejecutamos siempre el improbo y arriesgadísimo trabajo de ir traduciendo en una lengua lo que hemos pensado en otra (1860: 56).

El fragmento citado describe la situación del catalán en la década de los sesenta del siglo XIX e ilustra que, a pesar de la diglosia que se observa desde principios del siglo XVIII, el valor comunicativo del idioma en esa época estaba muy extendido, pues seguía siendo una lengua comúnmente hablada en la vida cotidiana.

El mismo Balaguer mostraba cierta asunción del *status quo* en el discurso de los *Jocs Florals* de 1868, en el que, si bien era consciente de la diglosia, enfatizaba que el catalán seguía siendo la lengua afectiva, la que los catalanes llevaban dentro: "May lo castellá será pera nosaltres de tant franca naturalesa com es lo catalá, que la castellana es sols la llengua dels llavis mentres que la catalana es la del cor. Aquella es la de las escolas, aquesta es la de las mares" (JF 1868: 34).

La "aceptación" de la diglosia o, en otras palabras, la asunción de la distribución funcional asimétrica de ambas lenguas, se refleja también en las propias prácticas de los autores *renaixentistas*, como Milà i Fontanals y Rubió i Ors, que utilizaban el castellano al escribirse entre sí o incluso al dirigirse a la propia familia[278]. Prat de la Riba, en *La nacionalitat catalana* (1906), describía así el comportamiento de los hombres de la *Renaixença*: "Ploraven els mals de la llengua catalana, i a casa seva parlaven en castellà" (1977: 48). En este sentido, las palabras de Moran i Ocerinjauregui son significativas, pues desvelan la contradicción en la que se encontraban los representantes de la *Renaixença* y los liberales catalanes:

> Els primers representants d'aquest moviment adoptaren una posició contradictòria: estimaven Catalunya, la seva llengua, la seva història i les seves particularitats en general, especialment el dret, però no van formular cap programa coherent de normalització del català, sinó que participaven d'una manera o altra en les activitats del nou règim que bandejava totalment el català de la vida pública (1994: 189).

Si tratamos de adoptar el modelo de Hroch, se puede concluir que los cuatro primeros autores estudiados (Cortada, Milà i Fontanals, Pi i Margall y Balaguer) pertenecen a la fase A (1833-1879) en la que tiene lugar una dignificación y glorificación sistemática de la lengua (véase el cuadro sinóptico representado en la tabla 4). Debe señalarse que –a pesar de haber adoptado el castellano en ámbitos formales, especialmente escritos, mostrando así un comportamiento que hoy muchos estudiosos no dudarían en calificar de diglósico– Pi i Margall fue un precursor en cuanto a la reivindicación de la oficialidad de las "lenguas regionales" de España. No obstante, su reivindicación lingüística no fue sistemática ni tampoco se convirtió en uno los aspectos centrales de su actividad política a diferencia de otros autores como Almirall, Prat de la Riba o Rovira i Virgili. En resumidas cuentas, todas las figuras de la fase A no solo muestran una actitud lingüística favorable hacia la lengua catalana sino también una actitud mucho más positiva frente al castellano, que seguía siendo asumida como la lengua nacional de España (y Cataluña) y la de mayor prestigio.

En Torras i Bages y en Almirall, autores que pertenecen a la misma generación, se pueden observar algunas similitudes, salvando –claro está– las grandes diferencias ideológicas. Estos paralelismos también han sido observados por Horst Hina, que incluye a ambos dentro del movimiento regionalista:

---

[278] En el epistolario de Milà i Fontanals la correspondencia de este con Rubió i Ors está redactada en castellano (1875). También las cartas de Josep Balari i Jovany dirigidas a Milà en 1880 están escritas en castellano. Asimismo, Manuel Milà se dirigía por escrito a su hermano Pau en castellano (1876). Véase el *Epistolari d'en Milà i Fontanals* recopilado por L. Nicolau D'Olwer.

Almirall, Mañé i Flaqué und Torras i Bages haben trotz der Unterschiedlichkeit ihrer Programme eine gesellschaftspolitische Konzeption, den *Regionalismus*, der den Rahmen ihres Katalonien-Verständnisses abgibt. Sie verfolgen mehr oder weniger präzise politische und soziale Ziele, die sie mittels ihrer katalanistischen Programme verwirklichen wollen (1978: 173).

Torras i Bages podría definirse como tradicionalista, mientras que el mejor calificativo para definir a Almirall sería el de federalista. Así pues, la visión torrasiana debería adscribirse al nacionalismo tradicionalista o étnico, basado en la idea de una comunidad histórica natural que posee unos elementos identitarios como la historia, las tradiciones, la cultura, la lengua y, en el caso concreto de Torras, también la religión. En cuanto a la de Almirall, se adscribiría a la corriente liberal, centrada en la noción de ciudadanía, de igualdad de derechos, es decir, en la idea del pacto libre, visión que –recordemos– había heredado de Pi i Margall y de la tradición federalista. Desde posicionamientos muy divergentes, ambos coinciden en hacer apología del catalán y de su uso, contribuyendo de manera activa a su expansión social y a su transformación en una lengua de cultura; en otras palabras, participaron en la normalización y en la expansión efectiva del valor comunicativo del catalán. A diferencia de Almirall, en Torras i Bages la defensa del catalán no es una reivindicación consciente o de carácter político sino pragmática, pues atribuye a la lengua un valor eminentemente instrumental. Almirall tuvo un papel esencial en la incorporación del catalán en los medios de comunicación de masas, siendo el fundador y director del *Diari Català* creado en 1879. Si bien ambos autores entrarían dentro de la fase B (1880-1900) propuesta por Hroch, en la medida en que contribuyeron activamente a extender el uso social del catalán y hacer de él una lengua de cultura, es decir, de la literatura, la prensa, etc. (y en el caso de Torras i Bages también de los ámbitos de uso religiosos), no es menos cierto que la figura de Almirall traspasa los límites de la fase B y muestra elementos que podrían incluirse en la fase C (1901-1932). En este sentido, como se indica en la tabla 4, este político se situaría a caballo entre las etapas B y C. La posición de Almirall en cuanto a la reivindicación del estatus legal del catalán, propugnando la doble oficialidad, es precursora de la fase C, en la que las demandas lingüísticas con respecto al catalán oscilan entre la cooficialidad y la oficialidad exclusiva con un claro predominio de esta última variedad, como nos demuestran los ejemplos de Prat de la Riba y de Rovira i Virgili. En Almirall se observa, además, una lucha persistente por elevar el prestigio de la lengua catalana, su estatus y su valor comunicativo.

Como Almirall, Fabra también vacilaría entre las fases B y C, si bien se le puede atribuir un peso hegemónico en C. En el ámbito lingüístico, uno de los principales objetivos de Fabra era convertir el catalán en una verdadera lengua de cultura (lengua moderna de cultura) y, por tanto, hacerla "apta" para cualquier uso social, "indefinidament apta" (sirviéndonos de las palabras de Carles Riba). Dicho de otro modo, el objetivo de Fabra era que el catalán fuera una lengua funcional con valor comunicativo real en todas las esferas, esto es, tanto en el ámbito privado como en el público; su postura difería, pues, de la de Milà i Fontanals que, mostrando cierto prejuicio lingüístico, dudaba de la "aptitud" del catalán para los usos formales, es decir, de su "viabilidad" como lengua de alta cultura. Consciente del estado en el que se encontraba el idioma, Fabra sabía que para conseguir ese propósito era necesaria la normativización y que, a su vez, esta última era un requisito para convertir el idioma en lengua nacional. Se puede decir que dos de los propósitos centrales del célebre lingüista coinciden respectivamente con los objetivos principales de las fases B y C. De ahí que quede justificada su pertenencia a las dos etapas.

Por último, en cuanto a Prat de la Riba y Rovira i Virgili, si bien no se puede excluir cierta relevancia de ambos autores en la fase B, la etapa que mejor se corresponde a su concepción lingüística es la C (véase tabla 4). Es incuestionable que, desde posturas distintas, tanto Prat como Rovira fomentaron la creación de una lengua moderna de cultura, apoyando la obra codificadora de Fabra[279], pero contribuyeron de manera especial al establecimiento del catalán como lengua nacional de Cataluña. En términos prácticos, esta aportación se tradujo en una coherente reivindicación político-lingüística, que iba más allá de la demanda de cooficialidad que proponían Almirall y muchos otros representantes de la fase B, y dieron un paso más al propugnar el modelo de oficialidad exclusiva. Para estas dos figuras, el catalán era una lengua de prestigio, la lengua nacional catalana, a la que correspondía un estatus jurídico comparable al castellano, expresado en forma de oficialidad no compartida, y una funcionalidad en todas las esferas, es decir, un valor comunicativo que pasara también por los ámbitos de uso formales y oficiales.

Tanto Fabra como Prat y Rovira fueron herederos de la visión romántica que unía, de manera indisociable, lengua y nación. Para estos tres catalanistas, la lengua era un elemento clave de la nación y su máxima expresión. Sin embargo, la concepción de Rovira superaba la visión pratiana al hacer predominar el peso de la conciencia y de la voluntad sobre los elementos naturales constitutivos de la nación (historia, cultura, lengua y derecho). Así pues, el pensamiento de Prat de

---

[279] Prat de la Riba murió en 1917, es decir, antes de la culminación de la obra de Fabra. Sin embargo, desde la institución de la *Mancomunitat* impulsó la obra fabriana y contribuyó a su realización a pesar de la distancia ideológica que existía entre ambos a la que ya se ha hecho referencia.

la Riba debería adscribirse al nacionalismo étnico, mientras que el de Rovira i Virgili se erige como una síntesis equilibrada entre el nacionalismo étnico y el liberal (cf. Ginebra 2006: 417-418).

La reivindicación del catalán en la enseñanza aparece en varios autores del corpus a partir de la fase B. Almirall fue, entre todos ellos, pionero en la defensa del uso del catalán en la enseñanza, no solo como materia sino como lengua vehicular. Las razones que aducía eran tanto pedagógicas, por ser la lengua materna de los escolares, como instrumentales, esto es, como medio eficaz para la catalanización. La propuesta de Almirall sostenía la introducción del catalán como primera lengua, es decir, como lengua vehicular, y la enseñanza del castellano como segunda. Torras i Bages, en cambio, solo mencionaba la cuestión de la lengua en relación a la enseñanza del catecismo, defendiendo el uso de la lengua propia en la doctrina cristiana por motivos prácticos. A su entender, "l'ensenyar el coneixement de Déu, això és, el Catecisme, als infants en llengua castellana, és un costum detestable, perniocíssim i destructiu de la fe". Otro autor que se refirió al uso de la lengua en la educación fue Rovira i Virgili (fase C), quien, al igual que Almirall, reivindicaba el catalán como lengua vehicular de la enseñanza, ya que también reconocía la centralidad de los idiomas como instrumento de nacionalización. No obstante, la diferencia entre ambos reside en que Rovira proponía un sistema monolingüe (en catalán) en la docencia a todos los niveles, incluido el universitario y también concedía el derecho a recibir enseñanza en lengua materna a los hijos de padres no catalanes que, a su entender, deberían tener el castellano como lengua vehicular. En lo que a esta concesión se refiere, es preciso señalar que en esa época el porcentaje de alumnos con el castellano como lengua materna no tiene nada que ver con la situación actual, donde el número es mucho más elevado.

Por último y aunque resulte obvio, es importante resaltar un aspecto común que queda expresado, de manera explícita o implícita, en la concepción lingüística de todos los autores estudiados: la asunción de la unidad de la lengua catalana o, dicho de otro modo, del reconocimiento de la unidad lingüística de los territorios de habla catalana. De manera explícita lo señalaron Milà i Fontanals, Fabra, Prat de la Riba y Rovira i Virgili. Milà i Fontanals lo hizo, por ejemplo en el año 1865, en su *Resenya histórica y crítica dels antichs poetas catalans*; Fabra en innumerables ocasiones como codificador de la lengua y creador de una norma supradialectal; y Prat de la Riba en el artículo "La unitat de la llengua catalana", publicado en enero de 1913 con motivo de la promulgación de las *Normes* del *Institut d'Estudis Catalans*. Asimismo, Rovira i Virgili defendió siempre la idea de una nación catalana formada por los territorios de habla catalana. También cabe decir que Pi i Margall (1986: 20) asumía la unidad lingüística del catalán a pesar de

que considerara absurda la unión de sus territorios en forma de nación independiente. Un caso aparte sería el de Balaguer, conocido por su adhesión al *felibritge*
y profundamente convencido de que el catalán y el provenzal formaban parte de
un *continuum* lingüístico, dentro del cual también incluía los territorios de Valencia, Mallorca y Rosellón. A pesar de haber sido coetáneo de Milà i Fontanals, el
pensamiento de ambas figuras era muy divergente en este aspecto. Mientras que
Balaguer tardó en renunciar a sus ideas *felibres*, es bien sabido que Milà abandonó tempranamente el lemosinismo de su juventud, realizando ya en 1861 la primera aportación fundamentada sobre la individualidad del catalán respecto del
provenzal.

La siguiente tabla ofrece un esquema de la adscripción de los citados autores a
las etapas A, B y C del modelo de Hroch:

TABLA 4
Clasificación de los autores siguiendo el modelo de Hroch

Fases	Autores	Objetivos principales
Fase A (1833-1879)	Joan Cortada (1805-1868)	Dignificación y glorificación de la lengua
	Manuel Milà i Fontanals (1818-1884)	
	Francesc Pi i Margall (1824-1901)	
	Víctor Balaguer (1824-1901)	
Fase B (1880-1900)	Josep Torras i Bages (1846-1916)	Lengua de cultura y expansión del uso social
	Valentí Almirall (1841-1904)	
Fase C (1901-1932)	Pompeu Fabra (1868-1948)	Camino hacia una lengua nacional
	Enric Prat de la Riba (1870-1917)	
	Antoni Rovira i Virgili (1882-1949)	

Aunque algunos autores dentro de una misma fase podían tener actitudes e ideas
lingüísticas distintas, existen puntos en común que indican que compartían un
mismo objetivo principal, determinado por la etapa en cuestión. De ahí que, a
pesar de las diferencias, exista una clara evolución del discurso catalanista con
respecto a la lengua a lo largo del periodo seleccionado (1833-1932). Así pues, es
posible establecer tres fases discursivas que se caracterizan por enfatizar elementos diferentes y que a su vez pueden enmarcarse en el modelo trifásico de Hroch.

En líneas generales y teniendo en cuenta que cualquier intento de sistematización puede incurrir en simplificaciones no exentas de excepciones, el discurso "presociolingüístico" catalán[280] se puede dividir en tres etapas en las que predomina un tipo de discurso determinado (tabla 5). Obviamente, esto no excluye el hecho de que no existan ejemplos de los otros discursos en las correspondientes fases.

1) *Discurso identitario conciliador con una clara aceptación (implícita o explícita) de la situación diglósica* (fase A). Con una postura conciliadora entre el catalán y el castellano, enfatiza frecuentemente que el uso de la primera no implica el abandono de la segunda. La defensa del catalán (lengua subordinada y de menor prestigio) implica el elogio al castellano (lengua dominante y prestigiosa) y la alabanza de sus cualidades. Además de intentar conciliar ambos idiomas, este discurso suele asumir o aceptar de manera implícita o explícita la situación de dominancia del castellano y su mayor prestigio como lengua de uso formal; en otras palabras, no se cuestiona la situación de diglosia favorable al castellano, que de modo generalizado se sigue considerando la lengua "nacional". Al mismo tiempo, de manera lenta pero progresiva el catalán también se comienza a percibir como una lengua adecuada para la alta cultura, de modo que tímidamente se empieza a entrever una situación de cambio. Asimismo, se dan numerosos ejemplos apologéticos de defensa del catalán como lengua y no como dialecto, aunque excepcionalmente algunos autores catalanes todavía dudan de su rango como lengua. En general, se puede afirmar que, si bien siguen existiendo ciertas actitudes lingüísticas negativas por parte de sus hablantes (cada vez más aisladas), basadas en prejuicios infundados, se constata un cambio significativo en la percepción de la propia lengua y una actitud lingüística positiva hacia esta.

Este discurso conciliador, que acepta la diglosia implícita o explícitamente, es el empleado por intelectuales como Cortada, Milà i Fontanals, Pi i Margall y Balaguer, aunque también podría incluirse a Antoni de Bofarull, Joan Mañé i Flaquer y Joaquim Rubió i Ors. En general, se puede afirmar que es el discurso hegemónico durante los primeros años de la restauración de los *Jocs Florals*: a modo

---

[280] Existe un cierto consenso en la periodización de la historia de la sociolingüística catalana que se divide, según Emili Boix y Xavier Vila (1998), y muchos otros sociolingüistas catalanes como Strubell o Vallverdú, en tres etapas: el periodo presociolingüístico, el antifranquista y el autonómico. En cuanto al primero, que es el que nos interesa aquí, Boix y Vila destacan las iniciativas que se consideran parte de la sociolingüística en un sentido amplio pero con anterioridad a la constitución de esta como disciplina autónoma. Señalan que los precursores se enmarcan en el siglo XIX, pero destacan especialmente el trabajo bajo la dirección de Pompeu Fabra en el marco del IEC y el amparo de las instituciones de la *Mancomunitat* y, posteriormente, de la *Generalitat* republicana. También mencionan las reticencias con respecto al bilingüismo de este periodo.

ilustrativo se puede señalar los discursos presidenciales de Manuel Milà i Fontanals (1859), Lluís Gonzaga (1861) o Víctor Balaguer (1868). Para dar cuenta de esto, reproducimos un breve fragmento del discurso de Gonzaga que enfatiza la idea de conciliación:

> [...] no deixes morir la llengua, si vols que visca la patria; honra ton bressol, y honrarás ta bandera; *fes gran á la provincia, y farás á la nació més gloriosa*: com rica y encantadora fan la dilatada vega los purs raudals que, partint de distincts punts, van á nudrirla [...].

> Tot es, donchs, fraternal en nostres jochs, tot es noble, tot es digne tot (JF 1861: 30; énfasis nuestro).

Cabe resaltar que Pi i Margall, como figura precursora de la fase posterior, había llegado a reivindicar en la fase A la oficialidad de las "lenguas regionales" de España. En resumidas cuentas, este tipo de discurso se enmarca dentro de la fase A propuesta por Hroch y sería representativo de buena parte de la generación de la *Renaixença*.

2) *Discurso identitario conciliador con propuestas reivindicativas*, asociado generalmente a la demanda de cooficialidad (fase B). Cuestiona el *status quo* tanto en lo que se refiere al estatus jurídico del catalán como a su prestigio y valor comunicativo y, en consecuencia, propone alternativas para superar la situación diglósica y mejorar el estatus legal de la lengua vernácula: en términos generales, reivindicando un uso social más extenso y, en términos políticos, vinculado principalmente a propuestas de oficialidad compartida, si bien también deben mencionarse varios intentos de establecer la oficialidad exclusiva (por ejemplo *Bases de Manresa*). Suele presentarse como un discurso conciliador entre el castellano y el catalán; pretende autojustificarse pero, al mismo tiempo, no deja de enfatizar las cualidades del castellano y el reconocimiento de los catalanes hacia esa lengua. Sin embargo, de manera implícita comienza a cuestionarse el papel de esta última como lengua nacional. Es frecuente también el rechazo explícito a la idea de que el catalán es un dialecto, reafirmando así su categoría de lengua y mostrando una actitud lingüística positiva hacia el propio idioma.

Almirall podría considerarse un ejemplo paradigmático de este tipo de discurso, pues sus esfuerzos por normalizar la lengua catalana y por reivindicar el estatus jurídico de doble oficialidad son bien conocidos. Es preciso recordar que Almirall, a diferencia de autores de la fase posterior como Prat o Rovira, rechazaba el "exclusivismo" y, por tanto, la oficialidad única del catalán. En su discurso del *Ateneu Barcelonès* en 1896 señalaba que "[n]o's tracta de rebaixar en lo més mínim los drets ni l'importancia de la llengua castellana, que seguiria essent tant oficial com és avuy, si bé que compartint l'oficialitat ab sas germanas" (1896: 24).

El posicionamiento del dramaturgo Àngel Guimerà también se puede enmarcar dentro de este tipo discursivo, aunque con algunos matices. Guimerà, además de defender el monolingüismo literario, abogaba por una expansión del uso social del catalán (por ejemplo, reivindicaba el uso de la lengua catalana en todos los niveles educativos y la obligación de los funcionarios de los tribunales de justicia que ejercían en Cataluña de conocer el catalán). Incluso podría decirse que proponía su oficialización al afirmar que: "Y tot lo que's vol reivindicar pera'ls fills de Cataluña ho volen pera les sevas respectivas llenguas los pobles de les nacions més avansades d'Europa" (1896: 39). Su discurso pronunciado en catalán en el *Ateneu Barcelonès* en el año 1895 es un ejemplo ilustrativo de los esfuerzos de normalización del catalán que se fueron generalizando durante las dos últimas décadas del siglo XIX, orientados tanto a la concienciación del prestigio de la lengua como al aumento de su valor comunicativo en contextos formales. Unos años antes, en el discurso de los *Jocs Florals* de 1889, Guimerà había reivindicado la normalización de la lengua en diferentes ámbitos pero al mismo tiempo también manifestaba su postura conciliadora con el castellano, lengua que calificaba de "[e]ncisadora y plena d'armonias". Como Almirall, el dramaturgo creía que la imposición del castellano en Catalunya fomentaba el rechazo a esta lengua por parte de los catalanes. Así pues, al ser impuesta se convertía en "esquerpa y esglayadora", "repugnant y odiosa", "aborrible y desesperant".

El caso de Torras i Bages también requiere matizaciones. A pesar de haber contribuido a la expansión del uso social del catalán y muy especialmente a su uso religioso (véase las argumentaciones de *La tradició catalana*), no se puede afirmar que su actitud fuera reivindicativa en el sentido que lo era la de Almirall u otros coetáneos. En efecto, si bien Torras defendía el uso del catalán y pretendía modificar la situación diglósica, sus argumentaciones, como señala el historiador Pere Anguera, no pueden considerarse reivindicativas sino más bien pragmáticas, funcionales.

3) *Discurso identitario "compensador"*, generalmente asociado a reivindicaciones del estatus de oficialidad exclusiva y, en menor medida, de oficialidad compartida (fase C). La aspiración a la oficialidad exclusiva se fundamenta en la larga situación de dominio del castellano y en la necesidad de compensar la situación diglósica, que a su vez se considera injusta y fruto de la imposición. El papel del castellano como lengua nacional, que se empezaba a cuestionar en el discurso anterior (fase B), queda absorbido por el catalán, convertido ya en una lengua de prestigio. Cataluña deja de ser entendida como una región y pasa a considerarse la verdadera y única nación de los catalanes; en consecuencia, el catalán se asume como la lengua nacional de Cataluña con pleno derecho a la oficialización. Se acepta, de modo generalizado, que el catalán es una lengua y no un dialecto y que

es "apto" tanto para la alta cultura como para todas las facetas de la vida nacional, al tiempo que se siguen recuperando ámbitos de uso antes vedados. Esto evidencia una evolución en cuanto a su prestigio que va aconteciendo a lo largo de las tres etapas: si bien en la fase A, su prestigio como lengua de dominio público era más bien reducido o nulo, en la fase C se consolida como una lengua de gran prestigio social que intenta arrebatar con fuerza el papel dominante del castellano en la vida pública y oficial.

En este tipo de discurso, las posibles referencias al castellano están relacionadas con las reivindicaciones de igualdad lingüística, con la necesidad de demarcación y, en algunos casos, sirven para refutar los argumentos del bilingüismo como hará Rovira i Virgili. Así pues, podría decirse que los discursos de Prat de la Riba, Rovira i Virgili y Fabra son "compensadores" y, a grandes rasgos, característicos de la fase C.

TABLA 5
Clasificación discursiva siguiendo el modelo de Hroch

Fases	Tipos de discurso hegemónico sobre la lengua	Autores
A (1833-1879)	Discurso conciliador con aceptación de la diglosia	Cortada Milà i Fontanals Pi i Margall[281] Balaguer
B (1880-1900)	Discurso conciliador con propuestas reivindicativas (cuestiona el *statu quo*)	Almirall Torras i Bages
C (1901-1932)	Discurso "compensador" (exige una simetría en el uso y en el estatus jurídico)	Fabra Prat de la Riba Rovira i Virgili

Por motivos obvios, el presente libro no se ha centrado en el discurso sobre la lengua surgido como contrapunto al discurso catalán. No obstante, una breve reflexión acerca de los capítulos anteriores permite establecer también tres fases dentro del periodo seleccionado que se corresponderían al discurso hegemónico en el ámbito catalán. Si en la primera fase (A) encontrábamos en Cataluña un dis-

---

[281] Pi i Margall fue uno de los precursores de esta fase puesto que, en alguna ocasión, reivindicó el estatus oficial de las "lenguas regionales" españolas.

curso identitario predominantemente conciliador con una clara aceptación de la situación diglósica, en el ámbito exógeno, es decir, fuera de Cataluña, predominaba un discurso conciliador que obviamente aceptaba la situación de dominio del castellano y justificaba además la "superioridad" de su estatus. Este discurso era habitual durante las primeras décadas de la *Renaixença* catalana, por lo que se puede hablar de una cierta aceptación del movimiento literario catalán. Sin embargo, de acuerdo con Emili Boix (2006: 42) y en aras de ejemplificar que en cualquier caso siempre se dan excepciones, el ejemplo del historiador Martín Laguna[282], aunque pertenecería a este periodo, no podría calificarse de conciliador sino de asimilador dominante. En el siguiente fragmento se puede observar la visión asimiladora de Laguna que, tras enumerar los rasgos superiores del castellano frente a las demás lenguas de España, cuestionaba que estas últimas pudieran considerarse idiomas (*versus* dialectos). Laguna muestra una actitud lingüística negativa frente al resto de lenguas habladas en España, basada en prejuicios que se pueden entender en forma de dicotomías: si el castellano es la lengua "más rica, la más sonora, la más amena [...], la más adecuada" para expresar conceptos de cualquier categoría, es obvio que las demás lenguas se definen por oposición (menos ricas, menos sonoras, menos amenas, etc.). Otro aspecto significativo es el uso onomástico de "lengua lemosina" para referirse al catalán[283]:

> El referir la historia de todas las lenguas que se han usado en España desde que llegaron los charlatanes de Babel, sería una cosa demasiado prolija y aventurada y así solo diremos que nuestra lengua castellana es la más rica, la más sonora, la más amena, la más elegante, la más expresiva, la más graciosa, la más melódica y la más adecuada, en fin, para expresar conceptos de cualquier categoría. Este idioma se habla en toda la península a excepción de Portugal donde se habla portugués, de las provincias Vascongadas y de Navarra donde se habla el vascuence y de Cataluña y Valencia en donde sigue la lengua limosina: aunque se está trabajando por desterrar de la Península tales idiomas (si pueden llamarse así) y uniformar todas las provincias en el uso del idioma común (Laguna 1836: 19, citado en Boix 2006: 42).

En cuanto a la fase B, hemos dicho que en Cataluña preponderaba un discurso conciliador que, en cierto modo, se cuestionaba el papel del castellano como lengua nacional y proponía modelos alternativos al *status quo*, como por ejemplo la

---

[282] Lamentablemente nos ha sido imposible encontrar otras referencias sobre el citado autor.

[283] Debemos anotar que en aquella época (nos referimos a la década de los treinta del siglo XIX) la identificación del catalán con el lemosín era también asumida por buena parte de los intelectuales catalanes. El caso más emblemático sería el de Aribau, quien en su "Oda" de 1833 se refería a la lengua lemosina. Una figura precursora de quienes postulaban la autonomía de la lengua catalana fue Josep Pau Ballot i Torres que en su gramática de 1814 sostenía que, a pesar de las diferencias, el catalán no se correspondía con el lemosín o provenzal.

expansión social del catalán y el estatus de oficialidad. En contrapartida, en el dominio español se constata un predominio de un discurso identitario que se mostraba conciliador pero que rechazaba abiertamente todo intento de reivindicación política del catalán y que, en cierto modo, ponía en tela de juicio la extensión de su uso social. Este discurso se encontraba a veces unido a la afirmación del español como lengua y del resto de idiomas como dialectos, alegando de manera indirecta la superioridad del castellano con respecto a las demás lenguas y evidenciando una actitud basada en prejuicios lingüísticos en detrimento del resto de lenguas peninsulares. El famoso discurso de Núñez de Arce (fase B) sería representativo de lo que se acaba de comentar. En cambio, no se puede decir lo mismo del discípulo de Milà i Fontanals, Marcelino Menéndez Pelayo, coetáneo de Núñez de Arce y también perteneciente a la fase B. Menéndez Pelayo era conocedor y gran apreciador de la lengua y literatura catalanas. Como es sabido, en el año 1888 participó incluso en los *Jocs Florals*, pronunciando un discurso en catalán, en el que subrayó la impropiedad del término "lemosín" para referirse a la lengua catalana; no cabe duda de que para este pensador santanderino el catalán era una lengua (y no un dialecto) con una importante y próspera literatura. En otras palabras, reconocía su prestigio como lengua literaria y cultural. Sin embargo, debe puntualizarse que su aprecio por la lengua no conllevaba ningún tipo de empatía hacia el *catalanisme*. En 1887, en una carta dirigida a Juan Valera, escritor y diplomático español, valoraba negativamente a Almirall y a Pi i Margall y, en general, a todos los catalanistas políticos:

> [...] El *catalanismo*, aunque es una aberración puramente retórica contra la cual está el buen sentido y el interés de todos los catalanes que trabajan, debe ser perseguido sin descanso, porque puede ser peligroso si se apoderan de él los federales como Almirall, que ya han comenzado a torcerle y a desvirtuar el carácter literario que al principio tuvo. El tal Almirall es un fanático todavía de peor casta que Pi y Margall, a quien siguió en un tiempo, pero cuyo catalanismo ya no le satiface o le sabe a poco. Está haciendo una propaganda antinacional de mil diablos. Y asómbrese Vd.: le apoya el mismísimo Mañé y Flaquer desde las columnas del archiconservador *Diario de Barcelona* (citado en Fernández Lera/Del Rey Sayagués 1998: 485-486).

Finalmente, la fase C se caracterizaba por la prevalencia de un discurso catalanista compensador, en el que habitualmente se propugnaba la oficialidad única del catalán. En contrapartida, en el ámbito exógeno, predominaba un discurso que, en algunos casos, pretendía legitimar la diglosia, reafirmar el papel del castellano como lengua nacional y mantener su rango superior en el terreno jurídico. Concretamente lo hacían rechazando la oficialidad exclusiva e incluso la compartida, como ponen de manifiesto las discusiones sobre el *Estatut d'Autonomia* republicano. En algunas ocasiones iba incluso unido a un discurso descalificador o conflictivista, como cuando Unamuno afirmó que el catalán no era un idioma "apto" para la modernidad[284] o clasificaba las demás lenguas como "dialectos"[285]. Por otro lado, se solía insistir en la idea de que el resto de lenguas peninsulares eran también "españolas". En lo que al *catalanisme* se refiere, fueron frecuentes las críticas que lo acusaban de "separatista": si bien estas voces ya empezaban a hacerse patentes en la fase B, fueron generalizándose en la etapa C. Sin embargo, dentro de esa última también se observa un discurso más conciliador que aceptaba el bilingüismo en Cataluña, como demuestra el ejemplo de Américo Castro.

A modo de ilustración, algunos pasajes representativos de Miguel de Unamuno, Américo Castro, Salvador de Madariaga y Ramón Menéndez Pidal (fase C) permitirán observar la actitud de intelectuales españoles con respecto a Cataluña y a su idioma. La actitud más radical la encontramos en Unamuno (1864-1936) que fue diputado republicano y ferviente defensor de la unidad de España[286]. Así pues, no debe extrañar que se mostrara contrario a las ideas federales y que considerara España como una entidad unitaria, como el "cuerpo" de una única nación:

> Aquí, el otro día, constantemente oí otra expresión que me ha chocado, que es: "Cataluña y España", o "Vasconia y España", o "Galicia y España". No me explico este distingo: es como decir "la cabeza y todo el cuerpo", "los pies y todo el cuerpo", "el corazón y todo el cuerpo", o "el estómago y todo el cuerpo" (Unamuno 1971c: 393).

Por otro lado, este pensador insistía en la necesidad de mantener el español como única lengua de cultura nacional y como única lengua oficial. Su actitud beligerante ("debemos pelear") y su argumento cuantificador y geográfico ("que hablan más de veinte naciones") son muestras claras de una actitud lingüística asimilista y de un discurso que se podría calificar de conflictivista. Resulta obvio que la postura de Unamuno pretendía legitimar y mantener la diglosia en favor del castellano, lengua que consideraba más prestigiosa y de mayor valor comunicativo.

---

[284] Una idea similar la expresaba el diputado radical José Terrero en cuanto a las "aptitudes" del catalán en el debate en torno a la creación de una universidad catalana. Terrero consideraba que el castellano era un idioma más "apto" para la ciencia (cf. Ferrer i Gironès 2000: 280), hecho que evidencia una actitud lingüística negativa basada en el prejuicio.

[285] La actitud de Unamuno respecto a la lengua y cultura catalanas puede considerarse contradictoria. Unamuno, que sabía leer también en gallego, vasco y catalán, se preocupó mucho por difundir el conocimiento de la lengua y literaturas catalanas en tierras castellanas (cf. Ginebra 2006: 65), pero al mismo tiempo se mostraba contrario a cualquier intento de reconocer un estatus jurídico para el catalán, como se hace patente en su oposición a la cooficialidad durante el debate sobre el *Estatut d'Autonomia* republicano.

[286] En un discurso ante las Cortes, pronunciado el día 25 de septiembre de 1931 y que podría calificarse de españolista, afirmaba: "Aquí me ha traído España; yo me considero como un diputado de España, no un diputado de partido, no un diputado castellano, no un diputado republicano, sino un diputado español" (Unamuno 1971c: 394).

Con respecto a la superioridad que confería al castellano, es muy significativa la distinción que establece entre "lengua", categoría reservada al español, y "lenguaje", reservada al resto de lenguas del Estado, si bien no precisaba el significado de ninguno de los dos términos:

> Es en nombre de la cultura, no solo del patriotismo, es en nombre de la cultura como debemos pelear por que no haya en España más lengua oficial, más lengua de cultura nacional, que la lengua española que hablan más de veinte naciones. Y esto, sean cuales fueren las hermosuras, los méritos y las glorias de otros lenguajes españoles, a los que se debe dejar a su vida doméstica (Unamuno 1906, citado en Boix 2006: 43).

Años más tarde, Américo Castro (1885-1972), filólogo, historiador y crítico literario, presentaba una visión similar en la que lamentaba que el español, al que atribuía una indiscutible superioridad ("la lengua más importante de la nación"), no hubiera conseguido implantarse como lengua nacional ("común denominador") siguiendo el modelo centralista francés. La actitud de Castro, como la de Unamuno, se fundamenta en el prejuicio de la superioridad de una lengua frente a otra(s): "Hay que partir del hecho –del dolor, no me asusto de decirlo– de que la lengua más importante de la nación no haya podido convertirse, como el francés, en el común denominador, amado y respetado, de todas las culturas españolas" (1930: 297).

En su breve ensayo Castro no solo estudiaba las relaciones de Cataluña con España sino que también hacía un breve repaso de fenómenos nacionalistas fuera del país. Llama la atención el cierto desprecio con el que se refería a la minoría flamenca y a su lengua. Reproducimos un breve pasaje que, si bien no está directamente relacionado con el caso que nos atañe, permite ver con claridad su actitud asimilista:

> El flamingante no quiere ser ni alemán ni holandés: aspira a no salir de su pequeña y propia salsa. ¿Qué cultura se dará en lengua flamenca? [...] Racionalmente discurriendo, parece que todos los belgas debieran aspirar a que su lengua de cultura fuera la francesa, que es tan lengua nacional como la otra, es la que domina en su mayor ciudad, la más influyente desde los días del Emperador Carlos V, y sobre todo es vehículo de una cultura incomparablemente superior.
>
> [...] Más fuerte, no obstante que ese impulso exterior es la acción de la masa rural, del bajo clero y de la pequeña burguesía, que han revuelto la política del país a fin de que su habla sea reconocida como lengua universitaria, curándose poco de lo que en el mañana pueda hacer un joven provisto de semejante cultura (Castro 1930: 295).

El fragmento anterior y es muestra fehaciente de la ideología asimilista de Castro tanto desde el punto de vista cultural como lingüístico. A pesar de la actitud que adoptaba frente a la lengua y cultura flamencas, se mostraba receptivo con respecto al catalán, abogando incluso por el bilingüismo y siendo contrario a la uniformidad del sistema educativo español:

Cataluña debe ser bilingüe, *franca, abierta y lealmente bilingüe*. Hablar y escribir el catalán, cultivarlo en la escuela primaria, elevarlo a tema de ciencia histórica en las cátedras de catalán que debiera poseer hace tiempo la Universidad de Barcelona.

[...] No es posible, si no queremos perseverar en el negativismo y en el absurdo, no es posible que la enseñanza en España siga siendo abstractamente uniforme. [...] No deben asustarnos las diferencias, y hemos de contemplar con grata simpatía el rumor mediterráneo de la fina habla barcelonesa. Y luego, el dulce encanto de aquel orfeón... Y luego, que ¿quién se lo proponga no habla en dos meses un catalán bastante aceptable? Aflojemos el rictus y vamos a la paz de corazón, mucha más fecunda que la de las armas (Castro 1930: 296-297).

En contrapartida, Castro pedía a los catalanes que se interesaran "por el trozo restante de la piel de Iberia" (*ibid.*: 297). Su ideal era que a la universidad catalana asistiera gente de otros lugares del país para "oír en catalán el cuento maravilloso de vuestras gestas en Oriente" pero, al mismo tiempo, reclamaba que los catalanes "comunicaran sus inventos en la lengua más general" del país (*ibid.*). Es obvio que Américo Castro partía de un posicionamiento –con respecto a Cataluña y a su lengua– bastante más conciliador que Unamuno. No obstante, no mencionaba la cuestión de la oficialidad y además reconocía su decepción ante el hecho de que el español, "la lengua más importante de la nación", no se hubiera afianzado como el francés en Francia (*ibid.*), lo cual demuestra cierto anhelo por seguir manteniendo la diglosia a favor de la lengua más extendida y en detrimento del resto de lenguas peninsulares.

Volviendo a Unamuno, durante el debate en las Cortes sobre el *Estatut* en una de sus intervenciones como diputado, expresó su rechazo con respecto al uso del catalán en contextos oficiales ("yo no admito que se me dirijan en catalán"). Para Unamuno era inconcebible el hecho de que el catalán se considerara oficial y, más todavía, que su conocimiento fuera obligatorio:

Como funcionario de la República, del Estado entonces, yo no admito que se me dirijan en catalán.

Hay que tener cuidado, porque se habla de una imposición y ahora puede venir otra, igualmente inadmisible. Si en un tiempo hubo aquello, que indudablemente era algo más que grosero, de "Hable usted en cristiano", ahora puede ser a la inversa; "¿No sabe usted catalán? Apréndalo, y si no, no intente gobernarnos aquí" (Unamuno 1971d: 431).

Muy contrario al régimen lingüístico que proponían los catalanes en el texto estatutario original (1931), Unamuno defendía que los ciudadanos no catalanes residentes en Cataluña aprendieran catalán pero repudiaba la "obligación"[287]:

---

[287] Unamuno incidía en la cuestión de la imposición: "Yo lo único que digo es que me parece inadmisible que se imponga una cosa cualquiera por fuerza" (1971d: 432).

Naturalmente es muy lógico que uno que vaya a vivir en Cataluña intente y haga todos sus esfuerzos para poder entenderse en la lengua de allá, entre otras cosas, para poder penetrar mejor en el espíritu de aquellos con quienes tiene que convivir; pero lo que no se puede es ponerle condiciones de que tenga que hacerlo por obligación (Unamuno 1971d: 431).

Otro asunto interesante es su peculiar visión de la evolución de las lenguas. Este filósofo y filólogo vasco se mostraba contrario a cualquier acción o intervención en materia de lengua o de lo que hoy se definiría como "política lingüística". En 1906 afirmaba que "tan baldíos son los esfuerzos del pueblo por ahogar la lengua como los esfuerzos de éste por restaurarla, si es que en su desarrollo natural no había de avanzar o retroceder" (1971a: 227). Años más tarde, en 1932, aseveraba –con una visión decididamente organicista– que las lenguas "como todos los organismos vivos, tienen un desarrollo que no dependen de leyes. [...] Ellas crecen, se desarrollan, viven, mueren, cuando tienen que morir, si mueren, y se funden" (1971e: 441). Esto lo ejemplificaba con el caso del euskera a principios del siglo XX que, en su opinión, era una lengua condenada a la desaparición debido a su propia estructura interna:

En mi país [se refiere al País Vasco] lo he dicho y allí lo sabe todo el mundo, el vascuence se muere y eso no tiene remedio; se muere por razones internas, por causa de su fisiología lingüística. [...]

El vascuence se muere, y acaso sea una ventaja para nosotros los vascongados. Es triste, lo comprendo, es verdaderamente triste tener que separarse de la madre; pero no hay más remedio cuando hay que tomar esposa con la que engendrar hijos de vida (Unamuno 1971a: 228).

La revitalización del euskera en nuestra historia más reciente ha contrariado la visión unamuniana y ha puesto de manifiesto que la evolución de las lenguas depende, en gran medida, de la actitud de sus hablantes, de su conciencia lingüística y, obviamente, de la intervención institucional, es decir, de las entidades que ponen en marcha las distintas políticas lingüísticas. Desde la perspectiva sociolingüística, una ideología partidaria del liberalismo como la que defiende Unamuno, es decir, en contra de cualquier actuación política que posibilite la normalización de lenguas minorizadas, se conoce de manera peyorativa como "darwinismo lingüístico" (cf. *Diccionari de Sociolingüística* 2001: 85).

La visión de la asimilación de lenguas de Unamuno es también bastante peculiar: "eso de las asimilaciones son siempre mutuas: no hay uno que asimila al otro; son dos que se asimilan el uno al otro" (1971d: 431). Sin duda, nuestro autor se refería al desarrollo histórico de algunas lenguas que habían muerto de manera natural, pero olvidaba mencionar que con frecuencia, tal y como se observa en la historia de Europa, Australia o del continente americano, los procesos de sustitución han sido el resultado de la imposición política y la persecución lingüística. De cualquier modo, los planteamientos de Unamuno no dejan de parecernos contradictorios, sobre todo si se tiene en cuenta que en más de una ocasión había postulado una concepción romántica de la lengua como reflejo del alma del pueblo. A modo de ejemplo, en 1915 había señalado que "[e]n nada se percibe mejor el alma de un pueblo que en su lengua" (1971b: 319). Si las lenguas evolucionan de manera natural, llegando a desaparecer en algunos casos, eso significaría que también sus pueblos desaparecerían, aspecto al que Unamuno no hacía referencia.

En una actitud aparentemente conciliadora, decía que "si Castilla y Cataluña han de conocerse y amarse, como deben, han de empezar a tratar de entenderse y comprenderse, estudiándose mutuamente" (*ibid.*), pero más adelante propugnaba una visión asimilista en favor de las lenguas o dialectos más "fuertes": "El problema de la variedad de lenguas ha de resolverse por integración, acaso por reducción o variedad de estilos dentro de una misma lengua común. Y no persiguiendo a dialecto alguno *sino dejando que por ley de vida se funda en el más fuerte*" (1971b: 330; énfasis nuestro). La ideología asimilista de este filósofo se muestra claramente en la siguiente afirmación: "Y esto os lo dice uno que anhela y espera la integración de todas las lenguas ibéricas en una sola".

Unamuno aspiraba a una única "lengua común"[288], la española, que debía difundirse y dejar de ser un "dialecto regional de Castilla". En este sentido su distinción entre lengua y dialecto es interesante. Para Unamuno, el dialecto "no es más que la lengua hablada, la de comunicación, la íntima, la viva, por oposición a lengua oficial estatal, a la diplomática y cancilleresca y académica" (1971b: 319). A su entender, junto al castellano oficial, académico, existían dialectos españoles, que eran tantos como los pueblos, localidades e incluso habitantes del país. El dialecto no tenía una connotación negativa y, por tanto, no debía considerarse una lengua inferior o subordinada a otra, si bien le atribuía exclusivamente los ámbitos de uso informales.

Con respecto al catalán, afirmaba con contundencia que era inapropiado ("una torpeza") considerarlo una lengua inferior: "Es una torpeza considerando despec-

---

[288] Es muy significativo que algunos de los intelectuales españoles de la actualidad se hayan basado también en la idea de "lengua común" que defendía Unamuno. A modo de ejemplo, cabe citar al sociolingüista ya fallecido Juan Ramón Lodares, al filósofo Fernando Savater y al escritor peruano Mario Vargas Llosa. Estos dos últimos, junto con otros intelectuales españoles, firmaron en junio de 2008 el "Manifiesto por la lengua común" en defensa de la lengua castellana.

tivamente al catalán como una lengua inferior" (*ibid.*: 329). Unamuno no omitía elogios al catalán y a su "adecuación" para la poesía: "En primer lugar, [*tiene*] una riqueza fonética mucho mayor que la del castellano, que en ella es muy deficiente. [...] Ayúdale, además, al catalán para cierta máscula energía la abundancia de monosílabos" (*ibid.*: 322). Se evidencia aquí cierta actitud positiva hacia la lengua literaria, pero no debe olvidarse que, por otro lado, aceptaba y entendía la diglosia como un fenómeno natural. Sus argumentos eran incluso contrarios al establecimiento del bilingüismo, pues, a su entender, este conducía inexorablemente a la fusión de lenguas[289]:

> [...] sé que el pueblo, lo que se llama pueblo, el campesino, no hay ninguno verdaderamente bilingüe; y cuando a un pueblo se le hace bilingüe, acaba, primero, por mezclar las dos lenguas, después por combinarlas hasta fundirlas en una (Unamuno 1971d: 433).

Unamuno enfatizaba que el conocimiento del castellano en Cataluña no era fruto de la imposición sino que se había aceptado "voluntariamente y cordialmente" (1971e: 439)[290]. Por el contrario, destacaba que el conocimiento del catalán tampoco era obligatorio para los catalanes (*ibid.*). Estas consideraciones deben contextualizarse dentro del debate relativo a una autonomía universitaria en el marco del *Estatut* republicano. Unamuno defendía que la universidad catalana debía impartir clases en "la lengua que tienen obligación de saber todos los alumnos y no en una lengua que es quizá la de la mayoría" (*ibid.*: 442). En otras palabras, para Unamuno la enseñanza universitaria debía ser en castellano, puesto que los alumnos de lengua castellana no eran una "minoría étnica" sino "una representación aparte de la mayoría de la nación" (*ibid.*). Por otro lado, ponía de relieve que los catalanes no solo debían tener interés "sino, amor, en enseñar el castellano", la lengua de toda la nación (*ibid.*: 439), y que lo que les movía no era solo "amor a la propia lengua, sino una hostilidad a la ajena" (*ibid.*).

Por último, es oportuno comentar su visión de la cultura que, precisamente, sigue siendo un tema de gran actualidad:

> La cultura ni es castellana ni es catalana: es cultura, y tanto cabe una cultura catalana en castellano, como cabe una cultura castellana en catalán. Me parece que la cultura

---

[289] Se observa una postura claramente distinta a la de Américo Castro, quien abogaba por un cierto bilingüismo institucional.

[290] Su visión difiere enormemente de la percepción de los catalanistas de las fases B y C (por ejemplo, Almirall, Guimerà o Rovira i Virgili). Resulta cuando menos curioso que el monarca español, Juan Carlos I, afirmara algo similar en el discurso celebrado en la ceremonia de entrega del Premio Cervantes, el 23 de abril de 2001 (cf. Del Valle 2007: 42). El Rey de España aseveró: "Nunca fue la nuestra lengua fue de imposición, sino de encuentro; a nadie se le obligó nunca a hablar castellano: fueron los pueblos más diversos quienes hicieron suyo por voluntad libérrima, el idioma de Cervantes" (*ibid.*).

que pudo tener Balmes era tan catalana como la de cualquier otro catalán que en catalán haya escrito (Unamuno 1971e: 437).

La concepción unamuniana de la cultura catalana se halla en consonancia con la concepción literaria de Balaguer (fase A): recordemos que a finales del siglo XIX el historiador catalán había defendido una literatura catalana también de expresión castellana.

La figura del escritor e historiador gallego Salvador de Madariaga también es representativa de la fase C, si bien su discurso se diferencia, en ciertos aspectos, de los dos autores mencionados: Américo Castro y Miguel de Unamuno. De Madariaga, que llegó a ser ministro de Instrucción Pública durante la II República, otorgaba al catalán la categoría de lengua, incidiendo en que las consideraciones de algunos españoles sobre el catalán como dialecto no merecían ninguna discusión: "Para la ciencia filológica, como para el sentido común, el catalán es tan lengua como el castellano" (1950: 208). Este intelectual no postulaba abiertamente que el castellano fuera la lengua nacional ni de sus ideas puede inducirse una inclinación por mantener la diglosia favorable al castellano. Sin embargo, sí enfatizaba las similitudes del catalán con otras lenguas peninsulares, especialmente con el castellano y concluía que, sin duda, el catalán pertenecía a la "familia española".

A modo de excepción, podría citarse el caso de Ramón Menéndez Pidal (1868-1969), discípulo de Menéndez Pelayo, cuya visión era más conciliadora que la de Unamuno. Menéndez Pidal fue uno de los intelectuales que en marzo de 1930, ante las normas restrictivas contra el catalán, impulsadas por la dictadura de Primo de Rivera, suscribieron el manifiesto de solidaridad a través del cual se reclamaba la derogación de las medidas adoptadas en contra de esta lengua. Como romanista, también fomentó la investigación de la lengua catalana e incluso en 1902 recomendó la instauración de una cátedra de estudios catalanes en la universidad (cf. Fernández-Ordóñez 2006: 192-193).

A pesar de esto, el filólogo gallego veía en el bilingüismo un fenómeno histórico natural[291]:

> [...] el romancero, tan hermoso por su elemento castellano como por sus creaciones
> catalanas o gallegas, viene a ser a modo de un plebiscito secular en pro de la natural
> necesidad hispánica de ese íntimo bilingüismo que los autonomistas rechazan cual si
> fuera una imposición centralista arbitraria e insoportable (Menéndez Pidal 1957: 84).

---

[291] En la década de los treinta, Rovira i Virgili había hecho alusiones críticas a este posicionamiento de Menéndez Pidal, es decir, a que considerara el bilingüismo en Cataluña como un fenómeno natural.

Menéndez Pidal se mostraba conciliador con las lenguas "particulares" aunque rechazaba abiertamente los movimientos nacionalistas[292] y las soluciones de los diferentes estatutos republicanos:

> Primero se aprueba el Estatuto catalán; después el vasco; más tarde había de seguir el gallego. Una voluptuosidad desintegradora quería estructurar de nuevo a España como el que estructura el cántaro quebrándolo contra la esquina para hacer otros tantos recipientes con los cascos. Se incurría en las mayores anomalías históricas para construir estos pedazos, para separar lo que los siglos conocieron siempre unido (Menéndez Pidal 1957: 85).

Asimismo, consideraba que las "exageraciones del nacionalismo", entendido aquí como nacionalismo periférico, eran respondidas con "exageraciones centralistas" que llegaban incluso a "prohibir el uso razonable y necesario de la lengua particular" (*ibid.*). La crítica de este intelectual a la "instrumentalización" política de las lenguas se pone de manifiesto en el siguiente párrafo:

> [...] el desarrollo histórico de los idiomas locales y de los reinos independientes antiguos no apoya el que una diferencia de lengua se tome como base natural de autonomismo, ni el que se rechace como imposición centralista el bilingüismo íntimo y popular que por tradición viene practicándose (Menéndez Pidal 1957: 85).

En resumidas cuentas, se puede decir que al tiempo que existe una evolución en el discurso catalanista, también se produce una evolución discursiva en el ámbito exógeno. La mayoría de los intelectuales españoles citados[293] no dudan en considerar el catalán una lengua propia e incluso no tienen reparo en alabar sus características y su literatura y en fomentar su investigación. No obstante, puede constatarse un rechazo prácticamente unánime hacia los "nacionalismos periféricos" y por tanto hacia el *catalanisme*. Asimismo, se encuentran algunas voces contrarias a la institucionalización y oficialización del catalán. Con respecto a esto último, la cita siguiente, referida a las actitudes lingüísticas en general, sirve para ilustrar con cierto rigor la actitud de algunos intelectuales españoles durante las primeras décadas del siglo XX:

---

[292] En este contexto vale la pena citar la crítica que hace al federalismo, cantonalismo y nacionalismo como movimientos que destruyen lo que, a su entender, es fruto de una unidad multisecular y que, haciendo uso de una metáfora, califica de "enfermedad": "Por el contrario, federalismo, cantonalismo y nacionalismo modernos vienen ellos por sí a destruir la unidad multisecular y no logran estabilizarse; lejos de representar la España auténtica, no responden sino a un momento anormal y transitorio, desmayo de las fuerzas vitales que no puede prolongarse sin grave peligro. Aparecen como una enfermedad, cuando las fuerzas de la nación se apocan extremadamente; que toda enfermedad consiste en el autonomismo de algún órgano que se niega a cooperar al funcionamiento vital unitario del cuerpo" (Menéndez Pidal 1957: 89).

[293] Excluimos explícitamente a Martín Laguna, de quien apenas tenemos referencias.

> Los grupos cuya primera lengua es la oficial ven con naturalidad la utilización de su lengua en todos los ámbitos y, por supuesto, tienen una actitud positiva hacia ella. Cuando los hablantes de lenguas de prestigio tienen relación con otras lenguas, surgen las matizaciones y la conciencia de la propia identidad se pone de manifiesto, generándose actitudes conscientes de orgullo por la lengua propia y, frecuentemente, de indiferencia o de menosprecio respecto a las de menor prestigio (VV.AA. 2006: 287).

De todos los autores citados, Unamuno es el caso más paradigmático de abierto rechazo a la oficialización de lenguas distintas a la castellana. En cambio, algunos intelectuales españoles se habían mostrado defensores del bilingüismo moderado, si bien debemos puntualizar que siempre con una clara asimetría a favor de la lengua dominante: valgan como ejemplos los nombres de Américo Castro, quien en 1930 se había declarado explícitamente a favor del bilingüismo en Cataluña, o de Menéndez Pidal, quien abogaba por el uso del catalán en la enseñanza de párvulos y primaria (pero no de su uso en todos los niveles educativos).

En cuanto a la dicotomía Cataluña-España, la evolución discursiva se desarrolla a lo largo de las tres etapas: mientras en la fase A los discursos se pueden considerar más o menos cercanos, en la etapa B empiezan a alejarse hasta convertirse en antagónicos y prácticamente irreconciliables en la fase C. Un ejemplo paradigmático de la distancia entre las actitudes lingüísticas la encontramos en los discursos de Rovira i Virgili y de Unamuno. La siguiente tabla ofrece un resumen del desarrollo discursivo al que se alude (tabla 6):

TABLA 6
Evolución discursiva en el ámbito catalán y exterior

Fases	DISCURSO ENDÓGENO hegemónico sobre la lengua	DISCURSO EXÓGENO hegemónico sobre la lengua
A (1833-1879)	Discurso conciliador con aceptación de la diglosia (reivindicaciones literarias y culturales)	Discurso conciliador con aceptación de la diglosia
B (1880-1900)	Discurso conciliador con propuestas reivindicativas (cuestiona la situación de diglosia)	Discurso conciliador con rechazo a las propuestas reivindicativas
C (1901-1932)	Discurso "compensador" (exige un cambio en los usos y en el estatus jurídico)	Discurso defensor del español como única lengua nacional y de las demás lenguas como "españolas" (pretende mantener la diglosia o bien acepta el bilingüismo)

5. CONCLUSIONES FINALES

La *Renaixença* sirvió de impulso no solo para la literatura y la lengua catalanas, sino también para el surgimiento de una conciencia que, poco a poco, iba viendo en su lengua uno de los principales símbolos de la identidad nacional. El renacer de la literatura catalana, junto con la creación de una nueva plataforma cultural y literaria (*Jocs Florals*), donde el catalán logró establecerse como única lengua oficial, trajo consigo el planteamiento de cuestiones relativas a la lengua como las que se han ido analizando a lo largo de este libro.

Los intelectuales y literatos de la *Renaixença* empezaron a plantearse la viabilidad del catalán como lengua de cultura, pues a consecuencia de su supresión como idioma oficial y de la situación diglósica iniciada con la implantación de la Monarquía borbónica en Cataluña, la lengua catalana quedó relegada durante largo tiempo a los ámbitos de uso informales. En primer lugar, se trataba de plantear si, como había afirmado el ilustrado catalán Antoni de Capmany a finales del siglo XVIII, el catalán seguía siendo un idioma "muerto [...] para la república de las letras". Pese a los prejuicios de los propios catalanes y las críticas exógenas procedentes de voces centralistas y asimilistas, este debate quedó pronto desplazado por otras cuestiones más trascendentes como la delimitación del catalán con respecto a otras lenguas románicas (especialmente la occitana y la castellana), las distintas concepciones del catalán literario, las cuestiones ortográficas y gramaticales, y la necesidad de contar con una institución que actuara de autoridad normativizadora.

A medida que tenían lugar estos debates, fomentados por el movimiento literario-cultural de la *Renaixença*, se fue desarrollando un movimiento de carácter político que se conoce como *catalanisme*. Esto originó un cambio de rumbo que suscitaría el surgimiento de diversas iniciativas orientadas a la promoción del uso social del catalán a partir de las últimas décadas del siglo XIX: aparición de publicaciones periódicas exclusivamente en catalán (*Lo Vertader Català*, *Diari Català*, etc.), uso público e institucional en entidades antes completamente castellanizadas (*Ateneu de Barcelona*, *Reial Acadèmia de Bones Lletres*), conveniencia de introducir el catalán en la enseñanza, etc. Paralelamente, se iniciaron las primeras reivindicaciones de su estatus jurídico que oscilaban entre planteamientos más moderados de oficialidad compartida (*Lo Catalanisme* de Almirall, *Segon Congrés Catalanis-*

ta, etc.) hasta demandas más decididas que exigían la oficialidad exclusiva (*Bases de Manresa*, anteproyecto del *Estatut republicà*, etc.).

A partir de las dos últimas décadas del siglo XIX y a lo largo de todo el periodo analizado correspondiente al siglo XX, en los ambientes catalanistas empezaba a manifestarse una gran sensibilidad en lo que concierne a la lengua. El catalán no solo se iba convirtiendo cada vez más en un elemento central dentro del *catalanisme* sino también en el blanco de las posturas anticatalanistas, pues la promoción del catalán por parte de los círculos catalanistas no tardó en provocar reacciones hostiles y en levantar recelos entre los círculos políticos e intelectuales centralistas[1]. La célebre frase de Miguel de Unamuno donde afirmaba que el catalán era "un instrumento inhábil para la modernidad" es solo un ejemplo, entre muchos, de la ideología asimilante de algunos intelectuales españoles de la época. Desde ese momento los discursos se hacían cada vez más antagónicos, dado que las tensiones entre Cataluña y España y sus respectivos discursos metalingüísticos eran (y siguen siendo) un mero reflejo de dos modos distintos de concebir la nación. Mientras los catalanistas de principios del siglo XX afirmaban la existencia de una nación catalana propia (unida al resto de pueblos españoles bajo lazos federales), los españoles la negaban o estaban dispuestos a aceptarla solo bajo ciertas condiciones. Las palabras de Salvador de Madariaga ejemplifican bien este segundo caso, pues en ellas se relativiza la condición nacional de Cataluña: "Catalunya es una nación, si bien una nación española". El cambio de coyuntura sociopolítica que se dio hacia la década de los ochenta del siglo XIX y que culminó con la crisis colonial de 1898 originó una transformación política e ideológica provocando que los discursos se fueran distanciando cada vez más. A medida que se consolidaba la ideología catalanista y evolucionaba el discurso referente a la lengua (incluyendo la reivindicación jurídica), también se observa una acentuación en el discurso político e intelectual españolista: a modo de ejemplo podría mencionarse la diferencia de planteamientos políticos y de ideologías lingüísticas de Antoni Rovira i Virgili y Miguel de Unamuno.

---

[1]   Por ejemplo, en febrero de 1885, varios senadores se manifestaron en contra del uso de la lengua catalana en los procesos judiciales, tal como había propuesto el senador liberal Josep Maluquer de Tirell. En este mismo contexto debemos situar el discurso de Núñez de Arce pronunciado en el Ateneo de Madrid y que se ha analizado en el epígrafe 4.1.3.1, si bien es significativo que el movimiento de recuperación del catalán encontrara también foco de resistencias en el propio interior de Cataluña (cf. Grau Mateu 2004: 46). Grau Mateu pone como ejemplo de esto último el caso de una agrupación universitaria, creada en Barcelona a principios de la década de los ochenta y cuya lengua oficial era el castellano. En 1886, uno de sus socios propuso la cooficialidad del catalán; la reacción de la dirección de la entidad fue negativa, hecho que provocó la escisión de un grupo que poco después fundaría el *Centre Escolar Catalanista*.

El movimiento nacionalista catalán del periodo aquí analizado puede dividirse en tres etapas diferenciadas con respecto a las manifestaciones lingüísticas: fase A (1833-1879), fase B (1880-1990) y fase C (1901-1932). El objetivo principal de la primera etapa era la dignificación y glorificación de la lengua; esta fase se caracteriza por los intentos de recuperar el catalán en los ámbitos literarios y culturales, y por el surgimiento de los primeros debates interlingüísticos e intralingüísticos ("aptitud" del catalán como lengua culta, delimitación, modelos literarios y ortográficos a seguir, etc.). En la segunda etapa los esfuerzos se orientan hacia la transformación en una lengua de cultura y hacia la promoción y extensión de su uso social en otros ámbitos. Durante esta fase se generaliza la afirmación del catalán como lengua (y no dialecto), se intensifican los debates sobre la codificación y comienzan a surgir las primeras demandas coherentes relativas a su estatus, especialmente mediante la reivindicación de la cooficialidad. Iniciado el siglo XX, el objetivo principal de la etapa C es hacer del catalán una "lengua nacional", es decir, hacer del idioma un vehículo de comunicación "indefinidamente apto" para cualquier situación y contexto. En esta última fase, los debates giran en torno a la inminente normativización, basada en un modelo unitario que eliminara los influjos exógenos y todos los elementos de interferencia con el castellano; al mismo tiempo se consolidan las reivindicaciones de su estatus, reorientadas sobre todo a la oficialidad exclusiva. Como bien señalan Ferrando y Nicolás (2005: 327), refiriéndose a finales del siglo XIX, la recuperación de la lengua no solo requería la conquista de nuevos ámbitos de uso y de un programa de codificación integral sino que exigía, en muchos aspectos, un cambio de actitudes y superar ciertas rutinas de comportamiento, es decir, sustituir gradualmente la mentalidad diglósica que se había establecido desde el siglo XVIII. Estos paulatinos cambios de ideologías y actitudes se han podido constatar y estudiar a fondo gracias a la aplicación del modelo trifásico de Miroslav Hroch.

Haciendo balance de los resultados de nuestra investigación, se puede decir que en las primeras décadas de la fase A se asume de manera generalizada la situación diglósica en detrimento del catalán. Como ilustran los múltiples ejemplos que se han aportado a lo largo de estas páginas, los comportamientos lingüísticos de todo el siglo XVIII e inicios del XIX partían de una aceptación general de la asimetría en los usos y funciones sociales entre la "lengua nacional" (castellano) y la lengua vernácula (catalán). Sin embargo, el movimiento de la *Renaixença* y el despertar de la conciencia identitaria y lingüística catalanas provocaron que a finales de la etapa A la diglosia –más o menos asumida por la mayoría de los ilustrados, *renaixentistas* y liberales catalanes– empezara a ponerse en tela de juicio, generando las primeras tensiones latentes entre Cataluña y España. Paralelamente a la eclosión del *catalanisme*, estas tensiones se van intensificando y manifestando cada vez más a lo largo de las fases B y C. La polémica entre Gaspar Núñez de Arce y Valentí Almirall durante la etapa B, así como las discusiones en torno a las disposiciones lingüísticas en el marco de aprobación de *Estatut d'Autonomia* republicano dentro de la fase C, hacen patente que los debates "centro"/"periferia" se habían convertido en una cuestión candente.

Las reivindicaciones político-lingüísticas del catalán que aparecen de manera persistente a lo largo de las dos últimas etapas demuestran que, como consecuencia de un cambio en las ideologías lingüísticas, la aceptación de la diglosia favorable al castellano y la asunción de este como lengua nacional no eran ya un hecho incuestionable. El *status quo* se ponía en tela de juicio reflejándose tanto en las actitudes y comportamientos lingüísticos de los catalanes, que hacían un uso cada vez más consciente de la lengua, como en los discursos metalingüísticos que fueron evolucionando a lo largo del periodo que abarca nuestra investigación. Si en la primera etapa el elemento lingüístico no era fundamental para definir la identidad nacional catalana, como se observa a través de los ejemplos de Francesc Pi i Margall o de Manuel Milà i Fontanals, el idioma se convierte en un elemento definidor clave en las fases B y C, tal y como ilustran los casos de Valentí Almirall, Pompeu Fabra o Enric Prat de la Riba.

A partir de entonces, es innegable que la identidad nacional catalana se ha seguido forjando principalmente a través del papel diferenciador de la lengua. El catalán se ha percibido y se sigue percibiendo como un elemento cohesionador (hacia los miembros de la propia comunidad) y diferenciador (hacia otras comunidades) indiscutible. Tal es la asunción de su primacía que, a pesar de que desde el punto de vista jurídico todo español que vive en Cataluña es catalán, comúnmente se suele designar como catalán al que habla esta lengua (cf. Nagel 2007: 45). Así pues, desde una perspectiva actual, el *catalanisme* y la identidad nacional catalana serían inconcebibles sin su lengua, si bien no puede afirmarse que esta sea el único elemento en el que sustenta la construcción (nacional) identitaria. Además de otros aspectos, conviene no perder de vista que el movimiento catalanista ha enfatizado también la voluntad del pueblo como un factor esencial de la "nacionalidad/nación" catalana. Esto también es válido desde una perspectiva diacrónica, pues el peso de este factor se ha podido constatar en autores de las tres fases mencionadas: Pi i Margall, Cortada, Prat de la Riba, Rovira i Virgili, etc. Una definición nacional partiendo exclusivamente de términos lingüísticos no ha sido (ni es) suficiente para definir Cataluña, pues es obvio que las fronteras lingüísticas del catalán no coinciden con los límites político-administrativos[2], si bien

---

[2]   Cabe destacar que, desde el punto de vista jurídico, la propia Constitución española (1978) impediría un concepto más amplio de nación catalana, ya que esta prohíbe explícitamente la unión o federación de las Comunidades Autónomas (art. 145.1).

algunos catalanistas, tanto de la propia Cataluña como del resto del dominio lingüístico, siguen concibiendo el ideal de los *Països Catalans* como nación de todas las tierras de habla catalana.

Volviendo a la perspectiva diacrónica, la pregunta que cabe plantearse en lo que a la lengua se refiere es: ¿cómo podríamos explicarnos el cambio de rumbo que se da entre la primera fase y las otras dos fases restantes? La dignificación y glorificación del catalán, objetivo fundamental de la fase A, evidenciaban el valor simbólico otorgado a esta lengua ya durante la etapa *renaixentista*, y que se iría intensificando durante las etapas posteriores. Por otro lado, el hecho de que en la fase B el catalán se convirtiera en una lengua de cultura y se expandiera su uso social, confirma que el prestigio del idioma se fue consolidando en esta segunda etapa. A lo largo de ese periodo la lengua comenzó a percibirse como un elemento útil de cohesión y movilización nacional, haciendo que su uso y su defensa empezaran a instrumentalizarse por parte de las fuerzas políticas catalanas. La recuperación del catalán como lengua literaria y cultural, y la extensión de su uso social hizo que lentamente fuera percibiéndose como un idioma nacional y que, a la vez, empezara a cuestionarse el papel dominante del castellano, que había sido asumido durante largo tiempo como lengua de toda la nación y única lengua de prestigio. Así fue como el catalán comenzó a cobrar valor como preciado instrumento reivindicativo, algo fácilmente demostrable por el hecho de que formaba parte del programa político de todas las fuerzas catalanistas a partir de la etapa B. Esta tendencia fue consolidándose a lo largo de la fase C donde, tras largos esfuerzos y no exento de polémicas, los catalanistas alcanzaron uno de sus mayores logros: restablecer el estatuto jurídico del catalán, si bien fue mediante una solución de compromiso que propugnaba la oficialidad compartida.

A partir de las últimas décadas del siglo XIX el catalán no solo adquiría una primacía indiscutible transformándose en símbolo de la identidad nacional catalana sino que también se convertía en instrumento de expresión de la voluntad de ser de esta identidad. Así pues, adquiría una doble simbología que se ha mantenido firme hasta nuestros días. Solo el tiempo dirá si en el futuro preservará este valor o si bien la identidad catalana tendrá que ser redefinida y adaptarse a nuevas coyunturas.

6. BIBLIOGRAFÍA

ALCOVER, Antoni M.ª (1901): *Lletra de convit que a tots els amichs d'aquesta llengua envía mossen Antoni M.ª Alcover*. Palma: Estampa de Felip Guasp.

ALMIRALL, Valentí (1886): *Contestación al discurso leido por D. Gaspar Nuñez de Arce en el Ateneo de Madrid con motivo de la apertura de sus cátedras en el año corriente*. Madrid/Barcelona: Librería de Antonio de Sanmartín/Librería de I. Lopez.

— (1896): *Acta de la sesión pública en el Ateneo Barcelonés el 30 de noviembre de 1896*. Barcelona: Ateneo Barcelonés, 21-45.

— (1904): *Articles literaris publicats a l'Avenç (1882-1890)*. Barcelona: L'Avenç.

— (1978 [1886]): *Lo Catalanisme motius que'l llegitiman, fonaments cientifichs y solucions practicas*. Barcelona: Alta Fulla.

— (1984): *Articles polítics. "Diari Català" (1879-1881)*. Ed. de Josep M. Figueres. Barcelona: La Magrana.

— (1985): *Cultura i societat*. Ed. de Josep M. Figueres. Barcelona: Edicions 62.

AMMON, Ulrich/DITTMAR, Norbert/MATTHEIER, Klaus J. (eds.) (1987): *Sociolinguistics: an international handbook of the science of language and society = Soziolinguistik. Ein internationales Handbuch zur Wissenschaft von Sprache und Gesellschaft*. 2 vols. Berlin/New York: Walter de Gruyter.

ANDERSON, Benedict (1993): *Imagined Communities: Reflections on the Origin and Spread of Nationalism*. London: Verso.

ANGUERA, Pere (1997): *El català al segle XIX. De llengua del poble a llengua nacional*. Barcelona: Empúries.

— (2006): *Cataluña en la España contemporánea*. Lleida: Milenio.

ANGUERA, Pere/BERAMENDI, Justo/DE LA GRANJA, José Luis (2003): *La España de los nacionalismos y las autonomías*. Madrid: Síntesis.

ARENAS I SAMPERA, Joaquim (1986): *Catalunya, escola i llengua*. Barcelona: La llar del llibre.

ARIBAU, Bonaventura Carles (1833): *Transcripción de la carta de B.C. Aribau a F. Renart i Arús/La pàtria*. Biblioteca Cervantes Virtual: <http://www.cervantesvirtual.com/servlet/SirveObras/67927399873470562265679/p0000001.htm#I_1_> (30 diciembre 2009).

BADIA I MARGARIT, Antoni (1973): *La llengua catalana ahir i avui*. Ed. de Maria Cardús. Barcelona: Curial.

— (2004a): *Moments clau de la història de la llengua catalana*. València: Universitat de València.

— (2004b): *Apologia i vindicació de la llengua catalana*. València: Universitat de València.

— (2005): "Pompeu Fabra, entre el país i la llengua", en: Fabra, Pompeu: *op. cit.*, vol. 1, 23-54.

BALAGUER, Víctor (1853): *Bellezas de la historia de Cataluña: Lecciones pronunciadas en la Sociedad Filarmónica y Literaria de Barcelona.* 2 vols. Barcelona: Imprenta de Narciso Ramírez.

— (1860-1863): *Historia de Cataluña y de la Corona de Aragón, escrita para darla a conocer al pueblo [...].* 5 vols., vol. 1 de 1860. Barcelona: Librería de Salvador Manero.

— (2007 [1893]): *Epistolario: memorial de cosas que pasaron por D. Victor Balaguer.* Tomos 1 y 2. Editorial fascímil. Alicante/Madrid: Biblioteca Virtual Miguel de Cervantes/Biblioteca Nacional. Nota: Reproducción de la edición de Madrid, El Progreso, 1893. Localización: Biblioteca Nacional (España), sig. 1/60465 y 1/60466 <http://www.lluisvives.com/FichaObra.html?Ref=24225&portal=1> (30 diciembre 2009).

BALCELLS, Albert (2004): *Breve historia del nacionalismo catalán.* Madrid: Alianza.

BALCELLS, Albert *et al.* (1996): *La Mancomunitat de Catalunya i l'autonomia.* Barcelona: Institut d'Estudis Catalans.

BALLOT I TORRES, Josep Pau (1987 [1814-1815]): *Gramatica y apología de la llengua cathalana.* Ed. de Mila Segarra. Barcelona: Alta Fulla.

BERNAT I BALTRONS, Francesc (2004): "La fixació dels límits lingüístics i dialectals del català en l'obra de Manuel Milà i Fontanals", en: *Revista d'Etnologia de Catalunya* 24, 88-99.

BERNECKER, Walther L. (2007a): "Tausend Jahre katalanische Geschichte: ein Überblick", en: *Kataloniens Rückkehr nach Europa 1976-2006.* Berlin: LIT, 7-30.

— (2007b): "Katalonien: von der Entstehung bis zum Ende des Franquismus", en: Bernecker *et al.*: *op. cit.*, 1-47.

BERNECKER, Walther L./EßER, Torsten/KRAUS, Peter A. (2007): *Eine kleine Geschichte Kataloniens.* Frankfurt: Suhrkamp.

BERLIN, Isaiah (2000): *Las raíces del romanticismo.* Madrid: Taurus.

BLAS GUERRERO, Andrés de (1991): *Tradición republicana y nacionalismo español.* Madrid: Tecnos.

— (ed.) (1997): *Enciclopedia del Nacionalismo.* Madrid: Tecnos.

BOFARULL, Antoni de (1858): *La lengua catalana considerada históricamente.* Discurso leído en la sesión pública inaugural de la Real Academia de las Buenas Letras de Barcelona (08-XI-1857). Barcelona: Imprenta nueva de Jaime Japús y Ramón Villegas.

—(1864): *Estudios, sistema gramatical y crestomatía de la lengua catalana.* Barcelona: Imp. de Luis Tatto.

— (1987): *Escrits lingüístics.* Ed. de Jordi Ginebra. Barcelona: Alta Fulla.

BOFILL, Gilbert (1996): *Die katalanische Sprache während der "Renaixença".* Tesina de Licenciatura. Wien: Universität Wien.

BOIX, Emili (2006): "25 años de la Constitución española: un balance sociolingüístico desde los (y las) catalanohablantes", en: Castillo, Mónica/Kabatek, Johannes (eds.): *op. cit.*, 33-59.

BOIX, Emili/VILA, Xavier (1998): *Sociolingüística de la llengua catalana.* Barcelona: Ariel (Ariel Lingüística).

BONET, Sebastià (2006): "Les aportacions de Pompeu Fabra al Primer Congrés", en: Perea, Maria Pilar/Colón, Germà (eds.): *op. cit.*, 203-221.

BOSSONG, Georg (1994): "Sprache und Regionale Identität", en: Bossong, Georg/Erbe, Michael *et al.* (eds.): *Westeuropäische Regionen und ihre Identität. Beiträge aus interdisziplinärer Sicht.* Mannheim: Palatium, 46-61.

BOURDIEU, Pierre (2001): *Langage et pouvoir symbolique.* Paris: Fayard.

CABRERA, Julio (1992): *La nación como discurso. El caso gallego.* Madrid: Centro de Investigaciones Sociológicas.

CACHO VIU, Vicente (1984): *Els modernistes i el nacionalisme cultural 1881-1906.* Barcelona: La Magrana.

CAPMANY, Antoni de (1791): *Codigo de las costumbres maritimas de Barcelona.* 2 vols. Madrid: Imprenta de don Antonio de Sancha.

— (1991): *Observaciones críticas sobre la excelencia de la lengua castellana.* Ed., introd. y notas e Carlos Cabrera Morales. Salamanca: Universidad de Salamanca.

CASASSAS I YMBERT, Jordi (2005): *El temps de la nació. Estudis sobre el problema polític de les identitats.* Barcelona: Proa.

CASASSAS I YMBERT, Jordi/GHANIME, Albert (2001): *Homenatge a Francesc Pi i Margall. Intel·lectual i polític federal 1824-1901.* Barcelona: Generalitat de Catalunya/Departament de la Presidència.

CASAS-CARBÓ, Joaquim (1891a): "La llengua parlada y la llengua escrita", en: *L'Avens* 2ª época, año III, 5, 31 de mayo, Barcelona, 145-148.

— (1891b): "Quin ha de ser el modern catala literari", en: *L'Avens* 2ª época, año III, 12, 31 de diciembre, Barcelona, 378-381.

— (1908): *Catalonia. Assaigs nacionalistes.* Barcelona: Biblioteca popular de *L'Avenç*.

CASTELLS, Manuel (2002): *Die Macht der Identität.* Opladen: Leske/Budrich (2ª parte de la trilogía *Das Informationszeitalter*).

CASTILLO, Mónica (2006): "Los discursos de los manuales de sociolingüística catalanes y la normalización: análisis desde los años 80 a la actualidad", en: Castillo, Mónica/ Kabatek, Johannes (eds.): *op. cit.*, 223-239.

CASTILLO, Mónica/KABATEK, Johannes (eds.) (2006): *Las lenguas de España. Política lingüística, sociología del lenguaje e ideología desde la Transición hasta la actualidad.* Madrid/Frankfurt: Iberoamericana/Vervuert.

CASTIÑEIRA, Ángel (2005): "Naciones imaginadas. Identidad persona, identidad nacional y lugares de memoria", en: Resina, Joan Ramon/Winter, Ulrich (eds.): *Casa encantada. Lugares de memoria en la España constitucional (1978-2004).* Madrid/Frankfurt: Iberoamericana/Vervuert, 41-77.

CASTRO, Américo (1930): "Al volver de Barcelona", en: *Cataluña ante España.* Madrid: La Gaceta Literaria (Cuadernos de la Gaceta Literaria 4), 293-297.

— (1983): *España en su Historia. Cristianos, moros y judíos.* Barcelona: Crítica/Grijalbo.

CICHON, Peter (1993): "Sprachbewußtsein – konzeptuelle Annährung an einen schwierigen Gegenstand", en: Anreiter, Peter (ed.): *Bewußtsein und Praxis. Arbeiten aus der romanischen Sprachwissenschaft.* Innsbruck: Institut für Sprachwissenschaft der Univ. Innsbruck, 9-20.

— (1998): *Sprachbewußtsein und Sprachhandeln: Romands im Umgang mit Deutsch-schweizern*. Wien: Braumüller.

— (2006): "Traditionen des sozialen und politischen Umgangs mit Mehrsprachigkeit in Europa", en: Peter, Cichon (ed.): *Gelebte Mehrsprachigkeit*. Wien: Praesens, 173-183.

CICHON, Peter/DOPPELBAUER, Max (eds.) (2008): *La España multilingüe. Lenguas y políticas lingüísticas de España*. Wien: Praesens.

CICHON, Peter/GEORGIEVA, Vassilena (2008): "Perfil actual del aranés", en: Cichon, Peter/Doppelbauer, Max (eds.): *op. cit.*, 249-263.

CICHON, Peter/KREMNITZ, Georg (1996): "Les situations de plurilinguisme", en: Boyer, Henri (ed.): *Sociolinguistique. Territoire et objects*. Lausanne/Paris: Delachux et Niestlé, 115-146.

CLIMENT-FERRANDO, Vicent/GIMENO UGALDE, Esther (2006): "EU Enlargements and its Linguistic Implications: A Historical Review and Future Challenges", en: *Eurolimes*. Vol. 1: *Europe and its borders: historical perspective*. Oradea: Oradea University Press, 136-143.

COLLADO SEIDEL, Carlos (2007): *Kleine Geschichte Kataloniens*. München: Beck.

COLLELL, Jaume (1994): *Jaume Collell i la llengua catalana*. Selección de textos de Joan Requesens i Piqué. Vic: Eumo.

COLOMER, Josep M. (1984): *Espanyolisme i catalanisme. La idea de nació en el pensament polític català (1939-1979)*. Barcelona: L'Avenç.

COLOMINES, Joan (1992): *La lengua nacional de Catalunya*. Barcelona: Generalitat de Catalunya.

COLOMINES I COMPANYS, Agustí (1999): "El nacionalisme i la història de Catalunya", en: Gibernau, Montserrat (ed.): *Nacionalisme. Debats i dilemes per a un nou mil·leni*. Barcelona: Proa, 235-256.

— (2001): "Tradición y modernidad en la cultura del catalanismo", en: *Historia Social* 40, 79-96.

CONANGLA I FONTANILLES, Josep (1986): *La Constitució de l'Havana i altres escrits*. Ed. de Joaquim Roy. Barcelona: La Magrana/Diputació de Barcelona.

COROMINES, Joan (1982): *El que s'ha de saber de la llengua catalana*. Palma de Mallorca: Moll.

CORTADA, Joan ([2]1860 [1859]): *Cataluña y los catalanes*. Barcelona: Imp. de Miguel Blaxart.

—([5]1869 [1852]): *Lecciones de Historia de España*. Barcelona: Imprenta y Librería de Tomás Gorchs.

— (1965 [1859, original en castellano]): *Catalunya i els catalans*. Prólogo de Joaquim Molas. Barcelona: Edicions 62.

D'ANDRÉS DÍAZ, Ramón (2006): "Los procesos de normalización social de las lenguas", en: Pérez Fernández, José Manuel (eds.): *op. cit.*, 197-211.

DE LA CIERVA, Ricardo (1997): *La regencia y el desastre de 1898*. Madrid: Arc Editores.

DE MADARIAGA, Salvador ([5]1950 [1931, escrita originalmente en inglés en 1929]): *España. Ensayo de Historia Contemporánea*. Buenos Aires: Sudamérica.

DEL VALLE, José (ed.) (2007a): *La lengua, ¿patria común? Ideas e ideologías del español*. Madrid/Frankfurt: Iberoamericana/Vervuert.

— (2007b): "Glotopolítica, ideología y discurso", en: Del Valle, José (ed.): *op. cit.*, 14-29.

Doppelbauer, Max (2006): *València im Sprachenstreit: Sprachlicher Sezessionismus als sozialpsychologisches Phänomen.* Wien: Braumüller.

Dow, James R (1999): "Germany", en: Fishman, Joshua A. (ed.): *Language and Ethnic Identity.* New York/Oxford: Oxford University Press, 286-299.

Duch Plana, Montserrat (2005): "Diàlegs culturals Catalunya-Espanya: controvèrsies i acords al segle xx", en: Albareda, Joaquim/Anguera, Pere *et al.*: *Catalunya en la configuració política d'Espanya.* Reus: Edicions del Centre de Lectura de Reus, 167-187.

Elorza, Antonio (2001): *El 98 y la crisis del Estado-nación.* Paris: Éditions du temps, en: <http://www.edutemps.fr> (30 diciembre 2009).

Fabra, Pompeu (1891a): "Conjugació del verb catala. Present de subjuntiu y infinitiu (I)" [*sic*], en: *L'Avens* 2ª época, año III, 12, 31 de diciembre, Barcelona, 381-385.

— (1891b): "Afixos pronominals y teoria de l'apostrof", en: *L'Avens* 2ª época, año III, 12, 31 de diciembre, Barcelona, 385-389.

— (1912): *Gramática de la lengua catalana.* Barcelona: Avenç.

— (1977 [1932]): *Diccionari general de la llengua catalana.* Barcelona: Edhasa.

— (1983 [1919-1928]): *Converses filològiques.* 3 vols. Ed. crítica de Joaquim Rafel i Fontanals. Barcelona: Edhasa.

— (2005): *Obres completes* (actualmente 5 volúmenes editados). Ed. de Jordi Mir y Joan Solà. Sabadell: Institut d'Estudis Catalans.

Fàbregas, Xavier (1978): *Història del teatre català.* Barcelona: Millà.

Feliu, Francesc *et al.* (eds.) (1992): *Tractar de nostra llengua catalana. Apologies setcentistes de l'idioma al Principat.* Vic: Eumo.

Ferguson, Charles A. (1959): "Diglossia", en: *Word* 15, 325-340.

Fernández Lera, Rosa/Del Rey Sayagués, Andrés (1998): "Autores del 98. Relación con Menéndez Pelayo y su biblioteca", en: *Boletín de la Biblioteca de Menéndez Pelayo* LXXIV (enero-diciembre), 479-566.

Fernández-Ordóñez, Inés (2006): "Contribuciones de Ramón Menéndez Pidal al estudio del catalán: del *Primer Congrés Internacional de la llengua catalana* al *Atlas lingüístico de la Península Ibérica*", en: Perea, Maria Pilar/Germà, Colon (eds.): *op. cit.*, 173-202.

Ferrando, Antoni/Nicolás, Miquel (2005): *Història de la llengua catalana.* Barcelona: UOC.

Ferrer, Antoni-Lluc (1987): *La patrie imaginaire; la projection de "La pàtria" de B. C. Aribau (1832) dans la mentalité catalane contemporaine.* 2 vols. Aix-en Provence: Publications de l'Université de Provence.

Ferrer i Gironés, Francesc (2000): *Catalanofòbia. El pensament anticatalà a través de la història.* Barcelona: Edicions 62.

Fichte, Johann Gottlieb (1994 [1807-1808]): *Reden an die deutsche Nation.* Leipzig: Felix Meiner.

Figueres, Josep M. (1985): *El Primer Congrés Catalanista i Valentí Almirall. Materials per a l'estudi dels orígens del catalanisme.* Barcelona: Generalitat de Catalunya/ Departament de la Presidència.

— (1994): *El Diari Català: plataforma d'exposició ideològica i d'activisme del catalanisme polític (1879-1881)*. Tesis doctoral. Barcelona: Universitat Autònoma de Barcelona. <http://www.tdx.cbuc.es> (30 diciembre 2009).

— (2002): *Premsa i nacionalisme: el periodisme en la reconstrucció de la identitat catalana*. Barcelona: Pòrtic.

— (2004): *Valentí Almirall. Forjador del catalanisme polític*. Barcelona: Generalitat de Catalunya.

FISHMAN, Joshua A. (1975): *Soziologie der Sprache. Eine interdiszpilinäre sozialwissenschaftliche Betrachtung der Sprache in der Gesellschaft*. München: Max Hueber.

— (1989): *Language and Ethnicity in Minority Sociolinguistic Perspective*. Clevedon/Philadelphia: Multilingual matters.

— (ed.) (1999): *Handbook of Language and Ethnic Identity*. New York/Oxford: Oxford University Press.

FONTANA I LÀZARO, Josep (1992): "La crisis del Antiguo Régimen (1808-1833)", en: Nadal i Farreras, Joaquim/Wolff, Philippe (eds.): *op. cit.,* 359-366.

FOX, Inman (1997): *La invención de España*. Madrid: Cátedra.

FRADERA, Josep M. (1999): "El proyecto liberal catalán y los imperativos del doble patriotismo", en: Garcia Rovira, Anna M.ª (ed.): *op. cit.,* 87-100.

GARCIA ROVIRA, Anna M.ª (ed.) (1999): *España, ¿nación de naciones? I Jornades Jaume Vicens Vives*. Madrid: Marcial Pons.

GIBERNAU, Montserrat (2002): *Nacionalisme català. Franquisme, transició i democràcia*. Barcelona: Pòrtic Visions.

GIMENO MENÉNDEZ, Francisco (2008): "La situación sociolingüística de la Comunidad Valenciana", en: Cichon, Peter/Doppebauer, Max (eds.): *op. cit.,* 213-232.

GIMENO UGALDE, Esther (2007): "Der Faktor Sprache in den katalanischen Autonomiestatuten von 1932, 1979 und 2006", en: *Europa Ethnica* año 64, 1-2, 10-16.

— (2008): "La evolución del régimen lingüístico del catalán en los *Estatuts d'Autonomia* catalanes", en: Cichon, Peter/Doppelbauer, Max (eds.): *op. cit.,* 168-197.

GINEBRA I SERRABOU, Jordi (1991): *La "Gramática catalana" (1796-1829) de Joan Petit i Aguilar.* Tesis doctoral. Barcelona: Universitat de Barcelona.

— (1992): "Llengua, gramàtica i ensenyament en el tombant del segle XVIII al XX", en: *Randa* 31, 65-79.

— (2006): *Llengua i política en el pensament d'Antoni Rovira i Virgili*. Barcelona: Diputació de Tarragona/Publicacions de l'Abadia de Montserrat.

GOEBL, Hans/NELDE, Peter/STÁRY, Zdenêk/WÖLCK, Wolfgang (eds.) (1996-1997): *Kontaktlinguistik/Contact Linguistics/Linguistiquie de contact. Ein internationales Handbuch zeitgenössischer Forschung*. 2 vols. Berlin: de Gruyter.

GUGENBERGER, Eva (2008): "El castellano y las lenguas regionales en España: Bilingüismo e hibridación", en: Cichon, Peter/Doppelbauer, Max (eds.): *op. cit.,* 31-52.

GUIA, Josep (1996): "Concepte d'identitat nacional catalana", en: Societat Andorrana de Ciències (ed.): *La identitat nacional*. 3ª Diada XXII Universitat Catalana d'Estiu, 16-25 agosto de 1990, Prada de Conflent, 41-43.

GUIMERÀ, Àngel (1896): *La llengua catalana. Discurs presidencial llegit en la sessió pública celebrada en l'Ateneu Barcelonès el 30 de novembre de 1895.* Barcelona: L'Avenç.

GRAU I FERNÁNDEZ, Ramon (2004): "Les coordenades historiogràfiques de Víctor Balaguer", en: VV.AA.: *Víctor Balaguer i el seu temps.* Barcelona: Publicacions de l'Abadia de Montserrat.

GRAU MATEU, Josep (2004): *La Lliga Regionalista i la llengua catalana (1901-1923).* Tesis doctoral. Barcelona: Institut Universitari d'Història Jaume Vicens Vives de la Universitat Pompeu Fabra, <http://www.tdx.cbuc.es/index.html> (30 diciembre 2009).

HAARMANN, Harald (1999): "History", en: Fishman, Joshua A. (ed.): *op. cit.*, 60-76.

HERRERO DE MIÑÓN, Miguel (1999): "¿Qué es el nacionalismo?", en: Garcia Rovira, Anna M.ª (ed.): *op. cit.*, 201-206.

HINA, Horst (1978): *Kastilien und Katalonien in der Kulturdiskussion: 1714-1939.* Tübingen: Niemeyer.

HOBSBAWM, Erich (1991): *Nationen und Nationalismus. Mythos und Realität seit 1780.* Frankfurt: Campus.

HROCH, Miroslav (1968): *Die Vorkämpfer der nationalen Bewegung bei den kleinen Völkern Europas. Eine vergleichende Analyse zur gesellschaftlichen Schichtung der patriotischen Gruppen.* Prag: Universita Karlova.

— (1992): "Language and National Identity", en: Rudolph, Richard L./Good David F. (eds.): *Nationalism and Empire. The Habsburg Empire and the Soviet Union.* Wien: Center for Austrian Studies/Kluwer Academica, 65-76.

— (1993): "Sprache, Literatur und nationale Identität", en: Nautz, Jürgen/Vahrenkamp, Richard (ed.): *Die Wiener Jahrhundertwende. Einflüsse, Umwelt, Wirkungen.* Wien/Köln/Graz: Böhlau, 377-388.

— (2005): *Das Europa der Nationen. Die moderne Nationsbildung im europäischen Vergleich.* Göttingen: Vandenhoeck/Ruprecht.

— (2007): *Comparative Studies in Modern European History. Nation, Nationalism, Social Change.* Aldershot: Ashagate Variorum.

— (2007a): "The social interpretation of linguistic demands in European national movements", en: Hroch, Miroslav: *op. cit.* Publicado originalmente en: Haupt, Heinz-Gerhard/Müller, Michael G./Woolf, Stuart (eds.) (1998): *Regional and National Identities in Europe in the xixth and xxth Centuries.* Alphen aan den Rijn: Kluwer Law International, 67-96.

— (2007b): "Real and constructed: the nature of the nation", en: Hroch, Miroslav: *op. cit.* Publicado originalmente en: Hall, John A. (ed.) (1998): *The State of the Nation.* Cambridge: Cambridge University Press, 91-106.

— (2007c): "National minority movements and their aims", en: Hroch, Miroslav: *op. cit.* Publicado originalmente en: Hroch, Miroslav (2000): *In the National Interest. Demands and Goals of European National Movements of the Nineteenth Century: A Comparative Perspective.* Prag: Charles University Press, 189-207.

— (2007d): "How much does nation formation depend on nationalism?", en: Hroch, Miroslav: *op. cit.* Publicado originalmente en: *East European Politics and Societies* 41 (1990), 101-115.

JANSEN, Christian/BORGGRÄFFE, Henning (2007): *Nation, Nationalität, Nationalismus.* Frankfurt/New York: Campus.

Jochs Florals de Barcelona en 1859 (1859). Barcelona: Llibreria de A. Verdaguer.

Jochs Florals de Barcelona en 1860 (1860). Barcelona: Llibreria de A. Verdaguer.

Jochs Florals de Barcelona en 1861 (1861). Barcelona: Llibreria de A. Verdaguer.

Jochs Florals de Barcelona en 1862 (1862). Barcelona: Llibreria de A. Verdaguer.

Jochs Florals de Barcelona en 1863 (1863). Barcelona: Llibreria de A. Verdaguer.

Jochs Florals de Barcelona en 1864 (1864). Barcelona: Llibreria de A. Verdaguer.

Jochs Florals de Barcelona en 1865 (1865). Barcelona: Llibreria de A. Verdaguer.

Jochs Florals de Barcelona en 1866 (1866). Barcelona: Llibreria de A. Verdaguer.

Jochs Florals de Barcelona en 1867 (1867). Barcelona: Llibreria de A. Verdaguer.

Jochs Florals de Barcelona en 1868 (1868). Barcelona: Llibreria de A. Verdaguer.

Jochs Florals de Barcelona en 1869 (1869). Barcelona: Llibreria de A. Verdaguer.

Jochs Florals de Barcelona en 1870 (1870). Barcelona: Estampa y Llibrería Religiosa y Científica.

Jochs Florals de Barcelona en 1883 (1883). Barcelona: Estampa de "La Renaixensa".

Jochs Florals de Barcelona en 1888 (1888). 2 vols. Barcelona: Estampa de "La Renaixensa".

Jochs Florals de Barcelona en 1899 (1899). Barcelona: Estampa de "La Renaixensa".

Jochs Florals de Barcelona en 1901 (1901). Barcelona: Estampa de "La Renaixensa".

JORBA, Manuel (1983): "Actituds davant la llengua en relació amb la Renaixença", en: *Actes del sisè Col·loqui internacional de Llengua i Literatura catalanes: Roma, 28 setembre-2 octubre 1982.* Barcelona: Abadia de Montserrat, 127-151.

— (1984): *Manuel Milà i Fontanals en la seva època.* Barcelona: Curial.

KABATEK, Johannes (2006): "Requisitos para ser lengua: el caso del asturiano y de otras modalidades lingüísticas de España", en: Castillo, Mónica/Kabatek, Johannes (eds.): *op. cit.*, 141-158.

KAILUWEIT, Rolf (1997): *Vom EIGENEN SPRECHEN. Eine Geschichte der spanisch-katalanischen Diglossie in Katalonien (1759-1859).* Frankfurt: Peter Lang.

KLAMMT, Kristina (1999): "Katalanische Pressesprache um 1880", en: Kailuweit, Rolf/Radatz, Hans-Ingo (eds.): *Katalanische Sprachwissenschaft und Sprachkultur.* Madrid/Frankfurt: Iberoamericana/Vervuert, 237-252.

KORTAZAR, Jon (2005): "Identidades en la literatura vasca. Entre modernidad y postmo-dernidad", en: *España Contemporánea. Revista de literatura y cultura*, tomo 18, 2 (otoño), 75-94.

KREMNITZ, Georg (1974): *Versuche zur Kodifizierung des Okzitanischen seit dem 19. Jahr-hundert und ihre Annahme durch die Sprecher.* Tübingen: Tübinger Beiträge zur Lin-guistik.

— (ed.) (1979): *Sprachen im Konflikt. Theorie und Praxis der katalanischen Soziolin-guisten.* Tübingen: Gunter Narr.

— (1987): "Diglossie/Polyglossie", en: Ammon, Ulrich/Dittmar, Norbert/Mattheier, Klaus J. (eds.): *op. cit.*, 208-218.

— (^{2}1994 [1990]): *Gesellschaftliche Mehrsprachigkeit. Institutionelle, gesellschaftliche und individuelle Aspekte. Ein einführender Überblick.* Wien: Braumüller.

— (1995): *Sprachen in Gesellschaften. Annährung an eine dialektische Sprachwissenschaft*. Wien: Braumüller.

— (1997): "Möglichkeiten und Grenzen von Sprachpolitik für Minderheiten. Annäherung an eine Typologie", en: *Quo Vadis Romania* 10, 7-23.

— (2002): "Zu Status, Prestige und kommunikativem Wert von Sprachen", en: *Quo Vadis Romania* 20, 122-128.

— (2003): "Le concept du *conflit linguistique* aujourd'hui. Essai d'une mise à jour. Avec une annexe: Quelques remarques sur le terme de *valeur communicative* des langues", en: *Lengas* 54, año 26, 7-22.

— (2008): "Las lenguas y sus fronteras en la Península Ibérica. Algunas consideraciones básicas", en: Cichon, Peter/Doppelbauer, Max (eds.): *op. cit.*, 11-20.

LAMUELA, Xavier/MURGADES, Josep (1984): *Teoria de la llengua literària segons Fabra*. Barcelona: Quaderns Crema.

LECLERC, Jacques (1979): *Qu'est-ce que la langue?* Laval: Mondia.

LLEAL, Coloma (2003): *Breu història de la llengua catalana*. Barcelona: Barcanova.

LLOBERA, Josep R. (2003): *De Catalunya a Europa. Fonaments de la identitat nacional*. Barcelona: Anagrama/Empúries.

LODARES, Juan Ramón (2002): *Lengua y Patria. Sobre el nacionalismo lingüístico en España*. Madrid: Taurus.

— (2006): "Un diagnóstico sociolingüístico de España", en: Castillo, Mónica/Kabatek, Johannes (eds.): *op. cit.*, 19-32.

MAÑÉ Y FLAQUER, Juan (1856): *Artículos*. Barcelona: Imprenta de Antonio Brusi.

— (²1887 [1856]): *El Regionalismo*. Barcelona: Imprenta Barcelonesa.

MARAGALL, Joan (1988): *Articles polítics*. Ed. de Joan-Lluís Marfany. Barcelona: La Magrana/Diputació de Barcelona.

MARCET I SALOM, Pere (1897): *Història de la llengua catalana*. 2 vols. Barcelona: Teide.

MARFANY, Joan-Lluís (1995): *La cultura del catalanisme. El nacionalisme en els seus inicis*. Barcelona: Empúries.

MARTÍ I CASTELL, Joan (2005): "Aproximació a Pompeu Fabra", en: Fabra, Pompeu: *op. cit.*, vol. 1, 55-92.

MASGRAU, Roser (1992): *Els orígens del catalanisme polític*. Romanyà/Valls: Barcanova.

MASNOU I BOIXEDA, Ramon (1986): *El problema català. Reflexions per al diàleg*. Barcelona: Publicacions de l'Abadia de Montserrat.

MASSÓ-TORRENTS, Jaume (1891): "Com és que L'Avenç s'ha llençat a la reforma lingüística", en: *L'Avens* 2ª época, año III, 12, 31 de diciembre, Barcelona, 375-378.

MASSOT I MUNTANER, Josep (1985): *Antoni M. Alcover i la llengua catalana*. Barcelona: Publicacions de l'Abadia de Montserrat.

MCROBERTS, Kenneth (2002): *Catalunya. Una nació sense estat*. Barcelona: Proa.

MEDINA, Jaume (1995): *L'Anticatalanisme del Diari ABC (1916-1936)*. Barcelona: Publicacions de l'Abadia de Montserrat.

MENÉNDEZ PIDAL, Ramón (1957): *España y su historia*. Tomo 1. Madrid: Minotauro.

METZELTIN, Michael (2000): *Nationalstaatlichkeit und Identität. Ein Essay über die Erfindung von Nationalstaaten*. Cinderella, vol. 4. Wien: 3 Eidechsen.

MEYER-LÜBKE, Wilhelm (1925): *Das Katalanische. Seine Stellung zum Spanischen und Provenzalischen*. Heidelberg: Sammlung romanischer Elementar- und Handbücher.

MILÀ I FONTANALS, Manuel (1861): *De los trovadores en España: estudio de lengua y poesía provenzal*. Barcelona: Llibreria de Joaquín Verdaguer.

— (1932): *Epistolari d'en M. Milà i Fontanals/2, Anys 1875-1880*. Correspondencia recogida y anotada por L. Nicolau D'Olwer. Barcelona: Institut d'Estudis Catalans.

— (1977): *Teoria romàntica*. Ed. de Manuel Jorba. Barcelona: Edicions 62.

— (2006 [1865]): *Resenya histórica y crítica dels antichs poetas catalans*. Edición facsímil. Alicante: Biblioteca Virtual Miguel de Cervantes, 2006. Nota: Reproducción digital de Barcelona, Imp. Lluis Tasso, 88 pp. Premiada amb la medalla d'or del Ateneo Català en los Jochs Florals de 1865. Localización: Biblioteca de Catalunya, sig. 8-VI-61. <http://www.lluisvives.com/servlet/SirveObras/jlv/01159741320149422990035/index.htm> (30 diciembre 2009).

MIRACLE, Josep (1989): *Seguint la petja de Pompeu Fabra*. Barcelona: El Llamp.

— (1998 [1968]): *Pompeu Fabra*. Barcelona: Proa.

MORAN I OCERINJAUREGUI, Josep (1994): *Treballs de lingüística histórica catalana*. Barcelona: Biblioteca Serra d'Or/Publicacions de l'Abadia de Montserrat.

NADAL, Josep M. (1992): *Llengua escrita i llengua nacional*. Barcelona: Quaderns Crema.

NADAL, Josep M./PRATS, Modest (1992): "La lengua, identidad de un pueblo", en: Nadal i Farreras, Joaquim/Wolff, Philippe (eds.): *op. cit.*, 83-109.

NADAL I FARRERAS, Joaquim/DE RIQUER, Borja *et al.* (1986): *El Memorial de Greuges i el catalanisme polític*. Barcelona: La Magrana/Institut Municipal d'Història.

NADAL I FARRERAS, Joaquim/WOLFF, Philippe (eds.) (1992): *Historia de Cataluña*. Barcelona: Oikos-Tau.

NAGEL, Klaus-Jürgen (2007): *Catalunya explicada als alemanys. Les claus per entendre una nació sense estat de l'Europa actual*. Valls: Cossetània.

NEU-ALTENHEIMER, Irmela (1983): "Per una nova lectura dels manuscrits inèdits dels Jocs Florals de Barcelona: 1859-1899", en: *Actes del sisè Col·loqui internacional de Llengua i Literatura catalanes: Roma, 28 setembre-2 octubre*. Barcelona: Abadia de Montserrat, 429-459.

— (1992): *Sprach- und Nationalbewußtsein in Katalonien während der Renaixença (1833-1891)*. Barcelona: Institut d'Estudis Catalans.

NICOLÁS, Miquel (1998): *La història de la llengua catalana: La construcció d'un discurs*. València/Barcelona: IIFV/Publicacions de l'Abadia de Montserrat.

— (2006): "Competencias, actitudes y prácticas de la sociedad valenciana contemporánea", en: Castillo, Mónica/Kabatek, Johannes (eds.): *op. cit.*, 159-183.

NINYOLES, Rafael Ll. (1971): *Idioma i prejudici*. Palma de Mallorca: Moll.

NÚÑEZ DE ARCE, Gaspar (1886): *Discurso leído en el Ateneo de Madrid el 8 de noviembre 1886*. Biblioteca Digital del Ateneo de Madrid. <http://www.ateneodemadrid.com/biblioteca_digital/folletos/Folletos-0203.pdf> (30 diciembre 2009).

PADILLA, Amado M. (1999): "Psychology", en: Fishman, Joshua A. (ed.): *op. cit.*, 109-121.

PALLACH, Antònia (2000): *La identitat catalana. El fet diferencial: assaig de definició*. Barcelona: Proa.

PALOMAS I MONCHOLÍ, Joan (2004): *Víctor Balaguer. Renaixença, Revolució i Progrés*. Vilanova i la Geltrú: Biblioteca Antina.

PASQUINI, Pierre (2005a): "La nation, un voyage aux origines du concept (1)", en: *Europa Ethnica* año 62, 1-2, 3-11.

— (2005b): "La nation, un voyage aux origines du concept (2)", en: *Europa Ethnica* año 62, 3-4, 79-90.

PEERS, Edgar Allison (1986 [1937, título original *Catalonia infelix*]): *Catalonia infelix: dissortada Catalunya. Tradició catalana*. Lleida: Virgili i Pagès.

PEREA, Maria Pilar/COLÓN DOMÈNECH, Germà (eds.) (2006): *El Primer Congrés Internacional de la Llengua Catalana. Reflexos i projeccions*. Barcelona/Castelló de la Plana: PPU.

PÉREZ FERNÁNDEZ, José Manuel (coord.) (2006): *Estudios sobre el estatuto jurídico de las lenguas en España*. Barcelona: Atelier.

PÉREZ FRANCESCH, Joan Lluís (2005): "Josep Torras i Bages (1846-1916): Introducció al seu pensament polític", en: *Filosofia Catalana. Revista d'Història del Pensament i de la Filosofia als Països Catalans*. <http://www.iecat.net/institucio/societats/SCFilosofia/revista/Torras.doc> (5 enero 2010).

PESSOA, Fernando (2007): *Escrits sobre Catalunya i Ibèria*. Ed. y trad. de Víctor Martínez-Gil. Barcelona: L'Avenç.

PETIT I AGUILAR, Joan (1998 [1796-1829]): *Gramàtica catalana*. Ed. y estudio de Jordi Ginebra. Barcelona: IEC/Biblioteca filològica.

PETKOVA, Diana (2006): "The Concept of National Identity Revisited", en: Aalto, Nancy/Reuter, Ewald (eds.): *Aspects of Intercultural Dialogue. Theory, Research, Applications*. Köln: Saxa, 255-269.

PI I MARGALL, Francesc (1917): *Páginas selectas*. Barcelona: Administración.

— (1978 [1913]): *La qüestió de Catalunya (escrits i discursos)*. Trad. y prólogo de Antoni Rovira i Virgili. Barcelona: Alta Fulla.

— (1986 [1876]): *Las nacionalidades*. Introd. de Jordi Solé Tura. Madrid: Centro de Estudios Constitucionales.

PICH I MITJANA, Josep (2006): *Valentí Almirall i el federalisme intransigent*. Catarroja/Barcelona: Afers.

PLA BOIX, Anna M.ª (2007): "La llengua al Nou Estatut d'Autonomia de Catalunya", en: *Revista d'Estudis Autonòmics i Federals* 5, 227-246.

PLENS, Jordi (2003): *Ciutadans de Catalunya: Etnicitat, nacionalisme i llengua*. Tarragona: El Mèdol.

PRADILLA CARDONA, Miquel-Àngel (2006): "En el centenari del Primer Congrés Internacional de la Llengua Catalana. Barcelona, octubre de 1906. Poder i societat. Els horitzonts múltiples (i canviants) de la normalitat lingüística", en: *Estudis romànics* 28, 267-279.

PRAT DE LA RIBA, Enric (1918): *Nacionalisme. Textos estrets dels seus llibres, escrits i discursos*. Selección, sistematización y prólogo de Rovira i Virgili. Barcelona: Catalana.

— (1977 [1906]): *La nacionalitat catalana*. Barcelona: Barcino.

— (1987): *La Nació i l'Estat. Escrits de joventut*. Edición de Enric Jardí. Barcelona: La Magrana/Diputació de Barcelona.

PRAT DE LA RIBA, Enric/MUNTAYOLA, Pere (1894): *Compendi de la Doctrina Catalanista.*
<http://www.accat.org/seccions/historia/materials/revista_1/rev1_doc_comp_prat-munt.htm> (30 diciembre 2009).

Primer Congrés Internacional de la Llengua Catalana. Barcelona, octubre de 1906 (1908). Barcelona: Estampa de Joaquim Horta.

POBLET, Josep M. (1979): *La Barcelona històrica i pintoresca dels dies de Serafí Pitarra.* Barcelona: Dopesa.

RAFANELL, August (2006): *La il·lusió occitana.* 2 vols. Barcelona: Quaderns Crema.

RECALDE, José Ramón (1999): "Convivencia ciudadana y sentimientos de identidad", en: Garcia Rovira, Anna M.ª (ed.): *op. cit.*, 191-200.

REDONDO GALVEZ, Gonzalo (1970): *Las empresas políticas de José Ortega y Gasset.* 2 vols. Madrid/México/Buenos Aires/Pamplona: Rialp.

REGLÁ, Juan (1985): *Historia de Cataluña.* Madrid: Alianza.

REGUANT, Montserrat (1997): *Etapas reivindicativas de la teoría nacional catalana. Verdaguer, Oller y Prat de la Riba.* New York/Wien *et al.*: Peter Lang.

RENAN, Ernest (1996 [1882]): *Qu'est-ce qu'une Nation? et autres écrits politiques.* Paris: Imprimerie nationale.

— (2001): *¿Qué es una nación?* Edición bilingüe. Madrid: Sequitur.

RESINA, Joan Ramon (2004): *"Por su propio bien.* La identidad española y su Gran Inquisidor, Miguel de Unamuno", en: Del Valle, José/Gabriel-Stheeman, Luis (eds.): *La batalla del idioma. La intelectualidad hispánica ante la lengua.* Madrid/Frankfurt: Iberoamericana/ Vervuert, 137-166.

RICO, Albert/SOLÀ, Joan (1995): *Gramàtica i lexicografia catalanes: síntesi històrica.* València: Universitat de València.

RIDAO, Joan (2005): *Les contradiccions del catalanisme i altres qüestions del laberint nacional.* Barcelona: Esfera dels Llibres.

RIQUER I PERMANYER, Borja de (2000): *Identitats contemporànies: Catalunya i Espanya.* Vic: Eumo.

RISQUES, Manel *et al.* (1999): *Història de la Catalunya Contemporània.* Barcelona: Pòrtic (Biblioteca Universitària/Pòrtic 39).

ROSSINYOL, Jaume (1974): *Le problème national catalan.* Paris: Mouton.

ROVIRA I VIRGILI, Antoni (1980 [1912-1914]): *Historia de los Movimientos Nacionalistas.* Vol. 3. Versión castellana de Francisco Carbonell. Barcelona: Hacer.

— (1982 [1917]): *Nacionalisme i federalisme.* Barcelona: Edicions 62/"La Caixa".

— (1983 [1936]): *Resum d'història del catalanisme.* Barcelona: La Magrana/Diputació de Barcelona.

— (1988): *Catalunya i Espanya.* Ed. de Jaume Sobrequés i Callicó. Barcelona: La Magrana/Diputació de Barcelona.

ROVIRÓ, Bàrbara (2008): "Dimensiones lingüísticas del Estatut d'Autonomia de Catalunya", en: Cichon, Peter/Doppelbauer, Max (eds.): *op. cit.*, 198-212.

RUBIÓ I ORS, Joaquim (1888-1889): *Lo Gayter del Llobregat.* Edición políglota. Vol. 1: 1839-1841. Barcelona: Estampa de Jaume Jesús y Roviralta.

SAFRAN, William (1999): "Nationalism", en: Fishman, Joshua A. (ed.): *op. cit.*, 77-93.

SCHLIEBEN-LANGE, Brigitte (1977): *Iniciación a la sociolingüística*. Versión española de José Rubio Sáez. Madrid: Gredos.

SEGARRA, Mila (1985): *Història de l'ortografia catalana*. Barcelona: Empúries.

SIEBERER, Anton (1936): *Katalonien gegen Kastilien. Zur Innenpolitischen Problematik Spaniens*. Wien: Saturn.

SIGUAN, Miguel (2001): *Die Sprachen im vereinten Europa*. Tübingen: Stauffenburg Aktuell.

SMITH, Anthony D. (1994): "Tres conceptos de nación", en: *Revista de Occidente* 161, 7-22.

SOBREQUÉS I CALLICÓ, Jaume (2002): *Antoni Rovira i Virgili. Història i pensament polític*. Barcelona: Curial.

SOLÀ, Joan (1987): *L'obra de Pompeu Fabra*. Barcelona: Teide.

— (coord.) (1999): *Pompeu Fabra: l'home, l'obra, el país*. Sabadell: Fundació Caixa de Sabadell.

SOLER, Frederic (1985): *Teatre*. Barcelona: Edicions 62/"La Caixa".

TEJERINA, Benjamín (1992): *Nacionalismo y lengua. Los procesos de cambio lingüístico en el País Vasco*. Madrid: Siglo XXI/CIS.

— (2006): "Los procesos de cambio lingüístico y sus agentes. Un balance de la política lingüística de promoción del euskera en la Comunidad Autónoma Vasca", en: Castillo, Mónica/Kabatek, Johannes (eds.): *op. cit.*, 95-140.

TERMES, Josep (2000): *Història del catalanisme fins el 1923*. Barcelona: Pòrtic.

TERMES, Josep/COLOMINES, Agustí (1992): *Les Bases de Manresa de 1892 i els orígens del catalanisme*. Barcelona: Generalitat de Catalunya.

TERRY, Arthur (2003): *A companion to Catalan literature*. Great Britain: Tamesis.

TORNAFOCH YUSTE, Xavier (2004): "Los debates del Estatuto de Autonomía de Cataluña en las Cortes republicanas (mayo-agosto de 1932). El idioma catalán y el sistema escolar", en: *Historia Actual Online* 4 (primavera), 35-42.

TORRAS I BAGES, Josep (1985): *L'Església i el regionalisme i altres textos (1887-1899)*. Barcelona: La Magrana/Diputació de Barcelona.

— (1988 [1892]): *La tradició catalana*. Barcelona: Edicions 62/"La Caixa".

TORRENT I ALAMANY-LENZEN, Aina-Maria (1997): *Pompeu Fabra y la configuración del catalán moderno*. Bonn: Romanistischer Verlag.

TURELL, Teresa (coord.) (2007): *El plurilingüismo en España*. Barcelona: Institut Universitari de Lingüística Aplicada (Universitat Pompeu Fabra).

UNAMUNO, Miguel (1971a [1906]): "Solidaridad española. Conferencia dada en el Teatro Novedades de Barcelona el 15 de octubre de 1906", en: *Obras completas. Discursos y artículos*. Vol. 9. Madrid: Escelicer, 214-231.

— (1971b [1915]): "Lo que puede aprender Castilla de los poetas catalanes. Conferencia pronunciada en el Teatro Lope de Vega de Valladolid el día 8 de mayo de 1915", en: *Obras completas. Discursos y artículos*. Vol. 9. Madrid: Escelicer, 317-331.

— (1971c [1931]): "Discurso en las Cortes de la República el día 25 de septiembre de 1931", en: *Obras completas. Discursos y artículos*. Vol. 9. Madrid: Escelicer, 386-394.

— (1971d [1932]): "Discurso en las Cortes de la República el día 23 de junio de 1932", en: *Obras completas. Discursos y artículos*. Vol. 9. Madrid: Escelicer, 430-434.

— (1971e [1932]): "Discurso en las Cortes de la República el día 2 de agosto de 1932", en: *Obras completas. Discursos y artículos*. Vol. 9. Madrid: Escelicer, 435-443.

VERDAGUER, Pere (1996): "Identitat catalana, Estats i autonomia", en: Societat Andorrana de Ciències (ed.): *La identitat nacional*. 3ª Diada, XXII Universitat Catalana d'Estiu, 16-25 agosto de 1990, Prada de Conflent, 7-11.

VIDARTE, Juan-Simeón (1976): *Las Cortes Constituyentes de 1931-1933. Testimonio del Primer Secretario del Congreso de Diputados*. Barcelona: Grijalbo.

VILAR, Pierre (1983): *Procés històric i cultura catalana*. Barcelona: Generalitat de Catalunya/Departament de Cultura.

— (1990): *Història d'Espanya*. Barcelona: Crítica.

— (1992): "Introducción al hecho catalán", en: Nadal i Farreras, Joaquim/Wolff, Philippe (eds.): *op. cit.*, 7-31.

— (1995): *Introducció a la història de Catalunya*. Barcelona: Edicions 62.

VILLORO, Luis (2002) [1998]: *Estado plural, pluralidad de culturas*. México: Paidós Mexicana.

VV.AA. (2006): *Palabras y mundos. Informe sobre las lenguas del mundo*. Barcelona: Icaria/Antrazyt.

WEHLER, Hans-Ulrich (2004): *Nationalismus. Geschichte, Formen, Folgen*. München: C. H. Beck.

WEICHLEIN, Siegfried (2006): *Nationalbewegungen und Nationalismus in Europa*. Darmstadt: Wissenschaftliche Buchgesellschaft.

Diccionarios

FABRA, Pompeu (^{15}1981 [1932]): *Diccionari General de la Llengua Catalana*. Barcelona: Edhasa.

VV.AA. (^{2}1997 [1995]): *Diccionari de la llengua catalana (Institut d'Estudis Catalans)*. Barcelona: Enciclopèdia Catalana/Edicions 62, etc.

— (2001): *Diccionari de Sociolingüística*. Barcelona: Enciclopèdia Catalana.

— (2004): *La Gran Enciclopèdia en català*. 20 vols. [Barcelona]: Edicions 62.

Publicaciones en línea

L'Enciclopèdia Catalana <http://www.enciclopedia.cat/fitxa_v2.jsp?NDCHEC=0> (30 diciembre 2009).

Prensa y revistas históricas consultadas

Diari Català (durante los tiempos de suspensión se publicó con los nombres de *Lo Tibidabo*, *La Veu de Catalunya* y *Lo Catalanista*). Imp. de L. Doménech.

— Núm. 1, 4 mayo de 1879, Año I
— Núm. 148, 23 octubre 1879, Año I
— Núm. 287, 11 de marzo de 1880, Año II
— Núm. 483, 9 diciembre 1880, Año II
— Núm. 508, 2 enero 1881, Año III

La Veu de Catalunya. Setmanari popular
— Núm. 50, 20 diciembre 1891

L'Avens: literari, artístich, científich: revista mensual ilustrada (1881-1893) [también
     L'Avenç] Barcelona: Estampa Catalana de L. Obradors.
— Núm. 12, 31 diciembre 1891, Año III, 2ª época
— Núm. 5, 31 mayo 1892, Año III, 2ª época

L'Àpat. Un cada dissapte
— Núm. 106, 13 enero 1906

La Esquella de la Torratxa
— Núm. 645, 23 de mayo de 1891
— Núm. 1447, 21 septiembre de 1906

Lo Camp de Tarragona. Periódich Catalanista
— Núm. 322, 6 octubre 1906
— Núm. 324, 20 octubre de 1906

Lo Tibidabo. Diari no polític
— Núm. 9, 3 agosto de 1879